CLÍNICA MAYO

Guía de

AutocuidadoS

Respuestas para los problemas
diarios de la salud

Philip Hagen, M.D.
Editor médico en jefe

Martha Millmam, M.D.
Editora médica asociada

Quinta Edición

Clínica Mayo
Rochester, Minnesota
Jacksonville, Florida
Scottsdale, Arizona

Prefacio

La Dra. Martha Millman, la editora médica asociada para este libro, y yo tenemos el privilegio de estar al cuidado de personas en la *Mayo Clinic Division of Preventive and Occupational Medicine*. Entendemos el efecto devastador que un ataque vascular cerebral o un cáncer pueden tener en los pacientes y sus familias. Pero también entendemos el efecto que un niño con fiebre puede tener en un padre que trabaja. Nosotros y nuestros colegas en la Clínica Mayo hemos aprendido mucho acerca de cómo prevenir enfermedades y cuidar a las personas que están enfermas. Y una de las lecciones más importantes que hemos aprendido es que ¡el autocuidado es la clave!

El autocuidado es algo que cada uno de nosotros practica cada día. Puede ser haciendo cosas obvias como tomar nuestros medicamentos, comer de manera adecuada, realizarse una revisión o hacer ejercicio. O puede ser menos obvio, como tomarnos tiempo para conocer a una persona, dedicarnos a la familia que nos brinda apoyo, revisar nuestra casa para hacerla más segura o tomar las medidas necesarias para estar preparados en caso de desastre.

Lo invitamos a usar este libro para ayudarlo a mejorar su capacidad para autocuidarse. ¡No lo ponga en el librero hasta que lo haya hojeado primero! Hemos agregado una nueva sección, "En sus marcas, listos, ¡fuera!", que casi todos pueden usar como una rápida revisión de salud. Úsela y en sólo unos minutos, habrá iniciado su propio programa personal de autocuidado. Después revise el resto del libro de manera que sepa dónde buscar cuando surja una preocupación específica de salud.

Tener un buen médico es una parte importante de su cuidado de salud. Pero, conforme el costo de la atención a la salud se eleva, es importante saber cuándo ver al médico, y cuándo manejar el problema usted mismo. La *Guía de Autocuidados de la Clínica Mayo* está diseñada para ayudarle a hacer esto. Por ejemplo, cinco minutos invertidos en leer la sección de dolor de espalda, tos o fiebre pueden evitarle una visita al médico y compensar el precio de este libro muchas veces más.

Cómo preparamos este libro

Al planear este libro preguntamos a la gente de Estados Unidos lo que querían encontrar en éste. Esto es lo que nos dijeron:

"Discutan los problemas comunes en un lenguaje sencillo. Proporcionen consejos sobre la prevención y autocuidados. Discutan las preocupaciones importantes de la salud de los niños. Y no olviden el sitio de trabajo. El trabajo es en donde pasamos un tercio de nuestra vida".

Fue una orden importante. Empezamos revisando las 200 razones principales por las que los adultos y los niños consultan al médico. Luego hablamos con las enfermeras de la Clínica Mayo que responden las llamadas telefónicas de personas con preguntas respecto a la salud y la enfermedad. Consultamos con los que proporcionan los cuidados de la salud, empleados y gerentes corporativos de programas de salud para saber cuáles enfermedades y lesiones son comunes en el sitio de trabajo.

Luego analizamos los costos de los cuidados de la salud. Revisamos nuestra experiencia en la Clínica Mayo, que incluye proporcionar anualmente cuidados a más de 500,000 pacientes y 47,000 empleados en nuestras tres sedes principales en Rochester, Minn., Scottsdale, Ariz. y Jacksonville, Fla., y nuestra práctica de cuidados de salud regional basada en la comunidad.

Utilizando toda esta información, nos enfocamos en la forma de prevenir la enfermedad, cómo detectar la enfermedad antes de que se convierta en un problema serio y costoso, y cómo evitar viajes innecesarios a la clínica o al departamento de urgencias.

Novedades en esta quinta edición

Nuestros colegas han revisado cada página de esta edición y han agregado mucha información nueva. ¿Se ha enterado de los desfibriladores electrónicos automáticos, o DEA? Actualmente están disponibles en muchos lugares públicos. Infórmese sobre ellos en la página 3. ¿Sabía que hay maneras de disminuir su "colesterol malo" sin medicamentos? Vea el cuadro de la página 215. Los casos de diabetes están en aumento. Explicamos cómo reducir su riesgo. Si pasa muchas horas al día en la computadora, tómese tres minutos y haga los estiramientos de oficina que se presentan en la página 240. Hemos revisado los lineamientos de inmunización, incluyendo quién debe recibir el nuevo refuerzo del tétanos que contiene la vacuna contra la tos ferina (*B. pertussis*). Hemos mejorado los consejos para los viajeros, agregado nuevas sugerencias para el equipo de primeros auxilios de viaje, e incluido algunos consejos si está viajando a partes del mundo en donde la gripe aviar u otras infecciones son una preocupación. Y hemos actualizado una amplia variedad de información y consejos rápidos de cuidado.

Por favor use este libro para mejorar su salud. ¡Salud!

Philip Hagen, M.D.
Editor Médico en Jefe

Personal editorial

Editor en jefe
Philip Hagen, M.D.

Editora médica asociada
Martha Millman, M.D.

Gerente editorial
Richard Dietman

Publicista
Sara Gilliland

**Editor en jefe,
Libros y boletines**
Christopher Frye

Investigación editorial
Anthony Cook
Danielle Gerberi

Deirdre Herman
Michelle Hewlett

Lectura de pruebas
Miranda Attlessey
Donna Hanson

Escritores colaboradores
Harvey Black
Katie Colón
Terry Jopke
Lynn Madsen
Lee Ann Martin
Catherine LaMarca Stroebel
Doug Toft
Jeremiah Whitten

Director creativo
Daniel Brevick

Director de arte
Stewart Koski

Ilustración médica
John Hagen

Ilustración
Kent McDaniel
Chirstopher Srnka

Indexación
Larry Harrison

Asistentes administrativos
Beverly Steele
Terri Zanto-Strausbauch

Editores y revisores colaboradores

Julie Abbott, M.D.
Steven Altchuler, M.D.
Gregory Anderson, M.D.
Patricia Barrier, M.D.
Brent Bauer, M.D.
Lisa Buss, Pharm. D.
Gerald Christenson, R.Ph.
Matthew Clark, Ph. D.
David Claypool, M.D.
Maria Collazo-Clavell, M.D.
Bradford Currier, M.D.
Albert Czaja, M.D.
Diane Dahm, M.D.
Lowell Dale, M.D.
Lisa Drage, M.D.
Joseph Duffy, M.D.
Brooks Edwards, M.D.
Martin Ellman, D.P.M.
Mary Gallenberg, M.D.
Gerald Gau, M.D.
James Graham, D.P.M.
Peg Harmon, R.N.
J. Taylor Hays, M.D.
Donald Hensrud, M.D.
David Herman, M.D.
W. Michael Hooten, M.D.
Daniel Hurley, M.D.
Richard Hurt, M.D.
Robert Jacobson, M.D.
Mary Jurisson, M.D.
Kevin Kaufman
Stephen Kopecky, M.D.

Debra Koppa, C.P.N.P.
Lois Krahn, M.D.
Barbara Kreinbring, R.N.
James Li, M.D.
Charles Loprinzi, M.D.
Lois McGuire, R.N.
Irene Meissner, M.D.
Linda Miller, M.D.
Sara Miller, R.N.P.
Robin Molella, M.D.
Margaret Moutvic, M.D.
Debra Mucha, C.P.N.P.
Jennifer Nelson, R.D.
Deborah Newman, M.D.
Eric Olson, M.D.
David Patterson, M.D.
Ronald Petersen, M.D.
Gregory Poland, M.D.
Carroll Poppen, P.A.
Donna Rasmussen, R.N.
Randall Roenigk, M.D.
Julia Rosekrans, M.D.
Teresa Rummans, M.D.
Priya Sampathkumar, M.D.
Arnold Schroeter, M.D.
Phillip Sheridan, D.D.S.
Jay Smith, M.D.
Ray Squires, Ph.D.
James Steckelberg, M.D.
Robert Stroebel, M.D.
Jerry Swanson, M.D.
Jill Swanson, M.D.

Sandra Taler, M.D.
Kristin Vickers Douglas, Ph.D
Abinash Virk, M.D.
Stacey Vlahakis, M.D.
Gerald Volcheck, M.D.
Karen Wallevand

Introducción

La Guía de Autocuidados de la Clínica Mayo proporciona información confiable, práctica y fácil de entender sobre más de 200 trastornos médicos frecuentes y temas relacionados con la salud.

Ningún libro puede reemplazar las recomendaciones del médico o de otros que proporcionan cuidados de la salud. En su lugar, nuestra intención es ayudarlo a manejar con seguridad algunos problemas médicos frecuentes en casa o en el trabajo. La información que encontrará puede permitirle evitar un viaje a la clínica o al departamento de urgencias. Y aprenderá cuándo necesita visitar a un profesional médico.

Cómo está organizado el libro

La mayoría de los capítulos de *La Guía de Autocuidados de la Clínica Mayo* empieza con una discusión general del tema de salud, incluyendo algunas veces signos y síntomas, y un resumen de la causa. En seguida, busque los autocuidados y la sugerencias de prevención destacadas en azul. Bajo el título "Atención Médica", se le sugiere cuándo ver a un médico o algún otro personal que proporcione cuidados de la salud y qué clase de tratamiento puede esperar. Cuando hay información especial acerca de los niños, usted verá un título "Cuidados para los niños". Finalmente, los artículos en gris contienen información sobre temas médicos relacionados.

Abajo se enumeran los resúmenes de las ocho secciones que forman *La Guía de Autocuidados de la Clínica Mayo*.

Cuidados de urgencia

Las urgencias son raras y generalmente requieren la atención de un profesional médico. Sin embargo, hay algunas cosas que puede hacer antes que llegue la ayuda médica para estabilizar a la persona que está en la situación de urgencia y prepararlo para el tratamiento. Las áreas cubiertas incluyen cómo practicar la reanimación cardiopulmonar (RCP) y cómo ayudar a alguien que se está asfixiando o que está teniendo un ataque cardiaco. También se cubre la forma de manejar diversos problemas frecuentes, como hemorragia, mordeduras de animales, congelamiento y heridas por punción.

Síntomas generales

Los síntomas generales son trastornos médicos que tienden a afectar todo el cuerpo más que una parte específica o sistema. Los síntomas generales podrían incluir mareo, fatiga, fiebre, dolor, insomnio, sudoración y cambios de peso no esperados. En esta sección se explican las causas frecuentes de cada uno de estos síntomas generales y se proporciona información de los autocuidados.

Problemas frecuentes

Esta sección, la más grande de la Guía, examina problemas frecuentes en áreas como los ojos, oídos, nariz, piel, estómago, garganta, espalda y miembros. Encontrará también información sobre aspectos de la salud de los hombres y de las mujeres. Se ofrecen remedios simples para problemas como dolor de garganta, resfriado, dolor de estómago, uñas enterradas y ojos morados.

Trastornos específicos

En esta sección ofrecemos guías generales sobre la prevención y el manejo de trastornos frecuentes para los que hay una oportunidad significativa de autocuidados. Si tiene alguno de estos trastornos vea al médico para obtener un diagnóstico y tratamiento apropiados.

Salud mental

Aquí encontrará información útil sobre cómo manejar diversos aspectos de la salud mental, como adicción y ansiedad, abuso doméstico y pérdida de la memoria. También se discute la diferencia entre depresión y tristeza, cómo enfrentar la pérdida de un ser querido y cómo decir si alguien está considerando el suicidio.

Cómo mantenerse sano

Esta sección está llena de información práctica sobre cómo establecer y mantener un estilo de vida saludable. Encontrará consejos sobre nutrición, control del peso, ejercicio, manejo del estrés y prevención de lesiones y enfermedades.

La salud y el trabajo

Esta sección se concentra en las formas de mejorar la salud y su bienestar en el trabajo.

Empezamos discutiendo problemas frecuentes como el dolor de espalda y el síndrome del túnel del carpo, luego discutimos aspectos de seguridad y prevención de lesiones. Discutimos sobre el agotamiento y conflictos con los colaboradores. Discutimos el manejo del tiempo y el manejo del enojo. Encontrará formas de manejar una carga de trabajo demandante y consejos para escuchar más eficientemente. También hay una página de estiramientos que puede hacer en el lugar de trabajo.

La tecnología en el trabajo está aumentando. Lo ayudamos a enfrentar algunos de los retos relacionados con la salud impuestos por el uso rutinario de una computadora.

El consumidor saludable

En esta sección le damos consejos sobre temas como la forma de hablar al médico, qué puede aprender de su historia médica familiar, utilizar los estuches de pruebas médicas para la casa y lo que debe incluir en un botiquín de primeros auxilios. También discutimos el uso de medicamentos comunes, y proporcionamos descripciones fáciles de entender de remedios para el resfriado y medicamentos para el dolor que se pueden obtener sin receta.

¿Viaja usted por negocio o por placer? Esta sección termina con una revisión integral de lo que usted necesita saber antes de empacar las maletas.

Salud de los niños y adolescentes

Los trastornos médicos mayores que tienen probabilidad de afectar a su hijo durante los años de preadolescencia se discuten cuidadosamente en esta obra. Pero el libro no es un recurso integral para cada una de las enfermedades de la infancia. Usted encontrará segmentos cortos titulados "Cuidados para los niños" que proporcionan información sobre preocupaciones específicas. Las inmunizaciones de los niños se resumen en la sección Cómo mantenerse sano y muchos consejos de seguridad para los niños se encuentran en diversos lugares

de este libro. También se discute cómo identificar y enfrentar el uso del alcohol y del tabaco en los adolescentes. Si tiene alguna pregunta respecto a un aspecto que se refiera a la salud de su hijo, búsquelo en el índice. Probablemente encuentre una entrada que pueda ayudar.

Unas cuantas palabras acerca de cómo hablamos

Cuando hablan con sus pacientes, los médicos entienden claramente el mensaje que tratan de transmitir. Pero algunas veces los pacientes no. En este libro usamos lenguaje de conversación porque es la forma en que las personas hablan entre sí. En esta Guía encontrará muchos términos médicos.

Un término que usted verá es "el que proporciona los cuidados de la salud". Esta frase se usa porque, además de "doctor" y "médico", incluye personal médico como asistentes médicos, enfermeras practicantes, y otro tipo de personal.

Sobre la Clínica Mayo

La Clínica Mayo evolucionó de la práctica de frontera del Dr. William Worral Mayo, y la sociedad de sus dos hijos, los Dres. Willliam J. y Charles Mayo, a principios de la década de 1900. Presionados por las demandas de su ocupada práctica quirúrgica en Rochester, Minn., los hermanos Mayo invitaron a otros médicos a unirse a ellos, con lo que fueron pioneros de la práctica privada de la medicina en grupo. Actualmente, más de 3,000 médicos y científicos en sus tres localizaciones principales en Rochester, Minn., Jacksonville, Fla., y Scottsdale, Ariz., la Clínica Mayo está dedicada a proporcionar diagnósticos integrales, respuestas precisas y tratamientos eficaces.

Con esta profundidad de conocimientos, experiencia y pericia, la Clínica Mayo ocupa una posición sin igual como recurso de información de la salud. Desde 1983 la Clínica Mayo ha publicado información de la salud confiable para millones de consumidores a través de boletines, libros y servicios en Internet que han merecido premios. Los ingresos por las actividades de publicación apoyan los programas de la Clínica Mayo, incluyendo la educación y la investigación médica.

Contenido

Cuidados de urgencia

Las urgencias no suceden a menudo, pero cuando se presentan, no hay mucho tiempo para buscar información. Para reaccionar eficazmente, debe saber qué hacer cuando una persona parece lesionada, gravemente enferma o está sufriendo. Sus habilidades pueden no requerirse nunca. Sin embargo, algún día podría salvar una vida.

Tome un curso de entrenamiento certificado de primeros auxilios para aprender RCP, la maniobra de Heimlich y manejar un ataque cardiaco, el estado de choque y una lesión traumática. Verifique con la Cruz Roja local los servicios de urgencia de la localidad y la oficina de seguridad pública para información sobre cursos de primeros auxilios en su comunidad.

- RCP
- Asfixia
- Ataque cardiaco
- Ataque vascular cerebral (Ataque cerebral)
- Urgencias por intoxicaciones
- Sangrado intenso
- Choque
- Reacciones alérgicas
- Mordeduras y picaduras
- Quemaduras
- Problemas del clima frío
- Cortadas, rasguños y heridas
- Lesiones en los ojos
- Enfermedades transmitidas por alimentos
- Problemas relacionados con el calor
- Plantas venenosas
- Problemas dentales
- Traumatismos

RCP

La RCP (reanimación cardiopulmonar) implica una combinación de respiración de boca a boca y compresión del pecho. La RCP mantiene la sangre oxigenada fluyendo hacia el cerebro y otros órganos vitales hasta que el tratamiento médico apropiado puede restablecer el ritmo normal del corazón.

Antes de empezar la RCP en un adulto llame pidiendo ayuda de urgencia. Si no puede dejar la escena, pida a alguien más que solicite ayuda médica. Debe valorar la situación ¿Está la persona consciente o inconsciente? Si la víctima parece inconsciente, dé unos golpecitos o sacuda su hombro y pregunte con voz fuerte "¿Está usted bien?" Si la persona no responde, piense en el ABC:

A: Vía aérea. La primera acción es abrir la vía aérea, puede estar obstruida por la parte posterior de la lengua (ver pasos 1, 2 y 3).

B: Respiración. La respiración de boca a boca es la forma más rápida de hacer llegar oxígeno a los pulmones de una persona (ver paso 4). Tome respiraciones normales antes de dar respiraciones de rescate. Debe realizar compresiones torácicas cada vez que dé respiración de rescate.

C: Circulación. Las compresiones del pecho reemplazan los latidos cardiacos cuando se han detenido. Las compresiones ayudan a mantener algo del flujo de sangre al cerebro, pulmones y corazón (ver paso 5). Usted debe llevar a cabo respiración de boca a boca cada vez que realiza compresiones del pecho.

Los siguientes cinco pasos e ilustraciones muestran la técnica de la RCP.

1. *Coloque a la persona en tal forma que usted pueda verificar signos de respiración poniendo a la víctima en posición recta, sobre una superficie firme.*

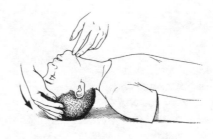

2. *Abra la vía aérea de la persona; coloque la palma de su mano sobre la frente del sujeto y suavemente empuje hacia abajo. Después, con su otra mano, eleve sutilmente el mentón para abrir la vía aérea.*

3. *Tome 10 segundos (no más que eso) para determinar si la persona está respirando de manera normal escuchando simultáneamente los ruidos respiratorios, sintiendo el movimiento del aire en su mejilla, y escuchando y observando el movimiento del tórax.*

4. *Si la víctima no está respirando, oprima con los dedos la nariz de la persona, y haga un sello alrededor de la boca. Dé dos respiraciones profundas, lentas. Cada una debe tomar aproximadamente un segundo. Si el pecho de la víctima no se levanta después de la primer respiración de rescate, probablemente la vía aérea está bloqueada. Intente reabrir la vía aérea inclinando la cabeza y levantando el mentón, luego respire de nuevo en la boca de la víctima.*

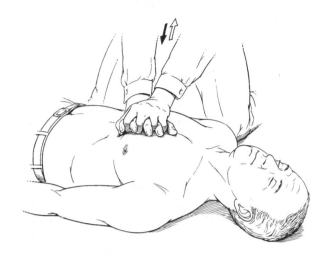

5. *Empiece las compresiones del pecho. El talón de una mano debe colocarse en la parte media del pecho de la persona, en medio del esternón entre los pezones. Coloque el talón de la otra mano sobre la primera mano. Mantenga sus codos rectos y sus hombros colocados directamente por arriba de sus manos. Empuje hacia abajo (comprima) el pecho 3 a 5 cm. Dé 30 compresiones, incline la cabeza hacia atrás y levante el mentón para abrir la vía aérea. Presione la nariz y dé dos respiraciones (aproximadamente un segundo para cada respiración). Vuelva a revisar los signos de respiración normal cada dos minutos. Continúe la RCP hasta que haya signos de respiración o hasta que llegue el personal médico de urgencias.*

RCP para bebés

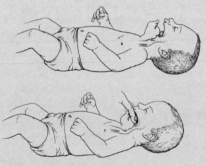

Primero, grítele y golpee suavemente el hombro del bebé para ver si responde. Si no hay respuesta en cinco a 10 segundos (no más de eso), colóquelo boca arriba en una superficie firme, plana. Sutilmente, incline la cabeza del niño hacia atrás para abrir la vía aérea (imagen superior, arriba). Busque signos de respiración. También observe dentro de la boca del bebé para buscar alimento o cuerpos extraños. Si la inspección visual revela alimento o un objeto extraño en la boca, retire el objeto con un dedo (imagen inferior). Tenga cuidado de no empujar el alimento o el objeto más profundamente en la vía aérea del niño.

Para practicar la RCP en un bebé, cubra la nariz y boca con su boca. Aplique dos respiraciones suaves para hacer que se eleve el pecho. Verifique signos de respiración, tos o movimiento. Si no hay signos, ponga la mano en la frente del niño para mantener la vía aérea abierta (ver la imagen de arriba). Coloque la punta de los dos dedos de su otra mano en el centro del pecho del bebé sobre el esternón por debajo de la línea del pezón, después comprima el tórax a 1/3-1/2 de su profundidad por lo menos 100 veces por minuto. Aplique dos respiraciones por cada 30 compresiones. Si está solo, haga esto durante dos minutos antes de solicitar atención médica de urgencia.

Asfixia

La asfixia ocurre cuando el paso de aire en la garganta o en la tráquea está bloqueado. Esta situación requiere tratamiento de urgencia para prevenir la pérdida de la conciencia o la muerte. La asfixia, la enfermedad cardiaca y otros trastornos pueden hacer que el corazón y la respiración se detengan. Para salvar la vida de la persona se debe restablecer la respiración y circulación de la sangre inmediatamente (ver sección previa sobre RCP).

Cómo reconocer y despejar una vía aérea obstruida

La asfixia es a menudo el resultado de alimentos inadecuadamente masticados que se alojan en la garganta o en la tráquea. Con mayor frecuencia la causa son los alimentos sólidos como la carne.

Frecuentemente la gente que se está asfixiando ha estado hablando al mismo tiempo que mastica un trozo de carne. Las dentaduras postizas pueden también predisponer a este problema interfiriendo con la forma en que se siente el alimento en la boca cuando se está masticando. El alimento no puede masticarse igual con dentadura postiza que con los dientes naturales porque se ejerce menos presión al masticar con la dentadura postiza.

El pánico es una sensación acompañante. La cara de la víctima de asfixia asume a menudo una expresión de temor o de terror. Primero puede ponerse de color morado, los ojos pueden saltarse y puede presentar sibilancias o jadeo.

Si parte del alimento se "va por el conducto equivocado", el reflejo de la tos a menudo soluciona el problema. De hecho, una persona no se está asfixiando si puede toser libremente, si tiene color normal de la piel y puede hablar. Si la tos es más como un jadeo y la persona está tomando color azul, el individuo probablemente se está asfixiando.

En caso de duda, pregunte a la persona si se está asfixiando. Si dice con la mano que sí, quiere decir que necesita ayuda. Una persona que se está asfixiando no puede comunicarse, excepto por movimientos de la mano. Si la persona puede hablar, la tráquea no está completamente bloqueada y está llegando oxígeno a los pulmones.

El signo universal de la asfixia es una mano en la garganta, con el pulgar y los dedos extendidos. Una persona que presenta esto, requiere tratamiento de urgencia y no se le debe dejar sin atención.

Una persona que se está asfixiando no puede comunicarse, excepto por movimientos de las manos. A menudo los movimientos de las manos y brazos son incoordinados. Es importante recordar que el signo universal de la asfixia son las manos en el cuello, con los pulgares y los dedos extendidos.

La maniobra de Heimlich

La maniobra de Heimlich es el mejor método conocido para remover un objeto de la vía aérea de una persona que se está asfixiando. Puede usarla en usted mismo o en alguien más. Estos son los pasos:

1. Párese detrás de la persona y rodee con los brazos su cintura.
2. Empuñe una mano y colóquela ligeramente por arriba del ombligo de la persona.
3. Sujete su puño con la otra mano y presione fuerte hacia adentro

del abdomen con un empujón rápido hacia arriba. Repita este procedimiento hasta que el objeto sea expulsado de la vía aérea o hasta que la persona pierda la conciencia.

Si debe realizar esta maniobra en usted mismo, coloque su propio puño ligeramente por arriba del ombligo, Tome su puño con la otra mano y empuje hacia arriba en el abdomen hasta que el objeto sea expulsado, o inclínese sobre el respaldo de una silla para producir este efecto.

Ataque cardiaco

Si piensa que está teniendo <u>un ataque cardiaco</u>, llame para solicitar ayuda de urgencia inmediatamente. La mayoría de la gente que tiene un ataque cardiaco espera dos horas o más después del inicio de los síntomas antes de buscar tratamiento. Aproximadamente 170,000 estadounidenses mueren cada año por un ataque cardiaco. De los que sobreviven, la mayoría del daño permanente al corazón ocurre en la primera hora.

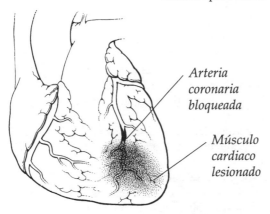

Arteria
coronaria
bloqueada

Músculo
cardiaco
lesionado

Ocurre un ataque cardiaco cuando las arterias que llevan la sangre y el oxígeno al corazón se bloquean con cada minuto que pasa, más tejido es privado de oxígeno y se deteriora o muere. Restablecer el flujo de sangre en la primera hora, cuando ocurre la mayor parte del daño, es crítico para la supervivencia.

¿Por qué es crítica la primera hora?

Un ataque cardiaco es daño al músculo cardiaco causado por pérdida del aporte de sangre. Ocurre un ataque cuando las arterias que suministran al corazón de sangre y oxígeno se bloquean.

Un coágulo de sangre que se forma en una arteria estrechada por la acumulación de colesterol y otros depósitos de grasa causa generalmente el bloqueo. Sin oxígeno, las células se destruyen, produciendo dolor o presión, y la función del corazón se dificulta.

Un ataque cardiaco no es un evento estático. Es un proceso dinámico que evoluciona típicamente en cuatro a seis horas con cada minuto que pasa, más tejido es privado de oxígeno y se deteriora o muere.

Los minutos importan

La forma principal de prevenir el daño progresivo es tratar el trastorno pronto con medicamentos que disuelven el coágulo (trombolíticos) o con angioplastía. Los que "deshacen coágulos" como el activador tisular del plasminógeno, disuelven el coágulo y restablecen el flujo de sangre, previniendo o limitando el daño al músculo cardiaco. Mientras más pronto se inicien estos medicamentos, mayor beneficio tienen. Para ser más eficaces, los medicamentos necesitan administrarse en los primeros 60 a 90 minutos del inicio de los síntomas del ataque cardiaco.

La angioplastía, también llamada cateterización, usa balones o dispositivos llamados "stents" para desbloquear la arteria bloqueada, permitiendo que fluya la sangre al corazón. Igual que los medicamentos que disuelven los coágulos, si la angioplastía se retrasa más de 90 minutos, los beneficios se reducen.

Un ataque cardiaco puede precipitar también fibrilación ventricular. Este ritmo inestable del corazón produce latidos cardiacos ineficaces, haciendo que una cantidad insuficiente de sangre llegue a los órganos vitales. Sin tratamiento inmediato, la fibrilación ventricular puede llevar a muerte súbita.

Esté alerta a los síntomas

Durante un ataque cardiaco mucha gente pierde minutos preciosos porque no reconocen los síntomas o porque los niegan. Mucha gente retrasa también pedir ayuda por el temor de la vergüenza de una falsa alarma, o porque no entienden la importancia de ir a un hospital inmediatamente.

Un ataque cardiaco produce generalmente <u>dolor en el pecho</u> por más de 15 minutos. Pero un ataque cardiaco puede ser también "silencioso" y no presentar síntomas.

Aproximadamente la mitad de las víctimas de ataques cardiacos tiene síntomas de advertencia horas, días o semanas antes. El factor pronóstico más temprano de un ataque cardiaco puede ser dolor recurrente en el pecho, precipitado por ejercicio y aliviado por el reposo.

La Asociación Estadounidense del Corazón (*American Heart Association*) presenta los siguientes signos de advertencia de un ataque cardiaco. Esté consciente de que puede no tenerlos todos, y que los síntomas pueden aparecer y desaparecer. Si tiene diabetes, puede tener menos síntomas, o más atípicos.

- Presión molesta, plenitud o dolor opresivo en el centro del pecho o en la parte inferior del abdomen. El dolor puede durar varios minutos o puede ir y venir. Puede desencadenarse con el ejercicio y aliviarse con el reposo.
- Molestia o dolor que se extiende más allá del pecho hacia los hombros, cuello, quijada, dientes, y a uno o ambos brazos.
- Acortamiento de la respiración.
- Obnubilación, mareo, desmayo, sudoración o náusea.

Tratamiento de urgencia

Ante la urgencia de un ataque cardiaco tiene que tomar decisiones cruciales bajo estrés. Revise los pasos que se mencionan a continuación para que pueda actuar inmediatamente. Si siente que está teniendo un ataque cardiaco, o que alguna persona que está con usted lo está presentando, siga estos pasos:

- **Primero llame pidiendo ayuda médica de urgencia.** Llame al sistema médico de urgencia (SMU). Generalmente es mejor llamar a estos números de urgencia primero. Llamar a su médico puede gastar tiempo innecesario.

  Cuando llame, describa los síntomas, como falta de aire o dolor en el pecho. Esto asegura un envío prioritario de los que responden en el SMU entrenados en apoyo vital cardiaco básico y avanzado. Muchas unidades de policía y bomberos tienen también desfibriladores, dispositivos de urgencias utilizados para restablecer el ritmo cardiaco normal liberando choques eléctricos hacia el corazón. Estas unidades pueden responder antes que la ambulancia.

- **Mastique aspirina.** Considere masticar aspirina si el médico le ha recomendado que la tome en caso de que piense que le está dando un ataque cardiaco. La aspirina inhibe la coagulación de la sangre, y ayuda a mantener el flujo de sangre a través de una arteria estrecha. Cuando se toma durante un ataque cardiaco, la aspirina puede disminuir la tasa de muerte aproximadamente 25 por ciento. Tome una aspirina de dosis regular y mastíquela para acelerar su absorción. *Nota*: aunque la aspirina puede ayudar a reducir la coagulación sanguínea, pida ayuda primero antes de buscar una aspirina.

- **Empiece RCP.** Si la persona está inconsciente, un operador puede aconsejarle empezar RCP (respiración de boca a boca y compresión del pecho). Incluso si usted no está entrenado, la mayoría de operadores puede instruirlo en la RCP hasta que llegue la ayuda. (Ver página 2 para más información sobre la RCP)

- **Vaya al servicio de urgencias más cercano.** Identifique con anticipación el sitio más cercano que cuente con personal médico las 24 horas del día y médicos entrenados para proporcionar cuidados de urgencia.

  Los fármacos que disuelven los coágulos y la angioplastía mejoran las probabilidades de sobrevivir a un ataque cardiaco una vez que empieza el tratamiento. Pero el tratamiento exitoso empieza tempranamente. Reconozca los síntomas y actúe rápidamente.

Ataque cerebral

En estados Unidos el **ataque cerebral** es la tercera causa de muerte y la causa principal de incapacidad de los adultos. Sólo la enfermedad cardiovascular y el cáncer causan más muertes anualmente. Cada año, aproximadamente 700,000 estadounidenses presentan un ataque cerebral. Aproximadamente 160,000 de ellos mueren. Entre los adultos mayores de 55 años, el riesgo de ataque cerebral durante la vida es más de uno de cada seis.

Usted puede reducir las probabilidades de tener un ataque cerebral reconociendo y cambiando ciertos hábitos del estilo de vida. Si tiene alto riesgo, los medicamentos como la aspirina y un procedimiento quirúrgico llamado endarterectomía carotídea pueden prevenir un ataque cerebral mayor.

Si usted tiene un ataque cerebral, el tratamiento temprano puede minimizar el daño al cerebro y la incapacidad subsecuente. Aproximadamente 50 a 70 por ciento de los que sobreviven a un ataque cerebral recupera la independencia funcional, pero 15 a 30 por ciento queda discapacitado de manera permanente.

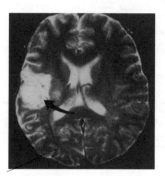

En esta imagen de resonancia magnética (RM), la flecha señala un área de tejido cerebral dañado por un ataque cerebral.

Un ataque cerebral

Un ataque cerebral es un "ataque vascular cerebral". Busque ayuda médica inmediata, igual que si tuviera un ataque cardiaco. Cada minuto cuenta. Mientras más tiempo pasa sin tratamiento, mayor es el daño y la incapacidad potencial. El éxito del tratamiento puede depender de qué tan pronto se proporcionan los cuidados.

El cerebro tiene 100 billones de células nerviosas y trillones de conexiones nerviosas. Aunque es sólo 2 por ciento del peso corporal, utiliza aproximadamente 25 por ciento del oxígeno de la sangre y otros nutrientes. Debido a que el cerebro no puede almacenar estos nutrientes como lo hacen los músculos, requiere un flujo constante de sangre para mantenerse trabajando adecuadamente.

Ocurre un ataque cerebral cuando este aporte de sangre se reduce y el tejido cerebral es privado de sangre. Tras cuatro minutos de estar privadas de oxígeno y nutrientes esenciales, las células cerebrales empiezan a morir.

Hay dos tipos principales de ataque cerebral:

- **Isquémico.** Aproximadamente 80 por ciento de los ataques cerebrales es causado por la acumulación de depósitos de grasa que contienen colesterol, llamados placas (aterosclerosis). El crecimiento de las placas hace áspero el interior de las arterias. La superficie irregular puede producir un flujo de sangre turbulento alrededor de la acumulación como una roca en una corriente rápida, y precipita el desarrollo de un coágulo. Si el coágulo roto se afloja, puede bloquear el flujo sanguíneo al cerebro. Un ataque isquémico transitorio (AIT) temporalmente y, por lo general brevemente, causa síntomas derivados de la alteración de aporte sanguíneo al cerebro. (Para conocer los síntomas, vea la página 8). Durante un AIT, el cuerpo puede liberar enzimas que disuelven el coágulo rápidamente y restablecen el flujo de sangre.

- **Hemorrágico.** Este tipo de ataque cerebral ocurre cuando un vaso sanguíneo del cerebro tiene una fuga de sangre o se rompe. La sangre de la hemorragia llega al tejido cerebral circundante, causando daño. Las células cerebrales que se encuentran más allá de la fuga o ruptura están privadas de sangre y se dañan también. La causa más frecuente de un ataque cerebral hemorrágico es la presión arterial alta (hipertensión).

  Otra causa de un ataque cerebral hemorrágico es un aneurisma. Este abombamiento en una porción debilitada de un vaso sanguíneo se desarrolla al avanzar la edad. Algunos aneurismas pueden formarse como resultado de predisposición genética.

  Los ataques cerebrales hemorrágicos son menos frecuentes que los ataques cerebrales isquémicos — pero con mayor frecuencia son mortales. Aproximadamente 19 por ciento de la gente que tiene un ataque cerebral hemorrágico muere en los primeros 30 días, en comparación con 7 por ciento de los ataques cerebrales isquémicos. Los ataques cerebrales que ocurren en adultos jóvenes tienen mayor probabilidad de ser hemorrágicos.

¿Puede prevenir un ataque cerebral?

Aunque no puede cambiar algunos factores de riesgo de ataque cerebral, otros factores son manejables con medicamentos y cambios en el estilo de vida. Sin embargo, debido a que algunos de estos factores de riesgo no siempre causan síntomas, usted podría ignorar que los tiene.

Los factores de riesgo que pueden ser controlados se describen abajo:

- **Presión arterial alta.** Las personas con presión arterial alta (hipertensión) tienen un riesgo cuatro a seis veces mayor de ataque cerebral que las personas sin presión arterial alta. La presión arterial alta se define como una presión sistólica de 140 milímetros de mercurio (mm Hg) o más, o una presión diastólica de 90 mm Hg o más (ver página 183).
- **Fumar cigarrillos.** Fumar casi duplica el riesgo de una persona de presentar un ataque cerebral isquémico y aumenta el riesgo de ataque cerebral hemorrágico hasta 4 por ciento.
- **Enfermedad cardiovascular.** Además de la aterosclerosis, los trastornos cardiacos como la insuficiencia cardiaca congestiva, un ataque cardiaco previo, fibrilación auricular y la afección de las válvulas cardiacas o el reemplazo de válvulas lo predispone a ataque cerebral.
- **Ataque isquémico transitorio (AIT).** La mayoría de los AIT duran sólo unos cuantos minutos, pero algunos duran más de 24 horas y causan sólo síntomas ligeros. Aproximadamente una tercera parte de la gente que tiene un ataque cerebral tuvo uno más AIT previos. Mientras más frecuentes son los AIT, mayor es la posibilidad de un ataque cerebral.
- **Diabetes.** La gente con diabetes tiene un riesgo tres veces mayor de ataque cerebral en comparación con la gente sin diabetes.
- **Niveles indeseables de colesterol en la sangre.** Los niveles elevados de colesterol de lipoproteínas de baja densidad (LDL) aumentan el riesgo de aterosclerosis. En contraste, los niveles elevados de colesterol de lipoproteínas de alta densidad (HDL) son protectores porque pueden prevenir la acumulación de placas.

Conozca los signos de advertencia

Si nota uno o más de estos signos, llame al médico inmediatamente. Pueden ser una señal de un posible ataque cerebral o AIT:

- Debilidad u hormigueo súbito en la cara, brazo o pierna en un lado del cuerpo.
- Disminución súbita de la visión, visión borrosa o pérdida de la visión, particularmente en un solo ojo.
- Pérdida del habla, o dificultad para hablar o entender el lenguaje.
- Cefalea intensa súbita — "un rayo surgido de la nada" — sin causa aparente.
- Mareo, falta de equilibrio o una caída súbita sin explicación, especialmente si se acompañan de cualquiera de los otros síntomas.

Algunos factores de riesgo están más allá de su control

Usted no puede cambiar estos factores de riesgo de ataque cerebral. Pero saber que tiene riesgo puede motivarlo a cambiar su estilo de vida para reducir el riesgo.

- *Historia familiar.* El riesgo es mayor si uno de sus padres, un hermano o una hermana han tenido un ataque cerebral o AIT. No es claro si el riesgo aumentado es genético o se debe al estilo de vida familiar.
- *Edad.* Generalmente el riesgo de ataque cerebral aumenta al avanzar la edad.
- *Sexo.* Los hombres tienen un riesgo 1.25 veces mayor de ataque cerebral que las mujeres. Pero más mujeres mueren por ataques cerebrales. Esto se debe a que las mujeres son generalmente mayores que los hombres cuando tienen el ataque cerebral.
- *Raza.* Los sujetos de raza negra tienen mayor probabilidad de presentar un ataque cerebral que otros grupos. El aumento se debe en parte a su mayor riesgo de presión arterial alta y diabetes.

Urgencias por intoxicaciones

Muchos trastornos simulan los síntomas de intoxicación, incluyendo convulsiones y reacciones a la insulina. Si no hay indicación de intoxicación, no trate a la persona por intoxicación, sino llame a la línea de urgencias de información de intoxicaciones o pida ayuda médica de urgencia.

Llame al centro de control de intoxicaciones inmediatamente, incluso si la persona se ve y se siente bien. No espere a que empiecen los síntomas antes de llamar. Muchas toxinas tienen efectos retardados que ponen en peligro la vida. El tratamiento temprano puede ser importante.

Los niños menores de 5 años de edad están a menudo expuestos a tóxicos porque son curiosos. Si los bebés y los niños que empiezan a caminar viven en su casa o lo visitan:

- Mantenga los tóxicos potenciales en gabinetes altos, o guardados con llave.
- Mantenga el número telefónico de información fácilmente accesible.

Tratamiento de urgencia

Veneno deglutido
Saque todo lo que quede en la boca de la persona. A menos que la víctima esté inconsciente, que esté presentando una convulsión, o que no pueda deglutir, déle 60 mL de agua para tomar. No administre jarabe de ipecacuana ni haga nada para inducir el vómito. La Academia Americana de Pediatría aconseja en contra de usar jarabe de ipecacuana declarando que no hay ninguna evidencia buena de efectividad y puede ser más dañino que bueno.

Tóxico en el ojo
Lave suavemente el ojo durante 10 minutos con agua tibia. Vierta agua de un vaso limpio sostenido a 7.5 cm por arriba del ojo.

Tóxico en la piel
Retire cualquier ropa contaminada. Enjuague la piel con grandes cantidades de agua durante 10 minutos.

Tóxico inhalado
Vaya a respirar aire fresco tan pronto como sea posible. Evite respirar los gases.

Si la persona intoxicada está inconsciente, confusa o presenta una convulsión o dificultad para respirar, llame inmediatamente para pedir ayuda médica, o llame al número de urgencias. Si la persona va al departamento de urgencias del hospital, lleve con usted el frasco o cualquier información respecto al tóxico.

Medicamentos como tóxicos

Los medicamentos que salvan vidas pueden ser mortales. Las sobredosis de medicamentos aparentemente inofensivos como la aspirina y el acetaminofén cobran muchas vidas cada año. Numerosos medicamentos que se pueden obtener sin receta son peligrosos cuando se toman en grandes dosis.

Sangrado intenso

Para detener una hemorragia importante por una lesión, siga estos pasos:

1. Acueste a la persona. Si es posible, la cabeza debe estar ligeramente por abajo del tronco, o las piernas deben estar elevadas. Esta posición reduce las probabilidades de desmayarse porque aumenta el flujo de sangre al cerebro. Si es posible, eleve el sitio del sangrado.

2. Retire cualquier resto obvio de desechos o tierra de la herida. No retire ningún objeto que esté perforando el cuerpo de la víctima. No introduzca nada en la herida ni intente limpiarla en este punto. Su preocupación principal es detener la pérdida de sangre.

3. Aplique presión directamente en la herida con un apósito estéril, lienzo limpio o incluso un pedazo de tela. Si no tiene nada disponible, use su mano.

4. Mantenga la presión hasta que se detenga el sangrado. Cuando se detenga, fije el apósito sobre la herida fuertemente con tela adhesiva o una venda. Si no dispone de ninguna, use un pedazo de tela limpia.

5. Si el sangrado continúa y pasa a través de la gasa o del material con el que está presionando la herida, no lo retire. Más bien agregue más material absorbente encima.

6. Si el sangrado no se detiene con la presión directa, puede necesitar aplicar presión a la arteria mayor que lleva sangre al área de la herida. En el caso de una herida en la mano o en el antebrazo, por ejemplo, apriete la arteria principal del brazo contra el hueso. Mantenga sus dedos extendidos; con la otra mano continúe ejerciendo presión en la herida misma.

7. Inmovilice la parte lesionada del cuerpo una vez que se ha detenido el sangrado. Deje las vendas en su sitio y lleve a la persona lesionada al departamento de urgencias lo más pronto posible.

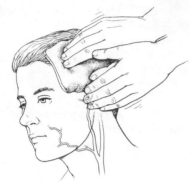

Para detener el sangrado aplique presión directamente sobre la herida usando gasa o un lienzo limpio.

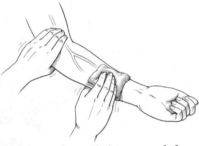

Si el sangrado continúa a pesar de la presión aplicada directamente sobre la herida, mantenga la presión y aplique también presión sobre la arteria principal más cercana.

Cómo detectar sangrado interno

En el caso de una lesión traumática, como un accidente automovilístico o una caída, el sangrado interno puede no ser inmediatamente aparente. Busque los siguientes signos:

- Sangrado por los oídos, nariz, recto o vagina, o vómito o tos con sangre
- Equimosis (moretón) en el cuello, pecho o abdomen
- Heridas que han penetrado el cuero cabelludo, el pecho o el abdomen
- Dolor abdominal, tal vez acompañado de endurecimiento o espasmo de los músculos abdominales
- Fractura

El sangrado interno puede producir estado de choque. El volumen de sangre en el cuerpo se vuelve inadecuado y la persona puede sentirse débil, tener sed y estar ansiosa. La piel puede sentirse fría. Otros síntomas de choque que pueden indicar sangrado interno incluyen respiración superficial y lenta, pulso rápido y débil, temblor e inquietud. La persona puede desmayarse y perder la conciencia al pararse o sentarse, pero se recupera cuando se acuesta.

Si usted sospecha sangrado interno, pida inmediatamente ayuda de urgencia. Trate el choque de la persona (ver página 11). Mantenga a la persona acostada y cómoda. Afloje las ropas pero no le dé nada de comer o de beber.

El sangrado interno, especialmente en el abdomen, cabeza o tórax, es sumamente grave y puede poner en peligro la vida. La pérdida de sangre puede ser considerable, incluso si no hay evidencia de sangrado externo.

Choque

El choque puede ser resultado de traumatismos, calor, reacción alérgica, infección grave, intoxicación o por otras causas. Diversos síntomas aparecen en una persona que presenta estado de choque:

- La piel puede verse pálida o gris. Está fría y húmeda.
- El pulso es débil y rápido, y la respiración es lenta y superficial. La presión arterial está disminuida.
- Los ojos no tienen su brillo y parecen ver fijamente. Algunas veces las pupilas están dilatadas.
- La persona puede estar consciente o inconsciente. Si está consciente, puede sentir que se desmaya o puede estar muy débil o confusa. Algunas veces el choque hace que una persona se vuelva demasiado excitada y ansiosa.

Incluso si una persona parece normal después de un traumatismo, tome sus precauciones y trate el estado de choque siguiendo estos pasos:

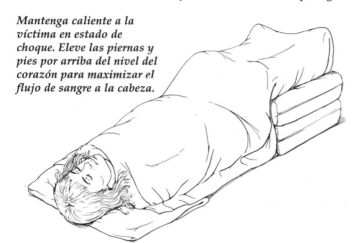

Mantenga caliente a la víctima en estado de choque. Eleve las piernas y pies por arriba del nivel del corazón para maximizar el flujo de sangre a la cabeza.

1. Acueste a la persona sobre la espalda. Mantenga a la persona sin que se mueva innecesariamente. Observe en busca de los signos de choque mencionados arriba.
2. Mantenga a la persona caliente y cómoda. Afloje las ropas apretadas y cúbrala con un cobertor. No le dé nada de beber.
3. Si la persona está vomitando o sangrando por la boca, póngala de lado para prevenir asfixia.
4. Trate cualquier lesión (como sangrado o fracturas de huesos) apropiadamente.
5. Pida asistencia médica de urgencia inmediatamente.

La anafilaxia puede poner en peligro la vida

La respuesta alérgica más grave se llama **anafilaxia**. Puede producir estado de choque y poner en peligro la vida. Aunque es poco frecuente, cada año varios cientos de personas mueren por la reacción.

La respuesta anafiláctica ocurre rápidamente. Casi cualquier alergeno puede causar la respuesta, incluyendo veneno de insectos, polen, látex, ciertos alimentos y medicamentos. Algunas personas tienen reacciones anafilácticas de causa desconocida.

Si usted es sumamente sensible, puede notar ronchas e hinchazón en los ojos, o labios, o dentro de la garganta, que le produce dificultad para respirar y choque. El mareo, confusión mental, cólico abdominal, náusea o vómito pueden acompañar también a una reacción grave.

Mucha gente que conoce sus alergias específicas lleva consigo medicamentos que son antídotos para una reacción alérgica. La epinefrina (adrenalina) es el medicamento más frecuentemente utilizado. Sin embargo, los efectos del medicamento son sólo temporales y debe buscar atención médica inmediatamente.

Si usted observa una reacción alérgica con signos de anafilaxia, llame pidiendo ayuda médica de urgencia. Verifique si la persona lleva algún medicamento especial (para inhalar, deglutir o inyectar) para contrarrestar los efectos del ataque alérgico. Haga que la persona se recueste sobre su espalda. Si hay vómito o hemorragia proveniente de la boca, gire a la persona sobre su costado para prevenir ahogo. Afloje las ropas apretadas. Realice RCP como una medida para salvar la vida si no hay respiración (vea las páginas 2 y 3).

Reacciones alérgicas

Una alergia es una reacción del sistema inmunológico del cuerpo a una sustancia extraña (alergeno). La reacción puede tomar muchas formas, incluyendo erupción, congestión nasal, asma y raras veces, estado de choque y muerte. Los alergenos comunes incluyen polen (ver Alergias respiratorias, página 158) y veneno de insectos (ver Mordeduras y picaduras, página 14). Esta sección cubre las alergias por alimentos y medicamentos.

■ Alergias a alimentos

Las **alergias a alimentos** pueden ser las alergias más mal comprendidas de todas las alergias. Aproximadamente uno de cada tres estadounidenses cree que es alérgico a alimentos específicos. Sin embargo, sólo aproximadamente 2 por ciento de adultos y hasta 8 por ciento de niños tienen verdaderas alergias a los alimentos. La mayoría de los niños supera eventualmente la alergia.

Noventa por ciento de las alergias por alimentos es causada por ciertas proteínas de la leche de vaca, huevos, cacahuates, trigo, soya, pescado, marisco y nueces. Otros alimentos que pueden causar problemas incluyen bayas, maíz, frijoles y goma arábica (un espesante utilizado en los alimentos procesados). El chocolate, que por mucho tiempo se pensó que causaba alergias (particularmente en los niños) es actualmente una causa rara de alergia.

Los signos y síntomas de alergias por alimentos incluyen los siguientes:
- Dolor abdominal, diarrea, náusea o vómito
- Ronchas o hinchazón de los labios, ojos, cara, lengua o garganta (ver página 123)
- Desmayo
- Congestión nasal y asma

Tratamiento de urgencia

- Evitarlos es la mejor forma de prevenir una reacción alérgica.
- Lea las etiquetas de los alimentos cuidadosamente y esté alerta a sustancias derivadas de alimentos a los cuales usted es alérgico. Ejemplo: El suero y la caseína son productos de la leche que se usan como aditivos.
- Cuando seleccione alimentos sustitutos, tenga cuidado de seleccionar alimentos que proporcionen los nutrientes necesarios.
- Si ha tenido una reacción grave, lleve una pulsera de alerta o cadena, que puede obtenerse en la mayoría de las farmacias. Pregunte al médico acerca de llevar con usted medicamentos de urgencia, como la epinefrina inyectable, y sepa cuándo y cómo usarla.
- Aprenda las técnicas de rescate, y enséñelas a familiares y amigos.

Atención médica

Las alergias a los alimentos pueden diagnosticarse a través de un proceso cuidadoso que incluye los siguientes cinco pasos:

1. La historia de sus síntomas, incluyendo cuándo ocurren, cuáles alimentos causan problemas, y la cantidad de alimento necesario para desencadenar los síntomas.
2. Un diario de los alimentos para identificar los hábitos alimenticios, los síntomas y el uso de medicamentos.
3. Exploración física.
4. Pruebas: Las pruebas cutáneas utilizando extractos de alimentos y una prueba en la sangre que mide un anticuerpo llamado inmunoglobulina E (IgE) pueden ayudar. Ninguna prueba es 100 por ciento precisa. Pueden ser más útiles para determinar a cuáles alimentos no es usted alérgico.
5. Los intentos por eliminar alimentos son retos controlados para su sistema y se consideran el estándar de oro de las pruebas de alergia a los alimentos.

Sin embargo, los retos a los alimentos no deben utilizarse si ha tenido una reacción grave a un determinado alimento.

Para la reacciones leves, su médico puede prescribir antihistamínicos o pomadas para la piel.

Precaución	Las reacciones graves como la anafilaxia (ver página 11) o el asma aguda pueden poner en peligro la vida. Esas reacciones son raras. La mayoría de reacciones están limitadas a erupción y ronchas. Sin embargo, esto no significa que puedan ignorarse.
Cuidados de los niños	Las alergias a los alimentos son más comunes en los niños que en los adultos. Al madurar el sistema digestivo, es menos apto para permitir la absorción de alimentos que desencadenan alergias. Los niños superan típicamente las alergias a la leche, huevo, trigo y soya. Las alergias graves y las debidas a cacahuates, nueces, pescado y mariscos, tienen mayor probabilidad de prolongarse durante toda la vida.

■ Alergias a medicamentos

Si tiene alergia a un medicamento, lleve la identificación apropiada todo el tiempo. Las cadenas y brazaletes de alerta a los medicamentos están disponibles en las farmacias.

Casi cualquier medicamento puede causar una reacción adversa en algunas personas. Las reacciones a la mayoría de los medicamentos no son frecuentes, pero pueden variar de irritantes a aquellas que ponen en peligro la vida. Algunas reacciones (como la erupción) son verdaderas respuestas alérgicas. Sin embargo, la mayoría son efectos secundarios de un determinado medicamento, caracterizados por resequedad de boca o fatiga. Algunas son efectos tóxicos de los medicamentos, como el daño al hígado. Otras reacciones no se comprenden bien. El médico determinará la naturaleza de las reacciones y lo que se debe hacer.

La penicilina y medicamentos similares son responsables de muchas reacciones alérgicas y varían de erupción leve a ronchas o anafilaxia inmediata. La mayoría de las reacciones son dermatosis leves.

Otros medicamentos que pueden causar reacciones incluyen las sulfas, barbitúricos y anticonvulsivantes. Todos estos medicamentos son comunes y útiles. Las reacciones ocurren en una minoría de la gente. Si usted está tomando uno de ellos y no tiene problemas, no lo suspenda. Además, los medios de contraste que se usan en algunos estudios de rayos X para ayudar a ver los órganos principales pueden causar una reacción alérgica.

Los signos y síntomas de las reacciones alérgicas a los medicamentos incluyen los siguientes:
- Erupción, ronchas, comezón generalizada
- Sibilancias y dificultad para respirar
- Estado de choque

Autocuidados	<ul><li>Evite los medicamentos que causan una respuesta alérgica.</li><li>Si tiene una reacción alérgica, aprenda el nombre de medicamentos relacionados.</li><li>Use una cadena de alerta en el cuello o un brazalete que indique su alergia.</li><li>Alerte a los médicos respecto a su hipersensibilidad antes del tratamiento.</li><li>Informe posibles reacciones al médico. Las reacciones pueden ocurrir días después de dejar de usar el medicamento.</li><li>Pida al médico medicamento para un caso de urgencia.</li></ul>
Atención médica	Vea a su médico si desarrolla erupción, comezón, ronchas o si sospecha que otros síntomas que presenta pueden ser deberse a un medicamento que está tomando.

Mordeduras y picaduras

■ Mordeduras por animales

Las mascotas de la casa causan la mayoría de las mordeduras de animales. Los perros son más susceptibles de morder que los gatos. Pero es más probable que las mordeduras de gatos causen infección, y deben valorarse por el médico.

Autocuidados	• Si la mordedura sólo atraviesa la piel, trátela como una herida menor. Lave escrupulosamente la herida con agua y jabón. Aplique una crema antiséptica para prevenir infección y cubra la herida con una venda limpia. • Establezca si ha recibido vacuna para el tétanos en los últimos cinco años. Si no, requiere una inyección de refuerzo cada vez que una mordida atraviesa la piel. • Informe mordeduras sospechosas a las autoridades de salud locales. • Siga las instrucciones del veterinario para la inmunización de sus mascotas.
Atención médica	Si la mordedura produce una herida profunda o si la piel está muy desgarrada y sangrante, aplique presión para detener el sangrado y vea al médico. Si no le han aplicado una inyección reciente para el tétanos, busque atención médica. Vigile los signos de infección. La hinchazón, el enrojecimiento alrededor de la herida, una estría roja que se extiende desde el sitio, pus que drena en la herida, o dolor, deben informarse inmediatamente al médico.

El riesgo de rabia

Los murciélagos, zorros, zorrillos y otros animales silvestres pueden ser portadores de rabia, pero también los perros, especialmente si corren en el bosque. Los animales de granja, en especial las vacas, pueden ser portadores de rabia, aunque los animales de granja raras veces transmiten la rabia a los humanos.

El de la rabia es un virus que afecta el cerebro. Se transmite a los humanos por la saliva de la mordedura de un animal infectado; el virus de la rabia tiene un periodo de incubación (desde la mordedura hasta que aparecen los síntomas) de tres a siete semanas.

Una vez que termina el periodo de incubación se desarrolla generalmente una sensación de hormigueo en el sitio de la mordedura. Al propagarse el virus puede presentarse espuma en la boca por la dificultad para deglutir. Puede seguir irritabilidad no controlada y confusión, alternando con periodos de calma.

En el caso de una mordedura de un perro doméstico, gato o hurón, el animal debe confinarse y observarse por un veterinario durante siete a 10 días. Contacte a un veterinario si el animal muestra algún signo de enfermedad. Si un animal silvestre lo ha mordido, se le debe matar y hacer pruebas para rabia.

■ Mordeduras humanas

Hay dos clases de mordeduras humanas. La primera es lo que generalmente se piensa que es una "verdadera" mordedura — una lesión que resulta de atrapar la carne entre los dientes. La segunda clase, llamada una "mordedura de pelea" ocurre cuando una persona se hiere los nudillos con los dientes de un oponente. El tratamiento es el mismo en ambos casos. Las mordeduras humanas son peligrosas por el riesgo de infección. La boca humana es un campo de cultivo para las bacterias.

Autocuidados	• Aplique presión para detener el sangrado, lave la herida escrupulosamente con agua y jabón y coloque una venda en la herida. Luego visite un departamento de urgencias. El prestador de cuidados a la salud puede prescribir antibióticos para prevenir la infección o actualizar sus inyecciones para el tétanos si no se las han aplicado en más de cinco años.

■ Mordeduras de serpientes

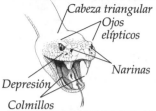

Cabeza triangular
Ojos elípticos
Narinas
Depresión
Colmillos

La mayoría de serpientes no es venenosa. Sin embargo, debido a que unas cuantas lo son (incluyendo víboras de cascabel, coralillo, mocasin acuático y cobra), evite levantar o jugar con una serpiente, a menos que esté adecuadamente entrenado.

Si es mordido por una serpiente, es importante determinar si ésta es venenosa. La mayoría de serpientes venenosas tiene ojos en forma de hendidura (elípticos). La cabeza es triangular, con una depresión en medio de los ojos y narinas.

Autocuidados	
	• Si la serpiente no es venenosa, lave la mordedura cuidadosamente, cúbrala con una crema antiséptica y coloque una venda. En general, la mordedura de una serpiente es más atemorizante que peligrosa.
	• Verifique la fecha de la última vacuna para el tétanos. Si han pasado más de cinco años y la mordedura atravesó la piel, requiere un refuerzo de la vacuna.

Atención médica

Si sospecha que la serpiente es venenosa, busque ayuda médica urgente inmediatamente. No corte la herida ni intente eliminar el veneno. No use un torniquete ni aplique hielo. Inmovilice el brazo o la pierna lesionados, elévelo si es posible, y trate de permanecer tan tranquilo como sea posible hasta que llegue la ayuda médica.

■ Mordeduras y picaduras de insectos

Algunas mordeduras o picaduras causan poco más que comezón o una sensación de escozor y leve hinchazón que desaparecen aproximadamente en un día. Sin embargo, cada año hasta 5 por ciento de la población desarrolla reacciones alérgicas importantes al veneno de insectos. Las abejas, avispas, avispones y hormigas rojas son las más problemáticas. Los mosquitos, garrapatas, moscas y algunas arañas pueden causar problemas también, pero estos generalmente son reacciones más leves.

Los síntomas de una reacción alérgica generalmente aparecen a los pocos minutos de la picadura. Pero algunos tardan horas o incluso días para aparecer. Si usted es ligeramente sensible al veneno, es frecuente presentar ronchas, comezón en los ojos, dolor y comezón intensa alrededor del sitio de la picadura o mordedura. En una reacción retardada, puede presentar fiebre, dolores articulares, ronchas y ganglios aumentados de tamaño.

Las reacciones alérgicas más graves pueden poner en peligro la vida. Puede haber ronchas graves y edema en los ojos, labios o dentro de la garganta; el edema de la garganta puede causar dificultad para respirar. El mareo, confusión mental, cólico abdominal, náusea, vómito o desmayo pueden acompañar también a una reacción grave.

El virus del Nilo es llevado por los mosquitos y puede causar enfermedad. En casos graves, los signos y síntomas de infección incluyen cefalea intensa, confusión y ligera sensibilidad. La infección grave puede causar inflamación del cerebro y de las membranas y el líquido que rodean al cerebro. Tales síntomas requieren atención médica inmediata. Para reducir el riesgo evite actividad innecesaria en el exterior cuando los mosquitos son más activos, como al amanecer, al atardecer y al iniciar la noche. Además, use camisas de manga larga y pantalones cuando esté a la intemperie, y use repelente para mosquitos.

Autocuidados	
	• Raspe o cepille el aguijón con un objeto de bordes lisos. No trate de jalar el aguijón con pinzas o con sus dedos. Esto puede liberar más veneno.
	• Para reducir el dolor y la hinchazón, aplique hielo o compresas frías.
	• Aplique crema de hidrocortisona al 0.5 o 1 por ciento, loción de calamina o una pasta de carbonato de sodio a la mordedura o picadura varias veces al día hasta que desaparezcan los síntomas.
	• Tome un antihistamínico.
	Si ha tenido una reacción grave en el pasado, obtenga un brazalete de alerta médica y lleve siempre un equipo de alergia que contenga epinefrina.

Atención médica

Si la reacción a la mordedura de un insecto es grave (con dificultad para respirar, inflamación de la lengua, garganta o erupciones), acuda al médico o al departamento de urgencias inmediatamente.

Las reacciones alérgicas más graves a los piquetes de abeja pueden poner en peligro la vida. Si experimenta problemas para respirar, inflamación de los labios o garganta, debilidad, confusión, ritmo cardiaco rápido o erupciones después de un piquete, busque ayuda de emergencia. Las reacciones menos graves incluyen naúsea, cólicos intestinales, diarrea o inflamación de más de cinco centímetros de diámetro en el sitio del piquete. Acuda rápidamente al médico si experimenta alguno de estos síntomas.

El médico puede prescribir inyecciones que ayudan a desensibilizar el cuerpo al veneno de insectos, así como un equipo de emergencia que contenga antihistamínicos en tabletas y una jeringa con epinefrina (adrenalina). Las unidades con inyector a presión están disponibles y liberan medicamento a una dosis predeterminada. Conserve los medicamentos a temperatura ambiente. Revise periódicamente la fecha de caducidad.

■ Mordeduras de araña

Viuda negra (vista desde abajo)

Reclusa café (vista desde arriba)

Sólo unas cuantas arañas son peligrosas para los humanos. Dos son la viuda negra (*Latrodectus mactans*), conocida por la marca roja en forma de reloj de arena en el abdomen, y la reclusa café (*Loxosceles reclusa*), con su marca en forma de violín en la parte superior.

Ambas prefieren climas cálidos, oscuridad y lugares secos en donde hay muchos insectos. A menudo viven en closets, cajones y baños a la intemperie. Los signos y síntomas de picadura de viuda negra incluyen espasmos, náusea y vómito, hinchazón y enrojecimiento alrededor de la lesión, cefalea, mareo, y confusión. Una picadura de una reclusa café puede causar una reacción intensa en el lugar de la lesión. Otros síntomas incluyen fiebre leve, exantema, náusea, y sangre en la orina.

Si sufre una picadura busque atención médica de urgencia inmediatamente. Mientras tanto, lave la herida con agua y jabón y aplique un lienzo húmedo con agua fría o con hielo. Si la mordedura es en un miembro, puede hacer más lenta la propagación del veneno colocando un vendaje apretado por arriba de la mordedura y aplicando hielo.

■ Mordeduras de garrapatas

Con mucho, las garrapatas son inofensivas, pero pueden ser una amenaza para la salud humana. Algunas pueden ser portadoras de infecciones, y su mordedura puede transmitir bacterias que causan enfermedades como la **enfermedad de Lyme** (causada por la garrapata de los ciervos, ver más adelante) o la fiebre manchada de las Montañas Rocosas. El riesgo de contraer una de estas enfermedades depende de la parte de Estados Unidos donde se reside, cuánto tiempo se pasa en áreas boscosas y la protección que se utiliza.

Autocuidados

Tamaño real

Garrapata del ciervo

Tamaño real

Garrapata de la madera

- Cuando camine en áreas boscosas o pastizales, use zapatos, pantalones largos metidos en los calcetines, y camisas de manga larga. Evite los arbustos bajos y la hierba alta.
- Haga su patio a prueba de garrapatas limpiándolo de arbustos y hojas; mantenga las pilas de madera en áreas soleadas.
- Examínese usted y a sus mascotas a menudo en busca de garrapatas después de estar en áreas boscosas o con hierbas. Bañarse en la regadera inmediatamente después de salir de estas áreas es una buena idea, porque las garrapatas permanecen a menudo en la piel muchas horas antes de morder.
- Los repelentes de insectos son a menudo repelentes de garrapatas. Use productos que contienen DEET o permetrina. Asegúrese de seguir las precauciones anotadas en la etiqueta.
- Si encuentra una garrapata, extráigala con pinzas, sujetándola suavemente cerca de la cabeza o de la boca. No apriete ni aplaste la garrapata, sino mantenga una tracción constante y cuidadosa. Una vez que ha extraído la garrapata completa, aplique antiséptico al área mordida.
- Si desarrolla una erupción o se siente enfermo después de una mordedura de garrapata, lleve el insecto al consultorio del médico.
- Cuando se deshaga de una garrapata, entiérrela, quémela o tírela en el inodoro y jale la palanca.

Quemaduras

Las quemaduras pueden ser causadas por fuego, sol, sustancias químicas, líquidos u objetos calientes, vapor, electricidad y otros medios. Pueden ser problemas médicos menores o urgencias que ponen en peligro la vida.

Clasificación de las quemaduras

Distinguir una quemadura menor de una quemadura más grave implica determinar el grado de daño a los tejidos del cuerpo. Las siguientes tres clasificaciones e ilustraciones ayudan a determinar su respuesta.

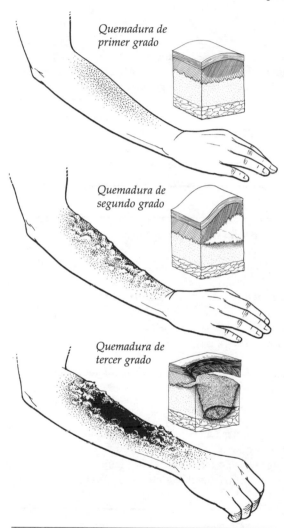

Quemadura de primer grado

Quemadura de segundo grado

Quemadura de tercer grado

Primer grado

La quemaduras menos graves son aquellas en las cuales únicamente se quema la capa exterior de la piel (epidermis). La piel está generalmente enrojecida y puede haber edema y dolor, pero la capa exterior de la piel no se ha quemado completamente. A menos que esta quemadura abarque porciones sustanciales de las manos, pies, cara, ingles, glúteos o una articulación mayor, puede ser tratada como una quemadura leve con los remedios de autocuidados que se presentan en la página 18. Las quemaduras con sustancias químicas pueden requerir seguimiento adicional. Si la quemadura fue causada por exposición al sol, vea Quemaduras solares, página 19.

Segundo grado

Cuando la primera capa de la piel se ha quemado completamente y la segunda capa (dermis) también, la lesión es llamada quemadura de segundo grado. Se desarrollan ámpulas, y la piel toma un color intensamente enrojecido y se mancha. Los síntomas acompañantes son dolor importante y edema.

Si una quemadura de segundo grado está limitada a un área no mayor de 5 a 7.5 cm de diámetro, utilice los mismos remedios caseros presentados en la página 18. Si el área quemada de la piel es mayor, o si la quemadura es en las manos, pies, cara, ingles, glúteos o una articulación mayor, busque atención médica urgente inmediatamente.

Tercer grado

Las quemaduras más graves afectan todas las capas de la piel. La grasa, los nervios y músculos e incluso los huesos pueden estar afectados. Generalmente algunas áreas están negras o tienen una apariencia blanca seca. Puede haber dolor intenso, o si el daño a los nervios es sustancial, no hay dolor. Es importante tomar medidas inmediatas en todos los casos de quemaduras de tercer grado.

Tratamiento de urgencia: Todas las quemaduras graves

Busque tratamiento médico de urgencia inmediatamente para todas las quemaduras graves. Hasta que la unidad de urgencias llegue, siga estos pasos.
- **No retire la ropa quemada,** pero asegúrese de que la víctima ya no está en contacto con los materiales.
- **Asegúrese de que la víctima quemada esté respirando.**
- **Cubra el área de la quemadura** con un apósito fresco, húmedo, estéril, o con un lienzo limpio.

Autocuidados: Quemaduras leves	Para las quemaduras leves, incluyendo quemaduras de segundo grado limitadas a un área no mayor de 5 a 7.5 cm de diámetro, tome las siguientes medidas: • **Enfríe la quemadura.** Mantenga el área quemada bajo agua fría corriente durante 15 minutos. Si este paso no es práctico, sumerja la quemadura en agua fría o enfríela con compresas frías. Enfriar la herida reduce el edema porque quita el calor de la piel. • **Considere una loción.** Una vez que una quemadura se ha enfriado completamente, una loción que contenga sábila, o humectante evita que se seque y aumenta su comodidad. Para las quemaduras de sol, pruebe crema de hidrocortisona al 1 por ciento o una crema anestésica. • **Coloque un apósito.** Cubra la herida con un apósito con gasa estéril y un vendaje. (El algodón puede ser irritante). Envuélvala sin apretar para evitar presión sobre la piel quemada. La venda mantiene el aire alejado del área, reduce el dolor y protege la piel ampollada. • **Tome calmantes para el dolor que se pueden obtener sin receta** (ver página 258). • **Vigile los signos de infección.** Las quemaduras menores generalmente cicatrizan en una a dos semanas sin mayor tratamiento, pero vigile los signos de infección.
Precaución	**No use hielo.** Poner hielo directamente en una quemadura puede causar congelamiento y mayor daño a la piel. **No perfore las ampollas.** Las ampollas llenas de líquido protegen de la infección. Si las ampollas se rompen, lave el área con jabón suave y agua, luego aplique un ungüento con antibiótico y un apósito de gasa. Limpie y cambie los apósitos diariamente.

■ Quemaduras químicas

Autocuidados	• **Asegúrese de que la causa de la quemadura ha sido retirada.** Lave y elimine las sustancias químicas de la superficie de la piel con agua corriente fría durante 20 minutos o más. Si la quemadura química es una sustancia polvosa como cal, cepíllela de su piel antes de lavarla. • **Trate a la persona si está en estado de choque (ver página 11).** Los síntomas incluyen desmayo, aspecto pálido o respiración notablemente superficial. • **Retire la ropa o las joyas** que se han contaminado con la sustancia química. • **Envuelva el área quemada** con un apósito seco, estéril (si es posible), o un lienzo limpio. • **Vuelva a lavar la quemadura** otros minutos más si la víctima refiere aumento del ardor después del lavado inicial. **Prevención** • Cuando utilice sustancias químicas, siempre use anteojos y ropas protectoras. • Conozca las sustancias químicas que utiliza. • En su trabajo, lea las Hojas de Datos de Seguridad de Materiales, o llame al centro de control de intoxicaciones local que se encuentra en el directorio telefónico para saber más de la sustancia química.
Atención médica	Las quemaduras menores generalmente curan sin mayor tratamiento. Sin embargo, busque ayuda médica de urgencia (1) si la sustancia química quemó a través de la primera capa de piel y la quemadura de segundo grado resultante cubre un área mayor de 5 a 8.5 cm de diámetro, o (2) si la quemadura ocurrió en las manos, pies, cara, ingles, glúteos o una articulación mayor. Si no está seguro de que un determinado compuesto es tóxico, llame a un centro de control de intoxicaciones.
Precaución	Los productos blanqueadores caseros comunes, particularmente los que contienen amoníaco o lejía y las sustancias químicas para el jardín pueden causar daño importante en los ojos o en la piel. Lea las etiquetas. Contienen instrucciones para el uso adecuado y recomendaciones de tratamiento.

Quemaduras solares

Aunque el sol proporciona un cambio bienvenido de los meses grises del invierno, puede dañar la piel y aumentar el riesgo de cáncer de la misma. Los síntomas de quemaduras solares generalmente aparecen unas horas después de la exposición, con dolor, enrojecimiento, edema y ocasionalmente ampollas. Una quemadura de sol puede causar cefalea, fiebre y fatiga.

Autocuidados

- Tome un baño o ducha fría. Agregar 1/2 taza de almidón de maíz, avena o carbonato de sodio al baño puede proporcionar cierto alivio.
- Deje las ampollas intactas para acelerar la curación y evitar la infección. Si se rompen solas, aplique un ungüento antibacteriano en las áreas abiertas.
- Tome un analgésico antiinflamatorio de venta sin receta como ibuprofeno o aspirina. No sólo le ayudará a eliminar el dolor también reducirá la extensión del daño (ver la página 258).
- Evite productos que contienen benzocaína (un anestésico) porque pueden causar reacciones alérgicas en muchas personas.

Prevención

- Trate de evitar estar fuera de las 10 a.m. a las 3 p.m., cuando la radiación ultravioleta (UV) del sol está en su máximo. Cubra las áreas expuestas, use un sombrero de ala ancha y un filtro solar con un factor de protección solar (FPS) de 15 por lo menos.
- Proteja sus ojos. Los anteojos para el sol que bloquean 95 por ciento de la radiación UV son adecuados. Pero puede necesitar lentes que bloqueen 99 por ciento si pasa muchas horas en el sol, si ha tenido cirugía de cataratas o si está tomando un medicamento de prescripción que aumente su sensibilidad a la radiación UV.

Atención médica

Si la quemadura solar empieza a ampollarse o se siente enfermo, vea al médico. La cortisona oral, como la prednisona, ayuda ocasionalmente.

Precaución

Toda una vida de sobreexposición a la radiación UV del sol puede dañar la piel y aumentar el riesgo de cáncer de la misma. Si tiene una quemadura grave o complicaciones inmediatas (erupción, comezón o fiebre), contacte al médico. Las quemaduras de sol también se pueden acompañar de enfermedad por calor como la insolación.

Quemaduras eléctricas

Cualquier quemadura eléctrica debe ser examinada por un médico. Una quemadura puede parecer leve, pero el daño puede extenderse hacia los tejidos profundos. Puede ocurrir alteración del ritmo cardiaco, paro cardiaco o daño interno si la cantidad de corriente eléctrica que pasó a través del cuerpo fue grande. Algunas veces la sacudida asociada a la electricidad puede hacer que la persona caiga o salga arrojada, lo que puede causar fracturas u otras lesiones.

Si la persona que se ha quemado tiene dolor, está confusa, o está presentando cambios en su respiración, frecuencia cardiaca o estado de conciencia, solicite atención médica de urgencia.

Mientras espera la ayuda médica:

1. No toque a la persona. Esta puede estar todavía en contacto con la fuente eléctrica.
2. Apague la fuente de electricidad. Si esto no es posible, retire la fuente de electricidad de la persona con un objeto aislante hecho de madera, cartón, o plástico.
3. Revise si hay respiración o movimiento. Si están ausentes, inicie resucitación cardiopulmonar (RCP) inmediatamente.
4. Prevenga el choque. Haga que la persona se recueste en una superficie plana.

Problemas del clima frío

■ Congelamiento

Cubra su cara si siente los efectos del congelamiento

El congelamiento puede afectar cualquier área del cuerpo. Las manos, pies, nariz y orejas son los más susceptibles debido a que son pequeños y a menudo están expuestos.

En temperaturas de subcongelamiento, los diminutos vasos sanguíneos de la piel se estrechan, reduciendo el flujo de sangre y oxígeno a los tejidos. Eventualmente las células se destruyen.

El primer signo de congelamiento puede ser una sensación de hormigueo ligeramente dolorosa. Ésta a menudo es seguida por adormecimiento. La piel puede verse sumamente pálida y se siente dura, fría y adormecida. El congelamiento puede dañar las capas profundas del tejido. Al congelarse las capas más profundas del tejido, a menudo se forman ampollas. Las ampollas generalmente ocurren en uno a dos días.

Las personas con "endurecimiento de las arterias" (aterosclerosis) o que toman ciertos medicamentos por un trastorno del corazón pueden ser más susceptibles al congelamiento.

Autocuidados

- Cuidadosa y sutilmente vuelva a calentar las áreas congeladas. Retírese del frío si es posible. Si está en el exterior, coloque las manos directamente sobre la piel de áreas más calientes del cuerpo. Caliente las manos colocándolas en las axilas. Si la nariz, orejas o cara están congeladas, caliente el área cubriéndola con las manos calientes (pero trate de mantenerlas protegidas).
- Si es posible, sumerja las manos o pies en agua que esté ligeramente por arriba de la temperatura normal (38 a 41 °C [100 a 105 °F]) o que alguna otra persona la sienta caliente.
- No frote el área afectada. Nunca frote nieve en la piel congelada.
- No fume cigarrillos. La nicotina hace que se contraigan los vasos sanguíneos y puede limitar la circulación.
- Si los pies están congelados, elévelos y caliéntelos.
- No use calor directo (como cojines eléctricos).
- No caliente un área afectada si hay probabilidades de que se vuelva a congelar.

Seguimiento

Las áreas congeladas se volverán rojas y punzantes, o se queman al volver a calentarse y producen dolor. Incluso con congelamiento leve la sensibilidad normal puede no regresar inmediatamente. Un antiinflamatorio de venta sin receta como el ibuprofeno, le ayudará con el dolor y puede disminuir el daño. Cuando el congelamiento es grave, el área probablemente permanecerá adormecida hasta que cure completamente. La curación puede tardar meses, y el daño en la piel puede cambiar permanentemente su sensibilidad al tacto. En casos graves, en los cuales hay infección después de que el área afectada se ha calentado nuevamente, pueden ser necesarios antibióticos. El reposo en cama y la fisioterapia pueden ser apropiados. No fume cigarrillos durante la recuperación. Una vez que ha tenido un congelamiento — independientemente de si fue leve — tiene mayor probabilidad de presentarlo de nuevo.

Tratamiento de urgencia

Si el adormecimiento permanece al volver a calentarse, desarrolla ampollas o el daño parece grave, busque ayuda médica inmediatamente. Una persona con congelamiento en las extremidades puede tener también hipotermia (ver página 21).

Cuidados de los niños

Busque signos de calosfrío o lesión por frío cuando su hijo esté en el exterior. Cuidado con los sujetadores húmedos de los gorros o trajes de nieve porque la piel por debajo del sujetador puede congelarse fácilmente. Enseñe a su hijo a evitar tocar el metal frío con la manos o poner la lengua sobre objetos de metal fríos.

Cómo prevenir las lesiones por frío

- **Permanezca seco.** El cuerpo pierde calor más rápido cuando la piel está mojada por lluvia, nieve o transpiración.
- **Protéjase del viento.** El viento quita más calor del cuerpo que el aire frío solo. La piel expuesta se afecta particularmente por el viento.
- **Use ropas que aíslan, protegen y respiran.** Las capas de ropas ligeras y holgadas atrapan aire para un aislamiento efectivo. Como capa exterior use algo que sea repelente al agua y a prueba de viento.
- **Cubra la cabeza, cuello y cara.** Use dos pares de calcetines y botines lo suficientemente altos para cubrir los tobillos. Las guanteletas protegen las manos más que los guantes.
- **Vuelva a calentarse usted mismo.** Si una parte de su cuerpo se vuelve tan fría que empieza a sentirse adormecida, vuelva a calentarla antes de continuar su actividad.
- **No toque metal con la piel descubierta.** El metal frío puede absorber calor rápidamente.
- **Planee los viajes y las actividades en el exterior.** Lleve consigo equipo de urgencia (vea página 229).

■ Hipotermia

En la mayoría de condiciones el cuerpo mantiene una temperatura saludable. Pero cuando se expone por periodos prolongados a temperaturas frías o a un ambiente frío y húmedo, los mecanismos de control pueden fallar para mantener la temperatura corporal normal. Cuando se pierde más calor del que el cuerpo puede generar, se puede generar **hipotermia**. Las ropas húmedas o mojadas pueden aumentar las probabilidades de hipotermia.

Caer de un bote al agua fría es una causa frecuente de hipotermia. La cabeza descubierta o la ropa inadecuada en el invierno es otra causa frecuente.

El síntoma clave de la hipotermia es una temperatura corporal que disminuye a menos de 34.7 °C (94 °F). Los signos incluyen estremecimiento, lenguaje arrastrado, frecuencia respiratoria anormalmente lenta, piel fría y pálida, pérdida de coordinación y sensación de cansancio, letargia o apatía. El inicio de los síntomas es generalmente lento; probablemente hay una pérdida gradual de la agudeza mental y de la capacidad física. La persona que presenta hipotermia, de hecho puede no estar consciente de que está en un estado que requiere tratamiento médico urgente.

Los adultos de edad avanzada y la gente muy joven y muy delgada están en riesgo particular de hipotermia. Otras condiciones que pueden predisponerlo a hipotermia son desnutrición, enfermedad cardiaca, tiroides hipoactiva, ciertos medicamentos, y consumo excesivo de alcohol.

Tratamiento de urgencia

- Después de retirar a la persona del frío, cambie a la víctima con ropa caliente y seca. Si no es posible ir al interior, la persona necesita estar lejos del viento, tener la cabeza cubierta y estar aislada del suelo frío.
- Busque ayuda médica de urgencia. Mientras espera que llegue la ayuda, monitorice la respiración y el pulso de la persona. Si alguno de ellos se ha detenido o parece peligrosamente lento o superficial, empiece inmediatamente RCP (ver página 2).
- En casos extremos, una vez que la víctima ha llegado a un centro médico, se utiliza algunas veces el recalentamiento de la sangre, similar al procedimiento con un aparato de circulación extracorpórea, para restablecer rápidamente la temperatura corporal normal.
- Si no se dispone de cuidados de urgencia, caliente a la persona con un baño a 38 a 41 °C (100 a 105 °F), que es caliente al tacto pero no mucho. Administre líquidos calientes nutritivos.
- Los compañeros pueden compartir el calor corporal.

Precaución

No le dé alcohol a la persona. Administre bebidas calientes no alcohólicas, a menos que la persona esté vomitando.

Cortadas, rasguños y heridas

Las cortadas, rasguños y heridas de la vida diaria a menudo no requieren ir al departamento de urgencias. Sin embargo, es esencial el cuidado adecuado para evitar infección u otras complicaciones. Las guías siguientes pueden ayudarlo en el cuidado de las heridas simples. Las heridas por punción pueden requerir atención médica.

■ Heridas simples

Autocuidados

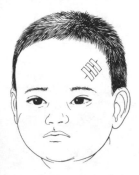

Pueden utilizarse unas cuantas tiras de cinta quirúrgica (Steri-Strips) para cerrar una herida menor. Pero si los bordes de la herida no cierran fácilmente, busque atención médica. El cierre adecuado minimiza la cicatriz.

- **Detenga el sangrado.** Las cortadas leves y rasguños en general dejan de sangrar espontáneamente. Si no, aplique presión suave con un lienzo limpio o un apósito.
- **Mantenga limpia la herida.** Lave con agua. Limpie el área alrededor de la herida con jabón y un lienzo. Mantenga el jabón fuera de la herida. El jabón puede causar irritación. Si queda tierra o desechos en la herida después de lavarla, use pinzas limpias para extraer las partículas. Aplique alcohol a las pinzas antes de usarlas. Si quedan fragmentos dentro de la herida después de limpiarla, contacte al que le proporciona los cuidados de la salud, y no intente extraerlos usted mismo. La limpieza cuidadosa de la herida disminuye también el riesgo de tétanos (ver página 23).
- **Aplique agua oxigenada, yodo o un antiséptico que contenga yodo.** Estas sustancias pueden usarse en el área alrededor de la herida pero no son necesarias. Son irritantes para las células y no deben usarse en la herida misma.
- **Considere la fuente.** Las heridas por punción y otras cortadas profundas, las mordeduras de animales y particularmente las heridas sucias lo ponen en riesgo de tétanos (ver página 23). Si la herida es grave, puede requerir refuerzo adicional para el tétanos incluso si recibió la última dosis en los últimos 10 años. Se administra un refuerzo para heridas sucias o profundas si no le han aplicado uno en los cinco años previos.
- **Prevenga la infección.** Después que usted limpia la herida si lo desea aplique una capa delgada de una crema o ungüento con antibiótico para ayudar a mantener la superficie húmeda. Los productos no hacen que la herida cicatrice más rápidamente, pero pueden eliminar la infección y permitir que los factores de cicatrización del cuerpo cierren la herida más eficientemente. Sea consciente de que ciertos ingredientes de algunos ungüentos pueden causar una erupción leve en algunas personas. Si aparece una erupción, deje de usar el ungüento.
- **Cubra la herida.** La exposición al aire acelera la cicatrización, pero los apósitos pueden ayudar a mantener la herida limpia y evitar las bacterias. Las ampollas que están drenando son vulnerables y deben ser cubiertas hasta que se forme una costra.
- **Cambie el apósito para ayudar a prevenir la infección.** Haga esto por lo menos una vez al día o siempre que esté húmeda o sucia. Si es usted alérgico a la tela adhesiva utilizada en la mayoría de los apósitos, cambie a los apósitos sin tela adhesiva o gasa estéril, cinta de papel o red de compresión. Estos productos están disponibles generalmente en las farmacias.

Atención médica

Si persiste el sangrado — si la sangre brota o continúa saliendo después de varios minutos de presión — es necesaria atención médica de urgencia.

¿Se requiere suturar? Una herida profunda (todo el espesor de la piel), con bordes irregulares y grasa o músculo expuesto puede requerir suturas para mantenerla unida y tener una cicatrización adecuada. Las tiras de cinta quirúrgica pueden usarse para cerrar una cortada leve, pero si los bordes de la herida no se cierran fácilmente, busque atención médica. El cierre apropiado ayuda a minimizar las cicatrices (ver página 23) , acelera la curación y reduce el riesgo de infección.

Precaución

Vigile los signos de infección. Cada día que una herida sigue sin cicatrizar, el riesgo de infección aumenta. Vea al médico si la herida no está cicatrizando o si nota enrojecimiento, secreción, calor o edema.

Una inyección en el brazo: Vacuna contra el tétanos

Una cortada, laceración, mordedura u otra herida, incluso si es leve, puede llevar a una infección por tétanos. El resultado puede ser el trismo, que ocurre días o semanas después. El tétanos es la rigidez de la mandíbula y otros músculos. Otros síntomas pueden incluir problemas para respirar, convulsiones e incluso la muerte.

Las bacterias del tétanos se encuentran generalmente en la tierra pero pueden encontrarse virtualmente en cualquier parte. Si sus esporas penetran en una herida más allá de donde llega el oxígeno, germinan y producen una toxina que interfiere con los nervios que controlan los músculos.

La inmunización activa es vital para todos antes de tener una herida. La vacuna para el tétanos se administra generalmente a los niños en una inyección contra difteria, tétanos y tos ferina (DTaP). Los adultos generalmente necesitan un refuerzo para el tétanos cada 10 años. Si la herida es grave, el médico puede recomendar un refuerzo adicional incluso si el último que recibió fue en los últimos 10 años. Se administra un refuerzo si tiene una herida profunda o sucia y si el refuerzo más reciente fue hace más de cinco años. Los refuerzos deben administrarse en los primeros dos días después de haber sufrido la herida.

■ Heridas por punción

Una herida por punción generalmente no causa sangrado excesivo. De hecho, a menudo fluye poca sangre y la herida parece cerrar casi instantáneamente. Estas características no significan que no es necesario el tratamiento.

Un herida por punción — como pisar un clavo o al clavarse una tachuela — puede ser peligrosa por el riesgo de infección. El objeto que causó la herida puede tener esporas de tétanos u otras bacterias, especialmente si el objeto ha estado expuesto a la tierra. Para una herida simple, siga los mismos pasos de autocuidados y recomendaciones para buscar ayuda médica mencionados en la página 22. Un herida por punción que es profunda puede requerir que un médico la limpie.

¿Qué hay respecto a las cicatrices?

Independientemente de cómo las trate, todas las heridas profundas que penetran más allá de la primera capa de la piel forman una cicatriz cuando han curado. Incluso heridas superficiales pueden formar una cicatriz o pigmentación anormal si se presenta infección o una nueva lesión. Seguir las guías de la página 22 puede ayudar a evitar esta complicación.

Cuando una herida que se encuentra en cicatrización es expuesta a la luz del sol, puede oscurecerse permanentemente. Este oscurecimiento puede prevenirse cubriendo el área con ropa o con un bloqueador solar (filtro solar con un factor de protección mayor de 15) siempre que esté en el exterior en los primeros seis meses de que ocurrió la herida.

Una cicatriz por lo general se hace más gruesa aproximadamente en dos meses del proceso de cicatrización. En seis meses a un año, debe volverse más delgada y quedar al mismo nivel de la superficie de la piel.

A una cicatriz grande e irregular que continúa creciendo se le llama queloide, un crecimiento anormal del tejido cicatricial. Las incisiones quirúrgicas, vacunas, quemaduras o incluso un rasguño pueden causar queloides. La tendencia a desarrollar queloides es a menudo heredada, y es más frecuente en la piel muy pigmentada que en la piel blanca.

Los queloides son inofensivos. Pero si producen comezón o se ven desagradables, los médicos puede extraer pequeños queloides congelándolos con nitrógeno líquido, e inyectando después cortisona. Algunas veces dejan de crecer, y raras veces desaparecen espontáneamente.

Pida a un dermatólogo o a un cirujano plástico que valore su cicatriz y le recomiende tratamiento si a usted le parece desagradable.

Lesiones en los ojos

Considere algunos objetos comunes en su casa — clips para papel, instrumentos y juguetes. Usados sin cuidado, implican una amenaza para sus ventanas al mundo — los ojos.

El tema de las lesiones en los ojos ofrece un escenario de "malas noticias-buenas noticias". Las lesiones en los ojos son frecuentes, y algunas son graves. Afortunadamente puede prevenir la mayoría de estas lesiones siguiendo pasos sencillos (ver página 76 para problemas comunes de los ojos).

■ Abrasión corneal (Rasguño)

Los tipos más frecuentes de lesiones de los ojos involucran la córnea — la "ventana" clara, protectora al frente del ojo. La córnea puede sufrir abrasiones o cortaduras con el contacto con polvo, tierra, arena, fragmentos de madera, partículas de metal o incluso el borde de un pedazo de papel. Generalmente el rasguño es superficial, y a esto se le llama abrasión corneal. Algunas abrasiones corneales se infectan y producen una úlcera corneal, que es un problema serio.

Las actividades de la vida diaria pueden llevar a abrasiones corneales. Ejemplos son los deportes, las reparaciones en la casa o un rasguño de los niños que accidentalmente rozan su córnea con la uña del dedo. Otras lesiones comunes de la córnea incluyen "accidentes por salpicaduras" — contacto con sustancias químicas que van desde anticongelantes hasta limpiadores caseros.

Debido a que la córnea es sumamente sensible, las abrasiones pueden ser dolorosas. Si su córnea tiene abrasiones, pude sentir como si tuviera arena en el ojo. El lagrimeo, visión borrosa, sensibilidad a la luz, dolor o enrojecimiento alrededor del ojo pueden sugerir una abrasión corneal.

Autocuidados

En caso de una lesión, busque atención médica pronto. Aquí están algunos pasos inmediatos que puede seguir:
- Haga correr agua tibia sobre el ojo, o salpique el ojo con agua limpia. Esto es especialmente útil en un accidente en el que se salpica una sustancia química. Muchos sitios de trabajo tienen estaciones para enjuagar los ojos con este propósito. Enjuagar el ojo puede eliminar el cuerpo extraño. La técnica se describe en la página 25.
- Parpadee varias veces. Este movimiento puede remover partículas pequeñas de polvo o arena.
- Jale el párpado superior sobre el párpado inferior. Las pestañas del párpado inferior pueden eliminar el cuerpo extraño de la superficie interna del párpado superior.

Precaución

- Si la abrasión fue causada por un objeto en el ojo, vea la página 25.
- No se aplique parches o compresas heladas en el ojo. Si tiene un objeto extraño dentro del ojo — típicamente cuando se golpea metal con metal — no presione sobre el globo ocular.
- No frote su ojo después de una lesión. Esta acción puede empeorar una abrasión corneal.

■ Salpicar con sustancias químicas

Si una sustancia química salpica su ojo, lávelo inmediatamente con agua. Cualquier fuente de agua limpia es buena. Es más importante empezar a lavarlo que encontrar agua estéril. Lavarlo con agua puede diluir la sustancia química. Continúe lavando el ojo por lo menos durante 20 minutos, particularmente si el ojo está expuesto a limpiadores caseros que contienen amoníaco. Después de lavar cuidadosamente el ojo, cierre el párpado y cúbralo con un apósito húmedo, holgado. Luego busque ayuda médica de urgencia.

■ Cuerpos extraños en el ojo

Los niños y adultos ocasionalmente tienen objetos extraños en los ojos. Puede usted seguir los pasos apropiados en algunos casos para remover el objeto. En otras situaciones, necesita ver al médico.

Cómo limpiar el ojo

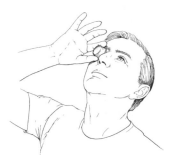

Para remover un objeto extraño pequeño del ojo, enjuáguelo con una pequeña cantidad de agua limpia usando una copa pequeña.

Su propio ojo

Si no hay nadie cerca que lo ayude, trate de limpiar el ojo. Utilizando un lavaojos o un vaso de jugo pequeño, lave su ojo con agua limpia. Coloque el vaso con el borde descansando en el hueso en la base del globo ocular y vacíe el agua, manteniendo el ojo abierto. Si no tiene éxito para limpiar el ojo, busque ayuda médica de urgencia.

El ojo de otra persona

- No frote el ojo. Lávese las manos antes de examinar el ojo. Siente a la persona en un área bien iluminada.
- Localice visualmente el objeto dentro del ojo. Examine el ojo jalando suavemente el párpado inferior hacia abajo y pidiendo a la persona que vea hacia arriba. Invierta el procedimiento con el párpado superior. Sostenga el párpado superior y examine el ojo mientras la persona ve hacia abajo. Si encuentra que el objeto extraño está incrustado en el globo ocular, cubra el ojo de la persona con un apósito estéril o un lienzo limpio. No trate de extraer el objeto.
- Si el objeto es grande y dificulta cerrar el ojo, cúbralo con un vaso de papel y adhiéralo a la cara y la frente. Busque ayuda médica de urgencia inmediatamente.
- Si el objeto está flotando en la película de lágrimas o en la superficie del ojo, puede irrigarlo o extraerlo manualmente. Manteniendo el párpado superior o inferior abierto, use un hisopo humedecido o la punta de un lienzo limpio para remover el objeto tocándolo ligeramente. Si no puede extraer el objeto fácilmente, cubra ambos ojos con un lienzo suave y busque ayuda médica de urgencia.
- Si tiene éxito en extraer el objeto, lave el ojo con una solución de irrigación ocular o con agua simple.
- Si persiste el dolor, problemas de visión o enrojecimiento, busque ayuda médica de urgencia.

El sentido común puede salvar la vista

- **Use anteojos protectores** mientras trabaja con sustancias químicas industriales, herramientas de potencia e incluso herramientas manuales. Algunas de las lesiones más graves de los ojos ocurren mientras la gente está usando martillos. Use también un casco de seguridad cuando sea apropiado.
- **Use anteojos de seguridad** para deportes como racquetbol, basketbol, squash y tenis. También use dispositivos apropiados para la cabeza como un casco de bateador de béisbol y una máscara de hockey.
- **Siga cuidadosamente las instrucciones para usar detergentes, amoníaco y líquidos limpiadores.** Cuando use líquidos que se presentan en frascos nebulizadores, siempre apunte la boquilla lejos de los ojos. Guarde las sustancias químicas caseras en lugares seguros y lejos del alcance de los niños.

- **Vigile a los niños cuando jueguen.** Retire los juguetes que pueden provocar una lesión ocular. Ejemplos son las pistolas BB, las espadas de plástico y los juguetes que disparan dardos. No permita que los niños tengan cuetes.
- **No se incline sobre la batería** de un automóvil cuando esté concectando los cables.
- **Recoja las piedras y varas** antes de cortar el pasto. Al cortarlo, tenga cuidado con los árboles que tienen las ramas bajas colgando.
- **Siga cuidadosamente las instrucciones** para remover y colocar los lentes de contacto. También investigue cualquier dolor o enrojecimiento en el ojo que se presente mientras esté usando lentes de contacto.

Enfermedades transmitidas por alimentos

La enfermedad transmitida por alimentos es un problema creciente en Estados Unidos. Las razones principales de este problema son la mayor frecuencia con que se sale a comer a restaurantes y el procesamiento más centralizado de los alimentos.

Todos los alimentos contienen naturalmente pequeñas cantidades de bacterias. Pero cuando el alimento no se maneja correctamente, no se cocina bien o no se guarda adecuadamente, las bacterias pueden multiplicarse en grandes cantidades, suficientes para causar enfermedad. Los parásitos, virus y sustancias químicas pueden también contaminar el alimento, pero la enfermedad transmitida por alimentos por estas fuente es menos frecuente.

Si consume un alimento contaminado, el enfermarse depende del micororganismo, la cantidad de exposición, su edad y su salud. Al avanzar la edad, las células inmunes pueden no responder tan rápida y eficazmente ante los microorganismos infecciosos. Los niños pequeños tienen riesgo aumentado de enfermedad porque su sistema inmunes no se ha desarrollado completamente. Si está embarazada o ha tenido un trasplante de órgano, puede estar en mayor riesgo. Trastornos como la diabetes y el SIDA, y el tratamiento del cáncer, disminuyen también la respuesta inmune, haciéndolo más susceptible a la enfermedad transmitida por alimentos.

La intoxicación alimentaria puede causar diversas molestias. Si se enferma dentro de una a seis horas después de consumir alimento o agua contaminados, probablemente tiene un tipo común de intoxicación alimenticia. Los síntomas incluyen náusea, vómito, diarrea, dolor de estómago y fiebre.

Autocuidados	
	• Guarde reposo y tome abundantes líquidos.
	• No use medicamentos antidiarreicos porque puede hacer más lenta la eliminación de las bacterias y toxinas del cuerpo.
	• La enfermedad leve a moderada se resuelve espontáneamente en las siguientes 12 horas.

Atención médica

Si los síntomas duran más de 12 horas, son intensos o pertenece a uno de los grupos de alto riesgo que se mencionaron anteriormente, busque atención médica de inmediato para evitar deshidratación.

Precaución

El botulismo es una intoxicación alimenticia potencialmente mortal. Es resultado de consumir alimentos que contienen una toxina formada por ciertas esporas en el alimento. La toxina del botulismo se encuentra con mayor frecuencia en alimentos envasado en casa, especialmente ejotes y jitomates. Los síntomas incluyen dolor de cabeza, visión borrosa o doble, debilidad muscular y eventualmente parálisis. Algunas personas refieren náusea, vómito, estreñimiento, retención urinaria y disminución de la saliva. Estos síntomas requieren atención médica inmediata.

Manejo adecuado de los alimentos

- **Planee con anticipación.** Descongele las carnes y otros alimentos congelados en el refrigerador, no en la barra de la cocina.
- **Cuando haga sus compras,** no compre alimento en latas o frascos con tapas irregulares o abultadas.
- **Cuando prepare los alimentos,** lávese las manos con agua y jabón. Enjuague los productos cuidadosamente o quite la cáscara o las hojas más externas. Lave los cuchillos y las superficies para cortar frecuentemente, especialmente después de manejar carne cruda y antes de preparar otros alimentos. Lave los utensilios de cocina frecuentemente.
- **Cuando cocine,** use un termómetro de carne. Cocine la carne roja a una temperatura de 72 °C (160 °F), las aves de corral a 83 °C (180 °F). Cocine el pescado hasta que se parta fácilmente con un tenedor. Cocine los huevos hasta que la yema esté firme.
- **Cuando guarde alimento,** verifique siempre la fecha de caducidad. Use o congele carnes rojas frescas en los primeros tres a cinco días de comprarlas. Use o congele aves de corral frescas, pescado y carne molida en los primeros uno a dos días. Refrigere o congele los sobrantes en las siguientes dos horas después de servirlos.

Algunas bacterias problemáticas y cómo puede detenerlas

Mantenga calientes los alimentos que se consumen calientes. Mantenga todo — especialmente sus manos — limpio. Si sigue estas reglas básicas, tendrá menos probabilidad de enfermarse con las bacterias problemáticas presentadas aquí.

Bacteria	Cómo se disemina	Síntomas	Para prevenir
Campylobacter jejuni	Contamina la carne y aves de corral durante el procesamiento si las heces tienen contacto con las superficies. Otras fuentes: leche no pasteurizada, agua no tratada.	Diarrea grave (algunas veces sanguinolenta), cólicos abdominales, calosfrío, dolor de cabeza. Inicio en los primeros 1 a 11 días. Dura 1 a 2 semanas.	Cocinar la carne y aves completamente. Lavar los cuchillos y superficies de corte después del contacto con carne cruda. No tome leche no pasteurizada ni agua sin hervir.
Clostridium perfringens	Carnes, estofados, salsas. Generalmente se diseminan cuando no se mantienen suficientemente calientes o se congelan muy lentamente.	Diarrea acuosa, náusea, cólicos abdominales. La fiebre es rara. Inicio en las primeras 1 a 16 horas. Dura 1 a 2 días.	Mantenga los alimentos calientes. Tenga las carnes cocinadas arriba de 60.5 °C (140 °F). Vuelva a calentar por lo menos a 75 °C (165 °F). Congele los alimentos rápidamente. Consérvelos en recipientes pequeños.
Escherichia coli 0157:H7	Contamina la carne en el rastro. Se disemina sobre todo en la carne molida mal cocida. Otras fuentes: leche no pasteurizada y jugo de manzana, heces humanas, agua contaminada.	La diarrea acuosa puede volverse sanguinolenta en 24 horas. Cólicos abdominales intensos náusea, vómito ocasional. Generalmente no hay fiebre. Inicio en los primeros 1 a 8 días. Dura 1 a 5 días.	Cocine la carne a temperatura interna de 72 °C (160 °F). No tome leche no pasteurizada o jugo de manzana no pasteurizado. Lávese las manos después de ir al baño.
Norovirus (Virus semejantes a Norwalk)	Consumir alimentos o líquidos contaminados; tocar superficies u objetos contaminados.	Náusea, vómito, diarrea, cólicos abdominales, febrícula, calosfrío. Dura 1 a 2 días.	Lavarse las manos después de ir al baño. Lavar las frutas y verduras; desinfectar las superficies.
Salmonella	Carne cruda o contaminada, aves de corral, leche, yema de huevo contaminada. Sobrevive al cocimiento inadecuado. Se disemina por los cuchillos, superficies de corte o una persona infectada que no tiene buena higiene.	Diarrea grave, heces acuosas, náusea, vómito, fiebre de 38.5 °C (101 °F) o más. Inicio en las primeras 6 a 72 horas. Dura 1 a 14 días.	Cueza bien la carne y aves de corral. No tome leche no pasteurizada. No coma carne cruda ni huevos insuficientemente cocidos. Mantenga limpias las superficies de corte. Lávese las manos después de ir al baño.
Staphylococcus aureus	Se disemina por contacto con las manos, tos y estornudos. Crece en las carnes y en las ensaladas preparadas, salsas de cremas, pasteles rellenos de crema.	Diarrea acuosa explosiva, náusea, cólicos abdominales, mareo. Inicio en las primeras 1 a 6 horas. Dura 1 a 2 días.	No deje alimentos de alto riesgo a temperatura ambiente más de 2 horas. Lávese las manos y los utensilios antes de preparar el alimento.
Vibrio vulnificus	Ostiones crudos y mejillones, almejas, ostras crudas o insuficientemente cocidas.	Calosfrío, fiebre, lesiones en la piel. Inicio en 1 hora a 1 semana. Mortal en 50 por ciento de los casos.	No coma ostiones crudos. Asegúrese que todos los mariscos estén bien cocidos.
Listeria monocytogenes	*Hot dogs*, carnes frías, leche y quesos no pasteurizados, verduras crudas sin lavar.	Cólicos abdominales, náusea, diarrea, vómito, fiebre.	Cueza bien las carnes. Evite la leche y los lácteos no pasteurizados. Lave las verduras crudas.

Cuidados de urgencia

Problemas relacionados con el calor

En condiciones normales, los mecanismos naturales de control corporal — piel y transpiración — se ajustan al calor. Estos sistemas pueden fallar cuando se está expuesto a altas temperaturas por periodos prolongados.

Trabajar a la intemperie en condiciones cálidas o húmedas puede recargar el sistema de regulación de la temperatura corporal causando un aumento excesivo de la temperatura del cuerpo. Los problemas relacionados con el calor pueden incluir calambres de calor, deshidratación, agotamiento por calor y golpe de calor (insolación).

Calambres de calor

Los calambres de calor son espasmos musculares dolorosos. Generalmente ocurren después de la actividad vigorosa en un ambiente cálido. Se presentan cuando la sudoración agota la sal (sodio) y el agua del cuerpo. Los músculos de los brazos, piernas, y abdomen a menudo son los más afectados.

Agotamiento por calor

Los signos y síntomas de agotamiento por calor incluyen frío, piel pegajosa y pálida, calambres de calor, un pulso débil, náusea, escalofríos y mareo, debilidad, o desorientación. Puede haber cefalea y acortamiento de la respiración.

Golpe de calor (insolación)

Esta condición puede poner en riesgo la vida. La piel se torna caliente, congestionada y seca. La sudoración cesa, y la temperatura corporal puede elevarse a más de 41°C. Puede haber confusión e incluso desmayo. Otros signos incluyen elevación de la frecuencia cardiaca, respiración rápida y superficial, confusión y aumento o disminución de la presión arterial. Los niños pequeños, adultos mayores y personas obesas están particularmente en riesgo de **insolación**. Otros factores de riesgo incluyen deshidratación, consumo de alcohol, enfermedad cardiaca, ciertos medicamentos y ejercicio vigoroso. Las personas que nacen con una capacidad alterada para sudar también están en mayor riesgo.

Autocuidados	**Para evitar las alteraciones relacionadas con el calor:** • Beba abundantes líquidos, especialmente agua y bebidas deportivas. Evite la cafeína. • Vista ropas claras, holgadas hechas de material poroso. • Realice ejercicio temprano por la mañana o al atardecer. Si es posible, haga ejercicio en la sombra. • Permita que su cuerpo se ajuste a las temperaturas más altas. • Hable con el médico si toma medicamentos. Ciertos fármacos, como los diuréticos o antihistamínicos pueden hacerlo más susceptible a las enfermedades relacionadas con el calor.
Atención médica	Si sospecha una enfermedad relacionada con el calor, aléjese del calor, beba líquidos, eleve sus pies por arriba de su cabeza, y humedezca y abanique su piel o métase en agua fría. Si sospecha un ataque de calor, busque ayuda de urgencia inmediatamente. Vigile a la persona cuidadosamente hasta que llegue la ayuda.

Consejos para vencer el calor

- **Quédese alejado del sol.** Evite ir al exterior durante las horas más calientes del día, del mediodía a las 4 p.m.
- **Limite la actividad.** Reserve el ejercicio vigoroso o las actividades para la mañana temprano o al atardecer.
- **Use ropas adecuadas.** Use ropas de colores claros, ligeras, holgadas, porosas.
- **Tome abundantes líquidos.** Evite el alcohol y la cafeína
- **Evite los alimentos calientes y abundantes.**

Plantas venenosas

Hiedra venenosa

Encina venenosa

Zumaque venenoso

Cuando se trata del zumaque y la hiedra venenosa, es sabio hacer caso de estas palabras de consejo: "Hojas de tres, déjelas ser"

Con sus hojas generalmente agrupadas de tres en un tallo, la hiedra venenosa y el encino son dos de las causas más frecuentes de una reacción alérgica en el piel llamada dermatitis por contacto.

El contacto con la hiedra venenosa y el encino produce generalmente enrojecimiento y edema de la piel, ampollas y comezón intensa. Esta reacción se desarrolla típicamente en los dos días siguientes a la exposición, pero puede desarrollarse en unas cuantas horas. La erupción generalmente alcanza su máximo después de unos cinco días, y generalmente desaparece en una a dos semanas. Puede dejar cicatrices.

La erupción es causada por exposición a la resina, una sustancia incolora, aceitosa, contenida en todas las partes de estas plantas. La resina se transfiere fácilmente de las ropas o del pelo de las mascotas a su piel. Quemar las plantas es también peligroso porque la inhalación del humo puede causar reacciones internas y externas.

Puede requerirse sólo una muy pequeña cantidad de resina para causar una reacción. La sensibilidad a la hiedra venenosa varía entre las personas. La intoxicación por la hiedra venenosa y otras erupciones no se desarrollan por estar cerca de la planta, ni se disemina por lavarse o rascarse las ampollas. La resina no está presente en el líquido de la ampolla. Sin embargo, puede diseminarse frotando accidentalmente la resina en otras áreas de la piel antes de lavar y eliminar la resina.

Además del encino y la hiedra venenosa, otras plantas pueden causar también una reacción. Estas incluyen el zumaque, heliotropo (se encuentra en los desiertos del Suroeste), ambrosía (tanto las hojas como el polen), margarita, crisantemo, artemisa, ajenjo, apio, naranja, limón y papa. La chirivía silvestre causa una reacción semejante a una quemadura.

Autocuidados

- Lavar y eliminar la resina perjudicial de la piel con jabón en los primeros cinco a 10 minutos de la exposición puede prevenir la reacción cutánea.
- No trate de quitar la resina bañándose. El baño puede diseminar la resina a otras áreas del cuerpo.
- Lave cualquier ropa o joyas que puedan haber estado en contacto con la planta. Nota: Los zapatos y las agujetas deben lavarse también.
- Trate de no rascarse. Tome duchas frescas.
- Las preparaciones que se pueden obtener sin receta (loción de calamina y crema de hidrocortisona) pueden disminuir la comezón. O aplique una pasta de carbonato de sodio o sales de Epson y agua.
- Las cremas y lociones no ayudan mucho cuando se abren las ampollas, pero pueden utilizarse de nuevo cuando se cierran.
- No aplique alcohol porque esto tiende a agravar la comezón. Cubra las ampollas abiertas con una gasa estéril para prevenir la infección.
- Para evitar la exposición, aprenda a reconocer las plantas venenosas y use ropas protectoras cuando sea necesario. Las hojas de la hiedra venenosa son ovales o en forma de cuchara. Las hojas del encino venenoso semejan hojas de roble. Los colores de las hojas de estas plantas cambian con las estaciones, de verde en el verano a naranja y rojo en el otoño.
- Evite la exposición al sol después de encontrarse con chirivía silvestre.

Atención médica

Si tiene una reacción grave, o cuando sus ojos, cara o área genital están afectados, contacte al médico, quien puede prescribir cortisona o un antihistamínico oral o tópico. Si tiene una herida abierta que se ha infectado, puede requerir tratamiento con antibióticos. Disminuya las cicatrices siguiendo las recomendaciones de la página 23.

Problemas dentales

■ Dolor de dientes

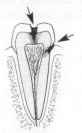

Las caries dentales pueden producir dolor de dientes.

En la mayoría de los niños y adultos, las cavidades o caries son la causa principal de dolor de dientes. Las caries son causadas principalmente por bacterias y carbohidratos. Las bacterias están presentes como una película delgada, casi invisible en los dientes, llamada placa.

Las caries tardan tiempo en desarrollarse, a menudo un año o dos en los dientes permanentes y menos en los dientes primarios. La caries se puede presentar más rápido en personas que tienen boca seca, quienes toman mucho refresco, o aquellos que abusan de las metanfetaminas.

El ácido que produce las caries , el cual se forma dentro de los primeros 20 minutos después de comer, se forma en la placa y ataca la superficie exterior de los dientes. La erosión causada por la placa lleva a la formación de diminutos orificios (cavidades) en la superficie del diente. El primer signo de caries puede ser una sensación de dolor al comer algo dulce, muy frío o muy caliente.

Autocuidados

Hasta que pueda ir al dentista, intente algunos de estos consejos de autocuidados:
- Pruebe el hilo dental para remover cualquier partícula de alimento que se haya alojado entre los dientes.
- Tome un analgésico de venta sin receta.
- Aplique un antiséptico de venta sin receta que contenga benzocaína directamente en el diente y encía irritados para aliviar el dolor. El aceite de clavo también puede aliviar el dolor. Está disponible en la mayoría de las farmacias.
- La prevención es la mejor forma de evitar las caries.

Precaución

La hinchazón, el dolor al morder, una secreción de mal olor y el enrojecimiento indican infección. Vea al dentista lo más pronto posible. Si tiene fiebre con el dolor, busque atención urgente.

■ Pérdida de dientes

Siempre que un diente se pierde accidentalmente, se requieren cuidados médicos apropiados de urgencia inmediatamente. Actualmente, los dientes permanentes que se pierden algunas veces pueden reimplantarse si actúa rápidamente. Sin embargo, un diente roto no puede reimplantarse.

Tratamiento de urgencia

Si un diente permanente se pierde, consérvelo y consulte al dentista inmediatamente.
Si es después de las horas del consultorio, llame al dentista a su casa. Si no está disponible, vaya al departamento de urgencias más cercano.

La reimplantación exitosa depende de varios factores: inserción pronta (en los primeros 30 minutos si es posible; no más de dos horas después de la pérdida) y del almacenamiento y el transporte apropiado del diente. Conservarlo es esencial.

Autocuidados

Para preservar el diente mientras va con el dentista:
- Manipule el diente por la parte superior (corona) únicamente.
- No lo frote ni raspe para remover lo sucio.
- Enjuague su boca con agua, y aplique presión para detener el sangrado.
- Coloque el diente en leche.
- No trate de reinsertar el diente.

Traumatismos

Los traumatismos son cualquier lesión resultado de una fuerza externa o violencia. Un hueso fracturado, un golpe importante en la cabeza y un diente que se pierde por un golpe se consideran todos traumatismos.

Las fracturas, los esguinces intensos, las dislocaciones y otras lesiones graves de huesos y articulaciones son también urgencias por traumatismos y generalmente requieren atención médica profesional.

■ Luxaciones

Una luxación es una lesión en la cual el extremo del hueso en una articulación es forzado fuera de su posición normal. En la mayoría de los casos, un golpe, una caída, o algún otro traumatismo causan la luxación.

Las señales de una luxación incluyen las siguientes:
- Una articulación lesionada que está visiblemente fuera de su sitio, deformada y difícil de mover.
- Hinchazón y dolor intenso en una articulación.

La luxación debe tratarse lo más rápidamente posible, pero no trate de regresar la articulación a su sitio apropiado. Coloque una férula en la articulación en la posición en que se encuentra. Trátela como una fractura. Busque atención médica inmediata. Colocar hielo en la articulación lesionada le ayudará a reducir la inflamación y controlar el sangrado interno y la acumulación de líquidos. Para mayor información sobre las luxaciones, vea la página 93.

■ Fracturas

Una fractura es un hueso roto. Requiere atención médica inmediata.

Si sospecha una fractura, la conducta apropiada es proteger el área afectada de un mayor daño. No trate de arreglar el hueso roto. En su lugar, inmovilice el área con una férula. También inmovilice las articulaciones por arriba y por debajo de la fractura.

Si se presenta sangrado junto con el hueso roto, aplique presión para detener el sangrado. Si es posible, eleve el sitio del sangrado para disminuir el flujo de sangre. Mantenga la presión hasta que se detenga el sangrado.

Si la persona está desmayada, pálida o con una respiración notablemente superficial, use los pasos del tratamiento para el estado de choque: Acueste a la persona, eleve las piernas y cúbrala con un cobertor o algo para proporcionar calor.

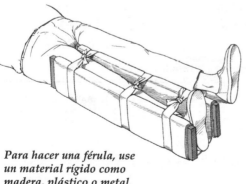

Para hacer una férula, use un material rígido como madera, plástico o metal. La férula debe ser más larga que el hueso y extenderse por arriba y por abajo de la lesión. Acojine la férula siempre que sea posible.

Los signos y síntomas de una fractura son los siguientes:
- Hinchazón o equimosis sobre un hueso
- Deformidad del miembro afectado
- Dolor localizado que se intensifica cuando el área afectada se mueve o se presiona
- Pérdida de la función en el área del traumatismo
- Un hueso roto que sobresale de los tejidos blandos adyacentes y está saliendo por la piel
  Para más información sobre fracturas, ver página 89.

■ Esguinces

Un esguince ocurre cuando un giro o un estiramiento violento hacen que una articulación se mueva fuera del rango normal. Un **esguince** es el resultado del estiramiento excesivo de los ligamentos. Puede ocurrir desgarro de los ligamentos. Las señales habituales de un esguince son las siguientes:

- Dolor y sensibilidad en el área afectada
- Hinchazón rápida y posible cambio de coloración de la piel
- Dificultad de la función articular

La mayoría de esguinces puede ser tratada en casa. Sin embargo, si un chasquido y dificultad inmediata para usar la articulación acompañan a la lesión, busque atención médica de urgencia.

Para mayor información sobre los esguinces, vea la página 88.

■ Traumatismo craneoencefálico

Aproximadamente 1.4 millones de traumatismos craneanos ocurren cada año en Estados Unidos, y 16 por ciento de los casos requiere hospitalización. La mayoría de traumatismos craneanos es menore. El cráneo proporciona al cerebro protección considerable a los traumatismos. Las cortadas simples y equimosis pueden ser tratadas a menudo con las técnicas básicas de primeros auxilios.

Los tipos graves de traumatismos craneanos que requieren atención médica de urgencia se presentan más adelante. En todos los casos de traumatismos craneanos preocupantes, no mueva el cuello porque puede estar lesionado. Si debe moverse a la persona, mantenga la cabeza y el cuello estables con sus manos.

Concusión. Cuando la cabeza sufre un golpe duro como el que resulta al golpearse en una caída, puede producirse una concusión. El impacto crea un movimiento súbito del cerebro dentro del cráneo. Una concusión implica pérdida de conciencia. Las víctimas se describen a menudo como aturdidas. También se puede presentar pérdida de memoria, mareo y vómito. Otros posibles síntomas son parálisis parcial y choque.

Coágulo de sangre en el cerebro. Este ocurre cuando un vaso se rompe entre el cráneo y el cerebro. La sangre se acumula entre el cerebro y el cráneo y forma un coágulo (hematoma), que presiona el tejido cerebral. Los síntomas ocurren de unas horas a varias semanas después de un golpe en la cabeza. Puede no haber herida abierta, moretones ni otros signos externos. Los signos y síntomas incluyen dolor de cabeza, náusea, vómito, alteración de la conciencia y pupilas de diferente tamaño. Si no se trata puede haber letargo progresivo, pérdida de la conciencia y muerte.

Fractura del cráneo. Este tipo de lesión no siempre es aparente. Busque lo siguiente:

- Equimosis o cambio de coloración detrás del oído o alrededor de los ojos
- Sangre o líquido claro que sale por los oídos o la nariz
- Pupilas de diferente tamaño
- Deformación del cráneo, incluyendo hinchazón o depresiones

Tratamiento de urgencia

Busque atención médica urgente si cualquiera de los siguientes síntomas es aparente:

- Dolor de cabeza intenso o sangrado facial
- Cambio en el nivel de conciencia, aunque sólo sea breve
- Respiración irregular o difícil o si se detiene la respiración
- Confusión, pérdida del equilibrio, debilidad en un brazo o pierna, o lenguaje arrastrado
- Vómito

Precaución

Hasta que lleguen los cuidados médicos de urgencia, mantenga a la persona acostada y quieta en un cuarto con poca luz. Observe los signos vitales de la persona: respiración, frecuencia cardiaca y estado de alerta. Inicie RCP si la respiración no es normal. Detenga cualquier sangrado aplicando presión firme.

Síntomas generales

- Mareo y desmayo
- Fatiga
- Fiebre
- Dolor
- Trastornos del sueño
- Sudoración y olor corporal
- Cambios inesperados de peso

Mareo, desmayo, fatiga, fiebre, dolor, dificultad para dormir, sudoración y cambios inesperados en el peso. En medicina, estos trastornos son llamados síntomas generales porque tienden a afectar todo el cuerpo más que una parte o un sistema. En esta sección se explican las causas frecuentes de cada uno de siete síntomas generales y se proporciona la información sobre los autocuidados y las recomendaciones referentes a cuándo buscar atención médica.

Mareo y desmayo

El **mareo** tiene muchas causas. Afortunadamente en la mayoría de los casos, los mareos son leves, breves, e inofensivos. Pueden ser causados por muchas cosas, incluyendo medicamentos, infecciones y estrés. La palabra mareo describe de hecho varias sensaciones.

Vértigo y falta de equilibrio

El vértigo es la sensación de que usted o su alrededor están girando. Puede sentir que el cuarto está girando, o puede sentir la rotación dentro de su propia cabeza o cuerpo. El vértigo generalmente se asocia con problemas del oído interno. El oído interno tiene un dispositivo ultrasensible para percibir el movimiento. La enfermedad viral, los traumatismos y otros trastornos pueden hacer que el dispositivo envíe un falso mensaje al cerebro.

La falta de equilibrio es la sensación de que debe tocar o sostenerse de algo para mantener el equilibrio. La falta de equilibrio puede hacer difícil mantenerse de pie sin caer.

Mareo y desmayo

El mareo incluye sensaciones de aturdimiento, flotar, o estar a punto de desmayarse. El desmayo es la pérdida súbita y breve de la conciencia. Ocurre cuando el cerebro no recibe suficiente sangre y oxígeno. Aunque es atemorizante, el desmayo generalmente no es una razón para alarmarse. Una vez que usted está acostado, la sangre fluye al cerebro y recupera la conciencia en un minuto aproximadamente. El desmayo puede ser causado por trastornos médicos, incluyendo enfermedades cardiacas, episodios intensos de tos y problemas circulatorios. En otros casos el desmayo puede estar relacionado con lo siguiente:

- Medicamentos para la presión arterial alta y latidos cardiacos erráticos
- Sudoración excesiva que da como resultado pérdida de sodio y deshidratación
- Fatiga extrema
- Noticias perturbadoras o un estrés inesperado o inusual, como la vista de sangre

Una caída rápida en la presión arterial, llamada *hipotensión postural*, ocurre cuando se incorpora rápidamente después de estar sentado o acostado. Todos presentamos esta reacción en un grado leve. Usted se siente mareado o que va a desmayarse, y generalmente pasa en segundos. La reacción puede ocurrir también después de un baño caliente o en personas que toman medicamento para la presión arterial. Cuando llega a desmayo o pérdida de la conciencia, es más significativa.

Autocuidados

Si la visión se nubla o siente que se desmaya, coloque la cabeza más abajo. Recuéstese y eleve las piernas ligeramente para que la sangre regrese al corazón. Si no puede recostarse, inclínese hacia delante y coloque la cabeza entre las piernas.

Prevención

- Cuando se levante y cambie de posición, hágalo lentamente — particularmente cuando se voltee de un lado a otro o cuando cambie de posición de estar acostado a estar de pie. Antes de levantarse en la mañana, siéntese en el borde de la cama unos minutos.
- Quédese parado quieto uno o dos minutos antes de empezar a caminar.
- Mantenga un ritmo adecuado en sus actividades. Tome descansos cuando esté activo en sitios húmedos y calurosos. Use ropas de acuerdo a las condiciones para evitar sobrecalentamiento.
- Tome suficientes líquidos para evitar deshidratación y asegurar una buena circulación.
- Evite los cigarrillos, el alcohol y las drogas ilícitas.
- No conduzca un automóvil ni opere equipo pesado si se siente mareado.
- No suba ni baje escaleras.
- Verifique sus medicamentos. Puede necesitar preguntar al médico respecto a posibles ajustes.

Atención médica

Los síntomas leves que persisten durante semanas o meses pueden deberse a enfermedades del sistema nervioso. La presentación súbita de náusea, vómito, mareo, o vértigo, y visión doble son síntomas que requieren atención de urgencia, y pueden deberse a sangrado en la parte posterior del encéfalo (cerebelo) o en el tallo cerebral.

Debido a que los problemas de mareo y desequilibrio pueden tener muchas causas diferentes, el diagnóstico requiere generalmente una historia médica completa y varias pruebas. Los tratamientos del inicio súbito del vértigo pueden incluir medicamentos y evitar posiciones o movimientos que causen mareo. El médico puede sugerir también un tratamiento postural del oído interno (rehabilitación vestibular).

Contacte al proveedor de atención a la salud en estas situaciones:

- El trastorno es grave, prolongado (más de unos cuantos días o una semana), o recurrente.
- Está tomando medicamentos para la presión arterial alta.
- Ha notado heces negras, sangre en las heces u otros signos de pérdida de sangre.

Busque atención médica urgente en estas situaciones:

- Se desmaya cuando voltea la cabeza o extiende el cuello. El desmayo o el mareo se acompañan de síntomas como dolor en el pecho o en la cabeza, dificultad para respirar, hormigueo o debilidad continua, latidos cardiacos irregulares, visión borrosa o doble, confusión o dificultad para hablar, náusea o vómito.
- Los signos y síntomas anteriores están presentes al despertar.
- Se desmaya sin advertencia.
- Primer episodio de desmayo de la persona sin obvias razones para ello.
- La persona se golpeó durante el desmayo.

Hasta que llegue la ayuda médica, si la persona está acostada, colóquela boca arriba. Si usted cree que la persona está a punto de vomitar, voltéela de lado. Levántele las piernas por arriba del nivel de la cabeza. Si una persona se desmaya y permanece sentada, acuéstela rápidamente. Afloje sus ropas, escuche los ruidos respiratorios y verifique el pulso. Si están ausentes, el problema es más grave que un desmayo y debe iniciarse RCP.

Cómo mantiene el cuerpo el equilibrio

Mantener el equilibrio requiere una red compleja de diferentes partes del cuerpo. Para mantener el equilibrio el cerebro debe coordinar un flujo constante de información de los ojos, músculos y tendones, y del oído interno. Todas estas partes del cuerpo trabajan juntas para ayudarlo a mantenerse erguido y le proporcionan una sensación de estabilidad cuando se está moviendo.

Muchos problemas de mareo son causados por problemas dentro del oído interno. Sin embargo, los problemas en cualquier parte del sistema que controla el equilibrio pueden causar mareo y falta de equilibrio.

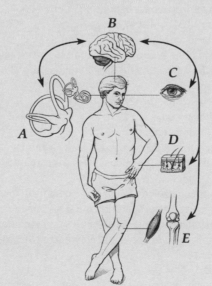

A. El oído interno contiene la estructura principal del equilibrio.

B. El cerebro transmite e interpreta la información hacia y desde el cuerpo.

C. Los ojos registran la posición del cuerpo y el entorno.

D. Cuando toca cosas, los sensores de la piel le dan información referente al entorno.

E. Los músculos y articulaciones reportan el movimiento del cuerpo al cerebro.

Fatiga

Casi todos experimentamos fatiga en algún momento. Después de un largo fin de semana arreglando el jardín o de un día agitado con los niños o en la oficina, es natural sentirse cansado. Esta clase de fatiga física y emocional es normal, y habitualmente puede restablecer la energía con descanso o ejercicio.

Si se siente cansado todo el tiempo, si el agotamiento es abrumador, puede empezar a preocuparse de que el problema sea más serio que sólo fatiga. Cuando la fatiga no se acompaña de otros síntomas, a menudo no puede determinarse la causa específica. Una causa frecuente de fatiga crónica es la falta de ejercicio regular (falta de condición física). Este problema puede remediarse fácilmente aumentando gradualmente la actividad y empezando un programa de ejercicio.

La fatiga puede ser el resultado de problemas físicos o emocionales. La fatiga física es generalmente más pronunciada en la tarde, y a menudo desaparece con un buen sueño en la noche. La fatiga emocional es a menudo máxima al despertar en la mañana y mejora conforme transcurre el día.

Causas comunes

Las causas comunes de fatiga física incluyen las siguientes:
- Malos hábitos de alimentación
- Falta de sueño
- No estar en forma
- Sitio de trabajo o vivienda calientes
- Intoxicación por monóxido de carbono
- Medicamentos que se obtienen sin receta, incluyendo analgésicos, medicamentos para la tos y el resfriado, antihistamínicos y remedios para la alergia, pastillas para dormir y para el mareo
- Medicamentos de prescripción como tranquilizantes, relajantes musculares, sedantes, anticonceptivos y medicamentos para la presión arterial
- Deshidratación

La fatiga puede ser también un síntoma temprano de estos trastornos:
- Cuenta de glóbulos rojos baja (anemia)
- Baja actividad tiroidea (hipotiroidismo)
- Diversas infecciones agudas o crónicas
- Enfermedad cardiaca
- Trastorno del sueño
- Desequilibrio electrolítico (cuando los niveles de las sales en la sangre como el sodio, potasio y otros minerales están demasiado altos o demasiado bajos)
- Cáncer
- Diabetes
- Alcoholismo
- Artritis reumatoide

Muchas de estas enfermedades se acompañan de otros signos y síntomas como dolores musculares, náusea, pérdida de peso, sensibilidad al frío y falta de aire.

Las causas comunes de fatiga emocional incluyen:
- Trabajo excesivo, especialmente si no puede decir no
- Aburrimiento o falta de estímulos de familiares, amigos o compañeros de trabajo
- Una crisis mayor (perder al cónyuge o el trabajo), un cambio o una dificultad familiar
- Depresión
- Soledad
- Problemas emocionales en el pasado no solucionados
- Represión del enojo en vez de expresarlo

Autocuidados

Antes de hablar con el médico considere la posibilidad de que la fatiga esté relacionada con una causa explicable que pueda remediarse con alguno de los siguientes cambios en el estilo de vida:

- Duerma lo suficiente — 6 a 8 horas de sueño ininterrumpido.
- Mantenga un horario de sueño. Vaya a la cama y despierte a la misma hora todos los días.
- Descanse. Pida a otros que se involucren.
- Organice su horario diario, y asigne prioridad a las actividades.
- Descanse y relájese. Haga algo divertido.
- Haga más ejercicio, empezando gradualmente. Camine en lugar de ver televisión. Si tiene más de 40 años de edad, consulte al médico antes de empezar un programa de ejercicio vigoroso.
- Aumente la exposición al aire fresco en casa y en el trabajo.
- Lleve una dieta balanceada. Quite la grasa de los alimentos.
- Baje de peso si tiene sobrepeso.
- Tome agua abundante (2 o más litros al día para evitar deshidratación).
- Revise sus medicamentos (sin prescripción y de prescripción) para determinar si la fatiga es un efecto secundario.
- Deje de fumar.
- Disminuya o elimine el consumo de alcohol.
- Si tiene problemas en el trabajo, encuentre la manera de solucionarlos. (Vea Cómo mantener el estrés bajo control, página 225 y Alivio para el estrés página 243).

Atención médica

Si la fatiga persiste aun cuando usted descansa lo suficiente y si dura dos semanas o más, puede usted tener un problema que requiera atención médica. Vea al proovedor de atención a la salud.

Cuidados para los niños

Los niños y adultos jóvenes raras veces se quejan de fatiga. Si los niños lo hacen, generalmente es un signo de que tienen una infección aguda, o que se está desarrollando alguna. Consulte al médico.

¿Qué es el síndrome de fatiga crónica?

El síndrome de fatiga crónica es un trastorno que no se comprende bien, semejante a la influenza que puede extraer completamente su energía y prolongarse durante años. La gente que era previamente sana y llena de energía presenta fatiga intensa, dolor en la articulaciones y músculos, ganglios dolorosos y dolor de cabeza.

Los expertos no han determinado todavía las causas del síndrome de fatiga crónica, aunque probablemente sean demasiadas. Las teorías incluyen infecciones, desequilibrios hormonales y anormalidades psicológicas, inmunológicas o neurológicas. En un estudio, los investigadores encontraron que algunas personas con el síndrome tenían un trastorno de presión arterial baja que precipitaba el reflejo del desmayo.

El tratamiento del síndrome de fatiga crónica está dirigido a aliviar los síntomas. Los calmantes del dolor antiinflamatorios, como el ibuprofeno, se prescriben a menudo, pero raras veces ayudan. Las dosis bajas de ciertos antidepresivos pueden ayudar a aliviar el dolor y la depresión a menudo presentes en una enfermedad crónica, así como promover una mejor salud. Debido a que la gente con el síndrome de fatiga crónica puede perder su condición física, que perpetúa la fatiga, la actividad física es crucial. Puede ayudar a prevenir o disminuir la debilidad muscular causada por la inactividad prolongada. Puede beneficiarse con asesoramiento que lo ayude a manejar la enfermedad y las limitaciones que crea.

Fiebre

Aun cuando esté bien, la temperatura varía, y la variación es normal. Consideramos 37 °C una temperatura corporal saludable. Pero la temperatura personal normal puede diferir un grado o más.

En la mañana, la temperatura es generalmente más baja, y en la tarde es un poco más alta. Verifique la temperatura de sus familiares estando sanos. Descubra el rango normal.

¿Cuál es la causa?

La fiebre en sí no es una enfermedad, sino un signo de una. La fiebre le dice que algo está pasando dentro del cuerpo.

Lo más probable es que el cuerpo está combatiendo una infección causada por bacterias o virus. La fiebre puede incluso ser útil para combatir la infección. Raras veces es un signo de reacción a un medicamento, un trastorno inflamatorio o demasiado calor. Algunas veces no sabe que tiene fiebre. Pero no trate automáticamente de reducir la temperatura. Disminuirla puede enmascarar síntomas, prolongar una enfermedad y retrasar la identificación de la causa.

Usted sabe generalmente en uno o dos días qué causó la fiebre. Si piensa que es algo diferente a una enfermedad viral, consulte al médico. Otras causas frecuentes de fiebre incluyen las siguientes:

- Una infección, como la del tracto urinario (orinar con frecuencia o dolor al orinar), faringitis o amigdalitis por estreptococos (a menudo con dolor de garganta), infección de los senos paranasales (dolor por arriba o por debajo de los ojos), bronquitis (tos y congestión en el pecho) y un absceso dental (área dolorosa en la boca)
- Mononucleosis infecciosa, acompañada de fatiga
- Una enfermedad que adquirió en el extranjero
- Agotamiento por calor o quemadura solar importante

Precaución

Nunca administre a un niño o a un joven aspirina para la fiebre a menos que lo indique el médico. Raras veces la aspirina causa una enfermedad grave o incluso mortal llamada síndrome de Reye si se administra durante una infección viral.

Autocuidados

Tome agua abundante para evitar deshidratación (porque el cuerpo pierde más agua con la fiebre) y descanse lo suficiente.

- **Para niños y adultos con temperatura menor de 38.9 °C:**
  - Normalmente evite usar medicamento para una fiebre nueva en este rango.
  - Usar ropas cómodas, ligeras y cubrirse sólo con una sábana o cobertor ligero.
- **Para niños y adultos con temperatura entre 38.9 °C y más:**
  - Administre a los adultos o niños acetaminofén o ibuprofeno, de acuerdo a las instrucciones de la etiqueta. Los adultos pueden usar aspirina en su lugar. No administre aspirina a los niños.
- **Para los niños y adultos con temperatura mayor de 40 °C:**
  - Un baño de esponja con agua tibia puede ayudar a reducir la temperatura.
  - Verifique la temperatura cada media hora.

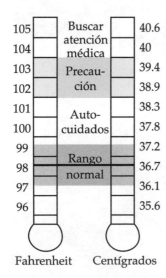

Fahrenheit		Centígrados
105	Buscar atención médica	40.6
104		40
103	Precau- ción	39.4
102		38.9
101	Auto- cuidados	38.3
100		37.8
99		37.2
98	Rango normal	36.7
97		36.1
96		35.6

Atención médica

Llame al proveedor de atención a la salud en cualquiera de las siguientes situaciones:
- Una temperatura mayor de 40 °C
- Una temperatura mayor de 38.3 °C durante más de tres días en un paciente de tres meses de edad o mayor
- Un adulto de edad avanzada con un trastorno médico crónico y fiebre

La fiebre es un signo de enfermedad. Informe al médico qué enfermedades contagiosas han tenido las personas a su alrededor, incluyendo influenza, resfriados, sarampión y parotiditis.

Llame al médico **inmediatamente** si alguno de estos síntomas acompaña a la fiebre:
- Un bebé menor de tres meses con una temperatura de 38 °C o más
- Un abombamiento blando en la cabeza de un bebé
- Un dolor de cabeza intenso o sensibilidad inusual de la vista a la luz brillante
- Hinchazón importante de la garganta
- Rigidez significativa del cuello y dolor cuando la cabeza se inclina hacia adelante
- Vómito persistente
- Dificultad para respirar
- Confusión mental o inquietud o irritabilidad extremas

Cuidados para los niños

Una fiebre sin explicación es una causa de preocupación más importante en los niños que en los adultos. Un aumento o disminución rápidos de la temperatura produce una convulsión aproximadamente en uno de cada 25 niños menores de seis años de edad. Generalmente dura menos de 10 minutos y habitualmente no causa daño permanente. Si ocurre una convulsión, acueste al niño de lado y sosténgalo para evitar un traumatismo. No coloque nada en su boca ni trate de detener la convulsión. Busque atención médica rápidamente para determinar la causa de la convulsión y cualquier tratamiento necesario.

Algunas veces la fiebre acompaña a la dentición. La fiebre y jalarse los oídos a menudo indica una infección del oído medio. Pregunte al médico respecto a la fiebre asociada a inyecciones.

A menudo es más fácil dar medicamentos en forma líquida. Para un niño pequeño use una jeringa (sin la aguja). Vierta el medicamento poco a poco en los ángulos de la boca del niño.

Haga que el niño tome agua, jugo o refresco, o chupe paletas heladas de frutas.

Cómo tomar la temperatura

Hay varios tipos de termómetros electrónicos digitales y métodos para tomar la temperatura de un niño. Los termómetros de mercurio no deben utilizarse, y deben eliminarse de la casa para evitar la exposición accidental a este tóxico.

Rectal. Proporciona la mejor lectura para un niño menor de tres a cuatro años de edad.
- Limpie el extremo del termómetro con alcohol o jabón y agua. Coloque una pequeña cantidad de lubricante, como petrolato en el extremo.
- Acueste al niño boca abajo.
- Prenda el termómetro e inserte cuidadosamente 1.25 a 2.5 cm del extremo en el orificio anal.
- Sostenga el termómetro y al niño sin mover, aproximadamente un minuto, hasta que escuche la señal.
- Retire el termómetro y verifique la lectura.

Oral. Generalmente es el método preferido para niños de cuatro años o más.
- Limpie el extremo del termómetro con alcohol o jabón y agua.
- Préndalo y coloque el sensor bajo la lengua hacia la parte posterior de la boca.
- Sostenga el termómetro aproximadamente un minuto, hasta que escuche la señal.
- Retire el termómetro y verifique la lectura.

Oído. Los termómetros timpánicos, que miden la temperatura dentro del oído, son una opción para los niños de tres meses o más.
- Coloque suavemente el extremo del termómetro en el canal del oído — la colocación necesita ser correcta para obtener una lectura precisa.
- Presione el botón de inicio. La lectura aparece en segundos.

Dolor

El dolor físico es parte de la vida. Tal vez se ha quedado atrapado su dedo al cerrar la puerta, se ha quemado la mano al tocar al mango caliente de una sartén o se ha torcido el tobillo al jugar su deporte favorito. El resultado es una sensación de dolor.

Una gran cantidad del dolor que experimenta en la vida puede ser intenso, pero generalmente es de corta duración. Puede durar unos instantes o puede continuar días o semanas, dependiendo de la gravedad de la lesión y lo que tarde en curar. Sin embargo, la mayor parte del tiempo el dolor eventualmente desaparece. Este tipo de dolor temporal se conoce como **dolor agudo**.

Cuando el dolor dura más que el proceso normal de curación, o cuando no parece haber una lesión anterior o cambio corporal que cause el dolor, se conoce como **dolor crónico**. Generalmente el dolor crónico se considera un dolor que dura más de tres meses. La Fundación Estadounidense del Dolor estima que más de 50 millones de estadounidenses sufren dolor crónico, lo que da como resultado 50 millones de días de trabajo perdidos cada año, estudio de la Fundación Nacional del Sueño de EUA indica que aproximadamente 20 por ciento de los adultos mayores tiene problemas para dormir algunas noches a la semana debido al dolor.

El dolor crónico puede ser abrumador. Pero puede aprender formas para controlar el dolor para que la vida sea más satisfactoria y agradable, y pueda llevar a cabo las actividades de la vida diaria. Su actitud respecto al dolor y los medicamentos y tratamientos pueden ayudar a controlarlo. Una parte importante del manejo del dolor es entenderlo.

¿Por qué no se quita el dolor?

Cuando el cuerpo se lesiona o se infecta, unas terminaciones nerviosas especiales en la piel, articulaciones, músculos y órganos internos envían mensajes al cerebro para decirle que ha habido un daño o un estímulo desagradable para el cuerpo. Fibras nerviosas especializadas informan al cerebro en dónde está el dolor, la intensidad y el carácter del dolor (agudo, ardoroso o pulsátil). El cerebro "lee" entonces estas señales de dolor y envía de regreso un mensaje para dejar de hacer lo que le está causando el dolor. Si está tocando algo caliente, por ejemplo, el cerebro le envía un mensaje a los músculos para contraerse, por lo que usted retira la mano.

El cerebro también envía un mensaje a las células nerviosas para dejar de enviar señales de dolor una vez que la causa desaparece (por ejemplo, cuando la herida empieza a cicatrizar). Pero algunas veces este mecanismo falla, como una puerta que está bloqueada y no se puede abrir. Por alguna razón el sistema nervioso continúa enviando señales de dolor al cerebro durante meses o incluso años después de que la lesión ha sanado, o aun cuando no ha habido una lesión. El resultado es el dolor crónico.

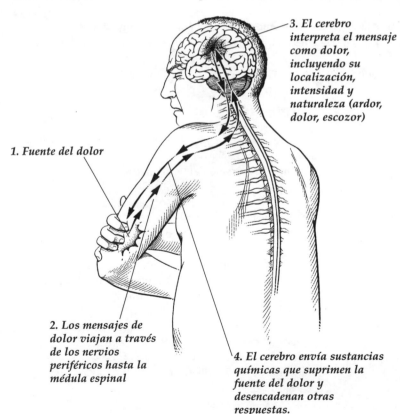

1. Fuente del dolor

2. Los mensajes de dolor viajan a través de los nervios periféricos hasta la médula espinal

3. El cerebro interpreta el mensaje como dolor, incluyendo su localización, intensidad y naturaleza (ardor, dolor, escozor)

4. El cerebro envía sustancias químicas que suprimen la fuente del dolor y desencadenan otras respuestas.

El papel de las emociones en el dolor

El dolor es una experiencia sensorial y emocional desagradable asociada típicamente a daño tisular real o potencial. El dolor es sólo una experiencia física, pero también es una experiencia emocional. Parte de la forma en que se interpreta y reacciona al dolor es el resultado de la experiencia personal y la formación.

Todos percibimos el dolor en forma diferente. Si usted aprendió a ignorarlo y trabajar a pesar del dolor, puede tener menos efecto que si creció en una familia en que todos hablaban mucho del dolor que tenían y cuánto estaban sufriendo.

Cuando se experimenta dolor durante un largo tiempo, puede causar frustración e irritabilidad, y puede llevar a depresión. Se puede también caer en el "papel de enfermo" — una sensación de ser víctima del dolor que podría traer más atención y liberar de algunas responsabilidades. Sin embargo, el papel de enfermo puede hacer que se vuelva más inactivo y aislado e incluso que aumente la percepción del dolor. El estrés y la infelicidad tienden también a aumentar el dolor y disminuir su tolerancia. Encontrar formas positivas para enfrentar el dolor puede tener beneficios físicos y emocionales.

■ Formas frecuentes de dolor crónico

El dolor crónico puede ser debilitante, pero hay muchas formas de manejarlo eficazmente. La clave para controlar el dolor es una revisión cuidadosa de las causas y un enfoque coordinado de manejo. El tratamiento temprano y eficaz del dolor agudo, como después de una operación o después de haber tenido herpes zoster, puede prevenir a menudo el dolor crónico. Si usted tiene dolor crónico, existen varios tratamientos. Algunas formas frecuentes de dolor crónico se mencionan a continuación:

Dolor de espalda. El **dolor lumbar** es la causa más común de discapacidad relacionada con el trabajo en Estados Unidos y un contribuyente principal de pérdida de trabajo. El dolor lumbar que se prolonga puede estar relacionado con diversas causas, incluyendo tensión muscular y espasmo, una deficiente mecánica corporal, falta de condición física, cambios en la columna vertebral, como un disco herniado, y enfermedades degenerativas, como la osteoartritis. (Ver Espalda y cuello, página 50).

Dolor de cabeza. El tipo más frecuente de dolor de cabeza es el llamado **dolor de cabeza de tipo tensional**. Sin embargo, los médicos no están seguros de que sea causado por tensión muscular. El inicio o agravamiento del dolor de cabeza tensional no siempre se relaciona con eventos estresantes. El dolor pulsátil de una **migraña** puede estar relacionado con cambios en los vasos sanguíneos de la cabeza. La genética, los medicamentos, el alcohol, ciertos alimentos, el ejercicio y la ansiedad o depresión pueden provocar migraña. (Ver Dolor de cabeza, página 82).

Artritis. La artritis es el nombre general de una dolencia de las articulaciones. La **osteoartritis** afecta generalmente el cartílago de las articulaciones de las rodillas, manos, caderas y columna. La **artritis reumatoide** implica inflamación del tejido alrededor y dentro de las articulaciones. Afecta típicamente las manos y los pies. (Ver Artritis, página 161).

Fibromialgia. El síndrome de **fibromialgia** es un conjunto de síntomas que incluyen dolor generalizado y dolor con la presión. Difiere de la artritis en que el dolor es en los músculos y tejidos cerca de las articulaciones en lugar de estar en las articulaciones mismas. Los síntomas pueden aparecer y desaparecer, pero generalmente no desaparecen por completo.

Neuropatía. El dolor neuropático es causado por daño al sistema nervioso. Puede ocurrir después de un traumatismo o como resultado de una enfermedad de larga duración como la diabetes. Puede ser uno de los tipos más difíciles de dolor para tratar. Otra forma de dolor relacionado con daño a los nervios es el que sigue a un ataque de herpes zoster, que generalmente afecta a adultos de edad avanzada. Causa un dolor ardoroso y quemante.

Síndrome de colon irritable. Este es un trastorno complejo del tracto intestinal inferior que causa dolor, distensión abdominal, y episodios recurrentes de diarrea o estreñimiento.

Cómo estimular los analgésicos naturales

Los estudios han mostrado que el ejercicio aeróbico puede estimular la liberación de endorfinas, los analgésicos naturales. La endorfinas son analgésicos semejantes a la morfina que envían mensajes para "detener el dolor" a las células nerviosas. La duración del ejercicio parece ser más importante que la intensidad. Hacer ejercicios aeróbicos de baja intensidad durante 30 a 45 minutos cinco a seis días a la semana puede producir un efecto. Asegúrese que lo aumenta gradualmente. Incluso tres a cuatro días de ejercicio a la semana pueden tener cierto efecto.

Si usted quiere empezar un programa de ejercicio que sea más vigoroso que caminar, acuda a una evaluación médica si:
- Tiene más de 40 años de edad
- Ha sido sedentario
- Tiene factores de riesgo de cardiopatía coronaria (ver página 175)
- Tiene problemas crónicos de salud

Autocuidados

Después que se han excluido o tratado enfermedades graves, las siguientes opciones pueden ayudarlo a controlar el dolor crónico:
- **Manténgase activo.** Concéntrese en cosas que puede hacer. Intente nuevos pasatiempos y actividades. Haga ejercicio diariamente. Una actividad que inicialmente causa algún dolor no necesariamente causa mayor daño o agrava el dolor crónico. Si tiene artritis, el ejercicio puede mejorar el rango de movimiento de las articulaciones. Los ejercicios para la espalda y los músculos abdominales pueden ayudar a aliviar o incluso prevenir el dolor de espalda. Empiece lentamente. Trabaje 20 a 30 minutos tres o cuatro veces por semana.
- **Enfóquese en los demás.** Cuando pone más atención en las necesidades de otros, se enfoca menos en sus propias dificultades. Involúcrese en actividades de la comunidad, de la iglesia o de grupos de voluntarios.
- **Acepte el dolor.** No niegue ni exagere la forma en que se siente, pero sea claro y honesto con los demás respecto a sus capacidades actuales. Sea práctico respecto a lo que puede hacer, y haga saber a la gente cuando es demasiado.
- **Manténgase sano.** Coma y duerma en un horario regular.
- **Relájese.** La tensión muscular aumenta la percepción del dolor. Las técnicas tradicionales como masaje o un baño en tina de hidromasaje pueden favorecer la relajación muscular y el bienestar general. Aprenda habilidades de relajación, como los ejercicios de respiración controlada y la visualización (Ver Cómo mantener el estrés bajo control, página 225).
- **Lleve un registro del dolor.** Un registro del dolor puede ser útil cuando se está comunicando con el médico respecto al dolor.
  - Escriba una descripción detallada del dolor cuando lo está presentando.
  - Describa la localización, intensidad y frecuencia del dolor y qué lo alivia o lo agrava.
  - Use palabras como ardoroso, penetrante, sordo, punzante, persistente o lacerante para describir las características del dolor.
  - Anote los días o la hora del día en que el dolor se alivia o se agrava.

Atención médica

Si el carácter del dolor cambia — por ejemplo, si aumenta de leve a intenso o si desarrolla nuevos síntomas — como hormigueo o adormecimiento — es una buena idea ver al médico para que revalore el problema.

Cómo utilizar los medicamentos analgésicos

Algunos medicamentos que se pueden obtener sin receta pueden ser efectivos para reducir el dolor crónico. Medicamentos como aspirina, ibuprofeno y acetaminofén ayudan a controlar el dolor en diferentes formas interfiriendo con el desarrollo, transmisión o interpretación de los mensajes.

Para usar con seguridad los medicamentos analgésicos:

- Lea las etiquetas y siga todas las instrucciones, precauciones y advertencias. Nunca use más de la dosis máxima recomendada.
- A menos que un médico lo recomiende, los adultos no deben usar medicamentos para el dolor más de 10 días seguidos. El límite para los niños y adolescentes es de cinco días.
- No tome aspirina en los primeros tres meses del embarazo a menos que el médico lo recomiende. La aspirina puede causar sangrado tanto en la madre como en el bebé. Los niños no deben tomar aspirina a menos que sea prescrita por un médico.
- Si usted es alérgico a la aspirina, hable con el médico o farmacéutico respecto a los analgésicos que puede usar con seguridad.
- Para mayor información de los medicamentos para el dolor, vea la página 258.

Programas de tratamiento del dolor crónico

Los avances en la Medicina han creado una amplia gama de opciones para manejar el dolor crónico. Los programas para el dolor pueden usar uno o una combinación de los siguientes métodos:

Cirugía. En algunas situaciones la cirugía puede ayudar a aliviar o disminuir el dolor. Sin embargo, muchas veces la cirugía no es una opción.

Métodos intervencionistas. En algunas formas de dolor crónico un médico puede intentar controlar el dolor con inyecciones de medicamentos en, o cerca del sitio del dolor. Otros métodos intervencionistas incluyen implantar dispositivos pequeños en el cuerpo, como un estimulador de los nervios o una bomba de medicamentos, para ayudar a controlar el dolor.

Medicamentos. Se utilizan muchos tipos de medicamentos para ayudar a controlar el dolor crónico de acuerdo a la intensidad y a la enfermedad o trastorno que lo causa.

Terapia física y ocupacional. Los programas de fisioterapia se dirigen a reducir el dolor a través de un programa regular de ejercicio que incluye ejercicios de flexibilidad, aeróbicos y de fortalecimiento. La terapia ocupacional está basada principalmente en la mecánica adecuada del cuerpo — usando los músculos y articulaciones correctamente para limitar el dolor.

Terapia cognoscitiva y conductual. Estos métodos se enfocan en entender los comportamientos, acciones, sentimientos y problemas de relaciones que acompañan a menudo al dolor crónico, y desarrollar formas positivas de manejo.

Tratamiento complementario y alternativo. Incluye una diversidad de prácticas como yoga, masaje, meditación y acupuntura.

Rehabilitación. La terapia de rehabilitación puede implicar un programa específico para recuperar la función motora o ayuda para aprender nuevas habilidades.

PARA MAYOR INFORMACIÓN

- Sociedad Estadounidense del Dolor, 4700 W. Lace Ave., Glenview, IL 60025; 847-375-4715, fax 877-734-8758; *www.ampainsoc.org*.
- Asociación Estadounidense del Dolor Crónico, P.O. Box 850, Rocklin, CA 95677; 800-533-3231, fax 916-632-3208; *www.theacpa.org*.

Trastornos del sueño

◼ Insomnio

El más frecuente de 60 o más trastornos del sueño es el **insomnio**. El insomnio incluye dificultad para dormirse, para seguir dormido o para volver a dormirse cuando despierta temprano. Puede ser temporal o crónico. El insomnio puede ser un síntoma de otro trastorno, o en algunos casos, una enfermedad diferente.

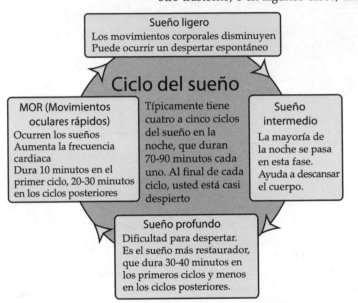

Ciclo del sueño

Sueño ligero
Los movimientos corporales disminuyen
Puede ocurrir un despertar espontáneo

MOR (Movimientos oculares rápidos)
Ocurren los sueños
Aumenta la frecuencia cardiaca
Dura 10 minutos en el primer ciclo, 20-30 minutos en los ciclos posteriores

Típicamente tiene cuatro a cinco ciclos del sueño en la noche, que duran 70-90 minutos cada uno. Al final de cada ciclo, usted está casi despierto

Sueño intermedio
La mayoría de la noche se pasa en esta fase. Ayuda a descansar el cuerpo.

Sueño profundo
Dificultad para despertar. Es el sueño más restaurador, que dura 30-40 minutos en los primeros ciclos y menos en los ciclos posteriores.

Las causas frecuentes incluyen las siguientes:
- Estrés relacionado con el trabajo, la escuela, la salud o las preocupaciones familiares.
- Depresión y ansiedad.
- Uso de estimulantes (cafeína o nicotina), suplementos de hierbas y medicamentos que se pueden obtener sin receta, o de prescripción.
- Alcohol.
- Cambio en el ambiente o en el horario del trabajo.
- Uso prolongado de medicamentos para dormir.
- Problemas médicos crónicos, incluyendo fibromialgia o enfermedades complejas de los nervios y de los músculos.
- Insomnio conductual, que puede ocurrir cuando usted se preocupa excesivamente por no poder dormir bien y se esfuerza demasiado por dormirse. La mayoría de la gente que tiene este trastorno duerme mejor cuando está lejos de su ambiente habitual de sueño.

Autocuidado

- Establezca y siga un ritual para irse a dormir.
- Evite siestas en la tarde.
- Evite ejercicio extenuante antes de acostarse. El ejercicio moderado cuatro a seis horas antes de acostarse es útil.
- Aparte durante el día un "tiempo para preocuparse".
- No lleve trabajo a la cama o use internet antes de acostarse.
- Tome un baño caliente una a dos horas antes de acostarse.
- Tome un vaso de leche, caliente o fría. Un bocadillo ligero está bien, pero no un bocadillo o un alimento grandes, ni consuma alcohol cerca del momento de ir a la cama.
- Mantenga el ambiente de dormir oscuro, tranquilo y agradablemente fresco. Si es necesario cubra sus ojos y use tapones para los oídos.
- Pruebe ejercicios de relajación (ver página 227).
- Disminuya o elimine el uso de estimulantes. Evite bebidas y medicamentos con cafeína.
- No fume antes de acostarse.
- Si todavía no puede dormir después de 30 minutos levántese. Quédese fuera de la cama hasta que se sienta cansado, y entonces regrese a la cama. Pero no cambie la hora de levantarse.
- Mantenga un registro del sueño. Si después de una semana o dos, todavía no puede dormir, vea al médico. Las pruebas pueden descubrir la causa del insomnio.

Cuidado de los niños

Orinarse en la cama (enuresis) es la razón más frecuente de que los niños entre 3 y 15 años de edad despierten en la noche. Contacte a la Fundación Nacional del Riñón de EUA en el 888-925-3379 en busca de sugerencias.

Las **pesadillas** pueden ser una respuesta al estrés o trauma que ocurren durante las horas de vigilia. Tranquilice a su hijo después de un incidente.

Los **terrores nocturnos** ocurren generalmente entre los tres y cinco años de edad, y tienden a verse en familias. Pueden despertarse gritando, sin recordar el sueño. La tensión emocional aumenta los terrores nocturnos.

El **sonambulismo** puede incluir abrir puertas, ir al baño, vestirse o desvestirse. Se ve en

---

¿Debe dormir la siesta, o no?

La urgencia de una siesta al mediodía se encuentra en el reloj biológico del cuerpo. Esto ocurre típicamente entre la 1 p.m. y las 4 p.m. como lo indica una disminución ligera de la temperatura corporal.

La siesta no es un sustituto de una noche de sueño. No tome la siesta si dormir en la noche es un problema. Si para usted la siesta es refrescante y no interfiere con el sueño en la noche, intente estas ideas:

- **Que sea breve.** Media hora de siesta es ideal. Las siestas mayores de una hora o dos tienen mayor probabilidad de interferir con el sueño en la noche.
- **Duerma una siesta a media tarde.** Las siestas a esta hora del día producen un sueño físicamente fortalecedor.
- **Si no puede dormir la siesta, descanse únicamente.** Acuéstese un rato y mantenga la mente ocupada en algo más.

---

familias y es más frecuente en niños entre 6 y 12 años de edad.

◼ Otros trastornos del sueño

Episodios recurrentes de interrupción de la respiración durante el sueño (apnea obstructiva del sueño). La gente que tiene este problema ronca y deja de respirar periodos breves, los cuales terminan con una sacudida o jadeo. Si tiene estos síntomas, vea al médico. La relajación de los tejidos del paladar blando, las adenoides crecidas o los pólipos nasales pueden bloquear la vía aérea superior causando **apnea obstructiva del sueño**. Bajar de peso, dormir sobre el estómago o de lado y evitar el alcohol antes de acostarse pueden mejorar los síntomas. El médico puede recomendar una mascarilla sobre la nariz mientras duerme para mantener la vía aérea abierta.

Rechinar o apretar los dientes durante el sueño (bruxismo) puede asociarse con estrés. El dentista puede examinar si su mordida necesita ajuste y proporcionarle un protector de plástico para evitar mayor daño. Intente controlar el origen de la tensión. Aprenda técnicas de relajación (ver página 227).

La **somnolencia excesiva** puede controlarse durmiendo lo suficiente en la noche, tomando una siesta en el día y manteniendo un horario regular de sueño. Consuma alimentos ligeros o vegetarianos y use bebidas cafeinadas (café, té y bebidas de cola) para mantenerse despierto, especialmente antes de actividades importantes. Si todavía necesita ayuda, el médico puede prescribir un estimulante.

El **síndrome de piernas inquietas** es la urgencia irresistible de mover las piernas que puede ocurrir poco después de acostarse o durante la noche, interfiriendo con el sueño. Levántese y camine. Intente técnicas de relajación y un baño caliente antes de acostarse. Vea al médico si tiene síntomas intensos.

PARA MAYOR INFORMACIÓN

- Fundación Nacional del Sueño, 1522 K St., NW, Suite 500, Wahington, DC 20005; 202-347-3471, fax 202-347-3472; *www.sleepfoundation.org.*

Sudoración y olor corporal

La **sudoración** es la respuesta normal del cuerpo a la acumulación de calor corporal. La sudoración varía ampliamente entre las personas. Muchas mujeres transpiran más durante la menopausia. Las bebidas calientes, o las que contienen alcohol o cafeína pueden producir aumento temporal de la sudoración.

Para la mayoría de nosotros la sudoración es sólo una molestia menor. Pero para algunas personas, las axilas, los pies y las manos sudorosas son un dilema importante. El sudor es básicamente inodoro, pero puede tomar un olor desagradable u ofensivo cuando las bacterias se multiplican y degradan las secreciones del cuerpo en productos que desprenden olores. La sudoración y el olor pueden estar influenciados por el estado de ánimo, la actividad, las hormonas y algunos alimentos, como la cafeína.

Un "sudor frío" es habitualmente la respuesta del cuerpo a una enfermedad grave, ansiedad o dolor intenso. Un sudor frío debe recibir atención médica inmediata si hay signos de mareo o dolor en el pecho y en el estómago.

Autocuidados

- **Use ropa fabricada con materiales naturales,** especialmente algodón, que esté en contacto con la piel.
- **Tome un baño diario.** Los jabones antibacterianos pueden ayudar, pero pueden ser irritantes.
- **Intente con productos que se venden sin receta,** como aerosoles y lociones antitranspirantes, que contienen hidrocloruro de aluminio o sulfato de aluminio.
- **Para los pies sudorosos,** seleccione zapatos fabricados con materiales porosos, como el cuero. Use los calcetines adecuados. Los calcetines de lana pueden ayudar a los pies porque absorben humedad. Cambie los calcetines o medias una o dos veces al día, secando los pies completamente cada vez. Seque los pies cuidadosamente después de bañarse. Los microorganismos se desarrollan en los espacios húmedos entre los pies. Use polvos para los pies que puede obtener sin receta para ayudar a absorber el sudor. Ventile sus pies. Ande descalzo cuando sea posible. Las mujeres deben probar pantimedias con plantas de algodón.
- **Para las axilas sudorosas,** use antitranspirantes. Si la irritación es un problema, una crema de hidrocortisona al 0.5 por ciento (disponible sin prescripción) puede ayudar.
- **Aplique desodorantes en la noche** al acostarse, en las palmas o en las plantas sudorosas. Pruebe desodorantes sin perfumes.
- **Intente la iontoforesis.** Este procedimiento, en el cual se aplica una corriente eléctrica de baja intensidad a la parte del cuerpo afectada con un dispositivo operado con baterías, puede ayudar. Sin embargo, puede no ser más eficaz que un desodorante local.
- **Elimine la cafeína y otros estimulantes** de la alimentación, así como los alimentos con olores fuertes, como el ajo y la cebolla.

Atención médica

El médico puede recomendar un desodorante de prescripción. En algunos casos la extirpación quirúrgica de glándulas sudoríparas puede ayudar. Sin embargo, esto es apropiado únicamente para unas cuantas personas que tienen dolor e irritación persistente causados por los desodorantes o el sudor excesivo. Las inyecciones repetidas de toxina botulínica pueden también utilizarse para disminuir la actividad de las glándulas sudoríparas.

Consulte al médico si hay un aumento de la sudoración o si tiene sudores nocturnos sin una causa obvia. Las infecciones, disfunción de la glándula tiroides y ciertas formas de cáncer pueden producir patrones inusuales de sudoración.

La sudoración excesiva asociada a falta de aire requiere acción inmediata. Podría ser un signo de un ataque cardiaco.

Ocasionalmente un cambio en el olor es señal de una enfermedad. Un olor a frutas puede ser un signo de diabetes, o un olor semejante a amoníaco puede ser un signo de enfermedad del hígado.

Cambios inesperados de peso

En la mayoría de los casos las razones de los cambios de peso son obvias. Los cambios en la alimentación o en la actividad son las explicaciones habituales. Las enfermedades pueden afectar también su peso. Un cambio inesperado de peso de 5 por ciento a 10 por ciento (3.5 a 9 kilogramos para una persona de 68 kilogramos) en seis meses o menos, es significativo. Si usted baja o aumenta de peso y no puede señalar la razón, o si está bajando o aumentando de peso muy rápidamente, hable con el médico.

Síntomas generales

■ Aumento de peso

El aumento de peso es el escenario más frecuente en la vida adulta. El aumento de peso generalmente es gradual — unos cuantos kilos al año. El cuidado en la alimentación y el ejercicio regular pueden detener esta tendencia.

Si ha estado presentando un aumento rápido de peso, considere estas posibles causas:

1. **Cambios en la alimentación.** Aumento del consumo de alcohol o refrescos, un nuevo alimento favorito rico en grasa como el helado, pan dulce o alimentos fritos, aumento de los bocadillos, un cambio a comidas rápidas o alimentos preparados.
2. **Disminución de la actividad.** Una lesión que restringe el movimiento, un cambio de un trabajo activo a uno sedentario o el cambio en una rutina como usar las escaleras o caminar al trabajo.
3. **Nuevos medicamentos.** Algunos medicamentos pueden contribuir a subir de peso. Algunos antidepresivos y algunas hormonas, incluyendo estrógenos, progesterona y cortisona, pueden producir aumento de peso.
4. **Cambios en el estado de ánimo.** La ansiedad excesiva, el estrés o la depresión pueden afectar la actividad y el consumo de alimento. (Ver Depresión y tristeza, página 200).
5. **Retención de líquidos.** Trastornos médicos como insuficiencia cardiaca o renal, o trastornos tiroideos pueden acumular líquido ¿Ha notado hinchazón de los tejidos — anillos o zapatos apretados, edema progresivo de los tobillos al avanzar el día, falta de aire inusitada o nueva, viajes frecuentes al baño en la noche?

Autocuidados

Si el número 1 o 2 presentados arriba se aplican a usted, cambie su alimentación y aumente la actividad. (Vea Peso: ¿qué es saludable para usted?, página 206, y Actividad física: la clave para quemar calorías, página 209). Espere cuatro a seis semanas para ver si los cambios funcionan. Si no afectan al peso, o si el número 3, 4 o 5 se aplican a usted, vea al médico.

■ Pérdida de peso

La pérdida inexplicable de más de 10 por ciento del peso en seis meses o menos a menudo es causa de preocupación, pero no siempre. Considere las siguientes posibilidades:

1. **Un cambio en la alimentación,** como omitir alimentos, comer de prisa, una reducción significativa en el consumo de grasa, un cambio en los métodos de preparación de los alimentos, un cambio en las rutinas alrededor del tiempo de la comida o comer solo pueden causar pérdida de peso.
2. **Un cambio en la actividad,** como un cambio en el trabajo, un programa nuevo de ejercicio, un horario apretado, o una variación estacional pueden causar pérdida de peso.
3. **La disminución del apetito**, posiblemente debido a estrés, ansiedad, o una condición médica subyacente pueden causar pérdida de peso.
4. **Nuevos medicamentos** incluyendo algunos antidepresivos o estimulantes — de prescripción o que se pueden obtener sin receta (cafeína, productos de hierbas).
5. **Cambios del estado de ánimo,** como la depresión, pueden causar pérdida de peso (ver página 200).

5. **Otros trastornos,** incluyendo problemas dentales, diabetes descontrolada con aumento en la sed o en la orina; glándula tiroides hiperactiva (hipertiroidismo); trastornos digestivos, como malabsorción o úlcera con dolor abdominal; enfermedades inflamatorias intestinales, como Crohn o colitis, que causan diarrea y heces sanguinolentas; cáncer, infecciones, como el virus de la inmunodeficiencia humana (VIH), SIDA o tuberculosis.

Autocuidados	Si el número 1 o 2 mencionados se aplican a usted, pero ninguno de los otros, modifique su alimentación. Coma tres alimentos balanceados. Como bocadillos o cuando no puede tomar un buen alimento, intente una bebida de suplementos nutritivos. Los polvos que se mezclan con leche son sencillos, confiablemente equilibrados y más baratos que los suplementos listos para consumirse. Si no ha revertido la tendencia del peso en dos semanas, o si los números 3, 4, 5 o 6 se aplican a usted, vea al médico sin dilación.
Cuidados para los niños	La pérdida de peso o la falla del crecimiento en los niños pueden ser causadas por un problema digestivo que impide que nutrientes importantes sean digeridos o absorbidos. La falta de estos nutrientes puede llevar a detención del crecimiento y otros problemas. El niño puede tener otra condición médica subyacente un trastorno de la alimentación. Si su hijo tiene una pérdida de peso sin explicación, consulte a su prestador de los atención de la salud.

Trastornos de la alimentación: Anorexia nervosa y bulimia nervosa

La anorexia nervosa es un trastorno de la alimentación que puede llevar a una pérdida drástica de peso como resultado de la semiinanición autoimpuesta. Una persona con bulimia nervosa tiene a menudo peso normal pero utiliza excesos en la comida y se purga (vómito autoinducido o abuso de laxantes) como medio de controlar el peso. Ambos **trastornos de la alimentación** son más frecuentes en niñas adolescentes y mujeres jóvenes, pero pueden ocurrir en hombres y adultos mayores.

El número de personas afectadas por anorexia y bulimia ha aumentado porque la sociedad ha puesto más énfasis en estar delgadas y atractivas. Disminuir este énfasis y no poner expectativas irreales a las adolescentes pueden ser medidas para disminuir esta tendencia. Si sospecha un trastorno de la alimentación en usted o en otros, contacte al prestador de cuidados de la salud.

Anorexia nervosa
Signos y síntomas
- Percepción equivocada de la imagen corporal — usted se ve más obeso de lo que es
- Temor irreal de aumentar de peso
- Dieta y ejercicio excesivos
- Pérdida de peso significativa o falla para aumentar de peso durante un periodo de crecimiento
- Rechazo para mantener un peso normal
- Ausencia de periodos menstruales

- Preocupación por el alimento, las calorías y la preparación de alimentos

La causa de la anorexia nervosa no es clara, pero pueden estar involucrados factores biológicos y psicológicos. La recuperación total es posible si el trastorno se diagnostica tempranamente. Si no se trata, la anorexia puede llevar a la muerte. El tratamiento implica psicoterapia, asesoría de la dieta y consejo familiar en la mayoría de los casos. Puede requerirse hospitalización en casos graves.

Bulimia nervosa
Signos y síntomas:
- Episodios recurrentes de excesos en la comida
- Vómito autoinducido o abuso de laxantes
- Peso habitualmente en el rango normal
- Temor de aumentar de peso

La bulimia implica comer grandes cantidades de alimento y luego purgarse vomitando o abusando de los laxantes. Es también una forma de semiinanición. La purga depleta al cuerpo de agua y de potasio y puede llevar a la muerte. La gente con bulimia está a menudo deprimida porque se da cuenta de que su forma de comer es anormal. El tratamiento incluye generalmente modificación del comportamiento, psicoterapia, y en algunos casos, medicamentos antidepresivos. Puede requerirse hospitalización si el trastorno está fuera de control y si hay complicaciones físicas.

Problemas frecuentes

- Espalda y cuello
- Aparato digestivo
- Oídos y audición
- Ojos y visión
- Dolor de cabeza
- Mlembros, músculos, huesos y articulaciones
- Pulmones, pecho y respiración
- Nariz y senos paranasales
- Piel, cabello y uñas
- Garganta y boca
- Salud del hombre
- Salud de la mujer

La mayoría de los dolores y dolencias no son graves. A menudo remedios simples en combinación con el tiempo pueden solucionar el problema y ahorrarle un viaje al médico. Por supuesto, si el problema persiste o si los remedios simples no ayudan, necesita buscar atención médica.

Esta sección está organizada principalmente por sistemas del cuerpo. Cada sistema del cuerpo incluye varias enfermedades o síntomas con consejos y sugerencias de autocuidados acerca de cuándo ver al médico. Los artículos resaltados (texto en cuadros sombreados en fondo gris claro) se refieren a temas relacionados y ofrecen información de temas médicos. Se discute también la salud de los niños cuando es pertinente a través de la sección.

Espalda y cuello

Casi todos tenemos algún problema de la espalda en algún momento. El dolor de espalda envía a mucha gente al médico cada año. Afortunadamente puede hacer cosas para prevenir los problemas de la espalda. Y puede hacerlas más efectivas si conoce un poco respecto a la espalda.

La espalda soporta al cuerpo. Sostiene y protege la médula espinal y los nervios que envían señales al cerebro y que las reciben del cerebro para el resto del cuerpo. Y sirve como un lugar de inserción para los músculos y ligamentos de la espalda.

Anatomía

La columna vertebral no es un hueso, sino muchos. Si usted ve una columna normal de perfil, tiene una curvatura hacia adentro en el cuello y en la parte baja de la espalda, y hacia afuera en la parte alta de la espalda y en la pelvis.

Vértebras. La columna vertebral está compuesta de huesos llamados vértebras, que se mantienen unidos mediante bandas fibrosas fuertes llamadas ligamentos. La columna vertebral normal del adulto consta de siete vértebras cervicales (cuello), 12 vértebras torácicas (parte media de la espalda), y cinco vértebras lumbares grandes (parte baja de la espalda).

Médula espinal. La médula espinal, parte del sistema nervioso central, se extiende de la base del cráneo a la parte baja de la espalda a través del canal vertebral óseo. Dos nervios (nervios espinales) son enviados a cada lado de las vértebras. En la parte lumbar alta de la espalda en donde termina la médula espinal, un grupo de nervios (cauda equina) continúa hacia abajo en el canal vertebral. Los nervios espinales salen por orificios (foramen) a cada lado de las vértebras, uno al lado derecho del cuerpo y otro al izquierdo. En total hay 31 pares de estos nervios espinales en la espalda y cuello.

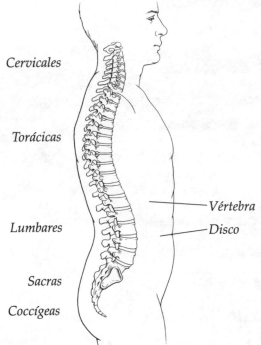

Cervicales

Torácicas

Lumbares

Sacras

Coccígeas

Vértebra

Disco

Discos. Entre las vértebras y cerca del punto de salida de cada par de nervios espinales están los discos intervertebrales. Estos discos evitan que las vértebras duras se junten una con otra en todas direcciones — al voltearse, flexionarse y extenderse. Un disco está formado por un anillo de tejido fibroso fuerte que tiene una sustancia gelatinosa en el centro. El daño de la parte externa del disco puede hacer que la sustancia gelatinosa del interior protruya hacia afuera — lo que se conoce comúnmente como un disco roto (herniado, o deslizado) (ver página 53). Esto puede producir presión sobre los nervios o tejidos circundantes, causando dolor. (Un disco en realidad no se desliza porque está firmemente adherido entre las vértebras).

Músculos. Los músculos son como bandas elásticas hacia arriba y hacia abajo de la espalda que soportan la columna. Se contraen o se relajan para ayudarlo a pararse, voltearse, flexionarse o estirarse. Los tendones conectan los músculos con los huesos. Los músculos del abdomen y tronco soportan, protegen y mueven la columna.

Con la edad la columna puede volverse rígida y perder la flexibilidad. Los discos se gastan, y los espacios entre las vértebras se estrechan. Estos cambios son parte del proceso de envejecimiento, pero no son necesariamente dolorosos. Las vértebras desarrollan algunas veces espolones de hueso que pueden producir dolor, pero no necesariamente. Al gastarse el cartílago que amortigua las articulaciones, los huesos se rozan, y puede presentar el dolor de la artritis. Sin embargo, a menudo es difícil señalar la causa del dolor de espalda debido a la complejidad de ésta.

Problemas comunes de la espalda y del cuello

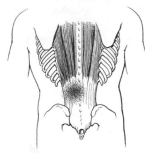

La parte baja de la espalda, un punto pivote para girar en la cintura, es vulnerable a distensiones musculares.

La parte baja de la espalda soporta la mayor parte del peso. En la gente de 40 años o más, es el sitio más frecuente de **dolor de espalda**. Sin embargo, las distensiones y esguinces pueden lesionar cualquier parte del cuello o espalda.

Las causas del dolor de espalda y del cuello incluyen:

- Levantar objetos en forma inapropiada (ver Cómo levantar objetos apropiadamente, página 54)
- Un esfuerzo físico súbito y extenuante; un accidente, lesiones o caídas en los deportes
- Falta de tono muscular
- Exceso de peso, especialmente alrededor de la cintura
- La posición al dormir, especialmente si duerme boca abajo
- Sentarse en una posición por largo tiempo; mala postura al sentarse y acostarse
- Una almohada que fuerza el cuello en un ángulo incómodo
- Sostener el teléfono con el hombro
- Llevar un portafolios o bolsa pesados, en el hombro o en la espalda
- Sentarse con una cartera gruesa en la bolsa trasera
- Mantener una posición inclinada hacia adelante durante un largo tiempo
- Estrés y tensión diarios
- Relajación de los músculos y ligamentos durante el embarazo

"Sin dolor, no hay ganancia" — ¡No es cierto!

Puede usted sentirse adolorido inmediatamente después de lesionarse un músculo, o pueden pasar varias horas antes que se sienta adolorido. Un músculo lesionado puede contraerse sin control o "hacerse nudo" (un espasmo muscular). El cuerpo le está diciendo que disminuya la actividad y evite una lesión mayor. Un espasmo muscular importante puede durar 48 a 72 horas, seguido por días o semanas de dolor menos intenso. El uso exagerado de un músculo lesionado en las siguientes tres a seis semanas puede hacer regresar el dolor. Sin embargo, la mayoría del dolor de espalda ha desaparecido en seis semanas.

Al avanzar en edad, el tono y la fuerza muscular tienden a disminuir, y la espalda está más propensa a dolor o lesiones. Mantener la flexibilidad y fuerza y conservar los músculos abdominales fuertes es lo mejor que puede hacer para evitar problemas de la espalda. Puede ayudar pasar 10 a 15 minutos al día haciendo ejercicios suaves de estiramiento y fortalecimiento.

Autocuidados

La curación ocurre más rápidamente si puede continuar sus actividades habituales en forma ligera, evitando lo que pudo haberle causado el dolor. Evite periodos largos de reposo en cama, que pueden agravar el dolor y debilitarlo.

Con cuidados apropiados en una distensión o esguince, debe notar mejoría en las primeras dos semanas. La mayoría de formas de dolor de espalda agudo mejora en cuatro a seis semanas. Los esguinces de ligamentos o distensiones intensas de los músculos pueden tardar hasta 12 semanas para curar. Una vez que tiene dolor de espalda, está propenso a presentar episodios dolorosos repetidos.

Siga estos cuidados en casa:

- Use compresas frías inicialmente para aliviar el dolor. Envuelva hielo o una bolsa de verduras congeladas en un trozo de tela. Manténgalo en el área adolorida durante 15 minutos cuatro veces al día. Para evitar congelamiento, nunca coloque el hielo directamente sobre la piel.
- Puede estar más cómodo acostado en el piso boca arriba, doblando las caderas y rodillas y con las piernas elevadas. Descanse lo suficiente, pero evite reposo prolongado en cama — más de un día o dos pueden hacer más lenta la recuperación. Los movimientos moderados mantienen fuertes y flexibles los músculos. Evite la actividad que causó la distensión o el esguince. Evite levantar objetos pesados, empujar o jalar, así como flexiones y torsiones repetidas.

Autocuidados

- Después de 48 horas puede usar calor para relajar los músculos adoloridos o contraídos. Tome un baño caliente, use compresas calientes, un cojín eléctrico o una lámpara de calor. Tenga cuidado de no quemar su piel con demasiado calor. Pero si nota que el frío proporciona más alivio que el calor, puede continuar usando el frío, o intentar una combinación de los dos métodos.
- Empiece gradualmente ejercicios ligeros de estiramiento. Evite las sacudidas, saltos y cualquier movimiento que aumente el dolor o que requiera esfuerzo.
- Use analgésicos que puede obtener sin receta (ver página 258).
- El masaje puede ayudar, especialmente para los espasmos musculares, pero evite aplicar presión directamente sobre la columna.
- Si tiene que estar parado o sentado gran parte del día, considere una faja o corset. Utilizados adecuadamente, pueden aliviar el dolor y proporcionar calor, comodidad y soporte. Sin embargo, confiar en este tipo de soporte por largo tiempo, impide que usted use, estire y ejercite los músculos.

Atención médica

Aunque poco frecuente, el dolor de espalda o cuello puede ser el resultado de problemas importantes como cáncer, infección, artritis inflamatoria y otras enfermedades. El dolor que se agrava o permanece constante un mes o más debe ser investigado por un médico.

Busque atención médica inmediatamente si el dolor:
- Es intenso.
- Es resultado de una caída o un golpe en la espalda. No trate de mover a alguien que tiene dolor intenso en el cuello o que no puede mover las piernas después de un accidente. Mover a la persona puede producir una lesión mayor.
- Produce debilidad u hormigueo en una o en ambas piernas o brazos.
- Es nuevo y se acompaña de fiebre inexplicable.
- Es resultado de un traumatismo que produce dolor desde el cuello y se irradia hacia abajo a los brazos y piernas.
- Se acompaña de presión arterial mal controlada, un aneurisma aórtico abdominal, cáncer, o pérdida súbita del control del intestino o de la vejiga.

Los nervios de la mayor parte del cuerpo pasan por la espalda. Algunas veces el dolor de espalda o del cuello puede ser causado por un problema en otra parte del cuerpo. El médico puede hacer algunos estudios para determinar la causa del dolor.

Cuidados para los niños

El dolor lumbar es raro en niños antes de la adolescencia. Las causas frecuentes de dolor de espalda son lesiones en los deportes o caídas. Asegúrese que los programas deportivos de sus hijos:
- Utilizan el equipo adecuado de protección
- Tienen entrenadores competentes
- Utilizan suficientes actividades de calentamiento y acondicionamiento

Si su hijo lesionado no ha estado inconsciente, puede moverse libremente y no tiene hormigueo o debilidad, aplique los consejos de autocuidados presentados en la página 51. Tenga cuidado de evitar calor o frío excesivos. Verifique las dosis adecuadas para niños de los medicamentos que se pueden obtener sin recta. No administre aspirina a los niños.

Si el dolor no está relacionado con un traumatismo o alguna otra causa conocida, el prestador de cuidados de la salud puede querer examinarlo en busca de una infección (especialmente si el niño ha tenido fiebre) y otros factores del desarrollo de su hijo que puedan causar el dolor. Las adolescentes a menudo presentan dolor lumbar con el periodo menstrual.

Los signos de advertencia de problemas importantes de la espalda en los niños incluyen dolor constante que dura varias semanas o que ocurre durante la noche; dolor que interfiere con la escuela, el juego o los deportes; y dolor que se presenta con rigidez y fiebre.

Otros problemas comunes de la espalda

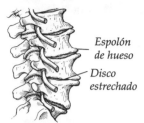

Espolón de hueso

Disco estrechado

Osteoartritis

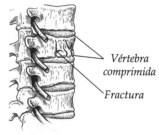

Vértebra comprimida

Fractura

Osteoporosis

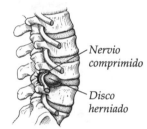

Nervio comprimido

Disco herniado

Disco herniado

Los problemas de la espalda y del cuello a menudo no son resultado de un solo incidente. Pueden ser el producto de una vida de estrés y tensión para la espalda y cuello. Si usted tiene dolor crónico de espalda, el prestador de cuidados de la salud puede buscar los siguientes trastornos:

La **osteoartritis** afecta a cerca de 21 millones de estadounidenses, sobre todo personas de 45 años de edad o más. La edad hace que el tejido protector que cubre la superficie de las articulaciones vertebrales se deteriore. Los discos que se encuentran entre las vértebras se gastan, y los espacios entre los huesos se estrechan. También se desarrollan crecimientos óseos llamados osteofitos. Gradualmente la columna puede hacerse rígida y perder flexibilidad.

La **osteoporosis** es el debilitamiento de la estructura ósea cuando la cantidad de calcio de los huesos disminuye. Las vértebras debilitadas se comprimen y se fracturan fácilmente. Los medicamentos pueden hacer más lento o detener este proceso. Los individuos mayores de 50 años de edad, especialmente las mujeres, están en mayor riesgo.

Ocurre un **disco herniado**, **o desplazado**, cuando el desgaste o un esfuerzo excepcional hacen que se rompa un disco. La protrusión de los discos es frecuente y a menudo indolora. Se vuelve dolorosa cuando la protrusión es excesiva o fragmentos del disco presionan sobre los nervios cercanos. Este trastorno puede producir dolor en el nervio ciático (ciática), que se extiende hacia abajo, de la espada a las piernas. Los síntomas pueden desaparecer en días o semanas. Algunas veces el trastorno se vuelve crónico y puede llevar a debilidad en las piernas.

La **fibromialgia** es un síndrome crónico que produce dolor, dolor con la presión y rigidez en los músculos y articulaciones en donde se insertan los tendones en los huesos. El dolor se agrava generalmente después de la inactividad y mejora con el movimiento.

La cirugía se reserva generalmente para cuando un nervio es comprimido y amenaza con causar debilidad permanente o está afectando el control del intestino o de la vejiga. El dolor de espalda sin lesión del nervio generalmente no se trata con cirugía. La debilidad de la pierna (ciática) que persiste durante más de seis semanas a pesar de otros tratamientos a menudo puede resolverse con cirugía.

Lesiones de la espalda en el trabajo

Puede usted evitar muchos problemas de la espalda siguiendo estos lineamientos (ver Ejercicios para quienes trabajan en oficinas, página 239, y Cómo enfrentar la tecnología, página 245, para otras ideas):

- Cambiar de posición a menudo.
- Evitar los tacones altos. Si está de pie durante periodos prolongados, descanse uno de los pies en una caja pequeña o en un banquito a intervalos.
- Use equipo ajustable. Encuentre posiciones cómodas (en lugar de posiciones forzadas).
- No se incline continuamente sobre su trabajo. Sostenga los materiales a nivel de los ojos.
- Evite la repetición excesiva. Tome descansos frecuentes y breves para estirarse o relajarse — incluso 30 segundos cada 10 a 15 minutos ayudan.
- Evite flexionarse, girar o tratar de alcanzar algo innecesariamente.
- Párese para contestar el teléfono. Si está en el teléfono mucho tiempo, consiga un auricular ajustable a la cabeza.
- Ajuste la silla para que los pies descansen sobre el piso. Cambie la posición de las piernas a menudo.
- Use una silla que soporte la curvatura lumbar de la espalda o coloque una toalla enrollada o una almohada detrás de la parte baja de la espalda. El asiento de la silla no debe presionar sobre la parte posterior de los muslos o las rodillas.
- Levante los objetos apropiadamente (ver página 54) y llévelos cerca del cuerpo.
- Manténgase en forma. Una mala condición física y fumar son factores pronóstico fuertes de incapacidad debida al dolor de espalda.

Cómo prevenir dolores de espalda y del cuello frecuentes

El ejercicio regular es el arma más fuerte contra los problemas de la espalda y del cuello. El ejercicio apropiado puede ayudarlo a:

- Mantener o aumentar la flexibilidad de los músculos, tendones y ligamentos
- Fortalecer los músculos que soportan la espalda
- Aumentar la fuerza de los músculos de los brazos, piernas y parte inferior del cuerpo para reducir el riesgo de caídas y otras lesiones y permitir una postura óptima para levantar y transportar cosas
- Mejorar la postura
- Aumentar la densidad ósea
- Reducir el exceso de peso que carga sobre la espalda

Si tiene más de 40 años o una enfermedad o lesión, hable con el médico respecto a un programa de ejercicio. Si no está en forma, empiece lentamente. Los ejercicios que son buenos para la espalda incluyen los siguientes:

- Ejercicios de fortalecimiento abdominal y de las piernas.
- Ejercicio en una bicicleta estacionaria, banda sin fin o esquí a campo traviesa. La bicicleta es buena, pero asegúrese de que el asiento de la bicicleta y los manubrios estén ajustados adecuadamente para mantenerlo en una posición cómoda.

Si tiene problemas de la espalda o no está en forma, evite actividades que impliquen suspensiones e inicios rápidos y torsiones excesivas. Las actividades de alto impacto sobre superficies duras — como trotar, tenis, racquetbol y basketbol — pueden causar desgaste de la espalda. Tome precauciones para evitar caídas y evite deportes de contacto.

Cómo levantar objetos apropiadamente

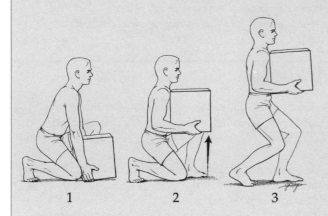

Siga los siguientes pasos:

1. Coloque los pies firmemente, con los dedos apuntando ligeramente hacia afuera, un pie ligeramente delante del otro. Párese lo más cerca posible del objeto que va a levantar.
2. Descienda desde sus rodillas, y use los potentes músculos de las piernas para levantar la carga. Mantenga la espalda lo más recta posible. Al levantarse, apriete los músculos abdominales que soportan la columna.
3. Mantenga la carga cerca del cuerpo. Evite voltear mientras sostiene la carga. Evite levantar objetos pesados arriba de la cintura.

Posiciones apropiadas para dormir

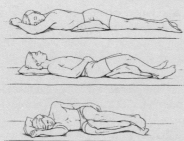

Para evitar agravar el dolor de espalda cuando duerme o está acostado, duerma boca abajo sólo si el abdomen está acojinado con una almohada (arriba). Si duerme boca arriba, soporte las rodillas y cuello con almohadas (media). La mejor opción: duerma de lado con las piernas dobladas ligeramente hacia el pecho con una almohada entre ellas (abajo).

La rutina diaria para la espalda

Aquí están ejercicios para estirar y fortalecer la espalda y músculos de soporte. Los ejercicios deben ser cómodos y no causar dolor. Hágalos 15 minutos diariamente. (Si se ha lastimado la espalda antes o si tiene problemas de salud como osteoprosis, hable con el médico antes de empezar los ejercicios).

Acercamiento de las escápulas. *Siéntese recto en una silla. Mantenga el mentón retraído y los hombros relajados. Trate de acercar los omóplatos y estirar la parte superior de la espalda. Mantenga esta posición unos segundos. Regrese a la posición inicial. Repita varias veces.*

Estiramiento de la rodilla al hombro. Acuéstese boca arriba *en una superficie firme con las rodillas dobladas y los pies estirados. Jale la rodilla izquierda hacia el pecho con ambas manos. Mantenga esta posición durante 15 a 30 segundos. Regrese a la posición inicial. Repita con la pierna contraria. Repita con cada pierna tres o cuatro veces.*

Sentarse a medias. *Acuéstese boca arriba en una superficie firme con las rodillas dobladas y los pies estirados. Con los brazos extendidos, alcance las rodillas con las manos hasta que sus omóplatos no toquen la superficie. No tome las rodillas. Mantenga esta posición unos cuantos segundos y regrese lentamente a la posición inicial. Repita varias veces.*

Estiramiento de gato. *Paso 1. Colóquese sobre las manos y rodillas. Lentamente deje que la espalda y abdomen desciendan hacia el piso.*

Estiramiento de gato. *Paso 2. Lentamente arquee la espalda lejos del piso. Repita los pasos 1 y 2 varias veces.*

Levantar las piernas. *Paso 1. Acuéstese con la cara hacia abajo en una superficie firme con una almohada grande bajo las caderas y abdomen inferior. Manteniendo la rodilla doblada, levante la pierna ligeramente de la superficie y manténgala cinco segundos. Repita varias veces con cada pierna.*

Levantar las piernas. *Paso 2. Con la pierna recta, levante una pierna ligeramente de la superficie y manténgala unos 5 segundos. Repita varias veces con cada pierna.*

Problemas frecuentes

Aparato digestivo

El tracto digestivo es un sistema sumamente complejo. Los problemas pueden ocurrir en cualquier parte de este tracto y alterar su delicado equilibrio. Debido a la complejidad de este sistema, no intente diagnosticar problemas nuevos, como un dolor o sangrado sin explicación.

La digestión empieza al masticar el alimento. El alimento es degradado en fragmentos más pequeños por los dientes, y al mismo tiempo es mezclado con saliva secretada por las glándulas salivales. La saliva contiene una enzima que empieza a cambiar los almidones (carbohidratos) en azúcares.

El alimento es impulsado hacia abajo por el esófago al estómago y luego a través de los intestinos mediante contracciones musculares. Este proceso, llamado digestión, es ayudado por los jugos digestivos (ácido, bilis y enzimas) del estómago, páncreas y vesícula biliar. Degradan el alimento y permiten que los nutrientes se absorban. El alimento no digerible y las bacterias son eliminados por el recto en forma de heces.

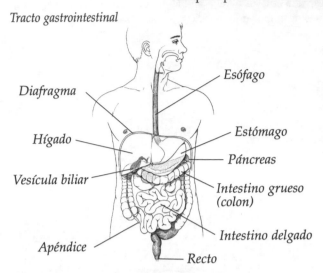

Tracto gastrointestinal

Diafragma

Hígado

Vesícula biliar

Apéndice

Esófago

Estómago

Páncreas

Intestino grueso (colon)

Intestino delgado

Recto

■ Dolor abdominal

El dolor en el abdomen puede ocurrir en cualquier parte a lo largo del tracto digestivo, de la boca o garganta a la pelvis y recto. En algunos casos el dolor puede señalar un problema menor, como comer en exceso. En otros, puede ser un signo temprano de advertencia de un trastorno más grave que puede requerir tratamiento médico.

Afortunadamente muchas molestias responden bien a una combinación de autocuidados y tratamiento médico supervisado. Vea las siguientes páginas si el dolor acompaña a alguno de estos trastornos: estreñimiento, página 58; diarrea, página 59; gas excesivo, página 60; gastritis, página 61; o hemorroides, página 62.

Precaución

Aunque la mayoría de dolores abdominales no es significativo, no intente diagnosticar la fuente de un dolor nuevo o sin explicación. Busque atención médica si presenta cualquiera de los siguientes: dolor intenso que dura más de un minuto o dolor que parece agravarse, dolor acompañado de falta de aire o mareo, o dolor acompañado de fiebre de 38.6 °C o más.

¿Qué es apendicitis?

El apéndice es una estructura en forma de gusano que se proyecta hacia afuera a partir del intestino grueso. Esta pequeña estructura puede inflamarse, hincharse y llenarse de pus. Este trastorno es llamado apendicitis.

La **apendicitis** causa típicamente dolor agudo que empieza alrededor del ombligo y se fija en el lado derecho inferior del abdomen. Estos síntomas progresan generalmente en 12 a 24 horas. Puede también presentar falta de apetito, náusea, vómito y la urgencia de una evacuación o de pasar gas.

Aunque la apendicitis puede afectar a personas de todas las edades, ocurre generalmente entre los 10 y 30 años de edad.

Un apéndice infectado puede perforarse y causar una infección grave. Busque atención médica inmediata si sospecha que tiene apendicitis.

Cólico

Generaciones de familias han enfrentado el **cólico**. Este trastorno frustrante y en gran parte inexplicable afecta a los bebés que por lo demás parecen sanos. El cólico generalmente tiene su máximo a las seis semanas de edad y desaparece hacia el tercero a cuarto mes.

El cólico es una experiencia difícil para cualquiera. Un médico describe el cólico como "cuando el bebé está llorando — y su mamá también".

Aunque el término "cólico" se usa ampliamente para cualquier bebé irritable, el verdadero cólico se caracteriza por lo siguiente:

- **Episodios de llanto predecibles.** Un bebé con cólico llora aproximadamente a la misma hora todos los días, generalmente en la tarde. Los episodios de cólico pueden durar minutos o dos horas o más.
- **Actividad.** Muchos bebés con cólico suben las piernas hacia el pecho o se retuercen durante los episodios de llanto si tienen dolor.
- **Llanto fuerte o inconsolable.** Los bebés con cólico lloran más de lo habitual y es sumamente difícil — o imposible — calmarlos.

Los médicos llaman al cólico "un diagnóstico de exclusión", lo que significa que se deben descartar otros posibles problemas antes de determinar que el bebé tiene cólico. Sin embargo, se le debe asegurar al padre de un bebé con cólico que el llanto probablemente no es signo de un problema médico importante.

Los estudios del cólico se han enfocado en varias posibles causas: alergias, un sistema digestivo inmaduro, gas, hormonas, y la ansiedad y manipulación de la madre. Todavía no está claro porqué algunos bebés tienen cólico y otros no.

Autocuidados

Si el médico determina que el bebé tiene cólico, estas medidas pueden ayudarlo a usted y al bebé a encontrar un poco de alivio:

- Acueste al bebé boca arriba sobre sus rodillas o brazos y arrúllelo suave y lentamente. Esto puede ayudarlo a pasar las heces o el gas.
- Arrúllelo, cárguelo o camine con el bebé en brazos. Evite los movimientos rápidos y bruscos.
- Ponga un "ruido blanco" constante, ininterrumpido cerca del bebé. Los motores con ruido suave, como el de la secadora de ropa, pueden funcionar.
- Ponga al bebé en un columpio de niños pequeños.
- Dé a su bebé un baño caliente o acuéstelo boca abajo sobre una bolsa de agua caliente.
- Intente cantar o tararear mientras camina o mece al bebé. Una canción de cuna puede tener un efecto tranquilizante tanto para la mamá como para el bebé.
- Ofrézcale un chupón. Incluso si lo está amamantando, está bien intentar con un chupón.
- Experimente con alimentos. Los cambios dietéticos algunas veces pueden ser útiles, pero es menor trabajar junto con el médico.
- Lleve al bebé a dar una vuelta en automóvil.
- Deje al bebé con alguien unos 10 minutos y camine.

Atención médica

En este momento no hay medicamentos para aliviar el cólico con seguridad y eficacia. En general, consulte al médico antes de dar a su bebé cualquier medicamento.

Si está preocupado de que su bebé esté enfermo o si usted y otros que cuidan al bebé se están frustrando o enojando por el llanto, llame al médico o lleve al bebé al consultorio o al departamento de urgencias.

Problemas frecuentes

∎ Estreñimiento

Este problema frecuente se comprende a menudo erróneamente y se trata inapropiadamente. Técnicamente hablando, el **estreñimiento** es el paso de heces duras menos de tres veces por semana. También se puede presentar una sensación de distensión y cólicos ocasionales. La frecuencia normal de las evacuaciones varía ampliamente — de tres al día a tres por semana.

Como la fiebre, el estreñimiento es un síntoma, no una enfermedad. Este problema puede ocurrir cuando uno o muchos factores hacen más lento el paso del alimento a través del intestino grueso. Estos factores incluyen consumo inadecuado de líquidos, una dieta deficiente, hábitos intestinales irregulares, edad, falta de actividad, embarazo y enfermedad. Varios medicamentos pueden también causar estreñimiento.

Aunque el estreñimiento puede ser sumamente molesto, el trastorno en sí generalmente no es importante. Sin embargo, si persiste, el estreñimiento puede llevar a complicaciones como hemorroides y grietas o desgarros en el ano llamadas fisuras.

Autocuidados

Para disminuir las probabilidades de estreñimiento:
- Trate de comer con un horario regular, y consuma abundantes alimentos ricos en fibra, incluyendo frutas y verduras frescas, y cereales y pan integral.
- Tome una cantidad abundante de agua o de otros líquidos al día.
- Aumente su actividad física.
- No ignore la urgencia de tener una evacuación.
- Pruebe suplementos de fibra.
- No se confíe en los laxantes (ver abajo).

Atención médica

Contacte al médico si el estreñimiento es intenso o si dura más de tres semanas. En casos raros el estreñimiento puede ser señal de trastornos médicos más importantes como cáncer, alteraciones hormonales, enfermedades cardiacas o insuficiencia renal.

Cuidados para los niños

El estreñimiento generalmente no es un problema en los lactantes, especialmente si se alimentan con leche materna. Un lactante sano alimentado con leche materna puede tener sólo una evacuación a la semana.

Los niños pequeños presentan algunas veces estreñimiento porque no se toman tiempo para ir al baño. Los niños que empiezan a caminar pueden tener estreñimiento durante el entrenamiento del baño por temor o porque no quieren usar el inodoro. Sin embargo, hasta sólo una evacuación por semana puede ser normal para su niño.

Si el estreñimiento es un problema, dé al niño líquidos abundantes para ablandar las heces. Los baños calientes pueden también ayudar a relajar a su hijo y fomentar las evacuaciones.

Evite el uso de laxantes en los niños a menos que sean recomendados por el médico.

El uso excesivo de laxantes puede ser perjudicial

El uso habitual o excesivo de laxantes puede ser perjudicial y agravar el estreñimiento. El uso excesivo de estos medicamentos puede:
- Hacer que el cuerpo elimine vitaminas y otros nutrientes necesarios antes de que se absorban. Este proceso desorganiza el equilibro normal de sales y nutrientes del cuerpo.

- Interferir con otros medicamentos que esté tomando.
- Inducir un síndrome de intestino perezoso, un trastorno en el cual los intestinos no funcionan apropiadamente porque han empezado a confiar en el laxante para estimular la eliminación. Como resultado, cuando deja de usar laxantes, el estreñimiento puede agravarse.

Diarrea

La **diarrea** afecta a los adultos en promedio cuatro veces al año. Los signos y síntomas incluyen heces acuosas, a menudo acompañadas de cólicos abdominales.

La diarrea tiene muchas causas, la mayoría de las cuales no son importantes. La más frecuente es una infección viral del tracto digestivo. Las bacterias y parásitos pueden también causar diarrea. Estos organismos hacen que el intestino pierda agua y sales en exceso en forma de diarrea.

La náusea y el vómito pueden preceder a la diarrea causada por una infección. Además, se pueden presentar cólicos, dolor abdominal y otros signos parecidos a resfriado, como febrícula, dolor o calambres musculares y cefalea. Las infestaciones bacterianas o parasitarias causan algunas veces heces sanguinolentas o fiebre alta.

La diarrea inducida por infección puede ser extremadamente contagiosa. Puede adquirir una infección viral por contacto directo con una persona infectada. Los alimentos y el agua contaminados con bacterias o parásitos también pueden diseminar las infecciones con diarrea

La diarrea puede ser un efecto secundario de muchos medicamentos, particularmente antibióticos. Además, los edulcorantes artificiales sorbitol y manitol encontrados en el chicle y en otros productos sin azúcar pueden causar distensión y diarrea en algunas personas, especialmente si se consumen en cantidad excesiva. La diarrea crónica o recurrente puede ser señal de un problema médico subyacente más importante como infección crónica o enfermedad inflamatoria intestinal.

Autocuidados

Aunque molesta, la diarrea causada por infecciones desaparece típicamente en forma espontánea sin antibióticos. Los medicamentos que se pueden obtener sin receta pueden disminuir la diarrea, pero no aceleran la recuperación. Tome estas medidas para prevenir la deshidratación y reducir los síntomas mientras se recupera.

- Tome por lo menos 8 a 16 vasos (2 a 4 litros) de líquidos claros, incluyendo agua, jugos, caldos y té ligero.
- Agregue alimentos semisólidos y bajos en fibra al volver las evacuaciones a lo normal. Pruebe galletas saladas, pan tostado, huevos, arroz o pollo.
- Evite productos lácteos, alimentos grasos o alimentos condimentados durante unos días.
- Evite la cafeína y la nicotina.

Atención médica

Contacte al médico si la diarrea persiste más de una semana o si se deshidrata (sed excesiva, boca seca, poca o ninguna orina, debilidad importante, mareo). Busque también atención médica si tiene dolor abdominal o rectal grave, heces sanguinolentas, fiebre mayor de 38.6 °C o signos de deshidratación a pesar de tomar líquidos.

El médico puede prescribir antibióticos para acortar la duración de la diarrea causada por algunas bacterias y parásitos. Sin embargo, no todas las diarreas causadas por bacterias requieren tratamiento con antibióticos, y los antibióticos no ayudan en la diarrea viral, que es la clase más frecuente de diarrea infecciosa.

Cuidados para los niños

La diarrea puede hacer que los lactantes se deshidraten. Contacte al prestador de cuidados de la salud si la diarrea persiste más de 12 horas o si su niño:

- No ha mojado ningún pañal en ocho horas
- Tiene fiebre mayor de 39 °C
- Tiene evacuaciones sanguinolentas
- Tiene la boca seca o llora sin lágrimas
- Está inusualmente somnoliento o confuso, o no responde

Gas en exceso y dolor por gases

Eructos

Los eructos son formas normales de eliminar el aire que deglute cada vez que come o toma líquidos. Los eructos eliminan el gas del estómago forzándolo hacia el esófago y luego fuera de la boca. Deglutir demasiado aire puede causar distensión o eructos frecuentes. Si eructa repetidamente cuando no come, puede estar deglutiendo aire como un hábito nervioso.

Expulsión de gases

La mayor parte del gas intestinal (flatos) se produce en el colon. Generalmente el gas es expulsado durante una evacuación. Toda la gente pasa gas (flatulencia), pero algunas personas producen una cantidad excesiva de gas que las molesta durante todo el día. El gas intestinal está compuesto principalmente por cinco sustancias: oxígeno, nitrógeno, hidrógeno, bióxido de carbono y metano. El mal olor generalmente es el resultado de pequeñas cantidades de otros gases como sulfuro de hidrógeno y amoníaco, y otras sustancias, El aire deglutido forma una pequeña fracción del gas intestinal. Las bebidas carbonatadas pueden liberar bióxido de carbono en el estómago y pueden ser una fuente de gas.

Dolor por gases

Dolor agudo, punzante, o cólico en el abdomen pueden ser causados por la acumulación de gas. A menudo son intensos, pero breves (menos de un minuto). Con frecuencia ocurren en el abdomen inferior derecho y superior izquierdo. Expulsar gas alivia algunas veces el dolor.

Cualquiera de las fuentes del gas intestinal o la diarrea puede producir dolor por gases. El dolor causado por gases puede ocurrir cuando los intestinos tienen dificultad para degradar ciertos alimentos, o cuando hay una infección gastrointestinal o diarrea.

Autocuidados

Para reducir los eructos y la distensión intente los siguientes consejos:
- Coma despacio y sin atragantarse. Consuma menos alimentos ricos en grasa.
- Evite masticar chicle o chupar dulces.
- Limite tomar líquidos con popote. o en botellas de boca angosta.
- Disminuya la bebidas carbonatadas y la cerveza.
- No fume cigarrillos, pipa o puro.
- Trate de controlar el estrés, que puede agravar el hábito nervioso de deglutir aire.
- No se fuerce a eructar.
- Evite acostarse inmediatamente después de comer.

Para reducir la flatulencia, intente los siguientes consejos:
- Identifique los alimentos que más lo afectan. Trate de eliminar uno de estos alimentos durante una semana para ver si disminuye la flatulencia: frijoles, chícharos, lentejas, col, rábanos, cebollas, coles de Bruselas, chabacano, plátanos, ciruela y jugo de ciruela, pasas, pan integral, cereales o panecillos de salvado, pretzels, germen de trigo, crema, helado y leche helada.
- Disminuya temporalmente los alimentos ricos en fibra. Agréguelos después gradualmente en algunas semanas.
- Disminuya los productos lácteos. Pruebe productos para la intolerancia a la lactosa.
- Intente agregar alimentos ricos en fibra para disminuir la cantidad de gas que producen.
- El uso ocasional de productos antigas que contienen simeticona que se pueden obtener sin receta puede ayudar. Las pastillas de carbón activado pueden ayudar también.

■ Cálculos biliares

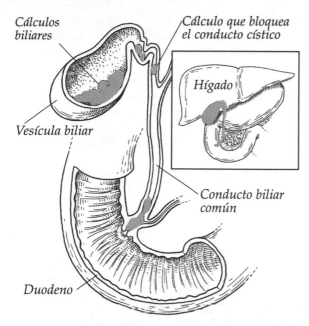

Cálculos biliares

Cálculo que bloquea el conducto cístico

Hígado

Vesícula biliar

Conducto biliar común

Duodeno

Los cálculos pueden formarse en la vesícula biliar. Si un cálculo obstruye el conducto cístico, puede presentar un ataque vesicular.

Aproximadamente 10 a 15 por ciento de estadounidenses están afectados por **cálculos biliares**. La mayoría no produce síntomas. Los cálculos que bloquean los conductos que unen la vesícula biliar con el hígado y el intestino delgado pueden ser muy dolorosos y potencialmente peligrosos.

La vesícula almacena bilis, un líquido digestivo producido en el hígado. La bilis pasa a través de conductos de la vesícula biliar al intestino delgado y ayuda a digerir grasas. Una vesícula sana tiene cantidades balanceadas de ácidos biliares y colesterol. Cuando la concentración de colesterol es demasiado alta, se pueden formar cálculos.

Los cálculos pueden causar dolor intenso y súbito que puede durar horas. El dolor empieza generalmente poco después de comer. Empieza en el abdomen superior derecho y puede cambiar a la espalda o a la escápula derecha. Fiebre y náusea pueden acompañar también al dolor. Después que desaparece el dolor puede notar una sensación de dolorimiento en el abdomen superior derecho. Si un cálculo bloquea el conducto biliar, la piel y la parte blanca de los ojos pueden tomar un color amarillo (ictericia). Puede desarrollar también fiebre o pasar heces pálidas, de color de arcilla.

Los adultos de edad avanzada y las mujeres tienden a tener un riesgo más elevado, especialmente las mujeres que:

- Tienen sobrepeso o que han bajado recientemente de peso
- Tienen historia familiar de este problema o un trastorno del intestino delgado

Autocuidados	Evite alimentos grasos y consuma comidas más pequeñas para reducir los episodios de dolor vesicular.
Atención médica	Contacte al médico si tiene dolor agudo recurrente o intenso. Busque atención médica si observa un color amarillo en la piel o si tiene fiebre durante un ataque.

■ Gastritis (Ardor o acidez en el estómago)

La gastritis es una inflamación del revestimiento del estómago. Los síntomas más frecuentes son molestias abdominales altas, náusea y vómito. La gastritis puede producir sangrado que aparece en el vómito o que hace que las heces sean de color negro. Con mayor frecuencia la gastritis es leve y no implica peligro. La gastritis puede ocurrir cuando el ácido daña el revestimiento del estómago. El exceso en fumar, el alcohol y medicamentos como la aspirina pueden también causar gastritis. Algunas infecciones, como la causada por *Helicobacter pylori* (H. pylori), también pueden causar gastritis.

Autocuidados	• Evite fumar, el alcohol y los alimentos y bebidas que irritan el estómago. • Intente antiácidos que pueden obtenerse sin receta. Precaución: El uso excesivo de antiácidos que contienen magnesio puede causar diarrea. Los antiácidos basados en calcio o aluminio pueden llevar a estreñimiento. • Use analgésicos que contienen acetaminofén (ver página 258). Evite la aspirina, ibuprofeno, ketoprofeno y naproxeno sódico. Pueden producir o agravar la gastritis.
Atención médica	Si las molestias duran más de una semana contacte al prestador de cuidados de la salud.

Hemorroides y sangrado rectal

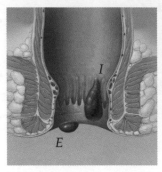

Las hemorroides internas (I) por lo general no son dolorosas pero tienden a sangrar. Las hemorroides externas (E) pueden causar dolor.

Hacia los 50 años de edad, aproximadamente la mitad de la gente ha tenido síntomas de hemorroides en algún grado. La comezón, el ardor y el dolor alrededor del ano pueden señalar su presencia. Puede notar también pequeñas cantidades de sangre roja brillante en el papel del baño o en el inodoro.

Las hemorroides ocurren cuando las venas del recto aumentan de tamaño. Generalmente se forman con el tiempo con el esfuerzo para evacuar heces duras. Las hemorroides pueden desarrollarse dentro del canal anal o protruir fuera del orificio anal. Levantar objetos pesados, la obesidad, embarazo, parto, estrés y diarrea pueden aumentar también la presión sobre estas venas y llevar a la formación de hemorroides. Este trastorno parece verse en familias.

Además de las hemorroides, puede ocurrir sangrado por el recto por otras razones, algunas de las cuales pueden ser importantes. Pasar heces duras y secas puede raspar el revestimiento anal. Una infección del revestimiento del recto o pequeñas grietas o desgarros en el revestimiento del ano llamadas fisuras anales pueden causar también sangrado rectal. Con este tipo de problemas puede notar pequeñas gotas de sangre roja brillante en las heces, en el papel del baño o en el inodoro.

Las heces de color negro o marrón, o la sangre de color rojo brillante en las heces puede ser una señal de sangrado más extenso en otra parte del tracto digestivo. Los sacos pequeños que protruyen del intestino grueso (divertículos), úlceras, crecimientos pequeños (pólipos), cáncer y algunos trastornos intestinales crónicos pueden causar sangrado.

Autocuidados

Aunque son molestas, las hemorroides no son un trastorno médico serio. La mayoría de hemorroides responden bien a las siguientes medidas de autocuidados.

- Tome abundantes cantidades de agua diariamente y alimentos ricos en fibra como cereal de salvado, pan integral, frutas y verduras frescas.
- Tome un baño de regadera diario y limpie la piel alrededor del ano suavemente con agua tibia. El jabón no es necesario y puede agravar el problema.
- Permanezca activo. Haga ejercicio. Si en el trabajo o en la casa debe estar sentado durante periodos prolongados, descanse del trabajo y camine.
- No trate de pujar durante las evacuaciones o estar demasiado tiempo sentado en el inodoro.
- Tome baños calientes.
- Aplique compresas heladas.
- Para los episodios de dolor o irritación, aplique cremas, ungüentos o compresas con aceite de almendras o un agente tópico para adormecer. Tenga en mente que estos productos pueden sólo ayudar a aliviar la comezón e irritación leves.
- Pruebe suplementos de fibra para mantener las heces blandas y regulares.

Atención médica

Las hemorroides se vuelven más dolorosas cuando se forma un coágulo en una vena más grande. Si las hemorroides son sumamente dolorosas, el médico puede prescribir crema o supositorios con hidrocortisona para reducir la inflamación. Algunas molestas hemorroides internas pueden requerir cirugía y otros procedimientos para reducirlas o eliminarlas.

Diagnosticar la causa del sangrado rectal puede ser difícil. Vea al médico para una evaluación. Busque atención médica de urgencia inmediatamente si nota sangrado rectal abundante, mareo, debilidad o frecuencia cardiaca rápida (más de 100 latidos por minuto).

■ Hernias

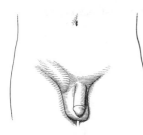

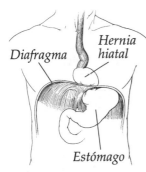

Una hernia inguinal puede producir una protuberancia en la unión del muslo y la ingle. Las protuberancias pueden ser redondas u ovales.

Diafragma

Hernia hiatal

Estómago

En la hernia hiatal, una porción del estómago protruye a través del diafragma en la cavidad del tórax.

Se produce una hernia cuando una parte del cuerpo protruye a través de un espacio a otra área. Algunas hernias no causan dolor o síntomas visibles.

Tipos de hernias

La **hernia inguinal** es el nombre médico de una hernia en el área de la ingle. Este tipo de hernia — que es más frecuente en hombres que en mujeres — es responsable aproximadamente de 75 por ciento de las hernias. La hernia inguinal ocurre a lo largo del canal inguinal, una abertura en los músculos abdominales. En los hombres el canal es el paso del cordón espermático entre la cavidad abdominal y el escroto. En la mujeres, es el paso de un ligamento que ayuda a mantener el útero en su sitio. Con una hernia inguinal puede ver y sentir el aumento de volumen creado por el tejido o el intestino que protruyen. A menudo está localizada en la unión del muslo y la ingle. Algunas veces en hombres el intestino que protruye entra al escroto. Esto puede ser doloroso y hacer que se hinche el escroto. El primer signo de una hernia inguinal puede ser una protuberancia en la ingle. Puede notar molestias al inclinarse hacia adelante, toser o levantar un objeto, y una sensación de pesadez o de arrastrar algo.

La *hernia estrangulada* ocurre cuando el tejido que protruye a través de la pared abdominal se comprime y se interrumpe el aporte de sangre. El tejido afectado muere y luego se hincha, causando dolor sumamente intenso y una situación que puede poner en peligro la vida. Busque atención médica inmediatamente si piensa que tiene una hernia estrangulada.

La **hernia hiatal** ocurre en el sitio llamado hiato, que es un orificio en el diafragma a través del cual el esófago pasa al estómago. Si esta abertura es demasiado grande, el estómago puede protruir (herniarse) a la cavidad del tórax, creando una hernia hiatal. Los signos y síntomas incluyen agruras, eructos, dolor en el pecho y regurgitación. Las hernias hiatales son comunes, ocurren con mayor frecuencia en personas mayores de 50 años de edad. La mayoría de las hernias es pequeña y no produce síntomas. Una hernia hiatal no es dolorosa en sí a menos que sea demasiado grande. Típicamente el trastorno permite que el alimento y el ácido regresen al esófago, produciendo agruras, indigestión y dolor en el pecho. La obesidad agrava estos síntomas.

Autocuidado	**Para una hernia inguinal** Usted no puede prevenir ni curar una hernia mediante autocuidados. Una vez que se ha valorado la protuberancia y sabe que es una hernia y no produce molestias, no necesita tomar ninguna precaución especial. Usar una faja o una trusa puede proporcionarle ligero alivio pero no reduce la hernia. **Para una hernia hiatal** • Baje de peso si tiene sobrepeso. • Siga las precauciones de autocuidados para la agruras de la página 64.
Atención médica	Si la hernia es dolorosa o molesta, contacte al médico para discutir si requiere cirugía.
Precaución	Si no puede reducir la hernia acostándose y empujando la protuberancia, el aporte de sangre a este segmento de intestino puede interrumpirse. Los signos y síntomas de esta complicación incluyen náusea, vómito y dolor intenso. Si no se trata, puede producir un bloqueo intestinal o, en casos raros, una infección que pone en peligro la vida. Si tiene cualquiera de estos síntomas, contacte al prestador de cuidados a la salud.

Problemas frecuentes

■ Indigestión y agruras

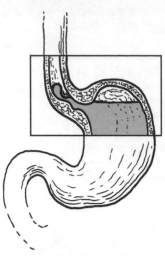

Las agruras ocurren cuando el contenido del estómago se regresa al esófago, causando irritación.

La indigestión es un término inespecífico utilizado para describir molestias en el abdomen que ocurren a menudo después de comer. La indigestión no es una enfermedad. Es un conjunto de síntomas, incluyendo molestias o ardor en el abdomen superior, náusea y una sensación de distensión o plenitud que los eructos pueden aliviar.

La causa de la indigestión es algunas veces es difícil de señalar. En algunas personas, comer ciertos alimentos o tomar alcohol puede precipitarla.

Una forma frecuente de indigestión es la sensación de ardor llamada **agruras.** Hasta 10 por ciento de los adultos presenta agruras por lo menos una vez por semana. Técnicamente llamada enfermedad por reflujo gastroesofágico (ERGE), las agruras ocurren cuando el ácido del estómago se regresa al esófago. Un sabor amargo y la sensación de alimento que regresa a la boca pueden acompañar a la sensación de ardor detrás del esternón.

¿Por qué se regresa el ácido? Normalmente, una banda circular de músculo (esfínter) en el fondo del esófago cierra el estómago pero permite que el alimento entre al estómago cuando deglute. Si el esfínter se relaja anormalmente o se debilita, el ácido del estómago puede regresar (reflujo) al esófago y causar irritación.

Varios factores pueden causar reflujo. Tener sobrepeso implica mucha presión sobre el abdomen. Algunos medicamentos, alimentos y bebidas pueden relajar el esfínter esofágico o irritar el esófago. Comer en exceso o acostarse después de comer puede producir llevar a reflujo.

Autocuidados

Cambiar lo que come y la forma en que come es el primer paso para prevenir las agruras.
- Controle su peso. Adelgace si tiene sobrepeso.
- Comidas pequeñas y frecuentes.
- Evite alimentos y bebidas que relajan el esfínter esofágico o irritan el esófago (como alimentos grasos, alcohol, bebidas cafeinadas o carbonatadas, café descafeinado, menta, ajo, cebolla, canela, chocolate, frutas y jugos cítricos, y productos de jitomate).
- Deje de comer dos a tres horas antes de acostarse.
- Eleve la cabecera de la cama.
- Deje de fumar; elimine el uso de nicotina.
- No use ropas ni cinturones apretados.
- Evite inclinarse hacia adelante excesivamente y ejercicios pesados una hora después de comer.
- Los antiácidos que se pueden obtener sin receta pueden aliviar las agruras neutralizando el ácido del estómago temporalmente. Sin embargo, el uso prolongado o excesivo de antiácidos que contienen magnesio puede causar diarrea. Los productos basados en calcio o aluminio pueden producir estreñimiento.

Los medicamentos como inhibidores del receptor H_2 pueden aliviar o prevenir las agruras, disminuyendo la producción de ácido del estómago. Estos medicamentos están disponibles en dosis que pueden obtenerse sin receta y en dosis de prescripción.

Atención médica

La mayoría de los problemas de la indigestión y las agruras es ocasional y leve. Pero si tiene molestias intensas o diarias, no ignore los síntomas. Si no se tratan, las agruras crónicas pueden causar cicatrices en el esófago inferior. Esto puede dificultar la deglución. En casos raros las agruras intensas pueden producir un trastorno llamado esófago de Barrett, que puede aumentar el riesgo de cáncer.

Las agruras y la indigestión pueden señalar la presencia de una enfermedad de fondo más importante. Contacte al médico si los síntomas son persistentes o graves, o si tiene dificultad para deglutir.

■ Síndrome de colon irritable

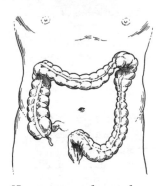

Un espasmo en la pared intestinal puede causar dolor abdominal y otros síntomas desagradables frecuentemente asociados al SCI.

El **síndrome de colon irritable** (SCI), algunas veces conocido como intestino espástico o colon espástico, es un problema médico frecuente que no se comprende por completo. El (SCI) es molesto, doloroso y algunas veces penoso, pero no pone en peligro la vida. Algunos médicos clasifican el trastorno igual que el resfriado común, como la causa principal del tiempo perdido en el trabajo.

El SCI afecta hasta 20 por ciento de los estadounidenses. De este número, sólo un pequeño porcentaje — 10 por ciento a 30 por ciento — busca atención médica. Las mujeres presentan el problema más que los hombres.

Aunque los expertos no pueden señalar su causa exacta, el SCI puede estar relacionada con espasmos musculares anormales en el estómago o intestino. El estrés y la depresión se implican a menudo como causas del SCI. Pero estas emociones sólo agravan el trastorno.

Los síntomas pueden incluir dolor abdominal, diarrea, estreñimiento, distensión, indigestión y gas. Aunque la evacuación alivia temporalmente el dolor, puede sentir como si no pudiera evacuar completamente el intestino. Las heces pueden tener aspecto de listón y están cubiertas con moco, o pueden ser duras y secas. A menudo la diarrea alterna con el estreñimiento.

Autocuidados

Aunque ningún tratamiento puede eliminar el SCI, medidas simples dietéticas y del estilo de vida pueden aliviar los síntomas:

- Preste atención a lo que come. Evite o ingiera porciones más pequeñas de los alimentos que consistentemente agravan los síntomas. Los irritantes comunes incluyen tabaco, alcohol, alimentos cafeinados, bebidas y medicamentos, café descafeinado, alimentos condimentados, jugos de frutas concentrados, frutas y verduras crudas, alimentos grasos y edulcorantes sin azúcar como sorbitol o manitol.
- Consuma alimentos ricos en fibra como frutas y verduras frescas, alimentos de granos enteros. Agregue fibra gradualmente para minimizar los problemas con el gas y la distensión.
- Tome abundantes líquidos — por lo menos ocho a 10 vasos al día.
- Pruebe suplementos de fibra, para ayudar a aliviar el estreñimiento y diarrea.
- Disminuya el estrés con ejercicio regular, deportes o pasatiempos que lo ayuden a relajarse.
- Intente medicamentos que pueden obtenerse sin receta para aliviar la diarrea.

Atención médica

Si los autocuidados no ayudan, el médico puede recomendar medicamentos de prescripción diseñados para aliviar los espasmos del músculo. Si la depresión desempeña un papel en los síntomas, puede ayudar tratar este problema

Debido a que los síntomas del SCI semejan a los de trastornos médicos más importantes como cáncer, enfermedad de la vesícula biliar y úlcera, contacte al médico para una evaluación si las medidas simples de autocuidados no ayudan en un par de semanas.

Problemas frecuentes

■ Náusea y vómito

La náusea y el vómito son síntomas frecuentes y molestos de una amplia variedad de trastornos, la mayoría de los cuales no son importantes.

Sentirse mareado y vomitar señala generalmente una infección viral llamada gastroenteritis. La diarrea, cólicos abdominales, distensión y fiebre pueden acompañar también a este trastorno. Otras causas incluyen intoxicación alimenticia, embarazo, algunos medicamentos y gastritis (ver página 61).

Autocuidados

Si la gastroenteritis es la culpable, la náusea y el vómito pueden durar unas horas a dos o tres días. La diarrea y el cólico abdominal leve son también comunes. Para mantenerse cómodo y prevenir deshidratación mientras se recupera, intente lo siguiente:

- Deje de comer y tomar líquidos unas horas hasta que el estómago se haya asentado.
- Intente trocitos de hielo o sorbos pequeños de té ligero, soda (Seven Up o Sprite) y caldos o bebidas deportivas claras no cafeinadas para prevenir la deshidratación. Tome dos a cuatro litros (ocho a 16 vasos) de líquidos no más de 24 horas, tomando sorbos pequeños frecuentes.
- Agregue gradualmente alimentos semisólidos y bajos en fibra, y deje de comer si el vómito regresa. Pruebe galletas saladas, gelatina, pan tostado, huevo, arroz o pollo.
- Evite productos lácteos, cafeína, alcohol, nicotina o alimentos grasos o muy condimentados durante unos días.

Atención médica

El vómito puede llevar a complicaciones tales como deshidratación (si el trastorno es persistente), alimentos en la tráquea (aspiración), o en casos raros, desgarro de un vaso sanguíneo en el esófago que causa sangrado. Los lactantes, adultos de edad avanzada y las personas con sistema inmune suprimido son particularmente vulnerables a las complicaciones. Contacte al médico si no puede tomar nada durante 24 horas, si el vómito persiste más de dos o tres días, si se deshidrata o si vomita sangre. Los signos de deshidratación incluyen sed excesiva, boca seca, orina escasa o ausencia de la misma, debilidad importante y mareo. El vómito puede ser también un signo de advertencia de problemas de fondo más importantes como enfermedad de la vesícula biliar, úlcera y obstrucción intestinal.

Cuidados para los niños

La regurgitación es algo de todos los días en los bebés y en general no causa molestias. Sin embargo, el vómito es más enérgico y preocupante en el bebé y puede llevar a deshidratación y pérdida de peso.

Para prevenir deshidratación, deje que el estómago del bebé descanse 30 a 60 minutos y ofrezca entonces pequeñas cantidades de líquido. Si lo está alimentando con leche materna, ofrezca al bebé cantidades más pequeñas y más frecuentes. A los bebés que se alimentan con biberón ofrézcales una pequeña cantidad de fórmula o una solución de electrolitos orales.

Si el vómito no se repite, continúe ofreciendo pequeñas cantidades de líquido o el seno materno cada 15 a 30 minutos. Contacte al médico si el vómito persiste más de 12 horas o si el niño:

- No ha mojado el pañal en ocho horas
- Tiene diarrea o heces sanguinolentas
- Tiene la boca seca o llora sin lágrimas
- Está inusualmente somnoliento o confuso, o no responde

Unos cuantos bebés recién nacidos tienen un trastorno llamado estenosis del píloro, que puede causar vómito repetido y forzado. Este trastorno generalmente aparece después de la tercera semana de vida. Requiere atención médica.

◾ Úlceras

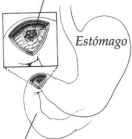

Úlcera duodenal

Estómago

Duodeno

La forma más frecuente de úlcera se presenta en el duodeno y es llamada úlcera duodenal.

Las úlceras son llagas en el revestimiento interior del esófago o estómago o de la parte más alta del intestino delgado llamada duodeno.

La causa de las úlceras no se conoce por completo. Investigaciones recientes sugieren que la bacteria llamada *Helicobacter pylori (H. pylori)* desempeña un papel importante, especialmente en las úlceras duodenales. Las úlceras del estómago pueden ser causadas por el uso excesivo de aspirina o medicamentos semejantes a la aspirina. En contra de la creencia popular, no hay evidencia clara de que el estrés emocional cause úlceras.

Las úlceras pueden producir molestias considerables. Los síntomas pueden incluir una sensación de ardor por debajo del esternón en el abdomen superior, oleadas de hambre dolorosa o dolor taladrante y náusea. Algunas veces las úlceras pueden causar también eructos o distensión. Estos signos y síntomas ocurren típicamente cuando el estómago está vacío. Aunque comer puede eliminar los síntomas, a menudo regresan una a dos horas después. En casos graves, las úlceras pueden sangrar y hacer que vomite sangre o tenga evacuaciones con heces de color negro. En casos raros una úlcera puede perforar la pared del estómago o duodeno, causando dolor abdominal importante.

Autocuidados

La dieta, el estilo de vida y los medicamentos pueden ayudar a prevenir o controlar las úlceras.
- Si está recibiendo calmantes para el dolor, use acetaminofén. La aspirina, ibuprofeno, ketoprofeno y naproxeno sódico pueden causar úlceras.
- Evite el alcohol y los alimentos, bebidas y medicamentos con cafeína.
- Deje de fumar.
- Ingiera comidas pequeñas y evite dejar que el estómago esté vacío durante periodos prolongados.
- Evite alimentos condimentados o grasos si parecen agravar los síntomas.
- Tome antiácidos que se pueden obtener sin receta para neutralizar el ácido del estómago o medicamentos para detener la producción de ácido del estómago.

Atención médica

Algunas úlceras desaparecen con autocuidados o con medicamentos que se pueden obtener sin receta. Si los síntomas no mejoran después de una semana o si tiene úlceras molestas, recurrentes, vea al médico para una mayor evaluación y tratamiento.

El diagnóstico requiere visualizar la úlcera con rayos X o con un endoscopio, aunque el médico puede tratarlo con base en los síntomas solamente.

Las úlceras sangrantes pueden causar pérdida importante de sangre. Busque ayuda inmediatamente si vomita sangre, si tiene evacuaciones con heces de color negro, o si presenta dolor intenso.

Tratamiento de la úlcera péptica

Una combinación de dos medicamentos ha simplificado el tratamiento de lo que una vez fue una enfermedad muy mal comprendida. Se usan medicamentos que suprimen la producción de ácido en el estómago, en combinación con un antibiótico para el tratamiento de la **úlcera péptica**. Los dos medicamentos se usan juntos durante 14 días, seguidos de 14 días de tratamiento con el supresor del ácido solo. Este método de tratamiento es un esfuerzo por curar una enfermedad frecuente que una vez se consideró incurable.

PARA MAYOR INFORMACIÓN
- Oficinas Nacionales de Información de Enfermedades Digestivas, 2 Information Way, Bethesda, MD 20892; 800-891-5389; *www.niddk.nih.gov/healthdigest/nddic.htm*

Problemas frecuentes

Oídos y audición

Tímpano

Oído interno

Oído medio

Trompa de Eustaquio

Oído externo

Hay algo más del oído de lo que se ve. La parte del oído que es visible, el oído externo, está conectada por dentro de su cabeza con el oído medio y el oído interno, que juntos funcionan para permitir que oiga, y lo ayudan a mantener el equilibrio.

Cómo funciona el oído

El oído es un órgano delicadamente afinado, diseñado especialmente para enviar impulsos de sonido al cerebro. Cuando las ondas del sonido viajan a través del canal del oído, el tímpano y los tres huesecillos a los que está adherido, vibran. Esta vibración se desplaza a través del oído medio hasta el oído interno, enviando impulsos nerviosos al cerebro, en donde se perciben como sonido.

El aire llega al oído medio a través de la trompa de Eustaquio. El oído medio debe mantener la misma presión que tiene el aire fuera del oído para permitir que el tímpano y los huesecillos del oído vibren libremente y conduzcan las ondas del sonido. Si el oído medio tiene líquido, el tímpano y los huesecillos no se pueden mover bien. Por eso una infección en el oído puede causar problemas temporales de audición.

Algunas causas frecuentes de dolor y problemas del oído se describen en esta sección.

■ Traumatismo barométrico

El término médico para el **oído del avión** es barotrauma o barotitis media. Quiere decir que es una lesión causada por los cambios de presión. Puede ocurrir si usted vuela o bucea con la nariz congestionada, alergia, resfriado o infección de la garganta. Puede tener dolor en un oído, una ligera pérdida auditiva, o una sensación de congestión en los oídos. Es causado por el tímpano que protruye hacia afuera o se retrae hacia adentro como resultado de un cambio en la presión del aire. Sin embargo, tener un resfriado o una infección en el oído no necesariamente es una razón para cambiar o retrasar un vuelo.

Autocuidados

- Pruebe tomar un descongestionante una hora antes del despegue y una hora antes de aterrizar. Esto puede prevenir el bloqueo de la trompa de Eustaquio.
- Durante el vuelo, chupe dulces o mastique chicle para favorecer la deglución, que ayuda a abrir la trompa de Eustaquio.
- Si los oídos se tapan al descender el avión, inhale y exhale suavemente mientras mantiene las narinas apretadas y la boca cerrada. Si puede deglutir al mismo tiempo, es mejor.
- Considere usar tapones para los oídos diseñados para ayudar a prevenir o reducir el dolor de oídos y las molestias durante un viaje por avión.

Atención médica

Si los síntomas no desaparecen en unas horas, vea al médico.

Cuidados para los niños

Para los bebés y niños pequeños, asegúrese que reciben líquidos (deglución) durante el ascenso y descenso. Dé al niño un biberón o un chupón para favorecer la deglución. Administre acetaminofén 30 minutos antes del despegue para ayudar a controlar las molestias que puedan ocurrir. Los descongestionantes en niños pequeños generalmente no se recomiendan.

■ Cuerpos extraños en el oído

Los cuerpos extraños en el oído pueden causarle dolor y pérdida de audición. Habitualmente usted sabe si algo está atorado en el oído, pero los niños pequeños pueden no darse cuenta.

Autocuidados

Si un cuerpo se aloja en el oído, siga estos pasos:
- No intente extraer el cuerpo extraño introduciendo un hisopo, un cerillo o algún otro instrumento. Hacer esto tiene el riesgo de empujar más el objeto dentro del oído y dañar las estructuras frágiles del oído medio.
- Si el objeto es claramente visible, es plegable y puede sujetarse fácilmente con pinzas, retírelo delicadamente.
- Trate de aprovechar la fuerza de la gravedad: Incline la cabeza hacia el lado afectado. No golpee la cabeza de la víctima, pero sacúdala ligeramente en la dirección del piso para tratar de desalojar el objeto.
- Si el cuerpo extraño es un insecto, incline la cabeza de la persona en forma tal que el oído que tiene el insecto quede arriba. Trate de hacer flotar el insecto hacia fuera vertiendo aceite mineral, aceite de olivo o aceite de bebé en el oído. Debe estar tibio, no caliente. Al verter el aceite, se puede facilitar la entrada enderezando el canal auditivo. Traccione suavemente el lóbulo de la oreja hacia atrás y hacia arriba. El insecto se sofoca y puede flotar hacia afuera en el baño de aceite.
- No use aceite para extraer ningún otro cuerpo que no sea un insecto. No use este método si se sospecha perforación del tímpano (dolor, sangrado o secreción por el oído).

Atención médica

Si estos métodos fracasan o la persona sigue con dolor en el oído, disminución de la audición o una sensación de algo alojado en el oído, busque atención médica.

■ Perforación del tímpano

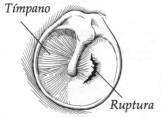

Tímpano

Ruptura

El tímpano puede perforarse después de una infección o por un traumatismo. Los signos de un tímpano perforado son dolor en el oído, pérdida parcial de la audición y ligero sangrado o secreción por el oído. Con una infección, el dolor desaparece a menudo una vez que el tímpano se perfora, liberando el líquido infectado o pus. Generalmente el tímpano cicatriza solo sin complicaciones y con poca o ninguna pérdida auditiva. Las perforaciones grandes pueden causar infecciones recurrentes. Si usted sospecha que tiene el tímpano perforado, vea al médico lo más pronto posible. Mientras tanto, intente los autocuidados presentados aquí.

Autocuidados

- Alivie el dolor con aspirina o con otro medicamento para el dolor que sea seguro para usted.
- Coloque un cojín eléctrico tibio (no caliente) sobre el oído.
- No irrigue el oído.

Atención médica

El médico puede prescribir un antibiótico para asegurarse que no se desarrolla una infección en el oído medio. Algunas veces se coloca un plástico o un parche de papel sobre el tímpano para sellar la perforación mientras cicatriza. El tímpano cicatriza a menudo en dos meses. Si no ha cicatrizado en ese tiempo, puede requerir un procedimiento quirúrgico menor para reparar el desgarro.

■ Infecciones del oído

Para muchos padres de niños pequeños, manejar las infecciones del oído es casi tan rutinario como cambiar los pañales. Aproximadamente 75 por ciento de los niños tiene por lo menos una **infección del oído medio** (otitis media) hacia los tres años de edad. Muchos tienen múltiples episodios. Las infecciones del oído son la enfermedad más frecuente de los bebés y niños pequeños.

Incluso con la disminución reciente de las visitas al consultorio por infecciones del oído medio, millones de niños ven todavía al médico por este problema cada año, y millones de niños reciben prescripciones de antibióticos.

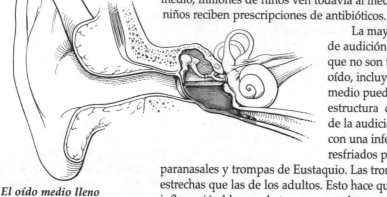

El oído medio lleno de líquido crea un ambiente para el crecimient o de las bacterias.

La mayoría de infecciones del oído no llevan a pérdida de audición permanente. Sin embargo, algunas infecciones que no son tratadas pueden propagarse a otras partes del oído, incluyendo el oído interno. Las infecciones del oído medio pueden dañar el tímpano, los huecesillos del oído y la estructura del oído interno, causando pérdida permanente de la audición. Una infección en el oído empieza a menudo con una infección respiratoria, como un resfriado común. Los resfriados producen hinchazón e inflamación en los senos paranasales y trompas de Eustaquio. Las trompas de Eustaquio son más cortas y más estrechas que las de los adultos. Esto hace que tengan mayor probabilidad de que la inflamación bloquee la trompa completamente, atrapando líquido en el oído medio. Ese líquido atrapado produce las molestias del dolor de oído y crea un ambiente ideal para el crecimiento bacteriano. El resultado es una infección del oído medio.

Autocuidados

- Considere un analgésico que se puede obtener sin receta como ibuprofeno o acetaminofén. Si el niño tiene menos de dos años, consulte al médico.
- Las gotas para los oídos con un anestésico local pueden disminuir el dolor. No previenen ni detienen la infección. **No** deben usarse si hay secreción del oído.
- Para administrar las gotas para los oídos, caliente ligeramente el frasco en agua y coloque al niño en una superficie plana (no en sus brazos o en su regazo) con el oído arriba, aplique las gotas y luego un pequeño algodón para retenerlas.
- Coloque un lienzo tibio (no caliente), húmedo o un cojín eléctrico (al grado más bajo) sobre el oído.

Atención médica

Contacte al médico del niño si el dolor dura más de un día o si se asocia con fiebre. Las infecciones del oído generalmente se tratan con antibióticos. Incluso si el niño se siente mejor después de unos días, continúe administrado el medicamento todo el tiempo recomendado (generalmente 10 días).

Pros y contras de los tubos en los oídos

Las infecciones recurrentes del oído se tratan algunas veces quirúrgicamente insertando un pequeño tubo de plástico a través del tímpano, que permite que la pus drene hacia afuera del oído medio.

En pro del procedimiento
- Generalmente da como resultado menos infecciones.
- Se restablece la audición.
- La operación permite la ventilación del oído medio, que disminuye el riesgo de cambios permanentes del revestimiento del oído medio que pueden ocurrir con infecciones prolongadas.

En contra del procedimiento
- Requiere anestesia general breve.
- Debe evitar que entre agua en el oído mientras tiene el tubo.
- En casos raros, se pueden producir cicatrices importantes o una perforación permanente del tímpano.

Preguntas frecuentes respecto a las infecciones del oído en niños

¿Cuáles son los factores de riesgo de infección?

Aunque todos los niños son susceptibles a infecciones del oído, los que tienen más alto riesgo son niños que:

- Son varones
- Tienen hermanos con historia de infección recurrente del oído
- Tienen la primera infección del oído antes de los cuatro meses de edad
- Se encuentran en guarderías
- Están expuestos al humo del tabaco
- Son de ascendencia de indios americanos, esquimales de Alaska o canadienses
- Tienen infecciones frecuentes del tracto respiratorio superior
- Recibieron alimentación con biberón en lugar del seno materno

¿Cuáles son los síntomas?

Además del dolor del oído o una sensación de presión y bloqueo en el oído, algunos niños pueden presentar pérdida temporal de la audición. Esté alerta a otros signos de una infección del oído como irritabilidad, pérdida súbita de apetito, desarrollo de fiebre unos días después del inicio de un resfriado, náusea, vómito o preferencia para dormir en una posición erecta. El niño puede tener también secreción en el oído o puede jalarse la oreja.

¿Requiere el niño un antibiótico?

Debido a que la mayoría de infecciones del oído desaparece espontáneamente, el médico puede recomendar primero una conducta de vigilancia expectante, especialmente si el niño tiene pocos síntomas. En otros casos el médico puede optar por prescribir un antibiótico para tratar la infección. En dos o tres días de iniciar el medicamento, los síntomas generalmente mejoran.

Asegúrese de seguir cuidadosamente las instrucciones para administrar el antibiótico. Continúe administrando el medicamento al niño todo el tiempo recomendado. Si deja de administrar el antibiótico al niño cuando los síntomas mejoran, puede permitir que las bacterias más fuertes que permanecen se multipliquen y causen otra infección. Las bacterias que sobreviven pueden tener genes que las hacen resistentes a los medicamentos.

Si los síntomas no desaparecen o si el niño es menor de 15 meses, programe una visita de seguimiento de acuerdo a la recomendación del médico. Si el niño es mayor y los síntomas han desaparecido, puede no requerirse revisión, especialmente si las infecciones no han sido recurrentes.

¿Qué puede hacer?

Aunque una infección del oído no es una urgencia, en las primeras 24 horas a menudo el dolor y la irritabilidad del niño son mayores. Siga los consejos de los autocuidados de la página 70. Para asegurar que su hijo esté mas cómodo, no subestime los beneficios de abrazarlo más.

¿Qué hay respecto a las infecciones recurrentes?

El tiempo y el uso de antibióticos generalmente resuelven las infecciones del oído. Pero algunas veces las infecciones del oído pueden convertirse en un problema crónico. Si es así, pregunte al médico respecto al tratamiento preventivo con antibióticos. El líquido que se acumula persistentemente puede causar pérdida auditiva temporal o incluso permanente. Esto puede llevar a retraso en el desarrollo del lenguaje.

¿Puede prevenir las infecciones?

Prevenir las infecciones del oído es difícil, pero considere estos enfoques para ayudar a disminuir el riesgo de su niño:

- Alimentación al seno materno en lugar de biberón el mayor tiempo posible.
- Cuando se alimenta con biberón, mantenga al bebé en una posición erecta.
- Evite exponer al niño al humo del tabaco.

¿Superan los niños las infecciones del oído?

Al madurar su hijo, las trompas de Eustaquio se hacen más anchas y más anguladas, proporcionando un mejor medio para drenar las secreciones y el líquido hacia afuera del oído. Aunque las infecciones del oído pueden todavía ocurrir, probablemente no se desarrollan tan frecuentemente como durante los primeros años de la vida.

¿Qué están haciendo los investigadores para ayudar a tratar las infecciones del oído?

Además de los antibióticos, algunos enfoques de investigación incluyen el uso de medicamentos semejantes a la cortisona, como la prednisona, que reducen la inflamación (se requiere más investigación para determinar cuándo es más eficaz este tratamiento); el enfoque de una sola inyección de un antibiótico particular cuando el tratamiento oral no es práctico; y vacunas contra el virus de la influenza.

Zumbido en los oídos

El zumbido en el oído cuando no están presentes otros sonidos puede tener muchas causas, entre las que se incluyen cerumen, un objeto extraño, infección o exposición a ruido intenso. Es también causado por dosis altas de aspirina o grandes cantidades de cafeína. Este trastorno, llamado **tinitus**, es con poca frecuencia un síntoma de un trastorno más importante del oído, particularmente si se acompaña de otros síntomas como pérdida de audición o mareo.

Autocuidados

- Si le recomendaron aspirina en dosis altas (más de 12 al día), pregunte al médico respecto a alternativas. Si está tomando aspirina por su propia iniciativa, trate de disminuir las dosis o de tomar otro medicamento para el dolor que se pueda obtener sin receta.
- Evite la nicotina, cafeína y alcohol, que pueden agravar el trastorno.
- Trate de determinar la causa, como exposición a ruido intenso, y evítelo o bloquéelo si es posible.
- Use tapones para los oídos o alguna otra forma de protección de la audición si tiene exceso de exposición al ruido, como cuando trabaja con equipo de jardín (el aparato para volar las hojas o la podadora).
- Algunas personas se benefician cubriendo el zumbido con otro sonido más aceptable (como escuchar música o radio al dormirse).
- Otras personas pueden beneficiarse usando un enmascarador, un dispositivo que se adapta al oído y produce ruido blanco.

Atención médica

Si el tinnitus se agrava, persiste, o se acompaña de pérdida de audición o mareo, considere valoración por el prestador de cuidados de la salud. Puede querer proseguir con una mayor evaluación. Aunque la mayoría de causas de tinnitus es benigna, puede ser un trastorno difícil y frustrante para tratar.

Oído de nadador

Es una infección del conducto del oído externo. Además de dolor o comezón, puede ver una secreción clara o pus amarillo-verdoso y presentar pérdida temporal de audición. El **oído del nadador** es el resultado de la humedad persistente en el oído, o algunas veces de nadar en agua contaminada. Otras inflamaciones o infecciones similares pueden ocurrir al rasguñar el conducto auditivo cuando limpia el oído o por aerosoles o colorantes para el cabello. Algunas personas son propensas a infecciones bacterianas o por hongos.

Autocuidados

Si el dolor es leve y no hay secreción en el oído, haga lo siguiente:
- Coloque un cojín eléctrico tibio (no caliente) sobre el oído.
- Tome aspirina o algún otro analgésico (asegúrese de seguir las instrucciones de la etiqueta).
- Para prevenir el oído del nadador, trate de mantener secos los conductos auditivos, evite sustancias que puedan irritar el oído y no limpie dentro del canal del oído a menos que el médico se lo indique.

Atención médica

Busque atención médica si tiene dolor intenso o hinchazón del oído, fiebre, secreción o una enfermedad de fondo. El médico puede limpiar el conducto auditivo con un dispositivo de succión o con una sonda con algodón en la punta. El médico puede prescribir también gotas para el oído o medicamentos para controlar la infección y disminuir el dolor. Mantenga el oído seco mientras se recupera.

■ Tapón de cerumen

El cerumen es parte de las defensas normales del cuerpo. Atrapa polvo y objetos extraños, protege el conducto auditivo e inhibe el crecimiento de bacterias. Algunas veces puede producir demasiado cerumen, que bloquea el canal auditivo y le produce dolor de oído o un cascabeleo en los oídos. El **tapón de cerumen** puede producir también pérdida auditiva gradual al acumularse el cerumen.

Autocuidados

- Reblandecer el cerumen aplicando unas gotas de aceite de bebé o de aceite mineral o glicerina con un gotero dos veces al día durante varios días.
- Cuando se reblandezca el cerumen, llene un tazón con agua calentada a la temperatura del cuerpo (si es más fría o más caliente, puede sentirse mareado durante el procedimiento).
- Con la cabeza en posición vertical, sujete la parte superior de la oreja y traccione hacia arriba. Con la otra mano vierta el agua suavemente en el conducto auditivo con una perilla de hule de 3 onzas (90 mL). Luego voltee la cabeza y drene el agua en el tazón o en el lavabo.
- Puede necesitar repetir esto varias veces antes de que salga el cerumen.
- Seque el oído externo con una toalla o con una secadora de pelo.
- Los removedores de cerumen que se venden en las tiendas son también efectivos.
- Otros métodos para remover el cerumen en la casa pueden ser eficaces también si la acumulación de cerumen es un problema recurrente. Pero pregunte al médico respecto a estos remedios de autocuidados. Por ejemplo, 5 a 10 gotas de docusato sódico, un medicamento que se puede obtener sin receta (utilizado para el estreñimiento en los lactantes), puede ser muy útil pero requiere irrigación (deje las gotas dentro unos 30 minutos). Los "lavaoídos" están disponibles en las tiendas. Unas cuantas gotas de vinagre diluido (la mitad de su potencia) después de la irrigación recuperan el estado ácido del conducto auditivo, que suprime el crecimiento bacteriano después de que los oídos están húmedos. Una preparación comercial de alcohol-ácido bórico está disponible con el mismo propósito.

Precaución

El conducto auditivo y el tímpano son muy delicados y pueden dañarse fácilmente. No hurgue con objetos tales como hisopos, clips de papel o pasadores para el cabello.
Se debe evitar la irrigación para retirar cerumen si hubo una perforación del tímpano o una cirugía de oído, a menos que el médico lo autorice. Si le preocupa una infección, no irrigue los oídos.

Atención médica

Incluso siguiendo los consejos mencionados arriba muchas personas tienen dificultad para remover el cerumen de los oídos. Puede ser mejor que esto lo haga el médico. El cerumen excesivo puede removerse con un procedimiento similar al descrito arriba. Se utiliza un instrumento especial para extraer el cerumen del oído o succionarlo. Si este es un problema recurrente, el médico puede recomendarle usar un medicamento para remover cerumen cada cuatro a ocho semanas.

Problemas frecuentes

■ Pérdida auditiva relacionada con el ruido

El sonido se mide en decibeles. Una conversación promedio es de aproximadamente 60 decibeles. Una conversación fuerte en un edificio atestado de gente es de unos 70 decibeles. La exposición continua al ruido de 85 decibeles o más puede producir pérdida auditiva gradual.

Autocuidados

Si está expuesto a maquinaria o instrumentos de potencia que generan un ruido intenso, música fuerte, armas de fuego y otros equipos que producen ruidos intensos, tome las siguientes precauciones:

- Use tapones protectores para los oídos o use orejeras. Utilice los dispositivos de protección comerciales que cumplen con los estándares federales (los tapones de algodón no funcionan, y podrían quedarse atorados en los oídos). Estos disminuyen los sonidos fuertes a niveles aceptables. Puede obtener tapones de plástico o de hule para los oídos adaptados a usted para tener una protección efectiva contra el ruido excesivo.
- Examen de audición. La detección temprana de la pérdida de audición puede prevenir daño futuro irreversible.
- Use protección para los oídos fuera del trabajo. Proteja los oídos de cualquier actividad recreativa ruidosa, como música o conciertos con volumen muy alto, cacería o conducir vehículos con motores ruidosos.
- Sea consciente de los riesgos recreativos. La pérdida auditiva neurosensorial relacionada con actividades recreativas se está haciendo más frecuente. Las actividades con el riesgo más elevado son la cacería, conducir vehículos con motores ruidosos y algunos otros vehículos recreativos, y particularmente, escuchar música sumamente fuerte. Si su hijo o su hija escuchan música fuerte con audífonos, use esta simple prueba para determinar si el sonido es demasiado fuerte: si puede identificar la música que están tocando mientras su hijo tiene los audífonos, es demasiado fuerte. Diga a su hijo que conserve los oídos toda la vida para disfrutar la música.

Exposición máxima al ruido en el trabajo permitida por la ley

Duración, diaria	Nivel de sonido, decibeles
8 horas	90
6 horas	92
4 horas	95
3 horas	97
2 horas	100
90 minutos	102
60 minutos	105
30 minutos	110
15 minutos	115

Niveles de sonido de ruidos frecuentes

Decibeles	Ruido
	Rango seguro
20	Tic-tac del reloj, susurro de las hojas
40	Ruido en una calle tranquila
60	Conversación normal, canto de pájaros
80	Tráfico pesado
	Rango de riesgo
85-90	Motocicleta, otros vehículos con motores ruidosos
80-100	Concierto de rock
	Rango de lesión
120	Sirena de una ambulancia
140	Turbina de jet al despegar
165	Disparo de arma de fuego

■ Pérdida auditiva relacionada con la edad

Una disminución de la audición es frecuente con la edad. Este trastorno es llamado presbiacusia. Si usted o un familiar sospechan que tienen un pérdida auditiva más grave, vean al médico. Puede ser referido a un médico especialista en el oído o a una persona entrenada en la evaluación auditiva (audiólogo). La **pérdida auditiva** algunas veces puede restablecerse con tratamiento médico o con cirugía, especialmente si el problema está en el oído externo o en el oído medio. Sin embargo, si el problema está en el oído interno, en general no es tratable. Un auxiliar auditivo puede mejorar la audición. Las recomendaciones que se mencionan abajo pueden ayudarlo a seleccionar un auxiliar auditivo.

Antes de comprar un auxiliar auditivo, aquí están recomendaciones sólidas

De los 31 millones de estadounidenses que tienen algún grado de pérdida auditiva, aproximadamente 20 por ciento usan auxiliares auditivos. El costo promedio de un auxiliar auditivo está alrededor de 1,000 dólares. Pero si lo ayuda a oír mejor y mejora su calidad de vida, vale la pena el costo. De aquellos que compran auxiliares auditivos, aproximadamente 68 por ciento está satisfecho con sus dispositivos. Las quejas varían de una mala adaptación a un mal servicio a falta de mejoría de la audición.

Aquí están algunos consejos para seleccionar un auxiliar auditivo:

- **Acuda a un examen médico y a un examen de la audición.** Antes de comprar un auxiliar auditivo, que lo examine un médico, de preferencia un especialista en oídos, nariz y garganta (otorrinolaringólogo). Una regla de la FDA dice que es mejor tener este examen en los seis meses previos a que compre un auxiliar auditivo. Un examen puede determinar si un trastorno médico le impedirá usar un auxiliar auditivo.
- **Compre con un proveedor de buena reputación.** Si no se practica una prueba de audición (audiograma) en una instalación médica, el proveedor le hará una. Esta persona toma una impresión del oído, selecciona el auxiliar más apropiado y ajusta el dispositivo para adaptarlo bien. Estas son tareas complejas, y las habilidades de los proveedores varían. Además, contacte al Better Business Bureau en Estados Unidos (en México, puede recurrir a la Profeco) respecto al expediente de quejas del proveedor. Tenga cuidado de las consultas gratuitas y de los proveedores que venden sólo una marca de auxiliares auditivos.
- **Cuidado con las afirmaciones engañosas.** Durante años unos cuantos fabricantes y distribuidores han afirmado que sus auxiliares auditivos le permiten oír las conversaciones y eliminar el ruido de fondo. Pero esta tecnología no existe. Algunos auxiliares auditivos nuevos dominan los sonidos fuertes y por lo tanto hacen que sea más cómodo llevar un auxiliar auditivo

en lugares ruidosos. Pero ningún auxiliar auditivo puede filtrar la voz que usted quiere oír de otras voces en un cuarto lleno de gente.

- **Pregunte por un periodo de prueba.** Pida al proveedor que ponga por escrito el costo de un periodo de prueba y si esta cantidad se acredita al costo final del auditivo auxiliar.
- **Obtenga un segundo examen auditivo.** Para determinar si un dispositivo auxiliar realmente lo ayuda a oír mejor, pida que le practiquen otro examen auditivo mientras usa el auxiliar.
- **Entienda la garantía.** Una garantía debe extenderse uno a dos años y cubrir tanto las partes como el trabajo.

Dispositivo del conducto   *Dispositivo de bajo perfil*

 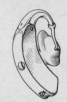

Dispositivo intraauricular   *Dispositivo retroarticular*

Dispositivo corporal   *Auxiliar auditivo desechable*

Problemas frecuentes

Ojos y visión

Debido a que sus ojos son cruciales para tantas actividades, los problemas de los ojos generalmente demandan atención. Afortunadamente, muchos problemas de los ojos son más molestos que significativos.

Casi todos presentamos cambios en la visión con la edad. La edad aumenta también el riesgo de desarrollar problemas oculares más importantes. Algunos problemas oculares no pueden prevenirse, pero los medicamentos o la cirugía pueden hacer más lenta o detener la progresión. Esta sección cubre los problemas oculares más frecuentes y discute algunos de los aspectos relacionados con la declinación de la visión.

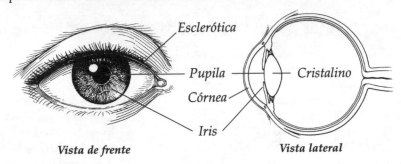

Vista de frente   **Vista lateral**

Esclerótica · Pupila · Córnea · Iris · Cristalino

■ Ojo morado

El llamado ojo morado es causado por sangrado debajo de la piel alrededor de los ojos. Algunas veces un ojo morado indica una lesión más extensa, incluso una fractura del cráneo, particularmente si el área alrededor de ambos ojos presenta moretones o si ha habido un traumatismo craneano. Aunque la mayoría de lesiones no es grave, el sangrado dentro del ojo, llamado hifema, es grave y puede reducir la visión y dañar la córnea. En algunos casos, puede resultar también glaucoma (ver página 80).

Autocuidados

- Aplicar presión suave y compresas heladas o frías al área alrededor del ojo 10 a 15 minutos. No presionar el ojo. Aplicar frío lo más pronto posible después del traumatismo para reducir el edema.
- Asegúrese que no hay sangre en las partes blancas y de color del ojo.

Atención médica

Busque atención médica inmediatamente si presenta problemas con la visión (visión doble, visión borrosa), dolor intenso o sangrado en el ojo o por la nariz.

Cómo cuidar los ojos

- Acuda periódicamente a examen de la vista.
- Controle los trastornos crónicos de la salud como diabetes y presión arterial alta.
- Reconozca los síntomas. La pérdida súbita de la visión en un ojo, o la visión nublada o borrosa, los destellos de luz o los puntos negros o halos o arcoiris alrededor de las luces pueden ser una señal de un problema médico más importante como glaucoma agudo o un ataque cerebral.

- Proteja los ojos del daño solar. Compre anteojos con lentes que bloquean la luz ultravioleta (UV).
- Consuma alimentos que contienen vitamina A y beta caroteno, como zanahorias, camote y melón.
- Optimice su vista con los lentes apropiados.
- Use una buena iluminación.
- Si su vista está deteriorada, use auxiliares para la visión deficiente, como lupas y libros con letra grande.

■ Ojos secos

Los <u>ojos secos</u> se sienten calientes, irritados y arenosos al parpadear. Pueden estar ligeramente enrojecidos. La producción de lágrimas disminuye al avanzar la edad. Los ojos secos generalmente afectan ambos ojos, especialmente en las mujeres después de la menopausia. Algunos medicamentos (como medicamentos para dormir, antihistamínicos y algunos medicamentos para la presión arterial alta) pueden causar o agravar la resequedad de los ojos. Algunos trastornos pueden asociarse con resequedad de los ojos.

Autocuidados

- Use una preparación de lágrimas artificiales sin preservadores.
- Debido a que algunas de las gotas para los ojos que se pueden obtener sin receta pueden producir resequedad, no las use más de tres a cinco días.
- No dirija la secadora del cabello (ni otras fuentes de aire como la calefacción del automóvil o ventiladores) hacia los ojos.
- Use anteojos los días con mucho viento y *goggles* para nadar.
- Mantenga la humedad de su casa entre 40 y 55 por ciento.
- Busque atención médica si el problema persiste a pesar de los autocuidados.

■ Lagrimeo excesivo

Los ojos pueden producir lágrimas en respuesta a la resequedad e irritación. El lagrimeo puede ocurrir también con infecciones como la conjuntivitis (ver página 78). Puede ser resultado de una reacción alérgica a los preservadores en las gotas para los ojos o las soluciones para los lentes de contacto. El lagrimeo puede ser resultado también de un bloqueo de los conductos que drenan las lágrimas al interior de la nariz. El rebosamiento de lágrimas puede causar más irritación y lagrimeo.

Autocuidados

- Aplique compresas calientes sobre los párpados cerrados dos a cuatro veces al día durante 10 minutos.
- No se frote los ojos.
- Reemplace el rimel cada seis meses. El rimel puede contaminarse con bacterias de la piel transferidas con el aplicador.
- Si usa lentes de contacto, siga las indicaciones de uso, limpieza y desinfección.

■ Manchas flotantes en los ojos

La sustancia gelatinosa detrás del cristalino (vítreo) se distribuye de manera uniforme en el globo ocular gracias a una red de fibras finas (fibrillas). Al avanzar la edad estas fibras se hacen más gruesas y forman haces, creando la apariencia de manchas, cabellos o hilos que se mueven hacia adentro y hacia afuera de la vista. Los flotadores que aparecen gradualmente y se vuelven menos notorios con el tiempo son generalmente inocuos y no requieren tratamiento. Los flotadores que aparecen súbitamente pueden indicar un trastorno ocular más importante como hemorragia o desprendimiento de la retina. La retina es la capa de tejido sensible a la luz en la parte posterior del ojo que transmite las imágenes visuales al cerebro.

Atención médica

Si usted ve una nube de puntos o una telaraña, especialmente acompañada de destellos de luz, vea al médico (oftalmólogo). Estos síntomas pueden indicar un desgarro o desprendimiento de la retina, que requiere cirugía inmediata para prevenir la pérdida de la visión.

Problemas frecuentes

Conjuntivitis

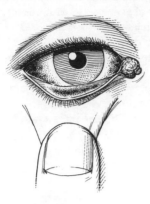

Uno o ambos ojos pueden estar enrojecidos y presentar comezón. Puede haber visión borrosa y sensibilidad a la luz. Puede tener una sensación arenosa en el ojo o secreción que forma una costra durante la noche.

Todos estos son signos de infección bacteriana o viral comúnmente conocida como ojo irritado. El término médico es **conjuntivitis**. Es una inflamación de la membrana llamada conjuntiva, que reviste el interior de los párpados y parte del globo ocular.

La inflamación hace que el ojo irritado sea un trastorno inflamatorio, pero generalmente es inofensivo para la visión. Sin embargo, debido a que puede ser altamente contagioso, debe diagnosticarse y tratarse tempranamente. Ocasionalmente el ojo irritado puede causar complicaciones oculares.

Tanto la conjuntivitis viral como la bacteriana son frecuentes en los niños y también afectan a los adultos. Son muy contagiosas. La conjuntivitis viral generalmente produce una secreción acuosa, mientras que la conjuntivitis bacteriana produce a menudo una buena cantidad de material espeso de color amarillo-verdoso.

La conjuntivitis alérgica afecta ambos ojos y es una respuesta a un alergeno (como el polen) más que una infección. Además de comezón intensa, lagrimeo e inflamación del ojo, puede presentar cierto grado de comezón, estornudos y secreción acuosa por la nariz.

Autocuidados

- Aplique compresas calientes al ojo u ojos afectados. Humedezca un lienzo limpio libre de pelusa en agua tibia, exprímalo y aplíquelo suavemente sobre los párpados cerrados.
- La conjuntivitis alérgica se alivia a menudo con compresas frías.

Prevención

Debido a que el ojo irritado se disemina fácil y rápidamente, una buena higiene es el método de control más útil. Una vez que la infección se ha diagnosticado en usted o en un familiar, los siguientes pasos pueden ser útiles para contenerla:

- Mantenga la manos lejos de los ojos.
- Lávese las manos frecuentemente.
- Cambie la toalla y el paño de lavar diariamente; no las comparta.
- Use la ropa una sola vez antes de lavarla.
- Cambie la funda de la almohada todas las noches.
- Deseche los cosméticos para los ojos, particularmente el rimel, después de unos meses.
- No use los cosméticos y pañuelos de otras personas ni sus artículos personales.

Atención médica

Si tiene usted síntomas de ojo irritado, vea al médico. Él puede cultivar las secreciones del ojo para determinar el tipo de infección que tiene. El médico puede prescribir gotas o ungüento para los ojos con antibióticos si la infección es bacteriana. La conjuntivitis viral desaparece espontáneamente. Si él determina que tiene una conjuntivitis alérgica, puede recomendar medicamentos para tratar la alergia o los síntomas oculares.

Cuidados para los niños

Debido a que el trastorno es contagioso, mantenga a su hijo alejado de los otros niños. Muchas escuelas envían a los niños que tienen conjuntivitis a su casa.

Sensibilidad al deslumbramiento

El deslumbramiento puede ocurrir cuando la luz es dispersada dentro del globo ocular. El deslumbramiento pueden ser especialmente molesto cuando hay poca luz y las pupilas aumentan de tamaño (dilatadas) porque la luz penetra a los ojos en un ángulo mayor. La sensibilidad al deslumbramiento puede significar el desarrollo de una catarata (ver página 80). Para valorar los síntomas, el médico puede examinar la visión con deslumbramiento bajo, intermedio y alto.

Autocuidados

- Disminuya el deslumbramiento durante el día usando anteojos de sol polarizados con armazones anchos que siguen las cejas y que tienen protecciones opacas en los lados.
- Acuda para corrección de la visión de distancia para ayudar a minimizar el deslumbramiento.

Otros problemas de los ojos

Párpado caído

El párpado superior puede caer si los músculos responsables de levantar el párpado se debilitan. La edad, los traumatismos o los trastornos de los nervios y músculos pueden llevar a un párpado caído. Si el párpado interfiere con la visión, el oftalmólogo puede recomendar cirugía para fortalecer los músculos que lo soportan. **Precaución:** Un párpado caído que se desarrolla súbitamente requiere evaluación inmediata y tratamiento. Puede estar asociado a un ataque cerebral o a otros problemas agudos del sistema nervioso.

Párpado inflamado (granulado)

Una inflamación crónica a lo largo de los bordes de los párpados es llamada blefaritis. Puede acompañar a los ojos secos. Algunas personas producen un exceso de grasa en las glándulas que se encuentran cerca de las pestañas. La grasa favorece el crecimiento de las bacterias y hace que la piel se irrite, tenga comezón y enrojecimiento. Se forman diminutas escamas a lo largo de los bordes de los párpados, que irritan más la piel. **Autocuidados:** Aplique compresas calientes sobre los párpados suavemente cerrados dos a cuatro veces al día durante 10 minutos. Inmediatamente después, lave y elimine las escamas con agua caliente o champú de bebé diluido. Si el trastorno es causado por una infección, el médico puede prescribir un ungüento medicado o un antibiótico oral.

Contracciones del párpado

Los párpados pueden adquirir vida propia — contrayéndose al azar, y sacarlo de quicio. El temblor involuntario de los músculos del párpado generalmente dura menos de un minuto. No se conoce la causa, pero algunas personas informan que las contracciones indoloras son desencadenadas por tensión nerviosa y fatiga. Raras veces puede ser un síntoma de enfermedad muscular o de los nervios. Las contracciones del párpado son generalmente inofensivas y no requieren tratamiento. **Autocuidados:** El masaje suave sobre el párpado puede ayudar a aliviar las contracciones.

Orzuelo

El orzuelo es una pequeña bola roja y dolorosa en el borde del párpado. Es causado por inflamación o infección de una glándula bloqueada en el párpado. El orzuelo se llena generalmente de pus y luego se abre aproximadamente en una semana. Para infecciones persistentes, el médico puede prescribir una crema con antibióticos. **Autocuidados:** Aplique una compresa limpia caliente cuatro veces al día durante 10 minutos para aliviar el dolor y ayudar a reducir el orzuelo a un punto. Deje que el orzuelo se abra solo, luego enjuague cuidadosamente el ojo.

Orzuelo

■ Enfermedades frecuentes de los ojos

Cataratas

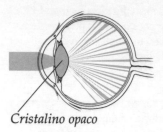

Cristalino opaco

Una **catarata** es una opacidad del cristalino normalmente transparente del ojo. Cierto grado de formación de catarata es normal al avanzar la edad, pero algunas exposiciones o trastornos pueden acelerar el proceso. La exposición de largo plazo a la luz ultravioleta (UV), la diabetes, un traumatismo previo en el ojo, la exposición a los rayos X y el uso prolongado de corticoesteroides aumentan el riesgo. Fumar puede aumentar el riesgo de cataratas, y la aspirina puede disminuir el riesgo. Si las cataratas interfieren con las actividades diarias, el cristalino opaco puede ser extraído quirúrgicamente y reemplazado con el implante de un lente de plástico. **Autocuidados:** Reduzca el brillo. Prevenga o disminuya las cataratas con el uso de anteojos bloqueadores de rayos UV cuando se exponga a la luz solar. Asegure la iluminación adecuada.

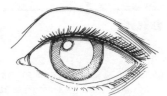
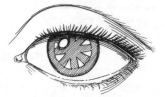

Las cataratas adoptan diversas formas. Se ilustra aquí una catarata nuclear (izquierda) y una catarata con un patrón de rayos de rueda (derecha).

Glaucoma

El glaucoma implica daño al nervio del ojo (óptico) causado por aumento de la presión dentro del globo ocular. La presión aumenta cuando se bloquean los poros diminutos que normalmente permiten que el líquido drene del interior del ojo. El daño al nervio óptico hace que la visión lateral disminuya lentamente. Si no se trata, el glaucoma puede llevar a ceguera. **Precaución:** Debido a que los síntomas tempranos pueden ser sutiles, es importante el examen regular de los ojos. Si se diagnostica y se trata tempranamente, el glaucoma crónico puede generalmente controlarse con gotas para los ojos, medicamentos orales o cirugía. Si tiene síntomas como dolor de cabeza intenso o dolor en el ojo o párpado, náusea, visión borrosa o un arcoiris alrededor de las luces en la noche, acuda a una evaluación inmediata. El tratamiento puede requerir cirugía de urgencia con láser.

Degeneración macular

La degeneración macular vuelve borrosa la visión central y disminuye la capacidad para ver el detalle fino. No afecta la visión periférica y generalmente no lleva a ceguera total. El trastorno ocurre cuando el tejido del centro de la retina (mácula) se deteriora. La alteración de la visión es irreversible. Sin embargo, cuando el trastorno se diagnostica tempranamente, el tratamiento con láser puede ayudar a disminuir o hacer más lenta la pérdida de la visión.

Recomendaciones de transportación para las personas con deterioro visual

- No maneje si no cumple con los requisitos estatales de la vista para los conductores.
- Evite conducir en situaciones estresantes — por la noche, en tráfico intenso, en mal tiempo o en una autopista.
- Use el transporte público o pida a un familiar que lo ayude cuando necesite conducir de noche.
- Contacte a la oficina local para el adulto mayor para obtener una lista de furgonetas y servicios regulares de enlace, redes de conductores voluntarios o viajes compartidos.
- Optimice la visión con los anteojos adecuados. Conserve un par extra en el automóvil.

Problemas relacionados con los anteojos y lentes de contacto

Mucha gente empieza a notar un cambio en la vista alrededor de los 40 años de edad. Los objetos cercanos que eran fáciles de ver se ven ahora borrosos. La letra del periódico y de los libros empieza a parecer más pequeña, e instintivamente mantiene el material de lectura más lejos de los ojos. El trastorno se llama presbiopía. Se refiere a la dificultad con la visión cercana que se desarrolla cuando el cristalino se vuelve más grueso y más rígido. Otro síntoma es la fatiga visual, que puede incluir una sensación de cansancio en los ojos y dolor de cabeza.

Si tiene dificultad para ver de lejos, puede notar los cambios un poco antes y necesita lentes correctores más potentes. Incluso si tiene miopía presentará los efectos de la presbiopía, que pueden sospecharse porque se quita los anteojos para leer la letra pequeña. Puede encontrar que los ojos parecen cada vez más cansados después de leer.

Antes de probar lentes para leer que se pueden obtener sin receta, vea a un especialista de los ojos para descartar otros problemas.

Atención médica

Si usted presenta dolores de cabeza frecuentes, vea al oftalmólogo u optometrista, quienes harán pruebas en los ojos y prescribirán los lentes apropiados si es necesario.

Responda a los signos de advertencia como visión borrosa, colores amarillentos, aumento de la sensibilidad a la luz o pérdida de la visión periférica, que podrían indicar cataratas o glaucoma.

Lentes de contacto, anteojos y cirugía láser

Los lentes de contacto están mejorando, pero no son para todos. Ciertas enfermedades del ojo (ojos secos, úlceras corneales previas o córneas que han perdido sensibilidad) hacen que no sea aconsejable usar lentes de contacto. La inserción, la extracción y el cuidado de los lentes de contacto puede no ser práctica para la gente que tiene artritis de las manos, temblor por enfermedad de Parkinson o incapacidad física por otras enfermedades. En algunos casos los lentes de contacto son preferibles a los anteojos. Por ejemplo, los lentes de contacto ofrecen una visión marcadamente mejor a la gente que nace con una malformación de la córnea.

El láser o la cirugía de refracción cambian la forma de la córnea, por lo que se enfoca con mayor precisión. La queratomileusis *in situ* asistida con láser (LASIK) implica hacer un corte circular delgado en la córnea. El cirujano levanta luego el colgajo y con un láser especial modifica la forma de la córnea. En la queratectomía de fotorrefracción (PRK), se remueve la capa externa protectora de la córnea y se utiliza un láser para modificar su forma. Las cirugías LASIK y PRK son buenas para corregir el astigmatismo leve a moderado en personas con miopía. Los resultados no son tan buenos en personas con astigmatismo.

Lentes de contacto de uso prolongado y lentes blandos desechables

Si usa usted lentes de contacto de uso prolongado, quíteselos y esterilícelos casi todas las noches. Si usa lentes desechables, no los use más tiempo del recomendado por su especialista de los ojos. Usar los lentes de contacto demasiado tiempo sin quitárselos puede privar de oxígeno a la córnea. La falta de oxígeno puede causar visión borrosa, dolor, lagrimeo, enrojecimiento y sensibilidad a la luz, y puede hacer que la córnea sea más susceptible a la infección. Quítese los lentes inmediatamente si ocurre cualquiera de estos síntomas. Acuda a examen regular de los ojos para evitar problemas que pueden resultar del uso extendido de los lentes de contacto.

PARA MAYOR INFORMACIÓN (en Estados Unidos)

- The National Eye Institute, 2020 Vision Place, Bethesda, MD 20892; 301-496-5248; *www.nei.nih.gov.*
- Lighthouse International, 111 ·. 59th St., New York, NY 10022; 800-829-0500; *www.lighthouse.org.*
- Capítulo local de la asociación o servicios para los invidentes y aquellos que tienen deterioro visual

Dolor de cabeza

El dolor de cabeza es el síntoma médico más frecuentemente informado. Puede señalar un problema médico importante. Pero esa situación es rara

Aproximadamente 90% de los dolores de cabeza no tiene una enfermedad de fondo. Estos dolores de cabeza llamados primarios difieren mucho. Los investigadores están conociendo más lo que pasa físicamente durante un dolor de cabeza.

Tipos de dolor de cabeza

Existen muchos trastornos primarios de dolor de cabeza reconocidos. Tres tipos bien conocidos son:

Tensional

- Afecta a los hombres y mujeres casi por igual
- Produce gradualmente un dolor sordo, rigidez o presión en el cuello, la frente o el cuero cabelludo

Migraña

- Produce dolor moderado a intenso y discapacitante, el cual a menudo es pulsátil
- Afecta a las mujeres tres veces más que a los hombres
- Puede empezar en la adolescencia, menos frecuentemente después de los 40 años
- Puede ser precedido por un cambio visual, hormigueo en un lado de la cara o del cuerpo, o un deseo intenso de un alimento específico
- A menudo se asocia con náusea (con o sin vómito) y sensibilidad a la luz y al ruido

En racimo

- Produce un dolor constante e intenso en, y alrededor de un ojo, y ocurre en episodios que a menudo empiezan a la misma hora del día o de la noche
- Produce lagrimeo y enrojecimiento del ojo y congestión nasal en un lado de la cara
- Puede ocurrir como un reloj y estar relacionada con la luz o los cambios estacionales
- Afecta frecuentemente a hombres, especialmente fumadores y bebedores
- Puede diagnosticarse equivocadamente como sinusitis o un problema dental
- Por lo general dura aproximadamente 15 minutos a tres horas

Teoría de la migraña

La investigación se está enfocando en varios centros del cerebro que pueden estar involucrados en la generación de la migraña. La actividad en estos centros hace que los vasos sanguíneos dentro del cráneo se dilaten y posiblemente se inflamen. Esto produce impulsos dolorosos que viajan a lo largo del nervio trigémino al cerebro. Resultado: una migraña.

Cuando usted no siente dolor:

Los nervios que rodean los vasos sanguíneos en la cubierta exterior del cerebro liberan niveles normales de sustancias químicas (neurotransmisores).

Cuando tiene migraña:

Los nervios liberan niveles más elevados de sustancias químicas que son irritantes para la cubierta del cerebro y otras estructuras sensibles al dolor. Puede haber también dilatación de los vasos sanguíneos.

Para los dolores de cabeza ocasionales de tipo tensional

Primero intente masaje, compresas calientes o frías, una ducha caliente, reposo o técnicas de relajación. Si estas medidas no funcionan, intente una dosis baja de aspirina (adultos únicamente), acetaminofén o ibuprofeno. El ejercicio moderado puede ayudar al dolor de cabeza de tipo tensional.

Para los dolores de cabeza recurrentes

- Lleve un registro de los dolores de cabeza. Incluya estos factores:
  - *Intensidad* ¿Es incapacitante, o sólo molesto?
  - *Frecuencia y duración* ¿Cuándo empieza? ¿Empieza gradual o rápidamente? ¿Ocurre a cierta hora del día? ¿En ciclos mensuales o estacionales? ¿Cuánto dura? ¿Qué lo detiene?
  - *Síntomas relacionados* ¿Puede saber si se va a presentar? ¿Presenta náusea o mareo? ¿Ve usted colores brillantes o puntos ciegos?
  - *Localización* ¿Se localiza el dolor en un lado de la cabeza? ¿En los músculos del cuello? ¿Alrededor de un ojo?
  - *Historia familiar* ¿Otros familiares tienen dolores de cabeza similares?
  - *Desencadenantes* ¿Puede relacionar su dolor de cabeza con algún alimento, actividad, clima, tiempo o factores ambientales? (Ver Cómo evitar los desencadenantes del dolor de cabeza, página 84).
- Evite los desencadenantes, si es posible. Para hacerlo requiere cambios en el estilo de vida.
- Tenga un sueño y ejercicio adecuados.

Autocuidados especiales de la migraña

Empiece el tratamiento cuando siente que viene la **migraña**. Este método es la mejor probabilidad de detenerla tempranamente. Use acetaminofén, ibuprofeno o aspirina (adultos únicamente) en las dosis recomendadas para el alivio del dolor. Algunas personas pueden abortar un ataque acostándose en un cuarto oscuro o consumiendo cafeína (café o bebidas de cola).

Atención médica

Si los autocuidados no ayudan después de uno a dos días, vea al médico. Él tratará de determinar el tipo y causa del dolor de cabeza, excluir otras posibles fuentes del dolor y es posible que solicite pruebas. El médico puede prescribir un medicamento para el dolor. Se usan diferentes medicamentos para diferentes tipos de dolor de cabeza.

Para migrañas intensas el médico puede prescribir un medicamento que semeja a la serotonina, una sustancia química de los nervios del cuerpo. Para los ataques frecuentes de migraña, el médico puede prescribir un medicamento preventivo utilizado diariamente.

Precaución

No ignore los dolores de cabeza sin explicación. Obtenga atención médica inmediatamente si el dolor de cabeza:

- Aparece súbita e intensamente
- Se acompaña de fiebre, rigidez de nuca, erupción, confusión mental, convulsiones, visión doble, debilidad, hormigueo o dificultad para hablar
- Empieza o empeora después de una herida en la cabeza, una caída o un golpe
- Es un problema nuevo y significativo o se está agravando

Problemas frecuentes

Cómo evitar los desencadenantes del dolor de cabeza

¿Algún alimento, bebida o actividad en particular desencadena su dolor de cabeza?

Algunas personas pueden eliminar los dolores de cabeza si evitan los desencadenantes. Estos varían entre individuos. Algunos de los más comunes son:

- Alcohol, vino tinto
- Tabaquismo
- Estrés o fatiga
- Vista cansada
- Actividad física o sexual
- Postura inadecuada
- Modificación de los patrones de sueño u horarios de comida

- Ciertos alimentos, tales como:
  - alimentos fermentados, encurtidos o marinados
  - plátanos
  - cafeína
  - quesos fuertes
  - chocolate
  - frutas cítricas
  - aditivos de alimentos (nitrito de sodio en los hot dogs, salchichas o carnes frías, o glutamato monosódico en alimentos procesados o comida china) y aderezos
  - nueces o mantequilla de cacahuate
  - pizza
  - pasas
  - pan de levadura
- Clima, cambios en la altitud o en zonas horarias
- Cambios hormonales durante el ciclo menstrual o la menopausia, uso de anticonceptivos orales o terapia hormonal de reemplazo
- Luces intensas o parpadeantes
- Olores, que incluyen perfumes, flores o gas natural
- Aire contaminado o cuartos mal ventilados
- Ruido excesivo

Cuidados para los niños

Lo dolores de cabeza recurrentes son frecuentes durante la infancia tardía y la adolescencia. Raras veces representan un problema importante.

La cefalea se asocia con muchas enfermedades virales. Sin embargo, si su hijo se queja frecuentemente de dolor de cabeza, incluso cuando esté bien, consulte al médico de su hijo.

La migraña puede ocurrir en niños y puede sospecharse si hay historia familiar. En los niños este tipo de dolor de cabeza se acompaña a menudo de vómito, sensibilidad a la luz y sueño. La recuperación se produce en una horas.

Un dolor de cabeza puede indicar estrés en la escuela, con los amigos o familiares. Puede ser una reacción a un medicamento, particularmente un descongestionante.

Si usted piensa que es un dolor de cabeza de tipo tensional, pruebe los consejos sin medicamentos presentados en la página 83. Si ocurre frecuentemente, ayude a su hijo a llevar un registro de los dolores de cabeza. Use acetaminofén o ibuprofeno raras veces y brevemente para evitar pasar por alto problemas importantes que el analgésico puede enmascarar.

Si el dolor de cabeza de su hijo persiste, se inicia súbitamente sin explicación, o se agrava, llame al médico. También llame respecto a los dolores de cabeza posteriores a infecciones recientes del oído, dolor de dientes, infecciones de la garganta y otras infecciones.

Asegúrese de informar al médico si tiene historia familiar de migraña. Esa información podría ayudar al diagnóstico.

La relación entre la cafeína y los dolores de cabeza

Ese dolor de cabeza matutino puede ser muy real, especialmente si consume cuatro tazas o más de bebidas cafeinadas durante el día. Puede ser un dolor de cabeza por supresión después de una noche sin cafeína.

Pero para algunos dolores de cabeza la cafeína puede ser una curación. Algunos tipos de dolor de cabeza hacen que los vasos sanguíneos se distiendan. La cafeína hace que se estrechen temporalmente.

Por lo tanto, en adultos, si la aspirina o el acetaminofén no ayudan, use un medicamento que incluya cafeína. Pero no exagere. Demasiada cafeína puede causar nerviosismo, frecuencia cardiaca rápida, sudoración, y también dolor de cabeza por supresión.

Miembros, músculos, huesos y articulaciones

El cuerpo es sorprendentemente complejo. No piensa en su cuerpo cuando funciona bien. En alguna forma, todo funciona y usted realiza sus actividades fácilmente. Pero en general no nota cuando hay un problema.

Esta sección se enfoca en los problemas relacionados con las extremidades. Algunos trastornos son frecuentes en muchas áreas del cuerpo, como distensión, esguince, huesos rotos, bursitis, tendinitis, fibromialgia y gota. Discutimos estos trastornos en las páginas 87 a 92. El resto del capítulo proporciona información adicional de problemas relacionados con articulaciones específicas: hombro; codo y antebrazo; muñeca, mano y dedos; cadera; pierna y rodilla; tobillo y pie. Primero, aquí está información general sobre anatomía.

Anatomía

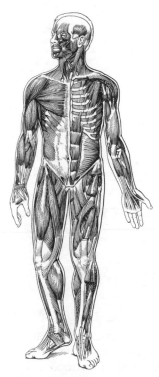

Muchos de los músculos esqueléticos son pares, lo que permite que el cuerpo se mueva. Los tendones conectan estos músculos con los huesos.

Músculos y tendones

Muchos de los 650 músculos lo ayudan a moverse. Todos los músculos esqueléticos están insertados en huesos mediante bandas llamadas tendones. Pares de músculos trabajan juntos para mover las articulaciones. Un músculo se relaja cuando el otro se contrae.

Si está activo, los músculos le permiten correr, caminar, nadar, saltar, subir escaleras, montar en bicicleta, bailar y cortar el pasto. Los músculos le hacen saber cuando los ha forzado. Tienen dolor y rigidez.

Las causas frecuentes de lesiones musculares incluyen accidentes, esguinces, movimientos súbitos, exceso de uso e inflamación.

Puede evitar muchos dolores de músculos y tendones:

- Haciendo ejercicio regular y moderadamente. Aumente la actividad gradualmente. No está listo para correr un maratón si no corre regularmente algunos kilómetros.
- Estirando los músculos suavemente antes y después del ejercicio. Para algunas personas es útil también usar calor y masaje para aflojar los músculos antes de la actividad.
- Tomando agua abundante. Tomar seis a ocho vasos de agua mantiene una buena hidratación. Pero necesitará más de eso cuando esté activo, especialmente en el calor del verano.
- Fortaleciendo los músculos con ejercicios de resistencia.
- Soportando áreas previamente lesionadas con cinta elástica o con un soporte.
- Evitando aplicar cargas sobre los músculos cuando esté cansado.
- Utilizando los principios ergonómicos apropiados en el sitio del trabajo.

Huesos — Rígidos pero vivos

No puede ver, pero los 206 huesos del cuerpo cambian constantemente. Las proteínas forman el marco. Los minerales, especialmente calcio y fósforo, los llenan para proporcionar la fuerza al hueso. Debido a esta necesidad de minerales, es buena idea consumir leche y verduras de hojas verdes ricas en minerales.

Los trastornos frecuentes de los huesos incluyen los siguientes:

- Fracturas, resultantes de cargas sobre un hueso mayores de las que puede soportar
- Moretones, generalmente por traumatismos
- Debilitamiento por pérdida de minerales (osteoporosis)

Los huesos de un niño son más flexibles que los de un adulto. Cuando están bajo presión, tienen menos probabilidad de romperse. Al madurar, los huesos se vuelven más rígidos.

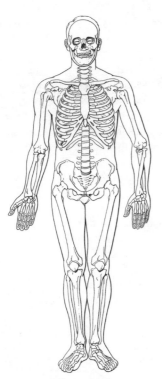

Los huesos son tejidos vivos que están cambiando siempre. Proporcionan apoyo para el cuerpo y funcionan como depósito de minerales importantes.

Articulaciones — Obras maestras de la mecánica

Los huesos se juntan en las articulaciones. El extremo de cada hueso está cubierto por una capa de cartílago que se desliza suavemente y actúa para absorber las cargas. Bandas fuertes de tejido (ligamentos) mantienen las articulaciones.

El cuerpo tiene varios tipos de articulaciones. Ese capítulo discute los siguientes tipos:
- **Articulaciones de bisagra** en las extremidades de los dedos o de las rodillas, por ejemplo. Permiten un tipo de movimiento de flexión y extensión.
- **Articulaciones de esfera y cavidad** en el hombro o cadera, por ejemplo. Permiten un amplio rango de movimiento.

Las causas de dolor articular cubiertas en este capítulo incluyen:
- Lesiones traumáticas o dislocación (cuando una articulación sale de su sitio)
- Bursitis
- Fibromialgia
- Gota
- Esguinces

Si su hijo tiene dolor articular específico, podría desear ver a un médico. Contacte a un médico si su hijo tiene dolores articulares junto con:
- Fiebre o erupciones
- Inflamación, rigidez, dolor abdominal o pérdida de peso sin explicación
- Ganglios crecidos e inflamados en el cuello
- Cojera o dificultad para la actividad normal

Nervios — Líneas de comunicación

La mayoría de este capítulo se enfoca en los huesos, músculos y articulaciones. Sin embargo, todos los miembros están conectados con nervios que llevan mensajes hacia y desde el cerebro, Perciben el dolor y ayudan también a localizar su origen. Dirigen el movimiento. Le informan cuando los músculos están cansados o lesionados. Pueden mantener un músculo sin funcionar apropiadamente.

Los nervios ayudan a coordinar los movimientos. Cuando el cuerpo está funcionando adecuadamente, están en constante contacto con el cerebro. También lo ayudan a evitar muchas lesiones.

Es más fácil para usted o el médico identificar y tratar el dolor si le dice cómo sucedió. Siguió a:
- Un accidente
- Uso excesivo y prolongado, o movimientos repetidos
- Inflamación
- Una enfermedad o trastorno en otra parte del cuerpo

■ Distensión muscular: Cuando usted se ha excedido

Un músculo presenta una distensión — o incluso un desgarro — cuando se estira demasiado o súbitamente. Este tipo de lesión a menudo puede también presentarse cuando los músculos se contraen súbita y fuertemente. Un resbalón o levantar un objeto en una posición incómoda pueden causar una distensión muscular.

Las **distensiones** musculares varían en intensidad:

- **Leves.** Producen dolor y rigidez cuando se mueve y durante unos cuantos días.
- **Moderada.** Produce pequeños desgarros musculares y más dolor, inflamación y moretones. El dolor puede durar una a tres semanas.
- **Grave.** Los músculos se separan o se rompen. Puede tener sangrado interno significativo, inflamación y moretones alrededor del músculo. El músculo puede no funcionar. Busque atención médica inmediatamente.

Autocuidados

- Siga las instrucciones PRICE (ver abajo). Mientras más pronto se inicie el tratamiento, más rápida y más completa es la recuperación.
- Para la inflamación extensa use compresas frías varias veces al día durante la recuperación.
- No aplique calor cuando el área esté todavía inflamada.
- Evite la actividad que causó la distensión mientras cura el músculo.
- Use analgésicos que pueden obtenerse sin receta (ver página 258). Evite aspirina en las primeras horas después de la distensión porque la aspirina puede hacer que el sangrado sea más extenso. No dé aspirina a los niños.

Atención médica

Busque atención médica inmediatamente si el área se hincha inmediatamente y es muy dolorosa. Llame al médico si el dolor, la inflamación y la rigidez no mejoran mucho en dos a tres días o si sospecha una ruptura muscular o un hueso roto.

PRICE: Su mejor instrumento para las lesiones musculares o articulares

Nos referimos frecuentemente a esta información en esta sección.

- **P: Proteja** el área de una lesión mayor. Use una venda elástica, cabestrillo, férula, bastón, muletas o férula de aire.
- **R: Reposo** para favorecer la curación del tejido. Evite actividades que causan dolor, inflamación o molestias.
- **I: Inmediatamente aplique hielo** en el área inmediatamente, incluso si está buscando atención médica. Use una bolsa con hielo o una compresa helada unos 15 minutos cada vez que aplica el hielo. Repita cada dos a tres horas mientras esté despierto las primeras 48 a 72 horas. El frío reduce el dolor, la hinchazón y la inflamación de los músculos, articulaciones y tejidos de conexión lesionados. Puede también disminuir el sangrado si ha ocurrido un desgarro.

- **C: Comprima** el área con una venda elástica hasta que se detenga la hinchazón. No la apriete demasiado o puede obstaculizar la circulación. Empiece el vendaje en el extremo más alejado del corazón. Afloje la venda si aumenta el dolor, el área se adormece o está apareciendo hinchazón por debajo del área vendada.
- **E: Eleve** el área por arriba de su corazón, especialmente en la noche. La gravedad ayuda a reducir la hinchazón drenando el exceso de líquido.
- Después de 48 horas, si la hinchazón ha desaparecido, puede aplicar calor. El calor puede mejorar el flujo de sangre y acelerar la curación.
- Aplique frío a las áreas adoloridas después de una sesión de ejercicio, incluso si no está lesionado, para prevenir la inflamación y la hinchazón.

■ Esguinces: Daño a los ligamentos

Estrictamente hablando, ocurre un esguince cuando usted estira excesivamente o desgarra un ligamento. Los ligamentos son bandas fuertes, elásticas, que se insertan en los huesos y mantienen las articulaciones en su sitio. Sin embargo, el término esguince comúnmente se usa para describir cualquier situación en la cual una articulación se mueve fuera de su rango normal de movimiento.

Los **esguinces** son causados frecuentemente por torceduras. Ocurren sobre todo en los tobillos, rodillas o los arcos de los pies. Los verdaderos esguinces causan hinchazón rápida. Generalmente mientras mayor es el dolor, más grave es la lesión. Los esguinces varían de intensidad.

- **Leves.** El ligamento se estira excesivamente o se desgarra ligeramente. El área es un poco dolorosa, especialmente con el movimiento. Duele con la presión. No hay mucha hinchazón. Puede cargar peso en la articulación.
- **Moderadas.** Las fibras del ligamento se desgarran pero no se rompen completamente. La articulación es dolorosa a la presión y difícil de mover. El área está hinchada y con cambio de coloración por sangrado en el área.
- **Graves.** Uno o más ligamentos se desgarran completamente. El área es dolorosa. No puede mover normalmente la articulación o cargar peso. Se hincha mucho y cambia de color. La lesión puede ser difícil de distinguir de una fractura o dislocación, que requiere atención médica. Puede requerir un yeso para mantener la articulación inmóvil, o una operación si los ligamentos desgarrados producen inestabilidad articular.

Autocuidados

- Siga las instrucciones PRICE (ver página 87)
- Use medicamentos para el dolor que se obtienen sin receta (ver página 258).
- Gradualmente pruebe y use la articulación después de dos días. Los esguinces leves a moderados generalmente mejoran significativamente en una semana, aunque la curación completa puede tardar seis semanas.
- Evite actividades que implican cargas para la articulación. Los esguinces menores repetidos la debilitan.

Atención médica

Busque atención médica inmediatamente si:
- Escuchó un chasquido cuando se lesionó la articulación y no puede usarla. En el camino al médico aplique frío.
- Tiene fiebre y el área está roja y caliente. Podría tener una infección.
- Tiene un esguince grave, como se describió anteriormente. El tratamiento inadecuado o retrasado puede causar inestabilidad articular de largo plazo o dolor crónico.

Vea al médico si no puede cargar peso en la articulación después de dos a tres días de autocuidados, o si no tiene mucha mejoría en una semana.

Cómo prevenir lesiones deportivas

- Seleccione su deporte cuidadosamente. No trote si tiene dolor de espalda crónica o le duelen las rodillas.
- Caliente. Relájese, estírese y aumente gradualmente la actividad en cinco a 10 minutos. Si es propenso a dolor muscular, aplique calor antes del ejercicio.
- Después del ejercicio, enfríese con estiramientos musculares.
- Empiece un nuevo deporte gradualmente. Aumente el nivel de esfuerzo en varias semanas.

- Use analgésicos con precaución. Es más fácil excederse en el ejercicio y dañar los tejidos sin darse cuenta.
- Deje de participar inmediatamente si piensa que puede estar lesionado, si está desorientado o mareado, o si pierde la conciencia, incluso brevemente.
- Regrese gradualmente a la actividad completa o cambie de deporte hasta que curen las lesiones.

Huesos rotos (Fracturas)

Si usted sospecha que un hueso está roto, busque atención médica. Un hueso roto puede o no, salir a través de la piel. Las fracturas abiertas rompen la piel. Las fracturas cerradas (simples) no. Las fracturas cerradas se clasifican de acuerdo con la forma en que se rompe el hueso. Se muestran diversas variedades en la ilustración de abajo.

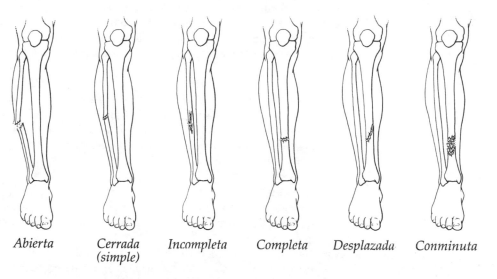

Abierta   *Cerrada (simple)*   *Incompleta*   *Completa*   *Desplazada*   *Conminuta*

Tratamiento de urgencia	**Después de la lesión o traumatismo, busque atención médica inmediatamente si:** ● La persona está inconsciente o no se puede mover. ● La persona no respira o no tiene pulso. Empiece RCP (ver página 2). ● Tiene una hemorragia abundante. ● Incluso una suave presión o movimiento produce dolor. ● El miembro o articulación parece deformado, o el hueso ha atravesado la piel. ● La parte más lejos del corazón está adormecida o de color azulado en la punta.
Autocuidados	Tome estas precauciones inmediatamente, y busque atención médica: ● Proteja el área de un mayor daño. ● Si hay sangrado, trate de detenerlo. Presione directamente sobre la herida con un apósito estéril, lienzo limpio o pedazo de la ropa. Si no hay nada disponible, use la mano. Siga presionando hasta que se detenga el sangrado. ● Use una férula o cabestrillo para mantener el área inmóvil. Puede hacer una férula de madera, plástico o periódico enrollado. Colóquela en ambos lados del hueso, extendiéndose más allá de los extremos del hueso. Manténgala firmemente en su sitio con gasa, tiras de ropa, cinta o cordón, pero no demasiado apretado que impida el flujo de sangre. ● No trate de arreglar el hueso. ● Si hay hielo disponible, envuelva el hielo en un lienzo y aplíquelo al miembro en la férula. ● Trate de elevar el área lesionada por arriba del corazón para disminuir el sangrado y la hinchazón. ● Si la persona se desmaya o está respirando con movimientos cortos, puede estar en choque. Acueste a la persona con la cabeza ligeramente más baja que el resto del cuerpo.
Cuidados para los niños	Los huesos de los brazos y piernas del niño tienen placas de crecimiento cerca de los extremos que permiten que los huesos se alarguen. Si se dañan las placas de crecimiento, el hueso puede no crecer adecuadamente. Verifique cualquier posible fractura con el médico.

■ Bursitis

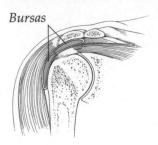

Bursas

Hay más de 150 bursas en el cuerpo. Estos pequeños sacos llenos de líquido lubrican y amortiguan los puntos de presión de los huesos, tendones y músculos cerca de sus articulaciones. Lo ayudan a moverse sin dolor. Cuando se inflaman, el movimiento o la presión es doloroso. Este trastorno es llamado <u>bursitis</u>. La bursitis es causada frecuentemente por exceso de uso, traumatismos, golpes repetidos o presión prolongada, como arrodillarse durante un periodo prolongado. Puede incluso resultar de una infección, artritis o gota. Con mayor frecuencia la bursitis afecta el hombro, el codo o la cadera. Pero puede también tener bursitis en la rodilla, talón e incluso en la base del dedo gordo del pie.

Autocuidados

- Use medicamentos para el dolor que se obtienen sin receta (ver página 258).
- Quite la presión de la articulación. Use un vendaje elástico, cabestrillo o apósito de hule espuma como protección hasta que la hinchazón disminuya.
- Los casos simples de bursitis generalmente desaparecen en dos semanas. Vuelva a la actividad lentamente.

Prevención
- Fortalezca los músculos para ayudar a proteger la articulación. No empiece a ejercitar una articulación que tiene bursitis hasta que el dolor y la inflamación hayan desaparecido.
- Tome descansos frecuentes en las tareas repetidas. Alterne las tareas repetidas con reposo o con otras actividades. Siga los principios ergonómicos para el trabajo en el escritorio y para levantar objetos.
- Proteja la articulación antes de aplicar presión (como rodilleras o coderas afelpadas). Para la bursitis de la cadera, amortigue los colchones duros con un hule espuma.

Atención médica

Busque atención médica si el área está enrojecida y caliente o si no mejora, o si tiene fiebre o erupción.

■ Tendinitis

La <u>tendinitis</u> produce dolor espontáneo y dolor con la presión cerca de una articulación. Puede usted asociarla habitualmente a un movimiento específico (sujetar, por ejemplo). Generalmente significa que tiene una inflamación o un pequeño desgarro del tendón. La tendinitis es generalmente el resultado de exceso de uso o de un traumatismo menor. Es frecuente alrededor de los hombros, codos y rodillas.

El dolor puede hacer que limite usted los movimientos. El reposo es importante, pero también mantener un rango completo de movimiento. Si no trata la tendinitis cuidadosamente, los tendones y ligamentos alrededor de la articulación pueden volverse rígidos gradualmente en unas semanas. Los movimientos pueden volverse limitados y difíciles.

Autocuidados

- Siga las intrucciones PRICE (ver página 87).
- Mueva suavemente la articulación en todo el rango de su movimiento cuatro veces al día. Por lo demás, que esté en reposo. Un cabestrillo, un vendaje elástico o una férula pueden ayudar.
- Use un medicamento antiinflamatorio (ver página 258)
- Si el dolor no mejora mucho en dos semanas, vea al médico.

Prevención
- Use ejercicios de calentamiento y enfriamiento, y ejercicios de fortalecimiento.
- Aplique calor al área antes de hacer ejercicio, y aplique frío después.
- Haga ejercicio en días alternos cuando empieza un programa de ejercicio.

Busque atención médica inmediatamente si tiene fiebre y el área está inflamada.

Algunas veces los médicos inyectan un medicamento en el tejido alrededor de un tendón para aliviar la tendinitis. Las inyecciones de cortisona disminuyen la inflamación y pueden proporcionar alivio rápido del dolor. Estas inyecciones deben utilizarse con cuidado porque las inyecciones repetidas pueden debilitar el tendón o causar efectos secundarios indeseables.

■ Fibromialgia

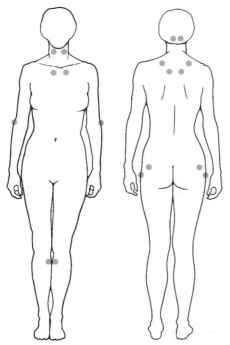

Localizaciones frecuentes de la fibromialgia

El dolor y la rigidez de los músculos pueden tener muchas causas. En años recientes, los médicos han diagnosticado cada vez más un trastorno llamado **fibromialgia**.

Los síntomas que llevan al diagnóstico incluyen dolores generalizados y dolor y rigidez en las articulaciones y los músculos. El tipo de dolor puede variar. A menudo afecta áreas en donde los tendones insertan a los músculos en los huesos. Los síntomas incluyen frecuentemente los siguientes:

- Dolores generalizados de duración mayor de tres meses
- Fatiga y sueño no reparador y que no proporciona descanso
- Rigidez matutina
- Puntos dolorosos en el cuerpo, generalmente en los sitios de inserciones musculares (ver ilustración)
- Problemas asociados, como dolor de cabeza (ver página 82), síndrome de colon irritable (ver página 65) y dolor pélvico

La fibromialgia es un "diagnóstico de exclusión". No hay pruebas de laboratorio que puedan ayudar a establecer el diagnóstico. El médico lo establece después de considerar otras causas de los síntomas. En algunas personas el trastorno desaparece espontáneamente. En otras se vuelve crónico.

La tensión emocional o el estrés pueden aumentar la probabilidad de tener fibromialgia. Es más frecuente en mujeres que en hombres. Esta diferencia puede deberse en parte al hecho de que los hombres pueden ser más renuentes a ver al médico.

Autocuidados

- Ajuste el ritmo de actividades. Disminuya el estrés y evite largas horas de actividad repetitiva. Desarrolle una rutina que alterne el trabajo con el descanso.
- Desarrolle un programa de ejercicio regular, de bajo impacto, como caminar, andar en bicicleta, nadar y muchos ejercicios de estiramiento. Mejore la postura fortaleciendo los músculos de soporte, especialmente los músculos abdominales (ver página 55).
- Mejore el sueño naturalmente con actividad física diaria. Para evitar los efectos secundarios indeseables, use medicamentos para dormir de manera esporádica, si es que los usa.
- Si es necesario, use ocasionalmente analgésicos que se obtienen sin receta (ver página 258).
- Encuentre un grupo de apoyo que enfatice el mantenimiento de la salud.
- Pida apoyo a sus familiares y amigos.

Prevención

Lo mejor que puede hacer para evitar o minimizar la fibromialgia es mantenerse en buena condición física, disminuir el estrés y tener un sueño adecuado.

- Trate de no dejar el trabajo. La fibromialgia parece agravarse en la gente que pide incapacidad y que elimina la actividad completamente.
- Aprenda técnicas de relajación. Intente masaje y baños calientes.

■ Gota

La **gota** produce un dolor súbito en una articulación, generalmente en la base del dedo gordo del pie, aunque puede afectar también articulaciones de los pies, tobillos, rodillas, manos y muñecas. La articulación se hincha y se pone roja. La genética puede desempeñar un papel en el trastorno. Hasta 18 por ciento de la gente con gota tiene historia familiar. Un porcentaje significativo de personas con gota tiene antecedente familiar. La gota ocurre cuando los cristales de ácido úrico se acumulan en una articulación. El riesgo de tener gota aumenta si es obeso o si tiene la presión arterial alta. Los medicamentos para la presión que disminuyen el contenido de agua del cuerpo pueden provocar gota. Las medidas de autocuidados incluyen mantener un peso razonable, tomar abundante agua y evitar el consumo excesivo de alcohol. Busque atención médica inmediatamente si tiene fiebre y la articulación está caliente e inflamada. Para mayor información, vea la página 162.

■ Hombro doloroso

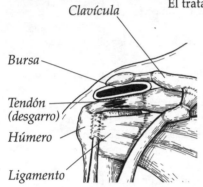

Clavícula

Bursa

Tendón
(desgarro)

Húmero

Ligamento

El tratamiento del hombro doloroso depende de la causa. La bursitis y tendinitis son causas frecuentes de hombro doloroso (ver página 90), así como las lesiones agudas y los desgarros del manguito rotador (ver página 93). Tome nota de la forma en que empezó el dolor y qué lo agrava. Esa información puede ser útil si necesita atención médica.

La mayoría de los casos de hombro doloroso no pone en peligro la vida. Sin embargo, ocasionalmente el hombro doloroso puede ser señal de un ataque cardiaco. Llame a la asistencia médica de urgencia inmediatamente si el dolor:
● Empieza como dolor o presión en el pecho. El dolor puede ocurrir súbita o gradualmente. Puede irradiar al hombro, espalda, brazos, mandíbula y cuello.
● Se acompaña de sudoración excesiva, falta de aire, sensación de desmayo, o náusea y vómito.
● Es nuevo y tiene usted un trastorno cardiaco conocido.

■ Hombro doloroso agudo

El hombro doloroso agudo se concentra en la parte superior del brazo parte superior de la espalda y en el cuello. El dolor puede limitar súbitamente los movimientos del brazo. Las causas posibles incluyen exceso de uso o traumatismos. Un hombro puede inflamarse, y aumentar de volumen en la punta. Puede ser muy doloroso al ponerse el saco, al extender el brazo hacia un lado o estirarse hacia atrás.

Autocuidados	● Use analgésicos que se pueden obtener sin receta (ver página 258).
	● Si el hueso no está roto o dislocado, es importante mover la articulación en todo su rango de movimiento cuatro veces al día para evitar rigidez o un trastorno permanente llamado hombro congelado.
	● Una vez que ha desaparecido el dolor, haga ejercicio diariamente con el brazo.

Atención médica	Busque atención médica si:
	● Los hombros parecen estar en diferentes niveles o no puede levantar el brazo afectado
	● Tiene dolor sumamente intenso con la presión sobre el extremo de la clavícula
	● Una lesión hace que sospeche que tiene un hueso roto
	● Tiene enrojecimiento, hinchazón o fiebre
	● El brazo no mejora después de una semana de autocuidados

■ Lesión del manguito rotador

El manguito rotador está formado por la inserción de varios tendones en el hombro. Debido a la complejidad del hombro, muchos problemas son simplemente diagnosticados como lesiones del manguito rotador. Los tendones del hombro pueden tener desgarros pequeños, irritarse, o comprimirse entre los huesos (pellizcamiento). El dolor puede ser más intenso en la noche. Este tipo de lesión generalmente resulta de movimientos repetidos por arriba de la cabeza, como pintar el techo, nadar o lanzar una pelota de béisbol, o por traumatismos, como caer sobre el hombro. En los adultos de edad avanzada, una **lesión del manguito rotador** puede simplemente originarse por la degeneración de los tendones del hombro por toda una vida de uso.

Autocuidado

- Siga las intrucciones PRICE (ver página 87).
- Tome medicamentos antiinflamatorios (ver página 258).
- Haga ejercicios de estiramiento y movimiento del hombro en todo su rango de movimiento cuatro veces al día.
- Espere hasta que el dolor desaparezca antes de regresar gradualmente a la actividad que causó la lesión. Puede tener que esperar tres a seis semanas.
- Modifique su técnica en los deportes con raqueta, al lanzar la pelota, o en el golf.

Atención médica

Busque atención médica si el área está roja e inflamada y tiene fiebre, si los hombros están en diferentes niveles o si no puede mover el brazo.

Si el dolor no ha disminuido en una semana a pesar del uso de medidas de autocuidados, vea al médico.

■ Dolor del codo y del antebrazo

La bursitis y tendinitis son causas frecuentes de dolor en el codo (ver página 90). La bursitis puede producir un pequeño saco en forma de huevo lleno de líquido en la punta del codo. Si el dolor no ha mejorado después de unos días de tratamiento y el área está todavía muy sensible a la presión, o si su brazo o mano hormiguean, busque atención médica. Puede necesitar radiografías para determinar si tiene un hueso roto.

La **luxación del hombro** puede ocurrir en un niño si un adulto jala o sacude súbitamente el brazo del niño. El codo de un niño — especialmente si es menor de seis años de edad — no puede soportar este estrés. La **luxación** es muy dolorosa y limita el movimiento. Busque tratamiento médico inmediatamente. El médico colocará nuevamente los huesos en la posición apropiada, lo que generalmente alivia el dolor. Una radiografía puede descartar otros problemas.

La **hiperextensión del codo** ocurre cuando el codo es empujado más allá de su rango normal de movimiento, a menudo como resultado de una caída o de un movimiento incorrecto para golpear la pelota en el tenis. Se produce dolor y aumento de volumen en el codo y en los tejidos más allá del codo. Intente PRICE (ver página 87) y sostenga el codo con una férula o cabestrillo hasta que desaparezca el dolor. Si el dolor no ha mejorado en una semana, vea al médico.

Atención médica

Busque atención médica inmediatamente si:
- El codo parece deformado
- El codo está muy rígido y tiene limitación del rango de movimiento después de una caída
- El dolor en el brazo es intenso

Problemas frecuentes

■ Codo de tenista o codo de golfista

Este dolor recurrente es de hecho una forma de tendinitis (epicondilitis). Afecta la parte externa o interna del codo. El dolor puede extenderse hacia abajo a la muñeca. Es causado por pequeños desgarros repetidos (microdesgarros) en los tendones que insertan los músculos del antebrazo en el codo o por inflamación de los tejidos. Las causas frecuentes del **codo de tenista** o del codo de golfista incluyen los movimientos con una raqueta o con un palo de golf, lanzar una pelota de béisbol, pintar una casa, usar un desatornillador o un martillo, o cualquier movimiento que requiere torsión del brazo o prensión repetidas.

El codo de tenista produce dolor en la parte externa del antebrazo cerca del codo cuando usted ejercita la articulación. Los pequeños desgarros o la inflamación (ver la flecha) causan la molestia.

Autocuidados

- Siga las instrucciones PRICE (página 87).
- El masaje puede acelerar la curación mejorando la circulación en el área.
- Una férula para el codo y antebrazo en la noche puede disminuir el dolor.
- Tome un medicamento antiinflamatorio (ver página 258).
- Puede tardar seis a 12 semanas de tratamiento para que desaparezca el dolor.

Prevención

- Prepárese para trabajos que implican repetición participando en rutinas de acondicionamiento físico y fortalecimiento.
- Prepárese para cualquier estación de deportes con acondicionamiento físico apropiado antes de la estación. Haga ejercicios de fortalecimiento con peso en la mano flexionando y extendiendo la muñeca.
- Use bandas de soporte del antebrazo inmediatamente por debajo del codo.
- Caliente apropiadamente. Estire suavemente los músculos del antebrazo antes y después de usarlos.
- Intente aplicar una compresa caliente durante cinco minutos antes de la actividad y una compresa de hielo después del uso considerable.

Atención médica

Busque atención médica inmediatamente si:

- El codo está caliente e inflamado, y tiene fiebre
- No puede doblar el codo o se ve deformado
- Una caída o lesión hace sospechar un hueso roto
  Si el dolor no mejora en una semana, vea al médico para descartar otras complicaciones.

■ Dolor en la muñeca, en la mano y en los dedos

Piense en todas las cosas que hace diariamente con las muñecas, manos y dedos. Puede no considerar los múltiples nervios, vasos sanguíneos, músculos y huesos pequeños que funcionan juntos al dar vuelta a la llave de la puerta — hasta que el movimiento se vuelve doloroso.

El dolor y el aumento de volumen de las muñecas, manos y dedos pueden ser resultado de lesiones o de exceso de uso. Pueden empezar gradual o rápidamente. Pueden deberse a lo siguiente:

- Una distensión o esguince (ver páginas 87 y 88)
- Una fractura, bursitis, tendinitis o gota (ver páginas 89, 90, y 92)
- Artritis o fibromialgia (ver páginas 91 y 161)

Autocuidados

- Siga las instrucciones PRICE (ver página 87).
- Tome analgésicos que puede obtener sin receta (ver página 258).
- Si una radiografía inicial no muestra una fractura y es todavía muy dolorosa una semana después, pida al médico que lo examine de nuevo. Algunas fracturas pueden requerir proyecciones especiales de las radiografías o no se ven los primeros días.
- Si el dolor continúa, puede necesitar más estudios, una férula, un yeso o fisioterapia.

Prevención

- Use instrumentos con mangos largos para que no tenga que sujetarlos tan fuerte.
- Quítese los anillos antes de trabajo manual. Si se lesiona una mano, quítese los anillos antes de que se hinchen los dedos.
- Descanse frecuentemente para que los músculos descansen después de que los ha usado constantemente. Varíe las actividades.
- Haga ejercicios de flexibilidad y fortalecimiento.

Atención médica

Busque atención médica inmediatamente si:
- Sospecha una fractura
- Una caída o un accidente ha causado aumento de volumen rápido y los movimientos son dolorosos
- El área está caliente e inflamada y tiene fiebre
- Los dedos se vuelven súbitamente de color azulado y adormecidos

■ Problemas comunes

Un quiste sinovial es una hinchazón debajo de la piel. Es un quiste lleno de líquido revestido con tejido que protruye de una articulación o de una vaina tendinosa.

Los **quistes sinoviales** son quistes llenos de líquido que generalmente aparecen en la parte superior de la muñeca, pero también pueden aparecer en el interior de la muñeca, en la palma o sobre las articulaciones de los dedos. Están llenos con un material gelatinoso que sale de una articulación o tendón, aunque pueden sentirse firmes o sólidos. Algunas veces son dolorosos, y si son molestos, pueden requerir tratamiento. Busque atención médica inmediatamente si el quiste se vuelve doloroso o inflamado o si se rompe a través de la piel y drena (generalmente en el extremo de los dedos).

Un **dedo torcido** ocurre generalmente durante las actividades deportivas. El dolor puede ser causado por el estiramiento de los ligamentos (esguince) o un fractura que involucra la superficie articular. Siga las guías PRICE de la página 87. Para protegerlo durante su uso puede sujetarse con cinta adhesiva el dedo lesionado con un dedo adyacente. Busque atención médica inmediatamente si:

- El dedo se ve deformado
- No puede extender el dedo
- El área se vuelve caliente e inflamada y tiene fiebre
- El dolor y el aumento de volumen son significativos o persistentes

El **dedo en gatillo** es un trastorno que hace que el dedo se quede atorado en una posición flexionada. Se extiende con un "chasquido" visible súbito, y si es importante, el dedo puede no extenderse completamente. El dedo en gatillo es más pronunciado en la mañana y después de sujetar firmemente un objeto. El trastorno es causado por un "nudo" en la palma que evita el movimiento suave del tendón. Cambie sus hábitos para evitar el exceso de uso. Busque atención médica inmediatamente si el dedo está caliente e inflamado y tiene fiebre.

■ Síndrome del túnel del carpo

Un túnel estrecho a través de la muñeca (el túnel del carpo) protege al nervio mediano, que proporciona la sensibilidad a los dedos. Cuando hay hinchazón en el túnel, el nervio mediano puede comprimirse, causando hormigueo y dolor.

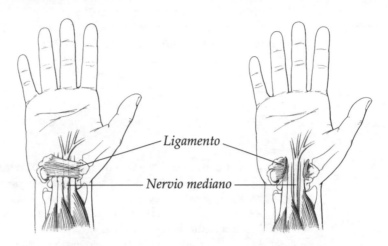

Ligamento

Nervio mediano

Los tendones que doblan los dedos (flexores) y un nervio importante pasan a través de un espacio estrecho (túnel del carpo) al entrar a la mano. El edema en el túnel o la presión en la palma pueden comprimir el nervio. La mayoría de problemas ocurre sin una causa clara. El edema es más frecuente en las mujeres que en los hombres. El **síndrome del túnel del carpo** ocurre más frecuentemente en embarazadas o en personas con sobrepeso. Fumar y algunos trastornos médicos como la diabetes, enfermedad tiroidea y artritis parecen desempeñar también un papel, así como las ocupaciones y pasatiempos que implican posturas incómodas para la muñeca y levantar o sujetar repetidamente.

Los síntomas incluyen los siguientes:

- Hormigueo o adormecimiento en el pulgar, índice y dedo medio (pero no en el dedo meñique). Este hormigueo puede ocurrir en la noche y despertarlo, y puede también ocurrir al conducir un automóvil, sostener el teléfono o el periódico.
- El dolor irradia o se extiende desde la muñeca al antebrazo o hacia abajo a la palma o a los dedos.
- Sensación de debilidad o torpeza; se caen los objetos.
- Si el trastorno es avanzado, pérdida constante de sensibilidad en los dedos afectados.

Autocuidados

- Descanse regularmente de la actividades pesadas o repetidas, por lo menos cinco minutos cada hora.
- Varíe sus actividades. Estire las muñecas y manos por lo menos una vez cada hora.
- Manténgase en forma; vigile su peso y no fume.
- Si tiene hormigueo en la mano o en los dedos que lo despierta en la noche, o si nota hormigueo en la mano cuando despierta en la mañana, trate de usar una férula en la muñeca que la mantenga recta durante la noche. La férula debe ser ajustada pero no apretada.
- Si los síntomas continúan o se agravan, vea al médico.

■ Dolor en el pulgar

El dolor en la base del pulgar puede ser el primer signo de osteoartritis en las manos (ver página 161) o de tendinitis del pulgar (enfermedad de Quervain), un trastorno que afecta más a individuos jóvenes. Puede notar dolor e hinchazón en la base del pulgar cuando escribe, abre frascos, da vuelta a la llave en la puerta o al encender el automóvil, o trata de sujetar objetos pequeños. En la osteoartritis de las manos el dolor puede estar limitado a una articulación o extenderse a muchas. Es más frecuente en mujeres que en hombres, y ocurre generalmente después de los 40 años de edad. El dolor puede ser resultado de una lesión previa, actividad repetida, o herencia.

Autocuidados
- Modifique conductas y evite las actividades que causan dolor.
- Descanse el pulgar. Use una férula para estabilizar la muñeca y el pulgar. Retire la férula por lo menos cuatro veces al día para mover y estirar las articulaciones y mantener la flexibilidad.
- Use analgésicos que puede obtener sin receta (ver página 258).
- Practique ejercicio con el pulgar diariamente mientras las manos están calientes. Mueva el pulgar en círculos. Dóblelo y toque cada uno de los demás dedos de la mano.
- Use instrumentos especialmente diseñados para la gente con artritis. Evite usar pinzas.

Atención médica
Busque atención médica inmediatamente si el dolor limita las actividades o si es demasiado intenso para tolerarlo la mayoría de los días. Las inyecciones de cortisona, el medicamento para la artritis y ocasionalmente una cirugía, son eficaces para aliviar el dolor.

■ Dolor en la cadera

El dolor en la cadera frecuentemente se presenta después de una caída o accidente. Puede ocurrir también después de caminar rápida y vigorosamente o de ejercicios aeróbicos. Las causas frecuentes incluyen bursitis, tendinitis y osteoartritis (ver páginas 90 y 161, respectivamente), distensión o esguinces (ver páginas 87 y 88). Sólo raras veces el dolor de la cadera es causado por tener una pierna más corta que la otra, ya que las diferencias en la longitud de las piernas de 1 a 2 cm son frecuentes y normales.

Autocuidados
- Siga las instrucciones PRICE (ver página 87).
- Evite las actividades que agravan el dolor.
- Tome analgésicos que puede obtener sin receta (ver página 258).
- Fortalezca los músculos de la cadera (especialmente los abductores de la cadera, que separan la pierna del cuerpo) para aliviar y mejorar la función en una cadera artrítica.

Atención médica
Busque atención médica inmediatamente si:
- Se cayó o tuvo un accidente y piensa que la cadera puede estar rota
- Ha seguido las instrucciones de autocuidados mencionadas después de un accidente o se cayó y la cadera tiene más dolor el día siguiente
- Tiene osteoporosis y se golpeó la cadera en una caída

Problemas frecuentes

■ Dolor en las piernas

Muchas dificultades en las piernas son resultado de una combinación de exceso de uso, falta de condición física (poca fuerza y flexibilidad), sobrepeso, traumatismos y mala circulación. Los cambios en el estilo de vida pueden mejorar las piernas.

Use los siguientes ejercicios para fortalecer los músculos y evitar lesiones:

- **Camine.** Empiece con pasos cortos. Alargue los pasos al aflojarse los músculos.
- **Ciclismo.** Aumente gradualmente la distancia y velocidad en algunas semanas.
- **Natación.** Estira y tonifica los músculos.
- **Trabaje pares de músculos.** Por ejemplo, ejercite el cuadríceps (el músculo que está al frente del muslo) y los músculos de la corva (músculos de la parte posterior del muslo).

■ Distensión de los músculos de la corva

Los atletas a menudo sufren contusiones o distensión de los músculos de la corva, especialmente en deportes como el fútbol *soccer* o las actividades de pista y campo. Puede sospechar una lesión si presenta dolor después de resbalarse o de tener actividad vigorosa.

Autocuidados

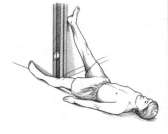

- Siga las intrucciones PRICE (ver página 87). Si los síntomas no empiezan a mejorar después de una semana de tratamiento PRICE vea al médico.

Prevención
Para evitar lesión de los músculos de la corva, intente este simple ejercicio conocido como estiramiento recostado de los músculos de la corva.
- Acuéstese boca arriba con una toalla alrededor del pie. Eleve su pierna y jale la toalla para mantener su rodilla lo más recta posible. Su tronco permanece relajado. Sostenga por 30 segundos. Repita revirtiendo posiciones de la pierna. No atore su rodilla.

■ Dolor y calambres

Un calambre es de hecho un espasmo muscular. Los calambres ocurren frecuentemente en un atleta que está demasiado fatigado y deshidratado durante los deportes, especialmente en clima caluroso. Sin embargo, casi todos presentamos un calambre muscular en algún momento. Para la mayoría de la gente los calambres son sólo una molestia ocasional.

Autocuidados

- Estire y dé masaje suavemente a un músculo que tiene un calambre.
- Para los calambres de la pantorrilla, cargue el peso sobre la pierna y doble la rodilla ligeramente, o haga el estiramiento de la pantorrilla ilustrado en la página 106.
- Para los calambres superiores (músculos de la corva) enderece las piernas e inclínese hacia adelante por la cintura. Equilíbrese con una silla. O haga el estiramiento de los músculos de la corva descrito arriba.
- Aplique calor para relajar los músculos tensos y apretados.
- Aplique frío a los músculos adoloridos.
- Tome abundante agua. El líquido ayuda a los músculos a funcionar normalmente.
- Si tiene calambres molestos en la pierna, pregunte al médico respecto a posibles opciones de medicamentos.

Autocuidados

Prevención

Estire los músculos de la pierna diariamente utilizando el siguiente estiramiento para el tendón de Aquiles y la pantorrilla (vea la ilustración de la página 106):

- Párese frente a la pared a la distancia de los brazos. Inclínese hacia adelante descansando las manos y antebrazos sobre la pared.
- Doble una pierna en la rodilla y llévela hacia la pared. Mantenga la otra pierna recta. Mantenga ambos talones en el piso. Conserve la espalda recta y mueva las caderas hacia la pared. Mantenga esta posición 30 segundos.
- Repita con la otra pierna. Repita cinco veces por pierna.
- Estire los músculos cuidadosamente y caliente antes de ejercicio vigoroso.
- Deje de hacer ejercicio si empieza a tener un calambre.

■ Astillas en la espinilla

Cuando hay dolor en la porción interna de la parte frontal del hueso largo de la pierna (tibia), puede ser el resultado de astillas en la espinilla. Las astillas en la espinilla se producen cuando las fibras pequeñas de la membrana que inserta el músculo a la tibia se irritan y se inflaman, produciendo dolor y alguna veces edema. Ocurren frecuentemente en corredores, jugadores de basketbol y tenis, y en reclutas del ejército.

Autocuidados

- Siga las instrucciones PRICE (ver página 87).
- Aplique masaje con hielo al área dolorosa.
- Intente analgésicos que se obtienen sin receta (ver página 258).
- Espere hasta que el dolor desaparezca antes de reanudar la actividad que lo causó. El dolor puede durar varias semanas o meses. Mientras tanto, haga ejercicio en la bicicleta o nade para mantener la flexibilidad y la fuerza.

Prevención

- Use ejercicios de estiramiento antes de correr para aflojar los músculos de las piernas y pies. Mueva el pie hacia arriba y hacia abajo y de un lado a otro.
- Una plantilla blanda puede ayudar a acojinar la pierna.
- Puede necesitar una plantilla especialmente elaborada (ortesis) para usar en los zapatos, especialmente si tiene pies planos.
- Un entrenador puede ayudarlo a valorar y ajustar el estilo para correr.

Atención médics

Busque atención médica inmediatamente si:

- El dolor en la espinilla sigue a una caída o accidente y es intenso
- La espinilla está caliente e inflamada
- Tiene dolor en la espinilla en reposo o en la noche

Pueden solicitarse radiografías especiales para buscar una fractura por estrés.

■ Piernas hinchadas

El **edema ocasional** en las piernas es un problema frecuente y tiene muchas causas, incluyendo el sobrepeso, sentarse o estar de pie durante largo tiempo, retener líquidos (frecuente en mujeres embarazadas o durante la menstruación), venas varicosas, una reacción alérgica y demasiada exposición al sol.

Problemas frecuentes

El **edema importante y progresivo** puede ser causado por estos trastornos:

- *Un coágulo e inflamación en una vena (flebitis).* La flebitis generalmente ocurre en la porción inferior de una pierna. Puede afectar tanto a las venas superficiales como a las profundas. La pierna se pone roja, hinchada y dolorosa. A menudo sigue a un periodo de inactividad como un viaje largo en automóvil o en avión o después de una cirugía. La flebitis que se presenta en una vena profunda (trombosis de vena profunda) es una condición médica importante. Vea al médico inmediatamente.
- *Mala circulación (claudicación).* Se presenta dolor aproximadamente en el mismo punto cada vez que camina. Desaparece cuando se detiene y descansa. Es causado por un área bloqueada o estrecha en las arterias de la pierna. Vea al médico.
- *Insuficiencia cardiaca.* Si el corazón no puede satisfacer las demandas del organismo puede retener líquidos en las piernas. Este trastorno afecta a ambas piernas al mismo tiempo y no es doloroso. Vea al médico.
- *Enfermedad hepática o renal.* Vea al médico.

Autocuidados

Para el edema ocasional
- Baje de peso y limite el consumo de sal.
- Eleve las piernas a un nivel por arriba del corazón durante 15 a 20 minutos varias veces al día para que la gravedad ayude a mover el líquido hacia el corazón.
- Para periodos prolongados de estar sentado o viajando, camine frecuentemente y estire las piernas.

Para trastornos que causan edema
Aunque no puede tratar estos trastornos, puede disminuir el riesgo si hace lo siguiente:
- No fume.
- Controle la presión arterial.
- Haga ejercicio con moderación y de manera regular.
- Alcance un peso deseable.

Atención médica

Busque atención médica inmediatamente si tiene edema doloroso inexplicable en las piernas o si una pierna hinchada presenta calor, enrojecimiento e inflamación.

◼ Dolor en la rodilla

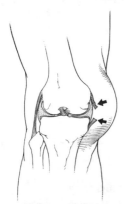

Las flechas señalan un ligamento desgarrado, una forma frecuente de lesión en la rodilla. La articulación se hincha y se vuelve inestable.

La rodilla es la articulación más grande del cuerpo y es bastante compleja. Las partes de la rodilla funcionan juntas para soportar el peso todos los días al flexionarse, enderezarse, voltearse y caminar.

La rodilla es muy susceptible a lesiones por su localización expuesta. No está diseñada para manejar el estrés lateral, y soporta mucho peso.

Las lesiones de la rodilla a menudo son complejas. Muchas se relacionan con los deportes o son resultado de traumatismos. Algunas veces el dolor es simplemente un desgaste. Usted no puede decir con precisión qué tan grave es una lesión de la rodilla por el grado de dolor e hinchazón. Es más importante que la rodilla pueda soportar peso, sentirse estable, y tener un rango completo de movimiento.

El dolor puede deberse a los siguientes:
- **Distensión y esguinces** (ver páginas 87 y 88) por giros súbitos o golpes en la rodilla. Un esguince estará en el lado opuesto de donde recibió el golpe la rodilla. Puede tardar días para que la hinchazón se desarrolle completamente.
- **Tendinitis** (ver página 90), posiblemente como resultado de ejercicio intenso en bicicleta o subir y bajar escaleras. La rodilla del corredor es una forma de tendonitis. Esta lesión por exceso de uso produce dolor en la parte frontal de la rodilla. Los tendones se inflaman y duelen al mover la rodilla.
- **Fibromialgia.** El dolor de la rodilla es un síntoma frecuente de fibromialgia (ver página 91).
- **Bursitis** (ver página 90).

- **Osteoartritis** (ver página 161). La artritis causa a menudo dolor cuando se mueve o carga el peso sobre las rodillas.
- **Desgarro del cartílago o ligamentos** de la rodilla causado por giros o impactos. Estas son lesiones frecuentes en los esquiadores y jugadores de basketbol y en adultos mayores.
- **Cuerpos perdidos** en la rótula o cartílago flotando alrededor de la articulación. Pueden quedar atrapados en la articulación de la rodilla. Este trastorno es doloroso y puede hacer que se bloquee la articulación.
- Un quiste doloroso que produce abombamiento detrás de la rodilla (**quiste de Baker** o poplíteo). Duele al agacharse, ponerse en cuclillas o arrodillarse.

Autocuidados

- Siga las instrucciones PRICE (ver página 87).
- Tome un medicamento antiinflamatorio (ver página 258). Recuerde que puede no sentir dolor que lo alerte a la lesión después que toma analgésicos.
- Flexione y extienda la pierna suavemente todos los días. Si es difícil mover la rodilla, pida a alguien que lo ayude primero. Intente extender su pierna y mantenerla recta.
- Si usa bastón, úselo en el lado que no está lesionado para quitar el peso de la rodilla o pierna lesionada.
- Evite la actividad vigorosa hasta que cure la rodilla. Empiece con ejercicios sin impacto lentamente.
- Evite ponerse en cuclillas, arrodillarse o caminar hacia arriba o hacia abajo.

Prevención

- Haga ejercicio regularmente para fortalecer los músculos de la rodilla. Doble la rodilla únicamente a un ángulo de 90 grados durante el ejercicio. No se agache demasiado.

Atención médica

Busque atención médica inmediatamente si:
- La lesión produce dolor intenso e inmediato y la rodilla no funciona apropiadamente.
- La rodilla es muy dolorosa, aun cuando no cargue el peso sobre ella.
- El dolor sigue a un chasquido o un ruido seco o sensación de que la rodilla se traba. Los desgarros de los ligamentos de la rodilla pueden requerir reparación quirúrgica. El retraso reduce la probabilidad de éxito.
- La rodilla se bloquea rígidamente en una posición, o la rótula está visiblemente deformada (dislocada).
- La rodilla parece inusualmente floja o inestable.
- Tiene hinchazón rápida sin explicación, o fiebre.
    Si el dolor no mejora después de una semana de tratamiento en casa, vea al médico.

Soportes para las rodillas

Si las rodillas son inestables, intente una rodillera o un soporte como:
- Una rodillera de neopreno. Se desliza sobre la rodilla y tiene una abertura sobre la rótula.
- Una rodillera de bajo costo que se puede obtener sin receta. Puede ser que tenga una bisagra en el lado externo o en ambos lados de la rodilla.

Precaución: Estos dispositivos parecen ofrecer más soporte de lo que en realidad hacen. Aunque no protegen la rodilla de lesiones, puede hacerla sentir caliente y segura y la protegen de raspones. Use rodilleras o soportes bajo la indicación del médico o terapista.

Dolor en el tobillo y en el pie

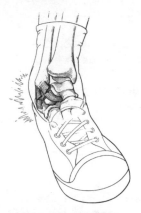

Se produce un esguince del tobillo cuando los ligamentos que lo soportan se estiran o se desgarran.

El tobillo es una de las articulaciones que se lesionan más frecuentemente. El tobillo, en donde se reúnen tres huesos, permite un amplio rango de movimientos del pie y soporta todo el peso del cuerpo. Las causas frecuentes de dolor del pie o del tobillo incluyen las siguientes:

- **Distensiones y esguinces** (ver páginas 87 y 88).
- **Fracturas** (ver página 89). Las actividades de alto impacto como el basketbol o los ejercicios aeróbicos pueden causar fracturas por estrés. Las fracturas por estrés son grietas del grosor de un cabello. A menudo son invisibles a los rayos X durante 10 a 21 días después de la lesión.
- **Bursitis y tendinitis** (ver página 90).
- La **tendinitis de Aquiles** ocurre cuando se inflama el tendón que une los músculos de la pantorrilla con el hueso en la parte posterior del talón. Los pequeños desgarros en el tendón pueden presentarse después de ejercicio extenuante. Se siente un dolor sordo, especialmente cuando corre o salta. El tendón puede también estar ligeramente hinchado o doloroso a la presión.
- **Juanete.** Los zapatos mal adaptados o factores hereditarios son a menudo la causa de este trastorno. El dedo gordo del pie se inclina hacia el siguiente dedo, causando algunas veces sobreposición o subposición de estos dedos. La base del dedo gordo se extiende más allá del perfil normal del pie. Esta protuberancia es llamada juanete. El roce de los zapatos puede causar ojos de pescado, callos y dolor articular.

Autocuidados

- Siga las instrucciones PRICE (ver página 87).
- Caminar sobre una articulación inestable puede aumentar el daño, a menos que la estabilice con un soporte para el tobillo, férula de aire, o botas altas con agujetas.

Si sospecha una fractura, vea al médico. Si tiene una **fractura por estrés**:

- Espere por lo menos un mes para la curación. Generalmente no necesita un yeso.
- Evite actividades de alto impacto durante tres a seis semanas.

Si tiene **tendinitis de Aquiles**:

- Use zapatos de suelas blandas para correr, y evite correr o caminar en subida o bajada.
- Evite cualquier impacto sobre el talón durante varios días.
- Haga ejercicios ligeros de estiramiento de la pantorrilla diariamente (ver páginas 99 y 106).

Si tiene **juanetes**:

- Use zapatos con un espacio adecuado para los dedos y que sean de piel blanda. Use sandalias o zapatos ligeros en el verano. Las deformaciones más grandes pueden requerir zapatos especiales.

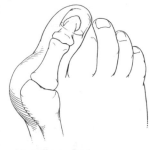

La protuberancia de un juanete se produce cuando la base del dedo gordo se extiende más allá del perfil normal del pie.

Prevención

- Seleccione calzado de buena calidad y bien adaptado. Los zapatos con una punta para los dedos más amplia eliminan la presión sobre los dedos. Evite zapatos apretados, de suelas delgadas y tacones altos.
- Estire el tendón de Aquiles. Antes del ejercicio, siga los ejercicios de estiramiento para la pantorrilla descritos en las páginas 99 y 106.

Atención médica

Busque atención médica inmediatamente si:

- El dolor del pie es intenso y el área está hinchada después de un accidente o traumatismo
- El pie está caliente e inflamado, o si tiene fiebre
- El pie o tobillo están deformados o doblados en una posición anormal
- El dolor es tan intenso que no puede mover el pie
- No puede soportar peso 72 horas después de cualquier lesión.

■ Pies planos

Todos los bebés parecen tener **pies planos**. Para cuando el niño se convierte en un adolescente, la mayoría ha desarrollado un arco en los pies. Los arcos van de lado a lado y a lo largo y ayudan a distribuir el peso uniformemente a lo largo de los pies.

Algunas personas nunca desarrollan arcos. Otras tienen pies planos después de caminar muchos kilómetros. Pero esto no es necesariamente un problema.

Los pies planos pueden ser un problema cuando:
- Presionan los nervios y los vasos sanguíneos del pie
- Causan falta de equilibrio y problemas articulares en los tobillos, rodillas, caderas o parte baja de la espalda
- Tiene exceso de peso

Autocuidados

- Los soportes de arcos en zapatos bien adaptados pueden proporcionarle una mejor posición para soportar el peso.
- Vea a su médico si los pies planos duelen continuamente.

Cuidados para los niños

Los bebés gordos pueden hacer que los pies se vean planos. Hacia los 5 años de edad su hijo puede empezar a desarrollar el arco. Uno de cada siete niños nunca desarrollan arcos bien formados.

Hay dos clases de pies planos:
- Los **pies planos flexibles** parecen planos únicamente cuando el niño se pone de pie. Los arcos reaparecen si el niño se para en las puntas de los dedos o si quita el peso de los pies. Los pies planos flexibles no duelen y tienden a verse en familias. Generalmente no necesitan tratamiento. Algunos médicos recomiendan soportes del arco en zapatos firmes para aumentar la comodidad.
- Los **pies planos fijos** pueden ser más difíciles. Si los pies de su hijo duelen, son rígidos o sumamente planos, pueden ayudar zapatos especiales o una cirugía.

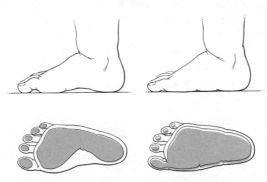

Los pies planos son pies que tienen poco o nada de arco. Arriba a la izquierda (arriba y abajo) está un piel normal y la huella de un niño de cinco años o más. Si el pie de su hijo y su huella semejan más las ilustraciones de la derecha, puede tener pies planos.

Ardor en los pies

Puede haber dolor leve, o ardor o escozor intenso. Puede ser constante o temporal. Este trastorno es especialmente frecuente en gente mayor de 65 años. La causa puede ser difícil de señalar y puede incluir los siguientes:

- Materiales irritantes
- Zapatos mal adaptados
- Una infección por hongos como el pie de atleta (ver página 122)
- Exposición a una sustancia tóxica como la hiedra venenosa

Sospeche un trastorno de los nervios o de los vasos sanguíneos si tiene:

- Ardor y hormigueo, debilidad, o un cambio de la sensibilidad o de la coordinación de las piernas; el ardor o el hormigueo se agravan en reposo o en cama
- Ardor con náusea, diarrea, pérdida de orina o del control del intestino, o impotencia
- Otros familiares con el mismo problema
- Un trastorno persistente
- Diabetes

Autocuidados

- Use calcetines no irritantes de algodón o mezcla de algodón-sintéticos y zapatos de materiales naturales que "respiran". Una plantilla especialmente adaptada también puede ayudar, si está en buen estado.
- Elimine las actividades que agravan el trastorno, como estar de pie por periodos prolongados.
- Sumerja su pie en agua fría.
- Tome analgésicos que se pueden obtener sin receta (ver página 258).

Dedos en martillo y dedos en mazo

A diferencia del juanete, que afecta el dedo gordo del pie, los **dedos en martillo** pueden verse en cualquiera de los dedos (con mayor frecuencia el segundo dedo). El dedo se dobla y puede ser doloroso. Generalmente ambas articulaciones de un dedo están afectadas, dando una apariencia de garra. Los dedos en martillo pueden ser resultado de usar zapatos demasiado cortos, pero la deformación ocurre también en personas con diabetes de larga evolución u otras enfermedades que causan daño muscular o nervioso. Un **dedo en mazo** está deformado en la punta.

Auto-cuidados

- Los cojines o plantillas especiales ayudan a proteger el pie. Los cojines metatarsales pueden reducir el dolor en la protuberancia del pie detrás del dedo en martillo.
- Los zapatos se deben adaptar a la longitud, anchura y peso de los pies

Consejos para una buena adaptación del zapato

Puede evitar muchos problemas de los pies, talones y tobillos con zapatos bien adaptados. Esto es lo que se debe buscar:

- Espacio adecuado para los dedos — tanto en lo alto como en lo ancho y en el tamaño. Evite los zapatos puntiagudos.
- Los tacones bajos lo ayudan a evitar problemas de la espalda.
- Los zapatos con agujetas son más amplios y más ajustables.
- Seleccione zapatos deportivos cómodos, sandalias con tirantes o bombas suaves con plantillas acojinadas.

- Evite los zapatos de vinil y de plástico. No permiten la ventilación cuando los pies transpiran.
- Compre zapatos en la tarde o en la noche. Los pies son más pequeños en la mañana y se hinchan durante el día. Mídase ambos pies.
- Al avanzar la edad el tamaño de los zapatos (largo y ancho) puede cambiar.
- Haga que la zapatería estire los zapatos en los sitios apretados.

■ Edema

La mayoría de las personas tiene los pies hinchados ocasionalmente. Las causas incluyen todas las mencionadas en Piernas hinchadas en la página 99.

Autocuidados

- Disminuya el consumo de sal.
- Ejercite las piernas.
- Acuéstese 30 minutos al mediodía con los pies elevados por arriba del corazón.

Prevención

- Use calcetines o medias elásticos. Aplican una presión constante y disminuyen el edema de los pies y tobillos. Los calcetines y las medias que no quedan bien (demasiado apretadas en la pantorrilla) pueden causar edema.
- Mantenga un programa regular de ejercicio.

Atención médica

Busque atención médica inmediatamente si uno de los pies se hincha rápidamente, si se inflama, o si tiene fiebre.

■ Neuroma de Morton

El neuroma de Morton causa un dolor agudo, ardoroso, en la parte anterior de la planta del pie. Puede sentir como si estuviera caminando sobre piedras. Los pies pueden sentir escozor, ardor o adormecimiento. El tejido blando crece alrededor de un nervio del pie (neuroma), a menudo entre el tercero y cuarto dedos. Puede no doler en la mañana, sino únicamente después de que está parado o de caminar con zapatos apretados.

Autocuidados

- Usar zapatos bien adaptados con suficiente espacio en la punta, o usar sandalias.
- Los soportes para los zapatos (ortesis) o un cojinete pueden ayudar.
- Disminuir las actividades de alto impacto unas semanas.

Atención médica

- Una inyección de cortisona puede disminuir el dolor.
- El crecimiento puede extirparse quirúrgicamente si el dolor es crónico e intenso.

■ Dolor en el talón

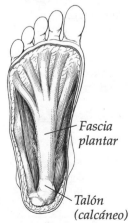

Fascia plantar

Talón (calcáneo)

El dolor en el talón es a menudo resultado de estrés sobre la fascia plantar.

El dolor en el talón es irritante pero raras veces es significativo. Aunque puede resultar del pellizcamiento de un nervio o de un trastorno crónico, como artritis o bursitis, la causa más frecuente es la fasciitis plantar. Esta es una inflamación de la fascia plantar, el tejido fibroso a lo largo de la planta del pie que conecta el hueso del talón (calcáneo) con los dedos.

El dolor se desarrolla gradualmente, pero puede aparecer súbita e intensamente. Tiende a agravarse cuando se está levantando de la cama en la mañana, cuando la fascia está rígida. Aunque ambos pies pueden afectarse, generalmente ocurre sólo en un pie.

El dolor desaparece generalmente una vez que el pie entra en calor. Puede recurrir si está de pie largo tiempo o si se levanta de una posición sentada o acostada. Subir escaleras o pararse en las puntas de los pies puede también producir dolor. Se puede formar un espolón en el hueso (generalmente indoloro) por la tensión sobre el hueso del talón.

La fasciitis plantar puede afectar a personas de todas las edades. Los factores que aumentan el riesgo incluyen exceso de peso, zapatos mal adaptados, anormalidades del pie y actividades que implican presión adicional sobre los pies. El tratamiento implica varios pasos para aliviar el dolor y la inflamación. No espere una curación rápida. El alivio puede tardar seis meses o más.

Autocuidados

- Disminuya caminar o trotar. Sustitúyalos por ejercicios que cargan menos peso sobre el talón, como nadar o la bicicleta.
- Aplique hielo al área dolorida durante 20 minutos, después de la actividad.
- El estiramiento aumenta la flexibilidad de la fascia plantar, del tendón de Aquiles y de los músculos de la pantorrilla. El estiramiento en la mañana antes de levantarse de la cama ayuda a revertir la tensión de la fascia plantar que ocurre en la noche.
- El fortalecimiento de los músculos del pie puede ayudar a soportar el arco.
- Compre zapatos con un tacón bajo o moderado (2.5 a 5 centímetros), buen soporte del talón y el arco y absorbencia de cargas.
- Los medicamentos que se pueden obtener sin receta pueden disminuir el dolor (ver página 258).
- Si tiene sobrepeso, disminuya el exceso de kilogramos.
- Intente cojinetes para el talón o donas. Ayudan a acojinar y soportar el talón.

Estos ejercicios estiran o fortalecen la fascia plantar, el tendón de Aquiles y los músculos de la pantorrilla. Mantenga cada posición durante 20 o 30 segundos y haga una o dos repeticiones tres veces al día.

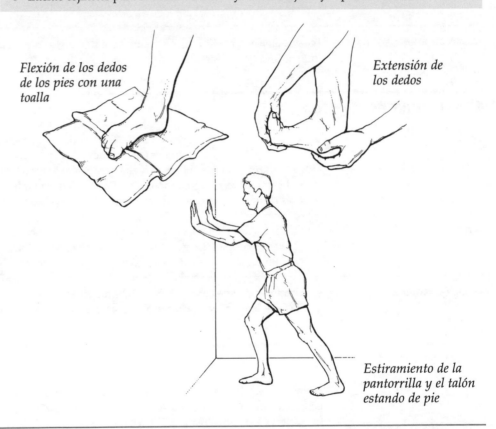

Flexión de los dedos de los pies con una toalla

Extensión de los dedos

Estiramiento de la pantorrilla y el talón estando de pie

Atención médica

Si las medidas de autocuidados no son efectivas, o si usted cree que el trastorno se debe a una anormalidad del pie, vea al médico. Las opciones de tratamiento incluyen las siguientes:

- Ortesis a la medida.
- Férulas en la noche para mantener la tensión sobre el tejido para que se recupere en una posición extendida.
- Calor profundo, que aumenta el flujo de sangre y favorece la curación.
- Una inyección de cortisona en el talón ayuda a menudo a aliviar la inflamación cuando otras medidas no tienen éxito. Pero no se recomiendan múltiples inyecciones porque pueden debilitar la fascia plantar y causar una ruptura, y reducir el cojinete graso que cubre el hueso del talón.
- Los médicos pueden desinsertar la fascia plantar del hueso del talón, pero esto se recomienda únicamente cuando todos los demás tratamientos han fallado.

Pulmones, pecho y respiración

La respiración es uno de los reflejos más básicos. La hacemos miles de veces al día. Cuando inspiramos (inhalamos), llevamos oxígeno fresco a los pulmones y a la corriente sanguínea. Cuando espiramos (exhalamos) eliminamos el aire de nuestros pulmones que contiene bióxido de carbono, un producto de desecho de las actividades de nuestro cuerpo. Respirar es algo que la mayoría de nosotros damos por asentado — hasta que tenemos problemas.

■ Tos: un reflejo natural

La tos es un reflejo — igual que la respiración. De hecho es una forma de proteger los pulmones de los irritantes. Cuando los conductos de la respiración (bronquios) tienen secreciones, usted tose para limpiar los conductos y poder respirar más fácilmente. Una pequeña cantidad de tos es ordinaria e incluso saludable como una forma de mantener limpios los conductos de la respiración.

La tos fuerte o persistente puede ser irritante para los conductos de la respiración. La tos repetida hace que los bronquios se contraigan. Este cambio puede irritar el interior de las paredes de los conductos de la respiración (membranas).

¿Qué ocasiona la tos?

Toser es frecuentemente un síntoma de una infección viral del tracto respiratorio superior, que es una infección de la nariz, senos paranasales y vías respiratorias. Un **resfriado** y la **influenza** son ejemplos comunes. La caja de la voz puede inflamarse (**laringitis**), produciendo ronquera, que puede afectar la capacidad para hablar. Toser puede también ser resultado de irritación de la garganta causada por el drenaje de moco hacia la parte posterior de la garganta, un trastorno llamado descarga retronasal.

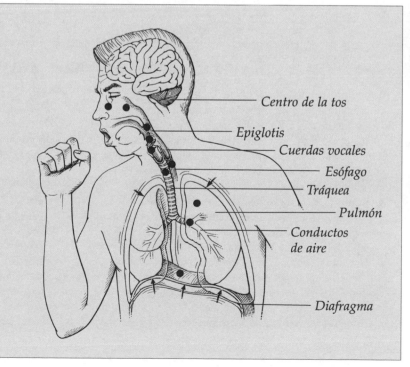

La tos

La tos empieza cuando un irritante llega a uno de los receptores de la tos en la nariz, garganta o cuello (ver los puntos). El receptor envía un mensaje al centro de la tos en el cerebro, indicando al cuerpo que tiene que toser. Después de que inhala, la epiglotis y las cuerdas vocales se cierran estrechamente, atrapando el aire dentro de los pulmones. Los músculos abdominales y del pecho se contraen con fuerza, empujando contra el diafragma. Finalmente, las cuerdas vocales y la epiglotis se abren súbitamente, permitiendo que el aire atrapado salga.

Centro de la tos
Epiglotis
Cuerdas vocales
Esófago
Tráquea
Pulmón
Conductos de aire
Diafragma

La tos ocurre también en trastornos crónicos. La gente con alergias y asma tiene episodios involuntarios de tos, como la gente que fuma. Los irritantes del ambiente, como la contaminación, el polvo, fumar pasivamente y el frío o el aire seco pueden causar tos.

Algunas veces la tos es causada por ácido en el estómago que se regresa al esófago, o en casos raros, a los pulmones. Este trastorno es llamado reflujo gastroesofágico (ver página 64). Algunas personas desarrollan también un "hábito" de toser.

Autocuidados	• **Tome abundantes líquidos.** Ayudan a mantener despejada la garganta. Tome agua o jugo de frutas — no soda ni café. • **Use un humidificador.** El aire de la casa puede estar muy seco, especialmente durante el invierno. El aire seco irrita la garganta cuanto tiene un resfriado. Usar un humidificador para humedecer el aire hace que sea más fácil respirar (ver abajo). • **La miel, los dulces o los trociscos medicados** para a garganta pueden ayudar a calmar una simple irritación de la garganta y pueden ayudar a prevenir la tos si la garganta está seca o dolorida. Tome una tasa de té endulzado con miel. • **Intente dormir con la cabecera de la cama elevada 10 a 15 cm** si la tos es causada por los ácidos que se regresan del estómago. Evite también comer y tomar líquidos dos o tres horas antes de acostarse.
Atención médica	Contacte al médico si la tos dura más de dos o tres semanas, o si se acompaña de fiebre, aumento de la dificultad para respirar o flema sanguinolenta. Tratar una tos crónica requiere una evaluación cuidadosa.

Humidificadores en casa — ¿Ayuda o riesgo?

Cuando respirar el aire seco del interior lo hace toser, aumente la humedad. Pero no deje que el remedio para un problema cree otro problema. Los humidificadores sucios pueden ser una fuente de bacterias y hongos. Para minimizar el crecimiento, la Comisión de Seguridad de Consumidores de Productos de EUA sugiere lo siguiente:

• **Cambiar el agua todos los días.** No permita que se desarrolle una película en el interior. Vacíe el tanque, seque las superficies internas y vuelva a llenarlo con agua limpia. Siga las instrucciones del fabricante.

• **Use agua destilada o desmineralizada.** El agua corriente contiene minerales que pueden crear depósitos que favorecen las bacterias. Cuando se liberan en el aire, estos minerales aparecen a menudo como un polvo blanco en los muebles.

• **Limpie su humidificador a menudo cuando lo usa.** Desconecte el aparato antes de limpiarlo. Si utiliza cloro u otro desinfectante, enjuague bien el tanque después para evitar respirar sustancias químicas perjudiciales. Limpie o reemplace los filtros y correas cuando se necesite.

• **Mantenga la humedad entre 30 por ciento y 50 por ciento.** Los niveles mayores de 60 por ciento pueden crear una acumulación de humedad. Cuando la humedad se condensa en las superficies, las bacterias y hongos pueden crecer. Examine periódicamente la humedad con un higrómetro, que puede obtener en la ferretería local.

• **Limpie el humidificador antes de guardarlo.** Límpielo de nuevo después de estar guardado en el verano para remover el polvo del exterior.

Bronquitis

La **bronquitis** es un trastorno frecuente, como el resfriado común. Generalmente es causada por una infección viral que se disemina a los bronquios, produciendo una tos profunda que, a su vez, trae un material gris amarillento de los pulmones. Los bronquios son los conductos principales del aire de los pulmones. Cuando las paredes que revisten los bronquios se inflaman, este trastorno es llamado bronquitis.

Autocuidados

- Tenga suficiente reposo. Tome abundantes líquidos. Use un humidificador en su cuarto.
- Considere tomar un medicamento para el resfriado que no requiera prescripción (ver página 259). Los adultos pueden tomar aspirina, otro antiinflamatorio no esteroideo (AINE) o acetaminofén para la fiebre. Los niños deben tomar únicamente acetaminofén o ibuprofeno.
- Evite irritantes en las vías aéreas, como el humo del tabaco.

Atención médica

La bronquitis aguda desaparece generalmente en unos días. Contacte al médico si presenta falta de aire o temperatura alta más de tres días. Si su tos dura más de 10 días y el material que escupe de los pulmones (esputo) se vuelve amarillo, gris o verde, el médico puede prescribir un antibiótico.

Croup

El **croup** es causado por un virus que infecta la caja de la voz (laringe), la tráquea y los conductos bronquiales. El croup ocurre con mayor frecuencia en niños entre tres meses y tres años de edad. Debido al estrechamiento de las vías aéreas, un niño con croup tiene una tos apretada, metálica, que puede semejar el ladrido de una foca. La voz del niño se vuelve ronca, y le es difícil respirar. Puede estar agitado y empezar a llorar, acciones que hacen todavía más difícil la respiración. El croup dura típicamente cinco o seis días. Durante este periodo, puede pasar de leve a grave varias veces. Los síntomas se agravan generalmente en la noche.

Autocuidados

- Proporcione líquidos claros, tibios, para ayudar a aflojar las secreciones espesas.
- Mantenga al niño lejos del humo (agrava los síntomas).
- Exponga al niño a aire húmedo tibio. Intente uno de los métodos siguientes.
  - Coloque un paño de lavar húmedo sobre la nariz y boca del niño para que el aire entre y salga fácilmente. (No haga esto si el niño tiene dificultad respiratoria).
  - Llene un humidificador con agua tibia y haga que el niño coloque la cara en, o cerca del vapor y respire profundamente por la boca.
  - Siente al niño en el baño lleno de vapor durante 10 minutos por lo menos. Regrese las veces que sea necesario.
- Algunas veces respirar aire fresco frío ayuda. Envuelva a su hijo en una cobija y salga por unos minutos en el aire frío de la noche.
- Duerma en el mismo cuarto que su hijo para estar alerta a cualquier agravamiento del trastorno.

Atención médica

Ocasionalmente el croup puede causar bloqueo casi completo de la vía aérea. Obtenga ayuda de urgencia si nota cualquiera de los siguientes síntomas: babeo o dificultad para deglutir, dificultad para doblar el cuello, labios azules u oscuros, agravamiento de la tos y mayor dificultad para respirar, y ruidos de timbre alto al inhalar.

Problemas frecuentes

Sibilancias

Las sibilancias ocurren cuando usted oye un sonido como un silbido de timbre alto que viene del pecho al respirar. Es causado por un estrechamiento de las vías aéreas en los pulmones e indica dificultad para respirar. Además, puede sentir presión en el pecho.

Las sibilancias son un síntoma frecuente de **asma**, **bronquitis**, fumar, alergias, **neumonía**, **enfisema**, otros **trastornos pulmonares** y **enfermedad cardiaca.** Pueden también originarse por factores ambientales, como sustancias químicas o contaminación del aire. Las sibilancias requieren atención médica. Vea a un médico si tiene dificultad para respirar y sibilancias.

Falta de aire

En general, la falta de aire inesperada es un síntoma que requiere atención médica. La falta de aire puede ser causada por enfermedades que van desde ataques cardiacos a coágulos de sangre en los pulmones y a **neumonía**. También puede ser causada por embarazo. En su forma crónica, la falta de aire es un síntoma de enfermedades tales como **asma**, **enfisema**, otras enfermedades pulmonares y enfermedad cardiaca. Todos estos trastornos crónicos requieren también atención médica. Algunos ejercicios pueden ayudar a aliviar la falta de aire si tiene enfermedad pulmonar crónica (ver abajo).

Ejercicios simples pueden mejorar su respiración

Algunos ejercicios simples de respiración pueden ayudarlo si tiene enfisema o algún otro trastorno pulmonar crónico. Lo ayudan a controlar el vaciamiento de los pulmones usando los músculos abdominales. Puede también aumentar la eficiencia de los pulmones. Pregunte al médico respecto a ellos. Hágalos dos a cuatro veces al día.

Respiración diafragmática

Acuéstese sobre la espalda con la cabeza y rodillas soportadas por almohadas. Empiece respirando lenta y suavemente con un patrón rítmico. Relájese.

Coloque las puntas de los dedos sobre el abdomen, inmediatamente por debajo de la parrilla costal. Al inhalar lentamente debe usted sentir el diafragma que levanta la mano.

Practique empujando el abdomen contra la mano al llenar el pecho de aire. Asegúrese que el pecho queda inmóvil. Intente esto mientras inhala a través de la boca y cuenta lentamente hasta 3. Luego frunza sus labios y exhale a través de la boca mientras cuenta lentamente hasta 6.

Practique la respiración diafragmática acostado sobre la espalda hasta que haga 10 a 15 respiraciones consecutivas en una sesión sin cansarse. Luego practíquela de un lado y después del otro lado. Progrese a hacer el ejercicio estando sentado en una silla, parado, caminando y, finalmente, subiendo escaleras.

Respiración con los labios fruncidos

Intente los ejercicios de respiración diafragmática con los labios fruncidos al exhalar. Con los labios fruncidos, el flujo de aire debe hacer un suave sonido de "sssss". Inhale profundamente por la boca y exhale. Repita 10 veces en cada sesión.

Ejercicio de respiraciones profundas

Estando sentado o parado, traccione los codos firmemente hacia atrás al inhalar profundamente. Mantenga la respiración con el pecho arqueado una cuenta de 5 y fuerce el aire hacia afuera contrayendo los músculos abdominales. Repita el ejercicio 10 veces.

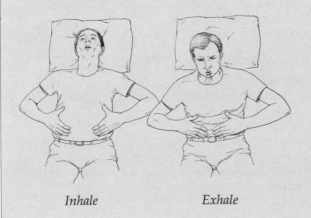

Inhale   *Exhale*

Dolor en el pecho

El dolor en el pecho puede ser intenso. Puede ser difícil de interpretar. El **dolor en el pecho** puede ser causado por algo tan simple como indigestión o una situación médica importante.

Cuidados de urgencia

Si el dolor en el pecho persiste, ¡contacte al médico inmediatamente!

Ataque cardiaco. Además de dolor o presión en el pecho, podría tener dolor en la cara, brazos, cuello o espalda. Otros síntomas de un **ataque cardiaco** pueden incluir falta de aire, sudoración, mareo, náusea y vómito. Si piensa que está teniendo un ataque cardiaco, busque ayuda médica de urgencia. Si va a un hospital, *¡no conduzca su automóvil!*

Otras causas de dolor en el pecho

Aquí están otras formas frecuentes de dolor en el pecho que no requieren atención médica inmediata:

Dolor en la pared del pecho. Esta es una de las formas más frecuentes de dolor inofensivo en el pecho. Si al apretar el área dolorosa con el dedo hace que regrese el dolor, entonces son menos probables trastornos graves, como un ataque cardiaco. El dolor en la pared del pecho dura sólo unos cuantos días, y puede tratarse con aspirina en los adultos. En los niños, trátelo con ibuprofeno o acetaminofén. Aplique calor intermitente al área para ayudar a disminuir el dolor.

Agruras. Los síntomas consisten en molestias o ardor en la parte superior del abdomen y por debajo del esternón. Puede también tener un sabor ácido en la boca. Las **agruras** pueden algunas veces ser tan dolorosas que los síntomas se confunden con el inicio de un ataque cardiaco. El dolor en el pecho debido a agruras puede generalmente aliviarse eructando o tomando un antiácido.

Punzada precordial. Este es un trastorno que ocurre con mayor frecuencia en adultos jóvenes. El síntoma es un dolor agudo breve por debajo del esternón que hace difícil respirar. No hay medidas de autocuidados. El trastorno desaparece en un momento. La causa de este frecuente trastorno se desconoce, aunque es aparentemente inofensivo.

Angina. La angina es el término usado para el dolor en el pecho, o presión, asociados a la cardiopatía coronaria. Es causado por una falta de oxígeno que llega al músculo cardiaco. Generalmente se desarrolla con el ejercicio físico o cuando está sometido a estrés emocional. Cuando le han diagnosticado cardiopatía coronaria, desarrolle un plan de tratamiento con el médico.

- No trate de "aguantar" un episodio de angina. Deténgase y trátelo.
- La angina generalmente se trata con reposo y un medicamento como nitroglicerina.
- Si tiene un cambio en el patrón de la angina, como aumento de la frecuencia o ataques nocturnos, vea al médico inmediatamente.
- Si ha intentado las medidas para detener un ataque de angina pero dura más de 15 minutos o tiene mareo o palpitaciones, busque ayuda médica de urgencia.

Palpitaciones

Una palpitación es la sensación que tiene en el pecho cuando siente como si el corazón se hubiera saltado un latido. Mucha gente presenta palpitaciones cardiacas de vez en cuando. Generalmente no son peligrosas, pero hable con el médico para estar seguro. Las palpitaciones pueden ser causadas por estrés o por factores externos como consumo de cafeína y alcohol. Frecuentemente los cambios en el estilo de vida alivian los síntomas.

Nariz y senos paranasales

La nariz es la puerta principal del sistema respiratorio. Normalmente la nariz filtra, humedece y calienta el aire que respira al desplazarse de las fosas nasales a la garganta y pulmones, 12 a 15 veces por minuto.

Ocasionalmente la nariz es el sitio de trastornos como una hemorragia, resfriado, fiebre del heno o una infección de los senos paranasales. Afortunadamente la mayoría de los trastornos de la nariz y los senos paranasales son temporales y fáciles de curar.

Las siguientes páginas discuten los trastornos frecuentes de la nariz y sus cavidades adyacentes, los senos paranasales. Para información sobre alergias respiratorias, vea la página 158.

■ Cuerpos extraños en la nariz

Si un cuerpo extraño se aloja en la nariz, siga estos pasos:
- No explore el cuerpo extraño con un hisopo o con otro instrumento. No trate de inhalar el cuerpo aspirando forzadamente; respire por la boca hasta que el cuerpo sea extraído.
- Suene la nariz suavemente para tratar de liberar el cuerpo, pero no suene la nariz fuerte o repetidamente.
- Si el cuerpo protruye por la nariz y puede ser fácilmente sujetado con pinzas, extráigalo suavemente.

Si estos métodos fallan, busque ayuda médica de urgencia.

■ Pérdida del sentido del olfato

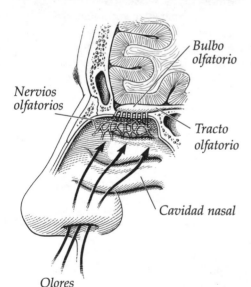

Bulbo olfatorio

Nervios olfatorios

Tracto olfatorio

Cavidad nasal

Olores

El sentido del olfato y en gran parte el sentido del gusto empiezan en las terminaciones nerviosas olfatorias que se encuentran en la porción superior de la nariz. Los nervios olfatorios contienen fibras muy finas y sensibles que transmiten señales del bulbo olfatorio al cerebro.

La mayoría de la gente pierde temporalmente el sentido del olfato cuando tiene un resfriado. Habitualmente el sentido del olfato regresa una vez que desaparece la infección.

Sin embargo, cuando el sentido del olfato se pierde sin una causa aparente, el trastorno es llamado anosmia. La anosmia ocurre por una obstrucción en la nariz o por daño de los nervios. La obstrucción impide que los olores lleguen a las delicadas fibras nerviosas de la nariz. Estos nervios llevan mensajes o señales al cerebro. Los pólipos nasales, tumores, trastornos neurológicos o edema de la membrana mucosa pueden causar obstrucción. Las infecciones virales, las infecciones nasales crónicas o las alergias pueden dañar también los nervios del olfato.

Atención médica

Si pierde el sentido del olfato y no tiene un resfriado, consulte al médico. Él querrá examinarlo en busca de pólipos o tumores de las fosas nasales. Cuando el problema es causado por un virus, el sentido del olfato regresa generalmente cuando los tejidos del área olfatoria se curan.

Hemorragia nasal

Las hemorragias nasales son frecuentes. Muy a menudo son sólo una molestia y no un verdadero problema médico. Pero pueden ser ambos ¿Por qué empiezan y cómo pueden detenerse?

En los niños y adultos jóvenes las hemorragias nasales empiezan generalmente en el tabique, inmediatamente por dentro de la nariz. El tabique separa las fosas nasales.

En la edad mediana y avanzada, las hemorragias pueden empezar en el tabique, pero pueden también empezar más profundamente en el interior de la nariz. Esta forma de hemorragia nasal es mucho menos frecuente. Puede ser causada por endurecimiento de las arterias o presión arterial alta. Estas hemorragias nasales empiezan espontáneamente y a menudo son difíciles de detener. Requieren la ayuda de un especialista.

Autocuidados

Use los dedos pulgar e índice para apretar la porción blanda de la nariz, localizada entre el extremo de la nariz y el hueso nasal.

- **Siéntese o párese.** Al permanecer erguido, disminuye la presión de la sangre en las venas de la nariz. Esta acción evita una hemorragia mayor.
- **Apriete la nariz** con el pulgar y el índice y respire por la boca. Continúe apretando durante cinco a 10 minutos. Esta maniobra envía presión al punto de sangrado en el tabique nasal y detiene a menudo el flujo de sangre.
- **No aplique hielo en la nariz.** Tiene poca o ninguna utilidad. El frío sólo contrae los vasos sanguíneos de la superficie de la nariz y no penetra lo suficiente para que sea útil.
- **Para prevenir la hemorragia**, aumente la humedad del aire que respira en su casa. Un humidificador o vaporizador puede ayudar a humedecer las membranas nasales. Lubricar la nariz con petrolato o con otros lubricantes ayuda a menudo.
- **Para prevenir la recurrencia de la hemorragia después que se ha detenido**, no toque ni suene la nariz hasta varias horas después del episodio de sangrado, y no se incline hacia adelante. Mantenga la cabeza más elevada del nivel del corazón.
- **Si repite la hemorragia**, olfatee forzadamente para limpiar la nariz de los coágulos de sangre y aplique nebulizaciones en ambos lados de la nariz con un descongestionante. Apriete de nuevo la nariz con la técnica descrita arriba y llame al médico.

Atención médica

Busque atención médica inmediatamente si:
- La hemorragia dura más de 15 a 30 minutos
- Se siente débil o que va a desmayarse, lo cual puede ser resultado de la pérdida de sangre
- La hemorragia es rápida o la cantidad de sangre es grande
- La hemorragia empieza escurriendo en la parte posterior de la garganta

Si presenta hemorragias nasales frecuentes, haga una cita con el médico. Puede ser necesario cauterizar el vaso sanguíneo que está causando el problema. La cauterización es una técnica en la cual el vaso sanguíneo se quema con una corriente eléctrica, nitrato de plata o con un láser.

Cuidados para los niños

Las hemorragias nasales frecuentes en los niños pueden ser un signo de un tumor benigno. Este trastorno ocurre en la pubertad en niños y raras veces en niñas. Puede reducirse espontáneamente después de la pubertad, pero puede crecer rápidamente, producir obstrucción de las fosas nasales y senos paranasales y causar hemorragias frecuentes y a menudo graves. Si el tumor no se reduce, un médico puede sugerir un procedimiento para extirparlo quirúrgicamente.

■ Nariz congestionada

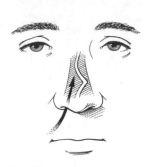

El tabique nasal separa las fosas nasales. Un tabique desviado puede causar obstrucción nasal.

La congestión de la nariz es un síntoma frecuente. La nariz congestionada generalmente significa congestión nasal o una obstrucción que produce dificultad para respirar. En la mayoría de los casos una nariz congestionada es sólo una molestia. Otras causas de obstrucción nasal son pólipos y tumores nasales, adenoides crecidas y objetos extraños en la nariz.

Cuatro causas de obstrucción nasal y congestión se describen abajo.

Resfriado común. Ver ¡Aaachoo! ¿Es un resfriado o influenza? en la página 115.

Las **deformaciones** de la nariz y del cartílago y la separación ósea de las dos fosas nasales (septum nasal) se deben generalmente a un traumatismo. El traumatismo puede haber ocurrido años antes, incluso en la infancia. Las deformaciones de la nariz como la desviación del septum son problemas bastante frecuentes. La desviación puede causar también hemorragia nasal o sinusitis. Para muchas personas, un tabique desviado implica pocos problemas. Sin embargo, si el trastorno dificulta respirar, un procedimiento quirúrgico puede ser la respuesta. La cirugía, llamada septoplastía, vuelve a alinear el tabique.

Alergias. La rinitis alérgica, que significa inflamación nasal por alergia, es el término médico de la **fiebre del heno**, fiebre de las rosas, fiebre del pasto y otras alergias estacionales. La reacción alérgica es una respuesta inflamatoria a sustancias extrañas específicas que entran en la nariz, como polen, levaduras o polvo casero.

Rinitis vasomotora. Esta forma de inflamación es a menudo episódica y se asocia a desencadenantes como humo, aire acondicionado o ejercicio vigoroso.

Autocuidados	• Para resfriados, vea ¡Aaachoo! ¿Es un resfriado o influenza? en la página 115. • Suene la nariz regular y suavemente si tiene mucosidad o residuos. • Respirar vapor puede aflojar el moco y despejar la cabeza. • Tome una ducha caliente o siéntese en el baño con la regadera abierta. • Tome abundantes líquidos. • Use nebulizaciones o gotas nasales que no requieren receta no más de tres o cuatro días. Los descongestionantes orales que no requieren prescripción (líquidos y en tabletas) pueden ayudar. • Pruebe gotas de solución salina.
Atención médica	Si la congestión nasal persiste más de una a dos semanas, consulte al médico, quien examinará la nariz en busca de la causa de la obstrucción, como pólipos o tumores. Si el médico determina que tiene una alergia, puede prescribir un curso de tratamiento que puede incluir antihistamínicos y medicamentos antiinflamatorios inhalados.

Cuidado con la adicción a las gotas nasales

El uso frecuente de gotas y nebulizaciones descongestionantes puede resultar en un trastorno llamado adicción a las gotas nasales. Este es un círculo vicioso que requiere el uso más frecuente de nebulizaciones nasales para mantener despejadas las fosas nasales.

El uso prolongado de nebulizaciones y gotas nasales puede causar irritación de la membrana mucosa, escozor o ardor en la nariz e inflamación crónica.

La única forma de tratar el problema es dejar de usar las gotas nasales. Puede tomar en su lugar un descongestionante oral. El trastorno puede agravarse un tiempo, pero después de algunas semanas la respiración debe ser casi normal al desaparecer los efectos adversos de las gotas nasales.

Recuerde, use gotas o nebulizaciones nasales no más de tres a cuatro días.

■ Escurrimiento nasal

El escurrimiento nasal ocurre generalmente al principio de un resfriado y en una irritación alérgica. Sonar suavemente la nariz puede ser todo lo que necesita. Si la secreción es persistente y acuosa, un antihistamínico que puede obtener sin receta puede ser útil. Si la secreción es espesa, siga las recomendaciones de la página 114 para la nariz congestionada.

¡Aaachuú! ¿Es un resfriado o influenza?

Ambas son infecciones virales del tracto respiratorio superior

	Resfriado	Influenza, gripe
Síntomas habituales	● Catarro, estornudos, congestión nasal ● Dolor de garganta (generalmente comezón) ● Tos ● Sin fiebre o febrícula ● Fatiga leve	● Catarro ● Dolor de garganta y de cabeza ● Tos ● Fiebre (generalmente más de 38.6 °C) calosfrío ● Fatiga moderada a grave y debilidad ● Dolores musculares
Causa	Uno de más de 200 virus causan típicamente dos a cuatro resfriados al año en adultos y seis a 10 al año en niños, especialmente en preescolares.	Uno de unos cuantos virus de la familia de la influenza A o de la influenza B. En promedio, los adultos tienen menos de una infección al año.
Gravedad	Generalmente no grave excepto en la gente con enfermedad pulmonar o con otras enfermedades graves.	Puede ser grave. Una preocupación especial en adultos de edad avanzada y en los que tienen enfermedades crónicas.
¿Puedo trabajar?	Generalmente. Tenga cuidado para evitar diseminar el resfriado a otros. Lave sus manos frecuentemente.	No, no hasta que la fiebre, la fatiga y todos excepto los síntomas leves hayan desaparecido.
¿Puede prevenirse?	Posiblemente, mediante lavado cuidadoso de las manos, no compartir alimentos, toallas o pañuelos, y con una buena nutrición y reposo suficiente.	Generalmente mediante vacunación. Necesita usted inmunizarse cada otoño (ver página 224).
¿Ayudan los antibióticos?	No, no a menos que tenga una infección bacteriana.	Algunas veces. Se dispone de antivirales, pero funcionan sólo si se toman al inicio de la enfermedad.
Autocuidados	● Tome abundantes líquidos calientes. La sopa de pollo hecha en casa puede ayudar a despejar el moco. ● Aumente el sueño y el reposo. ● Use remedios para el resfriado con precaución (ver página 259). ● Intente trociscos de gluconato de zinc (13.3 mg, una cada dos horas en el día). Para uso en adultos únicamente durante un resfriado. No usar si está embarazada o inmunocomprometido (cáncer, SIDA, enfermedad crónica).	● Tome abundantes líquidos para evitar deshidratación. ● Aumente el sueño y el reposo. ● Use analgésicos que se pueden obtener sin receta, con precaución, por razón necesaria (ver página 258).
Buscar atención médica	● Si tiene dificultad para respirar, sensación de desmayo, cambio en el estado de alerta, dolor de importante, tos con abundante esputo o moco (especialmente si es verde o amarillo), dolor en la cara o un trastorno crónico de la salud. ● Si los síntomas no se han resuelto en 10 días.	

Unas palabras respecto a la neumonía

Puede ocurrir neumonía después de un resfriado o gripe. La neumonía puede ser causada por virus, bacterias y otros organismos. Típicamente tiene una tos prominente con abundante flema. La fiebre es frecuente. Puede presentar dolor agudo al respirar profundamente, llamado pleuritis. Si está preocupado por la neumonía, vea al médico. Puede necesitar una radiografía del tórax y antibióticos.

■ Sinusitis

Los signos de <u>sinusitis</u> incluyen dolor cerca de los ojos o mejillas, fiebre y dificultad para respirar por la nariz. Ocasionalmente ocurre dolor dental con el trastorno, o puede simular una migraña.

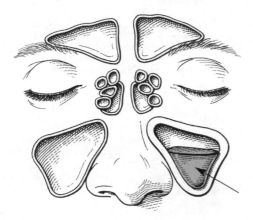

Un seno maxilar infectado (flecha) es el sitio más frecuente de la sinusitis.

Los senos paranasales son cavidades en los huesos alrededor de la nariz. Están conectados a las fosas nasales por pequeños orificios. Normalmente pasa aire adentro y afuera de los senos paranasales y el moco drena a través de estos orificios hacia la nariz.

La sinusitis es una infección del revestimiento de una o más de esas cavidades. Generalmente cuando los senos paranasales están infectados, las membranas de la nariz se inflaman también y causan obstrucción nasal. La inflamación de las membranas de la nariz puede cerrar los orificios de los senos paranasales e impedir el drenaje de pus o moco. El dolor en los senos paranasales puede resultar de la inflamación misma o de la presión al acumularse las secreciones en ellos.

La causa más frecuente es una infección respiratoria bacteriana o viral, como el resfriado común. Las alergias y las infecciones micóticas también pueden causar sinusitis.

Autocuidados

- Permanezca dentro de la casa con una temperatura uniforme.
- No se incline hacia adelante con la cabeza abajo — este movimiento generalmente aumenta el dolor.
- Intente aplicar compresas faciales calientes, o inhale con cuidado vapor de una palangana de agua hirviendo.
- Tome abundantes líquidos para ayudar a diluir las secreciones.
- Suene suave y regularmente la nariz.
- Tome analgésicos para la molestia.
- Use descongestionantes que puede obtener sin receta y nebulizaciones descongestionantes de acción rápida.
- Pruebe gotas nasales de solución salina que se venden sin receta.
- Si está utilizando antihistamínicos, tenga cuidado. Pueden hacer más daño que beneficio secando la nariz demasiado y haciendo más espesas las secreciones. Úselos únicamente por recomendación del médico, y siga cuidadosamente las instrucciones.

Atención médica

Vea al médico si tiene fiebre mayor de 40°C, fiebre de 38.5°C durante tres o más días, si el dolor no desaparece en 24 horas o si el dolor ocurre repetidamente. Pueden practicarse radiografías y otros exámenes para descubrir la gravedad de la infección. Si la sinusitis es el resultado de una infección bacteriana, le pueden prescribir antibióticos orales durante siete a 14 días.

Piel, cabello y uñas

Debido a que la piel, pelo y uñas son una parte integral de la apariencia, los cambios y problemas que los afectan son a menudo angustiosos. Los irritantes externos, infecciones, la edad e incluso el estrés emocional pueden afectar la piel, pelo y uñas en muchas formas. Raras veces trastornos médicos de fondo y alergias a alimentos o medicamentos desencadenan las anormalidades.

Afortunadamente muchos de estos problemas no son importantes y responden bien a las medidas de autocuidados. Las páginas siguientes explican algunos de los trastornos más frecuentes y ofrecen algunos consejos de autocuidados para ayudarlo a encontrar alivio. Pero primero, aquí están algunas guías generales para los cuidados apropiados de la piel.

■ Cuidados apropiados de la piel

Independientemente del color o tipo de la piel o de la edad, vigilar la exposición al sol — y los rayos ultravioleta — puede ayudar a prevenir daño innecesario, y eventualmente cáncer.

La piel oscura puede tolerar más sol que la piel clara. Sin embargo, cualquier piel puede volverse manchada, tiesa y arrugada con la exposición al sol a largo plazo. Las ropas protectoras, los filtros solares y la lubricación diaria o la humectación pueden ayudar.

La limpieza apropiada es otra estrategia importante para proteger la piel. Los mejores procedimientos e ingredientes de limpieza varían de acuerdo al tipo de piel que usted tenga — grasosa, seca, equilibrada o una combinación de éstas.

Autocuidados

- Cuando se lave la cara use agua fría tolerable (nunca caliente) y un paño o esponja para remover las células muertas de la piel. Use un jabón suave. Un jabón supergraso puede ser mejor para la piel seca. Puede necesitar limpiar la piel grasosa dos o tres veces al día.
- En general evite lavar el cuerpo con agua muy caliente o con jabones fuertes. El baño reseca la piel. Si tiene piel seca use jabón únicamente en la cara, axilas, áreas genitales, manos y pies. Después del baño, dé palmadas (en lugar de frotar) para secar la piel, luego lubríquela inmediatamente con aceite o crema. Use un humectante espeso de agua en aceite, en lugar de una crema ligera de rápida absorción que contenga sobre todo agua. Evite las cremas o lociones que contienen alcohol. Conserve el aire en su casa un poco fresco y húmedo.
- Afeitarse puede ser difícil para la piel. Si usted se rasura con navaja, use siempre una con buen filo. Ablande la piel aplicando un lienzo caliente unos cuantos segundos; luego use abundante crema de rasurar. Pase la navaja sobre la barba una sola vez, en la dirección del crecimiento del pelo. Invertir la dirección para obtener una mejor rasurada puede causar irritación de la piel. Las rasuradoras eléctricas pueden irritar la piel. Se dispone de preparaciones para tratar la irritación de la piel.
- Use los cosméticos adecuados para su tipo de piel: una base aceitosa es adecuada para la piel seca, y una base en agua es adecuada para la piel grasosa.
- Para las mujeres, quite el maquillaje antes de la limpieza facial. Use algodón para evitar dañar el delicado tejido alrededor de los ojos.

■ Acné

Produce temor y frustración en los adolescentes, pero el **acné** puede afectar a los adultos también. El acné es causado por poros tapados, cambios hormonales y bacterias en la piel. La grasa de las glándulas se combina con la piel muerta para tapar los poros, también llamados folículos. Los folículos sobresalen, produciendo granos y otros tipos de defectos:

- **Puntos blancos.** Poros tapados que no tienen abertura.
- **Espinillas.** Poros que están abiertos y tienen una superficie oscura.
- **Granos.** Manchas rojizas que indican una infección por bacterias en poros tapados.
- **Quistes.** Protuberancias por debajo de la superficie de la piel, formados por la acumulación de secreciones.

Casi 85 por ciento de las personas entre 12 y 24 años desarrolla acné en cierto grado. Es más prevalente en la adolescencia porque los cambios hormonales estimulan las glándulas sebáceas en estos años. Las glándulas sebáceas secretan una grasa llamada sebo, que lubrica la piel. Los periodos menstruales, los medicamentos con cortisona y el estrés pueden agravar el acné en la vida posterior.

Aunque es un problema crónico para muchas personas desde la pubertad hasta la vida adulta temprana, el acné desaparece eventualmente en la mayoría de los casos.

Autocuidados

- Identifique los factores que agravan el acné. Evite cosméticos aceitosos o grasosos, productos para el cabello o maquillajes para cubrir el acné. Use productos con base en agua o no comedogénicos.
- Lave las áreas problemáticas con un limpiador que seque suavemente la piel.
- Intente una loción para el acné que se obtiene sin receta (que contenga peróxido de benzoílo, resorcinol o ácido salicílico como ingredientes activos) para secar el exceso de grasa y favorecer la exfoliación.
- Mantenga el pelo limpio y fuera de la cara.
- Vigile los signos de diseminación de la infección más allá de los bordes de un grano.
- A menos que un alimento agrave claramente el acné, no necesita eliminarlo. Los alimentos como el chocolate, que se pensaba que eran causa de acné, generalmente no son responsables.
- No pellizque ni exprima las lesiones. Hacerlo puede causar infección o cicatrices.

Atención médica

Los granos persistentes, los quistes inflamados o las cicatrices pueden requerir atención médica y tratamiento con medicamentos de prescripción. La evaluación apropiada y el tratamiento pueden prevenir las cicatrices físicas y psicológicas del acné. En casos raros, un inicio súbito de acné en un adulto puede ser señal de una enfermedad de fondo que requiera atención médica.

Los médicos pueden usar cirugía cosmética para disminuir las cicatrices que deja el acné. Los procedimientos principales para la restauración de la piel son láser o peeling de la piel mediante congelación o sustancias químicas.

Los procedimientos de exfoliación eliminan las cicatrices superficiales. La dermabrasión, generalmente reservada para las cicatrices más importantes, consiste en abrasión de la piel con un cepillo de alambre que gira rápidamente. El médico usa un anestésico local o congelamiento tópico de la piel durante el procedimiento. La restauración de la piel implica el uso de un rayo de luz intenso y pulsátil para vaporizar la capa externa de la piel. Generalmente no se requiere anestesia ni hospitalización.

Forúnculos

Los **forúnculos** son granos de color rosado o rojo, muy dolorosos por debajo de la piel, que ocurren cuando las bacterias infectan uno o más de los folículos pilosos. Los granos son generalmente mayores de 1.25 cm de diámetro. Crecen rápidamente, se llenan de pus y se abren, drenan y curan. Aunque algunos forúnculos se resuelven unos días después que aparecen, la mayoría se abre y cura en unas dos semanas.

Los forúnculos pueden ocurrir en cualquier parte de la piel, pero con mayor frecuencia en la cara, cuello, axilas, glúteos o muslos. Una salud deficiente, ropas que se adhieren o rozan y trastornos como acné, dermatitis, diabetes y anemia pueden aumentar el riesgo de infección.

Autocuidados

Para evitar diseminación de esta infección y para minimizar las molestias, siga estas medidas:

- Enjuague el área con un paño caliente o una compresa durante 30 minutos varias veces al día. Hacer eso puede ayudar a que se abra el forúnculo y drene más pronto. Use agua salada tibia. (Agregue 1 cucharadita de sal a 1 litro de agua hirviendo y déjela enfriar).
- Lave suavemente la lesión dos veces al día con un jabón antibacteriano. Cúbrala con un apósito para prevenir la diseminación.
- Aplique un ungüento con antibióticos que puede obtenerse sin receta, como bacitracina.
- Nunca exprima o perfore un forúnculo porque podría diseminar la infección.
- Lave las toallas, compresas y paños que han tocado el área infectada.

Atención médica

Contacte al médico si la infección está localizada en la columna, ingle o cara, se agrava rápidamente o causa dolor importante, si no ha desaparecido en dos semanas o si se acompaña de fiebre o líneas enrojecidas que irradian a partir del forúnculo. En algunos casos los antibióticos o el drenaje quirúrgico pueden ser necesarios para eliminar la infección.

Celulitis

La **celulitis** puede aparecer gradualmente en un par de días o rápidamente en unas horas. Empieza como un área localizada de piel roja, caliente y dolorosa. Puede acompañarse de fiebre y edema. Esta infección bastante frecuente ocurre cuando las bacterias u hongos entran en el cuerpo a través de una solución de continuidad en la piel e infectan las capas profundas de la piel.

Una buena higiene y cuidados adecuados de la herida pueden ayudar a prevenir este tipo de infección. Sin embargo, las bacterias pueden penetrar en la piel a través de cortadas diminutas o abrasiones, como una grieta alrededor de las narinas o una simple herida por punción.

Autocuidados

Para prevenir la celulitis y otras infecciones de heridas, siga estas medidas:
- Mantenga limpias las heridas de la piel.
- Cubra el área con un apósito para ayudar a mantenerla limpia y alejar las bacterias. Mantenga cubiertas las ampollas que drenan hasta que se forme una cicatriz.
- Cambie el apósito diariamente o siempre que se moje o se ensucie.

Atención médica

Contacte al médico si tiene fiebre y sospecha que tiene celulitis. Los antibióticos pueden evitar que la infección se disemine y cause daño grave.

■ Ojos de pescado y callos

Estas capas de piel gruesa y endurecida aparecen frecuentemente en las manos y pies. Los ojos de pescado aparecen como masas elevadas de piel endurecida menores de 1/2 cm de largo. Los callos varían de tamaño y forma. Los **ojos de pescado y los callos** son el intento de la piel por protegerse. Aunque pueden no ser agradables a la vista, el tratamiento puede ser necesario únicamente si causan molestias. En la mayoría de la gente, eliminar la fuente de fricción o presión ayuda a que desaparezcan los ojos de pescado y los callos.

Autocuidados

- Use zapatos bien adaptados, con espacio suficiente para los dedos. Pida a la zapatería que estire los zapatos en cualquier punto que roce o moleste. Coloque cojinetes bajo los talones si los zapatos rozan. Intente remedios que se pueden obtener sin receta para acojinar o ablandar el ojo de pescado mientras usa zapatos.
- Use guantes afelpados cuando utilice instrumentos manuales, o trate de cubrir los mangos de los instrumentos con tela o fundas.
- Frote la piel con una piedra pómez o paño de lavar durante o después de bañarse para adelgazar gradualmente la piel engrosada. Esta recomendación no se aconseja si tiene diabetes o mala circulación.
- Intente disolventes de ojos de pescado que contienen ácido salicílico que se pueden obtener sin receta. Están disponibles en discos o en soluciones que contienen un espesante llamado colodión.
- No corte o afeite los ojos de pescado o callos con una navaja de borde afilado.
- Aplique un humectante en manos y pies para mantenerlos suaves

Atención médica

Si un ojo de pescado o un callo se vuelve muy doloroso o se inflama, contacte al médico.

■ Caspa

Los estudios sugieren que un organismo parecido a una levadura puede causar la **caspa**. Las especies del hongo *Malassezia* causan irritación y desprendimiento de la capa superior de las células de la piel del cuero cabelludo.

Autocuidados

- Aplique champú regularmente. Empiece con un champú ligero, no medicado. Aplique masaje suave al cuero cabelludo para aflojar las escamas. Enjuague completamente.
- Use champú medicado para los casos rebeldes. Busque champús que contengan zinc, ácido salicílico, alquitrán, sulfuro de selenio. Use un champú para la caspa cada vez que se lave el pelo, si es necesario, para controlar la descamación.
- Destruya los hongos que causan caspa que viven en el cuero cabelludo usando el champú antimicótico nizoral al 1%. Este champú está disponible sin receta o con receta.
- Si usted usa champús con base de alquitrán, úselos cuidadosamente. Pueden dejar un color café en el pelo claro o gris y hacer el cuero cabelludo más sensible a la luz del sol.
- Use un acondicionador regularmente. Para la caspa leve alterne el champú para la caspa con el champú regular.

Atención médica

Si la caspa persiste o si el cuero cabelludo está irritado o produce comezón intensa, puede requerir un champú de prescripción. Si la caspa persiste, puede tener algún otro trastorno de la piel. Vea al médico.

Resequedad

Esta es con mucho la causa más frecuente de prurito y descamación de la piel. Aunque alguna resequedad puede ser un problema en cualquier tiempo del año, el aire frío y la baja humedad pueden ser especialmente difíciles para la piel. La piel seca debida al clima depende del lugar en donde vive (por ejemplo, la "comezón de invierno" de Minnesota, y la "comezón del verano" de Arizona).

Autocuidados

- Tome pocos baños o duchas. Que sean breves y use agua tibia y mínimas cantidades de jabón. Los jabones supergrasos resecan menos la piel. Agregue aceites al baño.
- Dé palmaditas (en lugar de frotar) para secar su piel después de bañarse.
- Aplique aceite o crema a la piel inmediatamente después de secarse. Use un humectante fuerte de agua en aceite, no una crema ligera de absorción rápida que contenga pricipalmente agua.
- Evite cremas o lociones que contienen alcohol.
- Use un humidificador y mantenga fresca la temperatura del cuarto.

Eczema (Dermatitis)

Localizaciones frecuentes de la irritación por dermatitis por contacto, la forma más frecuente de dermatitis.

Los términos *eccema* y **dermatitis** se usan para describir la piel irritada y edematosa o enrojecida (inflamada). Los síntomas principales son placas de piel seca, enrojecida y con comezón. Las placas pueden engrosarse y desarrollar ampollas o lesiones con exudado en casos graves.

La **dermatitis por contacto** es resultado del contacto directo con uno de muchos irritantes que pueden desencadenar esta reacción. Los responsables frecuentes incluyen la hiedra venenosa (ver Plantas venenosas, página 29), hule, metales, joyería, perfumes y cosméticos.

La **neurodermatitis** puede ocurrir cuando algo como una ropa apretada frota o raspa (o hace que usted frote o rasque) la piel.

La **dermatitis seborreica** (gorro de cuna en lactantes) puede aparecer como una caspa rebelde y con comezón. Puede notar áreas grasosas de descamación a los lados de la nariz, entre las cejas, entre los oídos o sobre el esternón.

La **dermatitis por estasis** puede hacer que la piel de los tobillos cambie de color (rojo o café), aumente de espesor y tenga comezón. Puede ocurrir cuando el líquido se acumula en los tejidos inmediatamente por debajo de la piel. Este trastorno puede llevar a infección.

La **dermatitis atópica** produce comezón, piel engrosada y fisurada, con mayor frecuencia en los pliegues de los codos o en la parte posterior de las rodillas. Se ve frecuentemente en familias y a menudo se asocia a alergias.

Autocuidados

- Trate de identificar y evitar el contacto directo con irritantes.
- Siga los consejos de autocuidados para prevenir la resequedad de la piel (vea arriba).
- Enjuague con agua fresca o tibia durante 20 o 30 minutos al día.
- Aplique una crema humectante y una crema de hidrocortisona que puede obtener sin receta.
- Evite rascarse si es posible. Cubra el área con comezón con un apósito si no puede evitar rascarse. Corte las uñas y use guantes en la noche.
- Aplique champú con un producto anticaspa si el cuero cabelludo está afectado.
- Las medias elásticas pueden ayudar a aliviar la hinchazón (edema) por dermatitis por estasis.
- Use las ropas apropiadas para las condiciones del tiempo para evitar sudoración excesiva.
- Use ropas de algodón de textura suave.
- Evite ropas de vestir y ropas de cama de lana y jabones fuertes y detergentes.
- El uso ocasional de antihistamínicos que se pueden obtener sin receta puede disminuir el prurito.

Infecciones por hongos

Las infecciones por hongos son causadas por organismos microscópicos que se vuelven parásitos en el cuerpo. Los hongos parecidos a mohos llamados dermatofitos causan el **pie de atleta**, la comezón del suspensorio y la tiña de la piel o del cuero cabelludo. Estos hongos viven en tejidos muertos de su pelo, uñas y en las capas externas de la piel. Una mala higiene, la humedad de la piel y lesiones menores de la piel o de las uñas aumentan su susceptibilidad a las infecciones por hongos.

El **pie de atleta** empieza generalmente entre los dedos, causando comezón, ardor y grietas en la piel. Algunas veces la planta y los lados del pie se afectan, engrosándose y adoptando una textura correosa. Aunque a menudo se culpa a los vestidores y a los baños públicos de diseminar el pie de atleta, el ambiente dentro de los zapatos es probablemente más importante. El pie de atleta se hace más frecuente con la edad.

La **comezón del suspensorio** produce prurito o ardor alrededor de la ingle. Además de la comezón, generalmente se observa una erupción enrojecida que puede propagarse a la parte interna de los muslos, el área anal y los glúteos. Esta infección es ligeramente contagiosa. Puede diseminarse por contacto o por compartir las toallas.

La **tiña** afecta a los niños y adultos. Los síntomas son comezón y círculos rojos, con escamas y comezón, ligeramente levantados, que se expanden en el tronco, cara o ingle y pliegues de los muslos. Los círculos crecen hacia afuera al propagarse la infección, y el área central empieza a verse como piel normal. La infección se pasa al compartir la ropa, los peines y por los instrumentos de los peluqueros. Las mascotas pueden transmitir también el hongo a los humanos.

Patrón típico del pie de atleta.

Autocuidados

Generales
- Tenga una buena higiene personal para prevenir las infecciones por hongos.
- Use crema o polvo antimicótico dos o tres veces al día hasta que desaparezca la erupción. Use medicamentos que contienen miconazol y clotrimazol.

Para el pie de atleta
- Mantenga los pies secos, particularmente el área entre los dedos.
- Use zapatos bien ventilados. Evite zapatos hechos de materiales sintéticos.
- No use los mismos zapatos todos los días, y no los guarde en bolsas de plástico.
- Cambie los calcetines (algodón o polipropileno) dos veces al día si los pies sudan mucho.
- Use sandalias o zapatos impermeables en las albercas, baños y vestidores públicos.

Para la tiña inguinal
- Mantener la ingle limpia y seca.
- Bañarse y cambiar las ropas después de hacer ejercicio.
- Evitar prendas que irriten, y lavar con frecuencia los soportes atléticos.

Para la tiña del cuerpo
- Limpie cuidadosamente los cepillos, peines, o prendas para la cabeza que puedan estar infectados.
- Lave las manos antes y después de examinar a su hijo.
- Mantenga la ropa de su hijo separada del resto de la familia.

Atención médica

Vea al médico si los síntomas duran más de cuatro semanas o si nota aumento del enrojecimiento, secreción o fiebre. Puede requerir tratamiento con medicamentos de prescripción.

◼ Urticaria

La urticaria consiste en verdugones enrojecidos, a menudo pruriginosos, de varios tamaños, que aparecen y desaparecen en la piel. Son más frecuentes en las áreas del cuerpo en donde la ropa roza la piel. Las ronchas tienden a ocurrir en brotes y duran unos minutos a varios días.

El angioedema, un edema similar, causa grandes verdugones por debajo de la piel, especialmente cerca de los ojos y labios, pero también en las manos y pies, y dentro de la garganta.

La **urticaria y el angioedema** aparecen cuando el cuerpo libera una sustancia química natural llamada histamina en la piel. Las alergias a alimentos, medicamentos, polen, picaduras de insectos, infecciones, enfermedades, frío y calor, y la angustia emocional pueden desencadenar una reacción. En la mayoría de los casos, la urticaria y el angioedema son inofensivos y no dejan señales. Sin embargo, el angioedema importante puede hacer que la garganta o lengua bloqueen la vía aérea causando pérdida de la conciencia.

Autocuidados

- Evite sustancias que han desencadenado ataques en el pasado.
- Tome duchas frías. Aplique compresas frías. Use ropa ligera, minimice la actividad vigorosa.
- Use una crema lubricante o antihistamínicos que se pueden obtener sin receta como clorhidrato de difenilhidramina o maleato de clorfeniramina para ayudar a aliviar la comezón.
- Si sospecha que el alimento puede causar el problema lleve un registro de los alimentos.
- Si la urticaria persiste y hay dificultad para respirar, busque atención de urgencia.

Atención médica

Busque atención de urgencia si se siente mareado o tiene dificultad para respirar o si las ronchas siguen apareciendo por más de un par de días.

◼ Impétigo

El **impétigo** es una infección frecuente de la piel que aparece generalmente en la cara. La infección empieza cuando las bacterias estafilococos y estreptococos penetran en la piel a través de una cortada, rasguño o picadura de insecto. El impétigo es altamente contagioso y se disemina fácilmente por el contacto.

La infección empieza con una lesión roja que se ampolla, exuda unos días y forma una costra amarilla. Si se rascan o tocan las lesiones se puede diseminar esta infección contagiosa a otras personas y a otras partes del cuerpo.

El impétigo es más frecuente en niños pequeños. En los adultos aparece sobre todo como complicación de otros problemas de la piel, como dermatitis.

Autocuidados

Una buena higiene personal es esencial para prevenir el impétigo y limitar la diseminación. Para infecciones limitadas o leves que no se han diseminado a otras áreas, intente lo siguiente:
- Mantenga limpias las lesiones y la piel circundante.
- Aplique un ungüento con antibiótico tres o cuatro veces al día. Lave la piel antes de cada aplicación, y dé palmaditas para secar la piel.
- Evite rascar y tocar las lesiones innecesariamente hasta que curen. Lave las manos después de cualquier contacto con ellas. Deben cortarse las uñas en los niños.
- No comparta toallas, ropas o rastrillos con otros. Reemplace las ropas de cama frecuentemente.

Atención médica

Si la infección se disemina, el médico puede prescribirle antibióticos orales como penicilina o eritromicina, o un ungüento de mupirocina.

Comezón y erupciones

Debido a que tantas cosas pueden causar comezón y erupción, puede ser difícil señalar el origen del problema. Para información respecto a problemas específicos que causan comezón y erupción, vea los siguientes segmentos de este libro: Reacciones alérgicas, página 12; Piojos, página 126; Mordeduras y picaduras de insectos, página 15; Erupciones del bebé, ver abajo; Dermatosis frecuentes en la infancia, página 125; Urticaria, página 123; Resequedad, página 121; y Eczema (Dermatitis), página 121.

Erupciones (dermatosis) del bebé

Gorro de la cuna. Piel con costras y escamas en el cuero cabelludo del bebé. Lave el cabello del bebé únicamente una vez por semana con un champú suave y agua tibia. Aplique aceite de bebé a las áreas con costras y desprenda suavemente las escamas con un cepillo blando después del baño. Si la erupción está roja e irritada, aplique una crema de hidrocortisona al 0.5 por ciento una vez por semana.

Erupción de calor. Manchas rojas pequeñas o granos, generalmente en el cuello o en la parte alta de la espalda, pecho o brazos. Esta erupción inofensiva se desarrolla a menudo durante el tiempo caluroso y húmedo, especialmente si el bebé se arropa demasiado. Puede ocurrir también si el bebé tiene fiebre.

Milia. Manchas blancas diminutas (cabezas de alfiler) en la nariz y en las mejillas. Generalmente se presentan al nacer. Las machas desaparecen eventualmente sin tratamiento.

Acné del lactante. Granos rojos que pueden aparecer en los primeros meses del nacimiento. Lave suavemente la cara del bebé diariamente con agua y una o dos veces por semana con un jabón suave. No use cremas o lociones para acné en un lactante o niño pequeño.

Erupción por babear. Erupción roja en las mejillas y el mentón que aparece y desaparece. Esta erupción es causada por el contacto con el alimento, saliva y esputo. Limpie y seque la piel del bebé después de alimentarlo o después de que escupa, generalmente ayuda a eliminar esta erupción.

Erupción del pañal. Piel enrojecida, edematosa en el área del pañal, especialmente en los pliegues de la piel. Esta irritación es causada por la humedad, el ácido de la orina o de las heces y roce de los pañales. Algunos bebés presentan también una erupción por el detergente utilizado para lavar los pañales, pantalones de plástico, elástico de ciertos tipos de pañales desechables y toallitas húmedas. Algunas veces una infección por levaduras es la causa de la **erupción del pañal**.

Autocuidados para la erupción recurrente del pañal	• Cambie los pañales del bebé frecuentemente, colocando el pañal flojo, y exponga la piel al aire siempre que sea posible. • Use pañales de tela o pañales desechables sin pliegues. Lave los pañales de tela con jabón suave, y agregue 1 taza de vinagre blanco en el ciclo de enjuague para eliminar las bacterias de los pañales. Evite suavizantes de ropa. • Lave y dé palmaditas en el área para secarla en cada cambio de pañal utilizando agua o un jabón suave y agua. • Aplique una capa delgada de crema protectora o de ungüento, como óxido de zinc. • Intente cambiar a una marca diferente de pañales si usa pañales desechables. • Evite las toallitas húmedas para bebé porque pueden contener perfume y alcohol. • Si la erupción es particularmente difícil de limpiar, coloque al bebé en una tina con agua tibia con 2 onzas (60 mL) de vinagre blanco. • No aplique almidón de maíz o talco. Puede agravar el trastorno.
Atención médica	Vea al médico si los consejos que se mencionan arriba no ayudan; si la erupción es púrpura o parece un moretón, con costras, ampollas o exudado; o si el bebé tiene fiebre.

Dermatosis frecuentes en la infancia

Síntomas	Autocuidados	Busque atención médica

Varicela

Manchas rojas con comezón en la cara o pecho que se diseminan a los brazos y piernas. Las manchas se llenan con un líquido claro para formar vesículas, se rompen y se forman costras. Nuevas manchas siguen apareciendo durante cuatro a cinco días. Fiebre, catarro o tos acompañan a menudo a la varicela. La varicela raras veces dura más de dos semanas después de la aparición de las lesiones. Los síntomas generalmente aparecen 14 a 21 días después de la exposición. El niño es contagioso hasta que salen las costras.

- Baños frescos al niño cada tres o cuatro horas para disminuir la comezón. Ponga carbonato de sodio en el agua del baño para mayor alivio.
- Aplique una crema lubricante sobre la erupción.
- Cambie a una dieta blanda, y evite frutas cítricas si hay vesículas en la boca.
- Recorte las uñas de los dedos. Ponga guantes al niño en la noche para evitar el rascado.

- Si la erupción involucra los ojos, o si desarrolla tos o falta de aire.
- Si es usted un adulto de edad avanzada, si tiene alteración del sistema inmune o está embarazada y no ha tenido exposición previa.
- Un medicamento antiviral puede acortar la duración de la infección. En casos graves, un médico puede prescribir un antibiótico. Se dispone de una vacuna para niños de 12 meses o más.

Roséola

A menudo empieza con fiebre alta que dura unos tres días. Cuando se quita, aparece una erupción en el tronco y cuello y dura unas horas a unos días. El virus afecta típicamente a los niños, más a menudo a aquellos entre seis meses y tres años de edad.

La erupción causa pocas molestias y desaparece espontáneamente sin tratamiento. El acetaminofén y baños de esponja tibios pueden ayudar a aliviar las molestias causadas por la fiebre.

- Si la erupción dura más de tres días.
- Si el niño presenta una convulsión precipitada por la fiebre.

Sarampión

Empieza típicamente con fiebre, a menudo hasta de 40 a 40.9 °C, y tos, estornudos, dolor de garganta y enrojecimiento e inflamación de los ojos. Dos a cuatro días después aparece una erupción. Empieza a menudo como manchas rojas finas en la cara y se disemina al tronco, brazos y piernas. Las manchas pueden hacerse más grandes y generalmente duran una semana. Pueden aparecer manchas blancas pequeñas en el interior de los carrillos.

- Reposo en cama, acetaminofén y un medicamento para la tos que se obtiene sin receta pueden ayudar a aliviar las molestias.
- Baños con agua tibia, cremas lubricantes o solución de Benadryl pueden aliviar la comezón.

- Si sospecha que usted o un familiar tienen sarampión. El sarampión tiene complicaciones raras pero potencialmente graves, como neumonía, encefalitis o una infección bacteriana.
- Una vacuna para prevenir el sarampión se administra a niños entre 12 y 15 meses y entre 4 y 12 años de edad.

Quinta enfermedad

Aparecen placas elevadas de color rojo brillante en ambas mejillas. En los siguientes días se desarrolla una erupción rosada, como encaje, un poco levantada, en los brazos, tronco y glúteos. La erupción puede aparecer y desaparecer por más de tres semanas. A menudo no hay síntomas, o sólo síntomas leves semejantes a un resfriado.

No hay tratamiento específico. Use acetaminofén para aliviar la fiebre y cualquier molestia.

- Si no está seguro si la erupción es la quinta enfermedad o si está embarazada y sospecha que ha estado expuesta.

Piojos

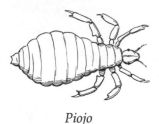

Piojo

Los **piojos** son insectos parásitos diminutos. Los piojos de la cabeza se diseminan a menudo en los niños por el contacto, la ropa o los cepillos para el cabello. Los piojos del cuerpo se diseminan generalmente por la ropa o las ropas de cama. Los piojos del pubis — llamados comúnmente ladillas — pueden diseminarse por contacto sexual, la ropa, las ropas de cama o incluso los asientos de los inodoros.

El primer signo de piojos es comezón intensa. Con los piojos del cuerpo algunas personas tienen urticaria y otras tienen abrasiones por el rascado. Los piojos de la cabeza se encuentran en el cuero cabelludo y es más fácil observarlos en la nuca y sobre las orejas. Entre el pelo se pueden encontrar pequeños huevos (liendres) que semejan diminutos brotes como los que aparecen en el sauce americano. Los piojos del cuerpo son difíciles de encontrar porque se meten entre la piel, pero generalmente se pueden detectar en las costuras de la ropa interior. Los piojos del pubis se encuentran en la piel y el vello del área púbica. Los piojos viven solamente tres días fuera del cuerpo. Los huevos se incuban alrededor de una semana.

Autocuidados

- Se dispone de varias lociones y champús de prescripción y sin prescripción. Aplique el producto a todas las partes infectadas y con pelo. Las liendres remanentes pueden removerse con pinzas o un peine con dientes muy finos. Repita el tratamiento con la loción o el champú en siete a 10 días.
- Su pareja sexual debe examinarse y tratarse si está infectada.
- Mantenga a los niños infectados en casa hasta terminar el primer tratamiento.
- Lave las sábanas, ropas y gorros con agua caliente jabonosa y séquelos con calor intenso. Enjuague los peines y cepillos con agua jabonosa muy caliente durante cinco minutos por lo menos.
- Aspire las alfombras, colchones, almohadas, muebles y asientos de los automóviles.

Atención médica

Consulte al médico antes de usar productos en un niño menor de dos meses de edad o si está embarazada. La Administración de Alimentos y Medicamentos (FDA) advierte que los productos que contienen lindano pueden causar efectos secundarios graves, incluso cuando se utilizan siguiendo las instrucciones.

Sarna

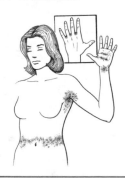

Casi imposibles de ver sin una lupa, los ácaros de la **sarna** pueden causar comezón haciendo surcos bajo la piel. La comezón es generalmente mayor en la noche. Los surcos dejan diminutas elevaciones y marcas delgadas, irregulares, como de lápiz o rastros en la piel. Aparecen con mayor frecuencia en las áreas siguientes: entre los dedos, en las axilas, alrededor de la cintura, a lo largo de la cara interna de la muñeca, en la parte posterior de los codos, en los tobillos y plantas de los pies, alrededor de las mamas y genitales, y en los glúteos. Casi cualquier parte de la piel puede estar afectada.

El contacto físico estrecho y con menor frecuencia compartir ropa o ropas de cama con una persona infectada puede diseminar estos diminutos ácaros. A menudo toda la familia, los miembros de una guardería o de un salón de clases presentan sarna.

Autocuidados

El baño y las preparaciones que se pueden obtener sin receta no eliminan la sarna. Hable con el médico si tiene síntomas o si cree que tuvo contacto con alguien que tiene sarna.

Atención médica

El médico puede prescribir una crema o loción medicada que debe aplicar a todo el cuerpo y dejar toda la noche. Todos los familiares y parejas sexuales pueden requerir tratamiento. Además, toda la ropa y las ropas de cama que usted usó antes del tratamiento deben lavarse con agua caliente jabonosa y secarse a altas temperaturas.

■ Psoriasis

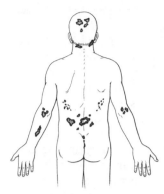

Algunos de los sitios más frecuentes de psoriasis.

Para algunas personas la **psoriasis** no es más que episodios recurrentes de comezón leve, pero para otras es toda una vida de molestias y cambios en la piel desagradables a la vista.

Con mayor frecuencia la psoriasis produce placas rojas, secas, cubiertas con gruesas escamas plateadas. Puede ver unos puntos de descamación o grandes áreas de piel dañada. Las rodillas, codos, tronco y cuero cabelludo son los lugares más frecuentes. Las placas en el cuero cabelludo pueden desprender grandes cantidades de escamas plateadas-blancas que semejan caspa importante.

En la mayoría de casos graves se pueden desarrollar pústulas, piel agrietada, comezón, sangrado leve o dolor articular. Además, las uñas de los dedos de las manos y los pies pueden perder el brillo normal y desarrollar hoyuelos o surcos.

Muchas personas heredan una tendencia a la psoriasis. La piel seca, las lesiones de la piel, las infecciones, ciertos medicamentos, la obesidad, el estrés y la falta de exposición a la luz del sol pueden agravar los síntomas. Este trastorno no es contagioso. No puede diseminarse a otras partes del cuerpo o a otras personas simplemente tocándolas. La psoriasis pasa típicamente a través de ciclos. Los síntomas pueden persistir semanas o meses, seguidos por un periodo de descanso.

Autocuidados

- Mantenga una buena salud en general: una dieta balanceada, reposo y ejercicio adecuados.
- Mantenga un peso normal. La psoriasis ocurre a menudo en las crestas o pliegues de la piel.
- Evite rascar, frotar o perforar las placas de psoriasis. El traumatismo agrava la psoriasis.
- Báñese todos los días para eliminar las escamas. Evite el agua caliente o los jabones fuertes.
- Mantenga la piel húmeda (vea Resequedad, página 121).
- Use jabones, champús, limpiadores o ungüentos que contienen alquitrán o ácido salicílico.
- Exponga la piel a luz de sol moderada, pero evite quemaduras de sol.
- Aplique cremas de cortisona al 0.5 o 1 por ciento que puede obtener sin receta durante unas semanas cuando los síntomas son especialmente intensos.

Atención médica

Si los remedios de los autocuidados no ayudan, pueden prescribirse cremas más potentes con cortisona, o diversas formas de fototerapia. La fototerapia implica una combinación de medicamentos y luz ultravioleta. Los ungüentos para la piel que contienen una forma de vitamina D pueden ofrecer también cierto alivio. En casos graves, puede prescribirse el antiinflamatorio llamado metotrexato o un medicamento que evita el rechazo en los que reciben trasplantes u otros tratamientos.

■ Lunares

Algunas veces llamados marcas de belleza, los **lunares** son generalmente colecciones inofensivas de células pigmentadas. Pueden contener pelo, permanecer lisos, elevarse o arrugarse, e incluso desprenderse en la edad avanzada.

En casos raros, un lunar se puede volver melanoma canceroso. Hable con el médico si presenta dolor, sangrado o inflamación, o si nota un cambio en un lunar (ver Signos de Cáncer de la piel, página 129). Vigile los lunares localizados alrededor de las uñas, manos, pies, o genitales, y los que han estado presentes desde el nacimiento. Los lunares gigantes, presentes al nacer, son un problema especial, y pueden requerir ser extirpados o para evitar el riesgo de cáncer.

Autocuidados

Los lunares saludables generalmente no requieren cuidados especiales a menos que se corten o se irriten. Los cuidados normales de la piel son suficientes.

Problemas frecuentes

■ Herpes zoster

El **herpes zoster** aparece cuando el virus que causa la varicela se reactiva después de estar dormido dentro de las células nerviosas.

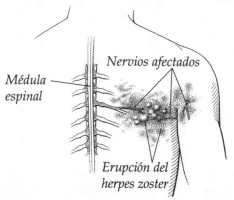

Médula espinal

Nervios afectados

Erupción del herpes zoster

La erupción del herpes zoster se asocia a inflamación de los nervios debajo de la piel.

Al reactivarse este virus puede notar dolor u hormigueo en un área limitada, generalmente en un lado del cuerpo o cara. Este dolor ocurre cuando el virus se propaga a lo largo de los nervios que se extienden de la cara o de la columna. Este dolor u hormigueo puede continuar varios días o más.

Posteriormente puede aparecer una erupción con pequeñas vesículas. La erupción puede continuar propagándose en los siguientes tres a cinco días, en forma de banda en un lado del cuerpo. Las vesículas generalmente se secan en unos días, formando costras que se caen en las siguientes dos a tres semanas. Las vesículas contienen un virus que es contagioso, por lo que debe evitar el contacto físico con otras personas, especialmente con mujeres embarazadas. La varicela en un recién nacido puede ser mortal.

Autocuidados	Puede aliviar parcialmente las molestas haciendo lo siguiente: ● Aplique compresas húmedas frescas a las vesículas (solución de acetato de aluminio). ● Lave las vesículas suavemente, y déjelas sin apósitos. ● Aplique una crema o ungüento lubricante. ● Tome calmantes para el dolor que pueden obtener sin receta. ● Las cremas analgésicas que pueden obtener sin receta pueden también ayudar a aliviar el dolor.
Atención médica	Contacte al médico pronto en las siguientes situaciones: ● Si el dolor y la erupción ocurren cerca de los ojos. Si no se trata, esta infección puede llegar a producir daño ocular permanente. ● Si usted o un familiar tiene un sistema inmune debilitado (debido a cáncer, medicamentos o un trastorno médico crónico). ● Si la erupción se disemina y es dolorosa. El aciclovir, famciclovir y valaciclovir pueden acelerar la curación y disminuir la gravedad de algunas complicaciones causadas por el herpes zoster.

Cuando persiste el dolor después del herpes zoster

El dolor que persiste meses o incluso años después de un episodio de herpes zoster es llamado **neuralgia postherpética** (NPH). Ocurre en 50 por ciento de las personas mayores de 60 años que han tenido herpes zoster.

La NPH es tan individual como usted mismo, y el tratamiento efectivo para usted puede no ser útil para otra persona. Pero los nuevos tratamientos son prometedores, y los nuevos hallazgos apoyan el beneficio del tratamiento temprano de la infección viral aguda que precede a la NPH.

Debido a que el dolor de la NPH tiende a disminuir al pasar el tiempo, es difícil saber si un medicamento es efectivo o el dolor está disminuyendo espontáneamente.

Diversos tratamientos pueden proporcionar alivio. Estos incluyen analgésicos, estimulación eléctrica, antidepresivos, ciertos medicamentos anticonvulsivantes y neurocirugía en casos graves.

La mayoría de los pacientes está libre de dolor después de cinco años.

■ Signos de cáncer de piel

Cada año el <u>**cáncer de la piel**</u> se diagnostica en más de 1 millón de personas, y mueren aproximadamente 10,000 personas al año por la enfermedad. Más de 90 por ciento de los cánceres de la piel ocurre en áreas expuestas a la radiación ultravioleta (de la luz del sol o de la luz para broncear), y esta exposición se considera la causa principal. Otros factores incluyen una tendencia genética, la contaminación química y la radiación por rayos X.

Se describen aquí los signos de los tres tipos de cáncer de la piel más frecuentes:

El **cáncer de células basales**, con mucho el cáncer de la piel más frecuente, aparece generalmente como una pequeña protuberancia lisa, cérea o perlada que crece lentamente y raras veces se disemina y causa la muerte.

El **cáncer de células escamosas** produce un crecimiento firme, nodular o plano con una superficie ulcerada o escamosa, en la cara, orejas, cuello, manos o brazos.

El **melanoma** es el cáncer de la piel más grave pero menos frecuente.

El ABCD (ver abajo) puede ayudarlo a diferenciar un lunar normal de uno que puede ser un melanoma. Crecimiento rápido, sangrado, úlceras que no cicatrizan o cualquier otro cambio en una lesión también pueden ser signos de cáncer.

A	*B*	*C*	*D*

A — *Asimetría. La mitad de la lesión es diferente de la otra mitad.*

B — *Borde irregular (rasgado, con muescas o borroso).*

C — *El color varía de un área a otra. Diferentes matices de marrón y café, negro, rojo, blanco o azul.*

D — *Dimensión. El diámetro es más grande que la goma de un lápiz.*

Autocuidados

- Evite la exposición al sol al punto de una quemadura solar o un bronceado solar. Ambos producen daño a la piel. El daño a la piel se acumula con el tiempo. Minimice el tiempo en el sol y use ropa con tejido cerrado y un sombrero de ala ancha. Recuerde, la nieve, el agua, el hielo y el concreto reflejan los rayos perjudiciales del sol.
- Use filtros solares regularmente. Aplique un filtro solar de amplio espectro con un factor de protección solar (FPS) de 15 por lo menos. Amplio espectro significa que proporciona protección contra la radiación ultravioleta A y B. Los individuos con piel sensible deben usar filtro solar con un FPS de 35 o más. Use el filtro solar en toda la piel expuesta, incluyendo los labios. Aplique el filtro solar 30 minutos antes de la exposición al sol y vuelva a aplicarlo cada dos horas.
- Use 30 mL de filtro solar por aplicación — aproximadamente dos cucharadas.
- Evite los salones de bronceado.
- Examine la piel cada tres meses por lo menos en busca del desarrollo de nuevos crecimientos en la piel o cambios en los lunares existentes, pecas, protuberancias y marcas de nacimiento.

Atención médica

Si nota un nuevo crecimiento, cambios en la piel o una úlcera que no cicatriza en dos semanas, vea al médico. No espere a tener dolor porque los cánceres de la piel generalmente no duelen. La tasa de curación del cáncer de la piel es alta si recibe tratamiento tempranamente.

Si tiene antecedentes familiares de melanoma y muchos lunares en el cuerpo — especialmente en el tronco — puede ser apropiado un examen regular por el dermatólogo.

Cuidados para los niños

Las quemaduras de sol importantes con ampollas en la infancia aumentan el riesgo de desarrollar melanoma en la edad adulta. Establezca límites de tiempo para su hijo cuando esté en la alberca o en la playa. Recuerde, los rayos ultravioleta son más fuertes entre las 10 a.m. y las 3 p.m. Las nubes bloquean sólo una pequeña porción de los rayos ultravioleta. Puede tener una quemadura de sol un día nublado.

Verrugas

Las **verrugas** son crecimientos de la piel causados por un virus común, pero pueden ser dolorosas y de mal aspecto, y pueden diseminarse a otros individuos.

Hay más de 200 tipos de verrugas. Pueden aparecer en cualquier parte del cuerpo, pero son más frecuentes en las manos y en los pies. Las verrugas que se encuentran en los pies, llamadas verrugas plantares, pueden ser dolorosas porque presionan hacia adentro al pararse sobre ellas.

Puede adquirir las verrugas por contacto directo con una persona o superficie infectada, como el piso de la regadera. El virus que las causa estimula el crecimiento rápido de las células de la capa externa de la piel.

El sistema inmune de cada persona responde en forma diferente a las verrugas. La mayoría de las verrugas no es un riesgo para la salud y desaparecen sin tratamiento. Las verrugas son más frecuentes en los niños que en los adultos, probablemente porque muchos adultos desarrollan inmunidad a ellas. En muchos adultos las verrugas desaparecen eventualmente en dos años.

Ciertas verrugas desencadenan o señalan problemas médicos más significativos. Las verrugas genitales (ver página 184) requieren tratamiento para evitar diseminación por contacto sexual. Algunas cepas del virus del papiloma aumentan el riesgo de cáncer cervical en la mujer. Las mujeres pueden también pasar el virus a los bebés durante el parto, causando algunas complicaciones.

Autocuidados

- Los medicamentos tópicos que se pueden obtener sin receta pueden eliminar las verrugas de las manos y pies. Busque productos que contengan ácido salicílico, que puede exfoliar la piel infectada. Se requiere el uso diario durante varias semanas. **Precaución**: el ácido puede irritar o dañar la piel normal.
- Para evitar diseminar las verrugas a otras partes del cuerpo evite cepillar, peinar o rasurar áreas con verrugas.

Atención médica

Puede querer ver al médico si las verrugas duelen o son un problema cosmético, o si interfieren con sus actividades. Los tratamientos comunes para las verrugas incluyen congelación con nitrógeno líquido o hielo seco, quemadura eléctrica, cirugía con láser o cirugía menor.

Arrugas en la piel

Arrugas en la piel

Las arrugas — algunas veces llamadas "líneas de expresión" — son una parte inevitable del proceso de envejecimiento. Al avanzar la edad la piel se hace más delgada, más seca y menos elástica. La piel se arruga y empieza a colgarse porque el tejido conectivo se deteriora. Algunas personas no parecen envejecer tan rápidamente como otras. Esta diferencia se debe típicamente a la herencia y a evitar la exposición extensa al sol. Los productos cosméticos que prometen una piel juvenil son a menudo costosos y no proporcionan mejoría.

Autocuidados

No hay cura para la piel arrugada. Estas medidas pueden ayudar a hacer más lento el proceso:
- Mantenga una buena salud en general.
- No fume cigarrillos.
- Evite la exposición prolongada al sol. Use filtros solares diariamente.
- Evite jabones fuertes y agua caliente al bañarse.

Atención médica

Los tratamientos médicos de prescripción como las cremas con ácido retinoico pueden ser útiles para tratar líneas finas. La inyección de toxina botulínica tipo A (Botox) se usa también para disminuir la aparición de las arrugas. Los procedimientos cosméticos como exfoliación química, dermabrasión o láser pueden modificar la apariencia de la piel si esto le preocupa.

Caída del cabello

El cabello saludable y lustroso ha sido por largo tiempo un símbolo de juventud y belleza. Como resultado, mucha gente se horroriza a los primeros signos de caída del cabello o calvicie.

Si el cabello parece menos abundante, tranquilícese porque es normal perder entre 50 y 100 cabellos al día. Como las uñas y la piel, el cabello pasa a través de un ciclo de crecimiento y reposo. El adelgazamiento gradual ocurre como una parte normal del proceso de envejecimiento.

La **calvicie** común, que es en gran parte hereditaria, afecta a hombres y mujeres. El patrón masculino de calvicie empieza generalmente con adelgazamiento en la línea del pelo, seguido por pérdida moderada o extensa de cabello en la coronilla de la cabeza. Las placas de calvicie raras veces se desarrollan en mujeres con calvicie común. En su lugar, el cabello se vuelve más delgado en toda la cabeza especialmente en la coronilla. La herencia, las hormonas y la edad desempeñan un papel importante en la calvicie común, por lo que la mejor forma de saber cómo se verá posteriormente en la vida es ver las familias de sus padres.

Puede ocurrir también una pérdida gradual de cabello en cualquier tiempo en que se altera el ciclo de crecimiento del cabello. La alimentación, medicamentos, hormonas, embarazo, cuidados inadecuados del cabello, deficiente nutrición, enfermedades subyacentes y otros factores pueden hacer que demasiados folículos estén en reposo a la vez, produciendo placas de calvicie o adelgazamiento difuso.

La presentación súbita de placas sin cabello se debe generalmente a un trastorno llamado alopecia areata. Este trastorno bastante raro causa placas circulares planas que pueden sobreponerse. El estrés y la herencia pueden desempeñar un papel en este trastorno. La alopecia areata se resuelve generalmente sin tratamiento en un periodo de semanas o años.

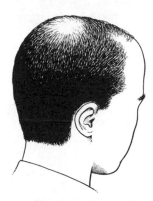

El patrón masculino de calvicie aparece típicamente en la línea del cabello o en la coronilla.

Autocuidados

No hay una solución mágica para prevenir la pérdida del cabello o favorecer nuevo crecimiento, pero los siguientes consejos pueden ayudarlo a mantener el cabello saludable:

- Consuma una alimentación nutricionalmente balanceada.
- Maneje el cabello suavemente. Siempre que sea posible, deje que el cabello se seque al aire naturalmente.
- Evite estilos de peinado apretados, como trenzas, moños o colas de caballo.
- Evite estar torciendo, frotando o jalando el cabello compulsivamente.
- Hable con expertos en el cabello respecto a postizos o técnicas de peinado que ayudan a minimizar los efectos de la calvicie común.
- Un medicamento que se puede obtener sin receta llamado minoxidil puede favorecer nuevo crecimiento del cabello en un pequeño porcentaje de personas. Otros productos para el crecimiento del cabello que se pueden obtener sin receta no tienen beneficio comprobado.

Atención médica

Aunque no hay cura para la calvicie común, puede querer preguntar al médico respecto a los tratamientos médicos o la cirugía de reemplazo del cabello. Debido a que la pérdida súbita del cabello puede ser señal de un trastorno médico de fondo que puede requerir tratamiento, contacte al médico para una evaluación.

Cuidados para los niños

Si su hijo tiene placas de cabellos rotos en el cuero cabelludo o en las cejas, puede estar frotando o jalando el cabello. Es una señal de un trastorno del comportamiento llamado tricotilomanía. Las placas de calvicie en los niños pueden ser también un signo de infección por hongos. Contacte al médico para evaluación.

Infecciones por hongos en las uñas

Típica infección por hongos

Este problema rebelde pero inofensivo empieza a menudo como una pequeña mancha blanca o amarilla en la uña. Las infecciones por hongos pueden desarrollarse en las uñas o por debajo de sus bordes externos si las expone continuamente a un ambiente caluroso y húmedo. Dependiendo del tipo de hongo, las uñas pueden cambiar de color, hacerse más gruesas y desarrollar bordes irregulares o grietas.

Las infecciones por hongos generalmente afectan las uñas de los pies más frecuentemente que las uñas de las manos y son más comunes en adultos de edad avanzada. El riesgo de infección por hongos en una uña del pie es mayor si los pies transpiran mucho, y si usa calcetines y zapatos que impiden la ventilación y no absorben la transpiración. Puede también contraer esta infección caminando descalzo en lugares públicos y como complicación de otras infecciones.

Las infecciones de las uñas de las manos por hongos resultan a menudo por sobreexposición al agua y detergentes. La humedad atrapada bajo las uñas artificiales puede también favorecer el crecimiento de los hongos.

Autocuidados	Para ayudar a prevenir las **infecciones por hongos de las uñas**, intente lo siguiente: ● Mantenga las uñas secas y limpias. Seque los pies completamente después de bañarse. ● Cambie los calcetines a menudo y use zapatos con suelas de cuero. ● Use nebulizaciones o polvo contra los hongos en los pies y en el interior de los zapatos. ● No abra ni recorte la piel alrededor de las uñas. ● Evite caminar descalzo en albercas, regaderas y vestidores públicos.
Atención médica	Las medidas de autocuidados habitualmente fracasan para prevenir la infección. Los antimicóticos orales como la griseofulvina, itraconazol, terbinafina y fluconazol son más eficaces que los medicamentos tópicos, pero pueden causar efectos secundarios. Su uso requiere vigilancia cuidadosa. En casos graves puede ser necesaria la extirpación quirúrgica de la uña.

Uñas enterradas

El dolor en un dedo del pie señala a menudo una **uña enterrada**. Este trastorno frecuente ocurre cuando el extremo agudo o uno de los lados de la uña crece dentro de la carne del dedo. Afecta al dedo gordo del pie con mayor frecuencia, especialmente si tiene uñas curvas, si los zapatos no están bien adaptados o si se corta las uñas inapropiadamente.

Autocuidados	● Corte las uñas de los pies rectas y no muy cortas. ● Use calcetines y zapatos que se adapten adecuadamente, y no aplique presión excesiva sobre los dedos de los pies. Use zapatos abiertos en los dedos si es necesario, o intente sandalias. ● Remoje los pies en agua salada tibia (1 cucharadita de sal por litro de agua) durante 15 a 20 minutos dos veces al día para disminuir el edema y aliviar el dolor. ● Después de remojarlos, coloque pequeños trozos de algodón estéril bajo el borde de la uña enterrada. Esto ayuda a la uña a crecer eventualmente por arriba del borde de la piel. Cambie el algodón diariamente hasta que desaparezca el dolor y el enrojecimiento. ● Aplique un ungüento con antibióticos al área de dolor. ● Si hay dolor intenso, tome un medicamento de venta sin receta para aliviar el dolor y haga una cita para ver al médico.
Atención médica	Si tiene molestias importantes, pus, o enrojecimiento que parece estarse diseminando, busque atención médica. El médico puede tener que extraer la porción de la uña enterrada y prescribir antibióticos.

Garganta y boca

■ Dolor de garganta

La sensación de tensión y comezón en la garganta puede ser un signo familiar de que viene un **resfriado** o gripe (**influenza**). La mayoría de los dolores de garganta siguen su curso en unos días, requiriendo algunas veces trociscos que se pueden obtener sin receta o gárgaras.

La mayoría de dolores de garganta se debe a dos tipos de infecciones — virales y bacterianas — pero pueden ser causados también por alergias y aire seco. Cuando un dolor de garganta se acompaña de amígalas dolorosas y crecidas, algunas veces se le llama amigdalitis.

Las **infecciones virales** son generalmente la fuente de los resfriados comunes e influenza y el dolor de garganta que las acompaña. Los resfriados comunes desaparecen espontáneamente en una semana aproximadamente, una vez que el sistema ha acumulado los anticuerpos que destruyen al virus. Los antibióticos *no* son eficaces para tratar infecciones virales. Los síntomas comunes son los siguientes:

- Sensación de dolor, resequedad o comezón
- Tos y estornudos
- Febrícula o ausencia de fiebre
- Ronquera
- Catarro y descarga retronasal

Las **infecciones bacterianas** no son tan frecuentes como las infecciones virales, pero pueden ser más graves. La **faringitis estreptocócica** es la infección bacteriana más frecuente. A menudo una persona con estreptococos estuvo expuesta a alguien más con infección por estreptococos en la garganta en los dos a siete días previos. Los niños entre 5 y 15 años de edad que están en un salón de clases o en otros ambientes de grupos tienen mayor probabilidad de adquirir infecciones faríngeas por estreptococos. Generalmente se diseminan por las secreciones de la nariz o garganta. Menos frecuentemente la infección puede transmitirse a través del alimento, la leche o agua contaminada con estreptococos. La infección de la garganta por estreptococos requiere tratamiento médico. Los síntomas frecuentes son:

- Crecimiento de las amígdalas y ganglios del cuello
- La pared posterior de la garganta es de color rojo brillante con placas blancas
- Fiebre, a menudo mayor de 38.5°C, y acompañada con frecuencia de calosfrío
- Dolor al deglutir

La mayoría de gérmenes de infecciones de la garganta se pasan por contacto directo. El moco y la saliva de las manos de una persona se transfieren a objetos, picaportes y otras superficies, luego a las manos y eventualmente a la boca o nariz.

Mononucleosis: Una enfermedad que fatiga

La **mononucleosis** infecciosa es llamada algunas veces la enfermedad de los besos. También se conoce como mono, y puede diseminarse al besarse, o más frecuentemente, con la exposición que resulta de la tos, estornudos o por compartir un vaso o una taza.

La mononucleosis es causada por el virus de Epstein-Barr. Por algunos cálculos, hasta 95 por ciento de los adultos entre 35 y 40 años ha estado expuesto al virus de Epstein-Barr y ha formado anticuerpos. Son inmunes y no se contagian de nuevo. La mononucleosis florida es más frecuente durante la adolescencia y la vida adulta temprana. Los niños infectados con el virus antes de los 15 años pueden tener sólo una enfermedad leve semejante a influenza.

La mayoría de la gente con mononucleosis presenta fatiga y debilidad. Otros síntomas incluyen dolor de garganta, fiebre, ganglios crecidos en el cuello y axilas, amígdalas inflamadas, dolor de cabeza, erupción y falta de apetito. La mayoría de los síntomas desaparece en 10 días, pero no debe esperar regresar a sus actividades normales o deportes de contacto durante tres semanas (el hígado o bazo pueden estar crecidos y con riesgo de lesionarse). Pueden pasar dos a tres meses antes que se sienta completamente normal. El reposo y una alimentación saludable son el único tratamiento para la mononucleosis.

Si los síntomas se prolongan más de una o dos semanas o si recidivan, vea al médico.

Autocuidados	● **Duplique el consumo de líquidos.** Los líquidos ayudan a mantener el moco diluido y fácil de eliminar.

● **Duplique el consumo de líquidos.** Los líquidos ayudan a mantener el moco diluido y fácil de eliminar.

● **Haga gárgaras con solución salina tibia.** Mezcle aproximadamente 1/2 cucharadita de sal en un vaso de agua tibia para hacer gárgaras y escupirlas. Esto produce alivio y ayuda a despejar de moco la garganta.

● **Chupe un trocisco o un dulce, o mastique chicle sin azúcar.** Masticar y chupar estimula la producción de saliva, que baña y limpia la garganta.

● **Tome analgésicos.** Los medicamentos que pueden obtenerse sin receta, como acetaminofén, ibuprofeno y aspirina, alivian el dolor de garganta durante cuatro a seis horas. No dé aspirina a los niños o adolescentes (ver página 258).

● **Descanse la voz.** Si el dolor de garganta ha afectado la caja de su voz (laringe), hablar puede producir más irritación y pérdida temporal de la voz, llamada laringitis.

● **Humidifique el aire.** Agregar humedad al aire evita que las membranas mucosas se resequen. Esto puede reducir la irritación y hacer que pueda dormir más fácilmente. Las nebulizaciones nasales con solución salina son también útiles.

● **Evite fumar y otros contaminantes del aire.** Fumar irrita una garganta dolorida. Deje de fumar y evite todos los humos y gases de los limpiadores caseros o de la pintura. Mantenga a los niños apartados de la exposición al humo de cigarrillos.

Prevención

● Lave sus manos frecuentemente, especialmente durante la estación de resfriados e influenza.

● Mantenga las manos lejos de la cara para evitar que las bacterias y virus lleguen a la boca o nariz.

Atención médica

Las infecciones graves de la garganta, como la epiglotitis, pueden causar edema que cierra la vía aérea. Busque atención médica de urgencias si el dolor de garganta se acompaña de alguno de los síntomas siguientes:

● Babeo o dificultad para deglutir o para respirar

● Rigidez del cuello y dolor de cabeza intenso

● Fiebre de 39°C o más en niños menores de seis meses y de 40°C en niños mayores

● Erupción

● Ronquera persistente o úlceras en la boca que duran dos semanas o más

● Exposición reciente a faringitis estreptocócica

Si el médico sospecha faringitis estreptocócica, puede solicitar un exudado faríngeo. Para esta prueba se frota un hisopo en la parte posterior de la garganta y se analizan las secreciones en un laboratorio. Se puede obtener una prueba rápida de estreptococos con un resultado inicial en una hora. Sin embargo, no detecta hasta 30 por ciento de casos. Por lo tanto, a menudo es necesario practicar un cultivo tradicional de la garganta, que tarda uno a dos días para tener el resultado. Recientemente la Clínica Mayo desarrolló una nueva prueba de ADN que proporciona un resultado aproximadamente en ocho horas.

Generalmente sólo en casos de infección recurrente que causa serios problemas se considera la extirpación de las amígdalas (amigdalectomía).

Precaución

Si el médico prescribe un medicamento, tómelo todo el tiempo indicado. Dejar de tomar el medicamento puede permitir que algunas bacterias queden en la garganta y lleven potencialmente a recurrencia y complicaciones como fiebre reumática o una infección en la sangre.

Si su niño ha estado tomando antibióticos durante 24 horas por lo menos, no tiene fiebre y se siente mejor, generalmente puede regresar a la escuela o guardería.

■ Mal aliento

Todos quisiéramos tener un aliento siempre fresco. Debido a que el aliento fresco es importante para nosotros, los fabricantes de menta y enjuagues bucales venden millones en productos cada año. Estos productos son sólo útiles temporalmente para controlar el **mal aliento**. De hecho pueden ser menos efectivos que simplemente enjuagar la boca con agua, cepillar y pasar hilo dental por los dientes.

Hay muchas causas del mal aliento. Primero, la boca puede ser el origen. La degradación de partículas de alimento y otros residuos por las bacterias en, y alrededor de los dientes puede causar mal olor. La boca seca, como ocurre durante el sueño o como resultado de algunos medicamentos o de fumar, permite que las células muertas se acumulen en la lengua, encías y carrillos. Como resultado, se descomponen y causan mal olor.

Comer alimentos que contienen aceites con un fuerte olor produce mal aliento. La cebolla y el ajo son los mejores ejemplos, pero otras verduras y especias pueden también causar mal aliento.

Una enfermedad pulmonar puede producir mal aliento. Las infecciones crónicas en los pulmones pueden producir muy mal aliento. Generalmente gran parte del moco que usted tose (esputo) es producido por estos trastornos. Varias enfermedades pueden causar un olor distintivo del aliento. La insuficiencia renal puede producir un olor semejante a orina, y la insuficiencia hepática puede producir un olor descrito como a pescado. La gente con diabetes a menudo tiene aliento con olor a fruta. Este olor es también frecuente en niños enfermos que han comido poco durante unos días. El mal aliento en estas situaciones puede corregirse tratando el trastorno de fondo.

Autocuidados

En la mayoría de la gente el mal aliento puede mejorar siguiendo unos cuantos pasos sencillos:
- Cepille los dientes después de cada alimento.
- Cepille o raspe la lengua para remover las células muertas.
- Use hilo dental una vez al día para remover las partículas de alimento atrapadas entre los dientes.
- Tome abundante agua (no café, refresco o alcohol) para mantener húmeda la boca.
- Evite los alimentos fuertes que causan mal aliento. Lavar los dientes o usar enjuagues bucales disimula sólo parcialmente los olores del ajo o la cebolla que vienen de los pulmones.
- Cambie de cepillo de dientes cada dos a tres meses.
- Enjuague la boca después de medicamentos inhalados.
- Si después de intentar estas medidas sigue teniendo mal aliento, hable con el dentista.

■ Ronquera o pérdida de la voz

La pérdida de la voz (**laringitis**) o ronquera ocurre cuando las cuerdas vocales se hinchan o se inflaman y no pueden vibrar normalmente. Producen un sonido no natural, o pueden no producir ningún sonido.

La voz al hablar se forma cuando el músculo arriba del estómago (diafragma) empuja el aire de los pulmones a través de las cuerdas vocales. La presión del aire fuerza a las cuerdas vocales para que se abran y se cierren, y el escape controlado del aire hace vibrar las cuerdas vocales, produciendo el sonido que es la voz.

Además de la ronquera, puede sentir dolor al hablar o sentir comezón en la garganta. Algunas veces la voz suena con un timbre más alto o más bajo de lo normal.

Las causas frecuentes de ronquera o pérdida de voz son infecciones (como resultado, frecuentemente pierde la voz cuando tiene un resfriado o gripe), alergias, hablar demasiado fuerte o demasiado tiempo o gritar (esfuerzo vocal), fumar y el reflujo esofágico crónico. El reflujo, el regreso de ácido del contenido del estómago al esófago, puede algunas veces llegar hasta la caja de la voz.

Autocuidados	• Limite hablar y susurrar. Susurrar aplica tensión en las cuerdas vocales igual que si hablara.
	• Tome abundantes líquidos calientes no cafeinados para mantener húmeda la garganta.
	• Evite aclarar la garganta.
	• Deje de fumar y evite la exposición al humo. El humo reseca la garganta e irrita las cuerdas vocales.
	• Deje de tomar alcohol, que también reseca la garganta e irrita las cuerdas vocales.
	• Use un humidificador para humedecer el aire que respira. Siga las instrucciones del fabricante para limpiar el humidificador y prevenir la acumulación bacteriana.

| **Atención médica** | Si la ronquera dura más de dos semanas, busque ayuda médica. El médico puede prescribir medicamentos para infección o alergia. Tómelos como se le prescriben. La ronquera raras veces es causada por cáncer. |

■ Úlceras en la boca

Irritantes, dolorosas y repetitivas. Así describe mucha gente las úlceras orales y los fuegos. Pero la terminología puede ser confusa. Los fuegos no tienen nada que ver con el resfriado común. Es más, la causa, la apariencia, los síntomas y el tratamiento de las úlceras orales y los fuegos son muy diferentes. Otras úlceras orales y trastornos se confunden a menudo con úlceras orales y fuegos.

■ Úlceras orales

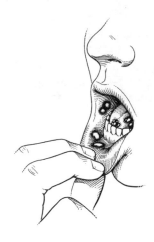

Una úlcera oral es una úlcera en el tejido blando dentro de la boca — en la lengua, el paladar blando, o en la parte interna de los labios y en el interior de los carrillos. Típicamente nota una sensación de ardor y un punto blanco redondo con un borde enrojecido o halo. El dolor disminuye en unos días.

A pesar de mucha investigación del problema, la causa de las úlceras orales sigue siendo un misterio. El pensamiento actual sugiere que el estrés o el daño a los tejidos puede causar la erupción de las **úlceras orales** comunes. Algunos investigadores creen que ciertas deficiencias nutricionales o sensibilidad a alimentos pueden complicar el problema. Además, algunos trastornos gastrointestinales e inmunodeficiencias han sido relacionados con las úlceras orales, así como algunos medicamentos, incluyendo antiinflamatorios no esteroideos y beta bloqueadores.

Hay dos tipos de úlceras orales: simples y complejas. El tipo simple puede aparecer tres o cuatro veces al año y durar cuatro a siete días. La primera aparición es generalmente entre los 10 y 40 años de edad, pero puede ocurrir en niños más pequeños. Al llegar a la edad adulta, las úlceras ocurren menos frecuentemente y pueden dejar de presentarse. Las mujeres parecen tenerlas más frecuentemente que los hombres, y parecen presentarse por familias.

Las úlceras orales complejas son menos frecuentes pero son un problema mayor. Al curar las úlceras antiguas, aparecen nuevas.

Autocuidados	No hay cura para las úlceras orales simples o complejas, y los tratamiento efectivos están limitados. Las prácticas siguientes pueden proporcionar alivio temporal:
	• Evite alimentos abrasivos, ácidos o condimentados, que pueden aumentar el dolor.
	• Cepille los dientes con cuidado para evitar irritar la úlcera.
	• Use un ungüento tópico de venta sin receta que contenga fenol.
	• Enjuague la boca con preparaciones que puede obtener sin receta.
	• Use un analgésico que puede obtener sin receta.

Atención médica

Para ataques intensos de úlceras orales, el dentista o el médico pueden recomendar un enjuague bucal de prescripción, una solución de corticoesteroides, una crema antiinflamatoria llamada amlexanox o una solución anestésica llamada lidocaína viscosa.

Contacte al médico en cualquiera de las siguientes situaciones:
- Fiebre alta con las úlceras orales
- Úlceras que se diseminan o signos de infección que se disemina
- Dolor que no se controla con las medidas presentadas anteriormente
- Úlceras que no curan completamente en una semana

Vea al dentista si tiene superficies dentales filosas o dispositivos dentales que estén causando las úlceras.

■ Fuegos

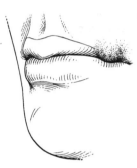

Los fuegos son muy frecuentes. Pueden aparecer en la boca, labios, nariz, carrillos o dedos de las manos.

El virus del herpes simple causa los **fuegos**. El virus del herpes simple tipo 1 generalmente causa los fuegos. El virus del herpes simple tipo 2 es generalmente responsable del herpes genital. Sin embargo, cualquiera de estos virus puede ser causa de aftas en el área facial o en los genitales. Puede contagiarse de fuegos de otra persona que tiene un trastorno activo. Los utensilios de la cocina, rasuradoras, toallas o el contacto directo con la piel son los medios frecuentes de diseminar esta infección.

Los síntomas pueden no empezar hasta 20 días después de la exposición al virus. Se desarrollan pequeñas vesículas llenas de líquido en un área levantada, enrojecida y dolorosa de la piel. El dolor y el hormigueo (estadio de pródromos) a menudo aparece uno o dos días antes de las vesículas. Los síntomas duran generalmente siete a 10 días.

Después de la primera infección el virus resurge periódicamente en, o cerca del sitio original. La fiebre, la menstruación y la exposición al sol pueden desencadenar una recurrencia.

El virus del herpes simple puede transmitirse incluso cuando no hay vesículas. Pero el riesgo mayor de infección es desde que aparecen las vesículas hasta que se tienen las costras. Los fuegos ocurren con mayor frecuencia en adolescentes y adultos jóvenes, pero pueden ocurrir a cualquier edad. Los brotes disminuyen después de los 35 años.

Autocuidados

Los fuegos desaparecen en general espontáneamente sin tratamiento. Los siguientes pasos pueden proporcionar alivio:
- Reposo, tome analgésicos que se pueden obtener sin receta (si tiene fiebre) o use cremas para estár cómodo (no aceleran la curación). Los niños deben evitar el uso de aspirina.
- No exprima, pellizque o pique ninguna vesícula.
- Evite besar y el contacto con la piel de las personas mientras las vesículas están presentes.
- Lave sus manos cuidadosamente antes de tocar a otra persona.
- Use bloqueador solar en los labios y cara antes de exposición prolongada al sol — tanto en invierno como en verano — para prevenir los fuegos.

Atención médica

Si presenta episodios frecuentes de fuegos, un antibiótico antiviral puede ayudar. Estos medicamentos inhiben el crecimiento del virus del herpes. El medicamento tópico antiviral penciclovir, disponible en forma de crema, ha mostrado también algún beneficio para tratar los fuegos. Hable con el médico para saber más acerca del tratamiento si tiene multiples brotes durante un año.

Puede tener sensación de hormigueo antes del brote de un fuego. Muchos médicos recomiendan usar medicamentos tan pronto como empieza la fase prodrómica.

Problemas frecuentes

Precaución	● Si tiene fuegos, tenga cuidado especial en evitar el contacto con lactantes o cualquiera que tenga un trastorno de la piel conocido como eccema (ver página 121). Son más susceptibles a la infección. Además, evite a la gente que toma medicamentos para el cáncer y a los que han recibido trasplantes porque tienen inmunidad disminuida. El virus puede causar un trastorno en ellos que puede poner en peligro la vida.
	● Las mujeres embarazadas y las madres durante la lactancia deben evitar usar aciclovir para el tratamiento de los fuegos a menos que el médico los prescriba específicamente.
	● Las infecciones por el virus del herpes simple tienen complicaciones potencialmente graves. El virus puede diseminarse a los ojos. Esta es la causa más frecuente de ceguera corneal en Estados Unidos. Si tiene usted dolor ardoroso en el ojo o erupción cerca del ojo o en la punta de la nariz, vea al médico inmediatamente.

■ Otras infecciones y trastornos orales

Gingivoestomatitis (**boca de trinchera**). Esta es una infección oral frecuente en los niños. Es causada por un virus y a menudo acompaña a un resfriado o gripe. La infección dura generalmente unas dos semanas y varía de leve a grave. Si su hijo tiene aftas en las encías o en el interior de los carrillos, mal aliento, fiebre y no se siente bien, consulte al dentista o al médico. Un enjuague oral medicado puede ayudar a aliviar el dolor y favorece la curación. Tenga una buena higiene oral y una alimentación nutritiva de alimentos blandos y tome abundantes líquidos. Use enjuagues bucales con media cucharadita de sal disuelta en 240 mL (8 onzas) de agua, o use enjuagues bucales que puede obtener sin receta. Evite preparaciones con alcohol.

Algodoncillo oral (candidiasis). Esta infección es causada por un hongo. Se observan placas blandas de color blanco-cremoso en la boca o la garganta. Ocurre a menudo cuando el cuerpo se ha debilitado por enfermedad o cuando el equilibrio natural de los microbios de la boca ha sido alterado por medicamentos. Mucha gente presenta un brote de **algodoncillo oral** en algún momento de la vida. Es más frecuente en los bebés, niños pequeños y adultos de edad avanzada. Aunque doloroso, el algodoncillo oral no es un trastorno importante. Sin embargo, puede interferir con la alimentación y alterar la nutrición. No hay autocuidados para este trastorno, pero un dentista o un médico pueden prescribir un medicamento que se toma siete a 10 días. El algodoncillo tiende a recurrir.

Leucoplaquia. Las placas blancas gruesas en un carrillo o en la lengua son a menudo signos de **leucoplaquia**. La leucoplaquia es la reacción de la boca a la irritación crónica. Puede ser causada por dentaduras mal adaptadas o un diente que roza el carrillo o la encía. Cuando se desarrollan placas blancas en la boca de fumadores, el trastorno es llamado queratosis del fumador. Inhalar y mascar tabaco producen también irritación crónica. Puede desarrollar leucoplaquia en cualquier momento de la vida, pero es más

Un autoexamen de rutina de la boca y lengua puede permitirle ver o sentir un cáncer oral cuando es pequeño y el tratamiento puede ser más eficaz.

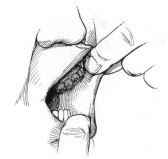
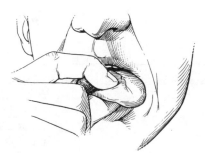

frecuente en adultos de edad avanzada. El tratamiento implica eliminar la fuente de la irritación. Una vez que se ha eliminado la fuente de la irritación la placa puede desaparecer, generalmente en semanas o meses. Un médico o un dentista deben valorar las placas blancas en la boca. El uso de tabaco puede producir cáncer del labio, lengua o pulmón.

Cáncer oral. El cáncer de la boca ocurre generalmente a lo largo de un lado o del fondo de la lengua o en el piso de la boca. Los tumores son a menudo indoloros al principio y son frecuentemente visibles o pueden sentirse con un dedo. El examen regular de los tejidos blandos de la boca es esencial para un diagnóstico temprano. Si nota cualquier cambio persistente en la apariencia habitual o en la sensación de los tejidos blandos de la boca, consulte al dentista o al médico. La detección temprana es importante para el éxito del tratamiento. Desafortunadamente, cerca de la mitad de los cánceres de la boca está avanzado al momento del diagnóstico.

Salud del hombre

■ Dolor testicular

Cualquier dolor agudo y súbito en los testículos debe ser tratado cuidadosamente porque puede ser un síntoma de un trastorno médico importante. Busque atención médica si tiene dolor súbito en los testículos que no desaparece en 10 o 15 minutos o si el dolor repite. Algunas causas de dolor testicular súbito se discuten a continuación.

La **torsión testicular** se produce cuando el cordón espermático, que lleva y trae sangre del testículo, se tuerce. Esta torsión interrumpe el flujo de sangre al testículo, causando un dolor agudo y súbito. La torsión testicular algunas veces ocurre después de actividad física extenuante, pero puede suceder sin causa aparente, incluso durante el sueño. Este trastorno puede ocurrir a cualquier edad, pero se observa habitualmente en niños. Los síntomas incluyen dolor súbito e intenso, que puede causar fiebre, náusea y vómito. Puede notar también la elevación de un testículo dentro del escroto. La torsión testicular es importante y requiere atención médica inmediata.

La **epididimitis** ocurre cuando el epídimo, un conducto contorneado que lleva esperma de los testículos al cordón espermático se inflama generalmente por una infección bacteriana. Los síntomas incluyen dolorimiento o dolor moderadamente intenso en el escroto, que se desarrolla gradualmente en horas o días. Puede ocurrir también fiebre e hinchazón. La epididimitis es causada ocasionalmente por clamidias, una enfermedad de transmisión sexual (ver página 185). En estos casos la pareja sexual puede estar infectada y se le debe hacer también un examen médico.

La **orquitis** es una inflamación del testículo generalmente debida a una infección. La orquitis ocurre frecuentemente con epididimitis (ver arriba). La orquitis puede ocurrir cuando tiene paperas, o puede desarrollarse si tiene una infección en la próstata. La orquitis es rara, pero puede causar infertilidad si no se trata. Los síntomas incluyen dolor en el escroto, hinchazón (generalmente en un lado del escroto) y una sensación de peso en el escroto.

Detección de cáncer del testículo

El cáncer testicular es responsable de 1 por ciento de los cánceres en los hombres, ocurre con mayor frecuencia en hombres jóvenes entre 20 y 39 años de edad. El síntoma principal es una protuberancia, hinchazón o sensación de pesadez en un testículo.

Un autoexamen sencillo de dos minutos cada mes puede ayudar a detectar los signos tempranos de cáncer testicular. Practique el examen después del baño de regadera o de un baño caliente, cuando la piel del escroto está floja y relajada. Examine un testículo a la vez. Ruédelo suavemente entre los dedos pulgares e índices, sintiendo cualquier protuberancia en la superficie del testículo. Aprecie también si el testículo está aumentado de tamaño, endurecido o en un estado diferente al último examen. Si nota algo inusual, puede no necesariamente ser cáncer, pero debe contactar al médico.

No se alarme si siente un área pequeña firme cerca de la parte posterior del testículo y un conducto que va hacia arriba. Es normal, es el epídimo y el cordón espermático, que almacenan y transportan esperma.

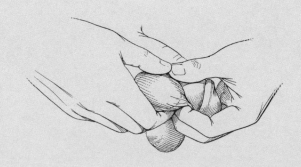

■ Próstata crecida

La próstata es una glándula del tamaño de una avellana localizada inmediatamente por debajo de la vejiga que está presente únicamente en los hombres. La próstata produce la mayoría de los líquidos del semen. La testosterona, la hormona sexual masculina, hace que la próstata aumente de tamaño lentamente con la edad. Al aumentar de tamaño la próstata, puede restringir el flujo de orina a través del conducto que pasa la orina de la vejiga (uretra), produciendo orina lenta o dificultad para orinar. Los síntomas pueden ser leves y causar poca dificultad para orinar, o pueden ser muy dolorosos si ocurre un bloqueo completo. Otros síntomas pueden incluir orinar más frecuentemente durante la noche, un chorro de orina lento o con goteo, goteo después de orinar y orinar dos veces seguidas en 10 a 15 minutos.

El **crecimiento de la glándula prostática** (hiperplasia prostática benigna, o HPB) raras veces causa problemas antes de los 40 años de edad. Más de la mitad de los hombres de 20 años y hasta 90 por ciento de 70 y 80 años presentan síntomas de HBP. En algún momento, aproximadamente 30 por ciento de los hombres con HPB requiere algún tipo de tratamiento para el trastorno.

Una próstata crecida puede producir dificultad para orinar porque el flujo de la orina está restringido.

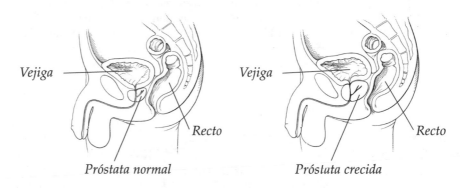

Vejiga

Recto

Próstata normal

Vejiga

Recto

Próstata crecida

Atención médica

El médico puede hacerle preguntas detalladas respecto a sus síntomas y solicitar pruebas de orina y sangre. Utilizando un guante con un dedo lubricado, el médico puede examinar la próstata en busca de aumento de tamaño o protuberancias. Llamado tacto rectal, este procedimiento causa sólo una leve molestia.

El tratamiento inicial de una próstata crecida pueden ser medicamentos que reducen el tamaño de la próstata o mejoran el flujo de orina relajando los tejidos en el área de la glándula prostática. Varios tipos de cirugía pueden reducir el tamaño de la próstata.

Detección del cáncer de próstata

El cáncer de la próstata es la segunda causa de muerte por cáncer en los hombres estadounidenses. El **cáncer de próstata** ocurre más frecuentemente en hombres mayores de 65 años de edad.

El tamizaje del cáncer de próstata — que típicamente implica un tacto rectal y una prueba en la sangre para el antígeno prostático específico (APE) — es controvertido. Algunos médicos consideran que muchos hombres tendrán cirugía o radiación innecesaria debido al tamizaje. Otros creen que el tamizaje es esencial. De acuerdo a la Sociedad Americana de Cáncer y a la Asociación Urológica

Americana, los urólogos de la Clínica Mayo recomiendan la prueba del APE y un tacto rectal anualmente empezando a los 50 años de edad. Si tiene alto riesgo de cáncer de próstata — si es de raza negra o si tiene historia familiar de la enfermedad — el tamizaje debe empezar antes. El examen con ultrasonido es otra forma de detectar cáncer.

Si se detecta tempranamente el cáncer de próstata puede curarse a menudo. Cuando están presentes los síntomas son similares a los del crecimiento prostático, a menos que el cáncer se haya diseminado a los huesos.

Dolor al orinar

El dolor al orinar es causado por una **infección del tracto urinario** (ITU). Las ITU son más frecuentes en las mujeres, pero también ocurren en los hombres. Otros síntomas incluyen orina frecuente o urgente, incapacidad para pasar más de una pequeña cantidad de orina (seguida de una urgente necesidad de orinar de nuevo) y una sensación de ardor al orinar.

Si el riñón está infectado también, puede presentar dolor en el abdomen o en la espalda, calosfrío, fiebre o vómito. Una infección en el riñón es un trastorno delicado que requiere atención médica inmediata.

Causas frecuentes

Bacteria *E. coli*. Las bacterias *E. coli* son frecuentes en el intestino. Si la bacteria *E. coli* penetra en el conducto por el que pasa la orina (uretra) y después entra en la orina o vejiga, puede causar una ITU.

Clamidia. Es uno de diversos organismos que se transmiten sexualmente que pueden infectar la uretra, causan secreción por el pene y dolor al orinar.

Problemas prostáticos. Una glándula prostática crecida puede restringir el flujo de orina, produciendo retención de orina e ITU. Además, si la glándula prostática produce menos proteínas con la edad, la ausencia de estas proteínas puede hacerlo más susceptible a ITU.

Problemas médicos. Una sonda urinaria o los instrumentos médicos pueden introducir bacterias en la uretra y vejiga, causando una ITU.

Uretra estrecha. La lesión o la inflamación frecuente de la uretra pueden producir estrechamiento (estenosis) de la uretra. Las estenosis restringen el flujo de orina y pueden causar ITU.

Deshidratación. La falta de líquidos puede llevar a estancamiento de orina, que puede causar una ITU.

Atención médica

Vea al médico, quien probablemente tomará una muestra de orina y practicará pruebas para determinar si tiene una ITU. No tome muchos líquidos inmediatamente antes de la muestra porque la orina puede estar diluida y los resultados pueden no ser exactos. En la mayoría de casos las ITU pueden ser tratadas con medicamentos. Asegúrese de tomar todas las medicamentos, incluso si los síntomas desaparecen después de unos pocos días. Si no toma todos los medicamentos puede tener una recurrencia de la ITU.

Impotencia

Los episodios ocasionales de impotencia son frecuentes en los hombres. La impotencia, también conocida como **disfunción eréctil**, se define como la incapacidad para lograr o mantener una erección adecuada para la relación sexual. Cuando la impotencia es un problema recurrente, puede afectar la autoimagen y las relaciones. Afortunadamente la impotencia puede ser tratada a menudo con éxito. La impotencia, también conocida como **disfunción eréctil** se define como la incapacidad para alcanzar o mantener una erección adecuada para tener relaciones sexuales.

Las causas de la impotencia pueden ser psicológicas o físicas. El estrés, ansiedad o depresión pueden llevar a impotencia. La impotencia puede ser también un efecto secundario del uso de alcohol y algunos medicamentos (como algunos medicamentos para la presión arterial alta). La impotencia puede ser causada por enfermedades como la diabetes o esclerosis múltiple y otras enfermedades crónicas. La impotencia puede ser el resultado de una lesión directa de los genitales o una lesión que afecta la médula espinal o el sistema nervioso. Los tratamientos con radiaciones o la cirugía pélvica mayor, como la practicada para el cáncer de próstata, vejiga o recto, pueden también producir impotencia. Si la disfunción eréctil es recurrente o persistente, platíquelo con el médico.

| **Autocuidados** | Si todavía puede tener una erección en ciertos momentos del día, como en la mañana, puede beneficiarse con las siguientes recomendaciones: |

- Limite el consumo de alcohol, especialmente antes de la actividad sexual.
- Deje de fumar.
- Haga ejercicio regularmente.
- Disminuya el estrés.
- Trabaje con su pareja para crear una atmósfera apropiada para hacer el amor.

Atención médica

Tratamiento psicológico. Si el estrés, ansiedad o depresión es la causa de la impotencia, puede buscar ayuda con un profesional de salud mental o un terapeuta sexual, sólo o con su pareja.

Medicamentos. Los medicamentos, como el silfenafil (Viagra), tadafil o vardenafil, o inyecciones de testosterona o crema tópica pueden ser prescritos por el médico.

Inyecciones en el pene. Si la impotencia es causada por disminución del flujo de sangre al pene, se pueden prescribir medicamentos que aumentan el flujo de sangre. Se inyectan en el pene. Las inyecciones pueden aplicarse en la casa después de entrenamiento por el médico.

Medicamentos intrauretrales. Se introduce un pequeño supositorio — la mitad del tamaño de un grano de arroz — en el orificio del pene.

Dispositivo de vacío. Se coloca un tubo sobre el pene y se succiona aire; como resultado, la sangre fluye al pene y produce una erección. Se coloca una banda de constricción alrededor de la base del pene para prolongar la erección. Este dispositivo de bajo costo está disponible en la mayoría de farmacias con la prescripción de un médico.

Cirugía. Puede practicarse cirugía para aumentar el flujo de sangre al pene o para implantar dispositivos para ayudar a alcanzar una erección.

■ Anticoncepción masculina

La vasectomía implica cortar y sellar el conducto deferente, conducto que lleva esperma. El procedimiento no interfiere con la capacidad del hombre para mantener una erección o para alcanzar el orgasmo ni detiene la producción de hormonas masculinas o de esperma en los testículos. El único cambio es que la conexión del esperma al exterior está permanentemente interrumpida. Después de una vasectomía continúa eyaculando aproximadamente la misma cantidad de semen porque el esperma es sólo una pequeña parte de la eyaculación.

La vasectomía se realiza como un procedimiento ambulatorio. Antes, recibe una inyección de anestésico en el escroto para adormecer el área y no sentir dolor. Después que el médico ha localizado el conducto deferente, se hacen un par de cortes pequeños en la piel del escroto. Cada conducto deferente es traccionado a través de la abertura hasta que forma un asa. Se cortan aproximadamente 1.25 cm de cada conducto deferente y se extraen. Se cierran los dos extremos de cada conducto deferente con suturas o se cauterizan (o ambos) y se colocan de nuevo en el escroto. Las incisiones se cierran con suturas.

La operación tarda aproximadamente 20 minutos. Después de una vasectomía, evite la actividad vigorosa, incluyendo relaciones sexuales por lo menos durante dos semanas. Las suturas son generalmente de un tipo que se disuelve en dos a tres semanas. Puede notar edema y molestias menores en el escroto durante varias semanas. Si el dolor se vuelve importante o si se desarrolla fiebre, llame al médico.

La tasa de falla de la vasectomía es menor de 1 por ciento. Hasta que el médico haya determinado que la eyaculación no contiene esperma, continúe usando anticonceptivos alternativos. Tarda típicamente varios meses y varias eyaculaciones.

Salud de la mujer

■ Una masa en la mama

La mayoría de masas en las mamas no es cancerosa. Incluso así, todas las masas deben valorarse cuidadosamente por el riesgo de cáncer. Muchas masas en la mama son quistes llenos de líquido que crecen cerca del final del ciclo mensual. Las masas pueden o no ser dolorosas. Practique un autoexamen de la mama todos los meses después del periodo en busca de masas y otros cambios en las mamas (ver abajo).

Autocuidados

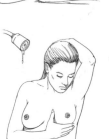

- Practique un autoexamen de la mama (AEM) rutinariamente para saber si una masa es nueva. Todavía está en discusión si el AEM es útil, pero muchos médicos todavía lo alientan como un medio de detección temprana de cáncer.
- Si todavía tiene menstruación, el mejor momento de examinar las mamas es siete a 10 días después de empezar el último periodo. Las masas de cáncer de la mama generalmente no son dolorosas. Use los ojos y las manos para buscar masas, áreas engrosadas o hinchazón. Si usa anticonceptivos orales, examine sus mamas cada vez que abra un nuevo paquete de pastillas. Informe al médico cualquier cambio.
- Las ilustraciones de la izquierda presentan una técnica para la AEM. El objetivo es familiarizarse con la textura de las mamas y los nódulos que se encuentran dentro de ellas, y observar cuidadosamente cualquier cambio.
  - Observe en un espejo con los brazos a los lados. Eleve los brazos y examine la piel de las mamas en busca de zonas fruncidas, hoyuelos o cambios en el tamaño o forma. Busque cambios en la simetría natural de ambas mamas. Observe si los pezones están hacia adentro (invertidos). Observe también cualquier secreción inusual de los pezones. Verifique los mismos signos mientras descansa las manos en las caderas y de nuevo con las manos detrás de la cabeza.
  - Examine las mamas mientras está de pie en la ducha y mientras está acostada sobre la espalda. Mantenga una mano detrás de la cabeza y use un movimiento circular de masaje con la otra mano en busca de tejido sobre la mama opuesta, incluyendo el pezón y el tejido por debajo de la axila. Repita el procedimiento en el otro lado.
  - Examine las masas que no desaparecen o cambian. Las masas anormales aparecen súbitamente y son permanentes. Varían de tamaño y firmeza y a menudo se sienten duras, con bordes irregulares. Algunas veces se sienten como áreas engrosadas.
- Si la masa le produce molestias, tome un analgésico ligero para el dolor (ver página 258) o elimine la cafeína de la alimentación.

Atención médica

Vea al médico si una masa en la mama no desaparece después del ciclo menstrual. Un quiste lleno de líquido puede drenarse con una aguja después de una inyección de anestesia local. Si tiene una infección en la mama, se prescribe típicamente un antibiótico. Las masas que no están llenas de líquido pueden requerir una biopsia con aguja o extirpación quirúrgica para determinar si son cancerosas.

Las mujeres después de la menopausia deben ver al médico si una masa está presente más de una semana o se enrojece, duele o aumenta de tamaño.

Mamografía: ¿A quién se le debe practicar?

Una mamografía es una radiografía de la mama que puede detectar tumores tan pequeños que el médico no puede ni siquiera sentir. La mamografía salva vidas identificando el **cáncer de mama** en un estadio en el cual es potencialmente curable. Sin embargo, el estudio no es perfecto. Ocasionalmente no detecta un tumor, y otras veces indica un problema cuando no lo hay. El tamizaje con mamografía es mejor combinado con exámenes regulares de la mama.

Existe controversia respecto a la edad en que debe empezar a tener mamografías regulares. Las mamas de las mujeres jóvenes a menudo son demasiado densas para obtener buenas radiografías. Afortunadamente, es menos probable que las mujeres jóvenes desarrollen cáncer de mama. Debido a que las preferencias, preocupaciones y riesgos de cáncer de cada mujer son diferentes, la decisión final depende de usted y el médico. Aquí están algunas guías.

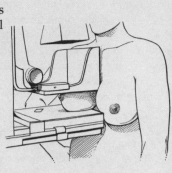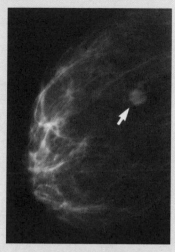

Las mamografías se obtienen con un dispositivo especial de rayos-X que puede detectar tumores antes que usted o el médico puedan sentirlos.

Edad	Opinión de expertos	Qué hacer
Menores de 40 sin alto riesgo	Consenso general	Autoexamen de la mama mensual Exploración física cada 3 años No se requiere mamografía
Menores de 40 con alto riesgo (hermana o madre con cáncer de mama a una edad joven)	Hable con el médico para un programa individualizado	Autoexamen de la mama mensual Exploración física anual Mamografía, empezando 5-10 años antes de la edad en que la madre o la hermana tuvieron el cáncer
40-49 sin alto riesgo	Cierta controversia	Autoexamen de la mama mensual Exploración física cada 1-2 años Mamografía cada 1-2 años
40-49 con alto riesgo	Consenso general	Autoexamen de la mama mensual Exploración física anual Mamografía anual y/u otras tecnologías de imagen
50-74 con riesgo normal o alto	Consenso general	Autoexamen de la mama mensual Exploración física anual Mamografía anual y/u otras tecnologías de imagen
75 años o más	Cierta controversia	Autoexamen de la mama mensual Exploración física anual Mamografía anual

Nota: Los factores de riesgo de cáncer de mama incluyen cáncer de mama previo, cáncer de mama en la madre o hermana, ningún embarazo o primer embarazo después de los 35 años, inicio temprano de la menstruación o menopausia tardía. El médico puede considerar también otros factores de riesgo.

Dolor en la mama

La sensibilidad generalizada en ambas mamas es común, especialmente en la semana anterior a un periodo menstrual, y también es un síntoma del síndrome premenstrual (ver página 147). El ejercicio, como trotar y los aeróbicos, puede causar dolor a la presión en las mamas. El dolor a la presión puede ser causado también por un quiste inflamado. Si hay fiebre y enrojecimiento, la infección debe ser una preocupación. La causa más común de dolor específicamente localizado en la mama es la mastitis la cual es causada por una infección o inflamación. Usualmente se presenta sólo en una mama. Las infecciones se pueden presentar con la lactancia.

Autocuidados

- Use un sostén cómodo y que brinde soporte.
- Tome un analgésico que puede obtener sin receta (ver página 258).
- Disminuya la sal en los alimentos antes de su periodo.
- Evite la cafeína
- Si el dolor es debido a ejercicios de alto impacto, cambie a una sesión de bajo impacto como bicicleta, caminar o nadar, y use un sostén deportivo.
- Vea otras recomendaciones en la sección del síndrome premenstrual (página 147).

Atención médica

Si tiene fiebre o enrojecimiento además del dolor, vea al médico. Probablemente necesite un antibiótico. Si el dolor se asocia a una masa o a un cambio en la textura de la mama, vea al médico.

Menstruaciones dolorosas

La mayoría de las mujeres está familiarizada con los cólicos menstruales. Durante la menstruación puede sentir dolor en la parte inferior del abdomen, posiblemente con irradiación a las caderas, la parte baja de la espalda o los muslos. Algunas mujeres tienen también náusea, vómito, diarrea o dolores generalizados. Es normal tener cólicos abdominales leves los primeros dos días del periodo (más de la mitad de las mujeres los tienen). Aproximadamente 10 a 15 por ciento de las mujeres presenta dolor tan intenso que no pueden llevar a cabo su rutina normal a menos que tomen medicamentos.

Si no hay un trastorno ginecológico de fondo, el dolor es llamado dismenorrea primaria. Es causado por niveles elevados de una sustancia (prostaglandina) que hace que los músculos del útero se contraigan y desprendan su revestimiento. Aunque dolorosa, la dismenorrea primaria no es perjudicial. A menudo desaparece hacia los veinticinco años o después de que ha tenido un bebé.

El dolor causado por un trastorno ginecológico de fondo es llamado dismenorrea secundaria. Puede deberse a un tumor benigno en la pared del útero (fibroma), una enfermedad transmitida sexualmente, endometriosis, enfermedad pélvica inflamatoria o un quiste o tumor ovárico.

Autocuidados

- La aspirina y otros antiinflamatorios no esteroideos (ver página 258) alivian el dolor en 80 por ciento de las mujeres.
- Intente un baño de tina caliente o ejercicios.

Atención médica

El tratamiento de la causa de fondo debe aliviar el dolor. Si no se encuentra una causa del dolor, los anticonceptivos pueden aliviar las molestias.

Hable con el médico si el dolor menstrual es intenso o se asocia a fiebre; si tiene náusea, vómito o dolor abdominal secreción u olor vaginal inusuales; o si el dolor dura más allá del tercer día del flujo menstrual.

Periodos irregulares

Es frecuente que las mujeres tengan irregularidades sin explicación en sus periodos. Los periodos irregulares se deben a cambios en los niveles hormonales, que pueden afectarse por el estrés y otras experiencias emocionales, cambios significativos en la cantidad de ejercicio aeróbico o cambios importantes en el peso. En las mujeres excesivamente delgadas que hacen ejercicio intenso, los periodos pueden interrumpirse.

Autocuidados

- Lleve un calendario menstrual durante tres ciclos por lo menos. Registre el primer día de la menstruación, el día del máximo flujo, el día en que el flujo se detiene y los días de las relaciones sexuales, para ayudar a valorar los cambios menstruales.
- Si los periodos son irregulares más de tres ciclos, hable con el médico.
- Si usted no tiene un periodo y ha tenido relaciones sexuales, busque síntomas de embarazo.

Sangrado entre los periodos

El sangrado ocasional entre los periodos menstruales es frecuente. Puede ocurrir espontáneamente o con las relaciones sexuales. Generalmente no es significativo, y es causado por una variación de los ciclos hormonales habituales. El estrés, nuevos anticonceptivos, crecimientos benignos de tejido (pólipos) y muchos otros trastornos pueden afectar la menstruación. Debido a que el sangrado anormal puede ser también el primer signo de advertencia de cáncer, requiere evaluación pronta por el médico.

Síndrome premenstrual (SPM)

Si usted tiene un patrón predecible de cambios físicos y emocionales en los días previos a su periodo, puede tener el **síndrome premenstrual** (SPM). Este trastorno está relacionado con los ciclos hormonales normales y se presenta con niveles hormonales normales. Una pista de su causa puede estar en la respuesta de la mujer a la serotonina. La serotonina es una sustancia en el cerebro que se ha asociado con depresión clínica y otros trastornos emocionales. Algunas veces un trastorno psicológico de fondo como la depresión es agravado por los cambios hormonales antes de un periodo.

Síntomas del SPM

Cambios físicos
- Retención de líquidos, distensión
- Aumento de peso
- Dolor en las mamas
- Dolor de cabeza
- Problemas de la piel
- Dolores: cabeza, espalda, estómago
- Dolor y edema en las manos y pies
- Diarrea, estreñimiento
- Fatiga, náusea, vómito

Cambios emocionales
- Depresión y tristeza
- Irritabilidad
- Ansiedad
- Tensión
- Cambios en el estado de ánimo
- Dificultad para concentrarse
- Letargo
- Deseos intensos de alimentos
- Olvidos

Problemas frecuentes

Autocuidados

Puede usted generalmente manejar el SPM con una combinación de educación y cambios en el estilo de vida.

- Mantenga el peso en un nivel saludable.
- Tome alimentos menos abundantes y más frecuentes. No omita comidas. Coma a la misma hora todos los días si es posible.
- Limite la sal y los alimentos salados una o dos semanas antes del periodo para disminuir la distensión y retención de líquidos.
- Evite la cafeína para disminuir la irritabilidad, tensión y dolor en las mamas. Vea la página 212 para información sobre la cafeína.
- Evite el alcohol antes del periodo para minimizar la depresión y los cambios en el estado de ánimo.
- Siga una alimentación balanceada (ver página 211).
- Una alimentación con cantidad adecuada de calcio puede ayudar. Tome 2 o 3 tazas de leche reducida en grasa diariamente y seleccione otros alimentos ricos en calcio (ver página 149). Si no tolera alimentos con calcio o si no está seguro de lo adecuado del calcio en su alimentación, un suplemento diario de calcio (1,200 miligramos) puede ayudar. Otros suplementos que pueden ser útiles incluyen magnesio y vitamina B6. Hable con el médico acerca de las dosis recomendadas.
- Disminuya el estrés (ver página 225). El estrés puede agravar el SPM.
- Planee por adelantado el SPM. No sobrecargue usted misma la semana en la que está esperando los síntomas.
- Camine, trote, ande en bicicleta, nade o haga algún otro ejercicio aeróbico por lo menos tres veces por semana.
- Registre los síntomas unos meses. Puede encontrar que el SPM es más tolerable si ve que los síntomas son predecibles y de corta duración.

Atención médica

No hay hallazgos físicos o pruebas de laboratorio para diagnosticar el SPM. En su lugar, los médicos confían en una evaluación cuidadosa de la historia médica. Como parte del proceso diagnóstico se pide a las mujeres que registren el inicio, duración, naturaleza e intensidad de los síntomas por lo menos dos ciclos menstruales.

Si los síntomas del SPM afectan seriamente su vida y las sugerencias presentadas arriba no ayudan, el médico puede recomendar los siguientes medicamentos:

- Los antiinflamatorios no esteroideos (AINE) incluyendo la aspirina pueden aliviar los cólicos y las molestias de las mamas (ver página 258).
- Los anticonceptivos alivian a menudo los síntomas, suspendiendo la ovulación.
- Los antidepresivos son a menudo eficaces para reducir los síntomas emocionales graves del SPM. Ejemplos de estos antidepresivos son citalopram, fluoxetina, sertralina, paroxetina, fluvoxamina y venlafaxina. Estos medicamentos puede utilizarse en dosis menores a las habitualmente prescritas para la depresión y pueden ser eficaces cuando se toman sólo una semana o dos antes de la menstruación.
- Se puede aplicar una inyección de medroxiprogesterona (Depo-Provera) para detener temporalmente la ovulación y la menstruación en casos graves.

■ Menopausia

La **menopausia** es una etapa natural de la vida de las mujeres. Algunas mujeres llegan a la menopausia durante la década de sus años treinta o cuarenta, y algunas hasta los sesenta. El promedio de edad de las mujeres al llegar a la menopausia en Estados Unidos es de 51 años (en México es de 47 años).

Durante la menopausia los ovarios dejan gradualmente de producir estrógenos. Las periodos se vuelven irregulares. El proceso puede durar varios meses a varios años. Eventualmente los periodos menstruales se detienen y no puede ya embarazarse.

Al producir los ovarios menos hormonas ocurren varios cambios, aunque varían mucho entre las personas. El útero disminuye de tamaño (se atrofia), y el revestimiento de la vagina se adelgaza. La vagina puede también desarrollar resequedad, haciendo dolorosas las relaciones sexuales. Los bochornos causan rubor o sudoración que pueden durar minutos o más de una hora y pueden interrumpir el sueño y producir sudoración nocturna.

Durante y después de la menopausia la grasa del cuerpo se redistribuye típicamente al cambiar el metabolismo. Los huesos pierden densidad y fuerza. Puede ocurrir **osteoporosis** (ver abajo).

Muchas mujeres encuentran que la menopausia puede tener un efecto positivo sobre la salud física y emocional. Sin embargo, los cambios del estado de ánimo no son raros durante la menopausia. Pueden estar relacionados con las alteraciones del sueño debidas a los bochornos, otros cambios hormonales, o los problemas de la vida que afectan tanto a los hombres como a las mujeres.

Autocuidados

- Acepte los cambios como normales y saludables.
- Lleve una alimentación balanceada, haga ejercicio regularmente y vístase en capas.
- Use un lubricante soluble en agua si las relaciones sexuales son dolorosas.

Atención médica

El médico puede prescribir terapia hormonal de reemplazo (THR) para aliviar los síntomas posmenopáusicos, como los bochornos. La THR no afecta los cambios del estado de ánimo algunas veces asociados a la menopausia.

Las desventajas de la THR son que puede aumentar el riesgo de cáncer de mama, así como de enfermedades vasculares, incluyendo coágulos de sangre y ataques cerebrales. Aunque la THR es el tratamiento más eficaz para muchos síntomas menopáusicos, sus riesgos hacen que muchas mujeres busquen tratamientos alternativos.

Los tratamientos alternativos incluyen algunos remedios dietéticos, como alimentos de soya, y medicamentos que pueden afectar la regulación de la temperatura en el cerebro, incluyendo algunos antidepresivos (como los ISRS) y hormonas (como el acetato de megestrol).

Cómo prevenir la osteoporosis

La pérdida de estrógenos después de la menopausia aumenta la probabilidad de osteoporosis, un trastorno en el cual los huesos se vuelven porosos y frágiles. La forma más eficaz de manejar la osteoporosis es prevenirla, maximizando la densidad ósea cuando está usted joven.

- Consuma suficiente calcio (1,000 a 1,200 mg diarios) durante la vida adulta para ayudar a prevenir la osteoporosis. Los alimentos ricos en calcio incluyen leche, yogur, queso, salmón y brócoli. Un vaso de leche tiene aproximadamente 300 mg de calcio.

- Si tiene riesgo aumentado, el médico puede sugerir tabletas de calcio. Sin embargo, el calcio puede ser perjudicial en ciertas circunstancias. Vea al médico antes de tomar un suplemento de calcio.
- Obtenga adecuadas cantidades de vitamina D — 15 minutos de sol tres veces a la semana o un suplemento diariamente que contenga 400 unidades internacionales (UI).
- Participe en ejercicios con carga del peso, como caminar, trotar y bailar.

■ Problemas urinarios

Las **infecciones del tracto urinario** (ITU) son frecuentes en las mujeres. Con el inicio de la actividad sexual las mujeres tienen un aumento marcado en el número de infecciones. Las relaciones sexuales, el embarazo y la obstrucción urinaria contribuyen a la probabilidad de presentar infecciones. Los síntomas de ITU incluyen dolor o una sensación de ardor al orinar, aumento de la frecuencia de la orina y una sensación de urgencia cada vez que necesita orinar. Si tiene una infección, el médico le prescribirá un antibiótico.

La **incontinencia urinaria** es la pérdida involuntaria de orina. El trastorno se divide a menudo en incontinencia de urgencia y de esfuerzo. Si ocurre salida de orina cuando siente la necesidad de orinar, se llama incontinencia de urgencia. Es causada a menudo por una ITU leve o por el uso excesivo de estimulantes de la vejiga como la cafeína. La incontinencia de esfuerzo es la salida de orina cuando se aplica presión sobre la vejiga al toser, reír, saltar o levantar algo pesado. Es generalmente causada por debilitamiento de los músculos que soportan la vejiga. Estos músculos pueden debilitarse por el parto, el sobrepeso o la edad.

Autocuidados para la fuga de orina	● Intente los ejercicios de Kegel. Imagínese que está tratando de detener el flujo de orina. Si está usando los músculos adecuados, tendrá una sensación de tracción. Contraiga los músculos pélvicos durante una cuenta de tres. Relájese durante una cuenta de tres. Haga 10 o 15 repeticiones cada vez. Haga los ejercicios de Kegel por lo menos tres veces al día. Puede tardar más de 12 semanas antes que note mejoría en el control de la vejiga.
	● Vacíe la vejiga más a menudo.
	● Inclínese hacia adelante al orinar para vaciar la vejiga más completamente.
	● Disminuya los alimentos y bebidas que contienen cafeína (ver página 212).
	● Use tampones al hacer ejercicio.

■ Secreción vaginal

La secreción vaginal es un síntoma de **vaginitis**. La vaginitis es una inflamación de la vagina. Es generalmente causada por una infección o una alteración de las bacterias vaginales normales. Además de la secreción vaginal puede tener comezón, irritación, dolor durante las relaciones sexuales, dolor en la parte inferior del abdomen, sangrado vaginal y olor.

Hay tres tipos frecuentes de vaginitis: infecciones por levaduras, vaginosis bacteriana y tricomoniasis. La tricomoniasis es causada por un parásito. Puede producir una secreción amarillo verdosa olorosa, algunas veces espumosa. Generalmente se desarrolla como resultado de las relaciones sexuales. La vaginitis tricomoniásica se trata generalmente con tabletas de metronidazol. Su pareja debe tratarse también. Las infecciones por levaduras son causadas por un hongo. Usted es más susceptible a una infección por levaduras si está embarazada o tiene diabetes; si está tomando antibióticos, cortisona o anticonceptivos; o si tiene deficiencia de hierro. El síntoma principal es comezón, pero puede estar presente también una secreción blanca. La vaginosis bacteriana produce generalmente una secreción gris, olorosa. Esta infección puede ser tratada también con tabletas de metronidazol o con otro antibiótico.

Autocuidados de la infección por levaduras	● Use una crema o supositorios antimicóticos que se pueden obtener sin receta si sospecha infección por levaduras
	● Absténgase de tener relaciones sexuales o haga que su pareja use un condón durante una semana después del inicio del tratamiento.
	● Vea al médico si persisten los síntomas después de una semana.

■ Detección de cáncer

Vea la página 145 para las recomendaciones del tamizaje de cáncer. Las pruebas de tamizaje del **cáncer cervical** incluyen un Papanicolaou y un examen pélvico. El Papanicolaou puede detectar cáncer cervical en un estadio temprano y curable.

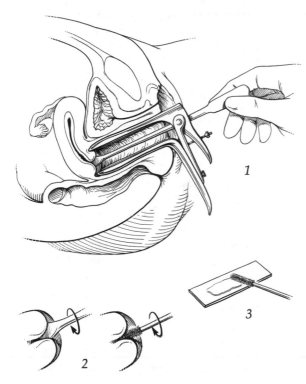

El cáncer cervical está generalmente relacionado con formas del virus del papiloma humano (VPH). Este virus puede transmitirse por contacto sexual. Un condón — masculino o femenino — previene generalmente la infección.

La mayoría de cánceres cervicales se desarrolla lentamente. El cáncer puede empezar con cambios en las células de la superficie del cérvix. Los médicos se refieren a estas células anormales como precancerosas. Pueden volverse cancerosas con el tiempo. Los cambios precancerosos tempranos en las células de la superficie son llamados displasia o lesiones escamosas intraepiteliales. Algunas de estas anormalidades desaparecen espontáneamente, pero otras progresan. Los trastornos precancerosos no causan generalmente síntomas, incluyendo dolor.

Las guías publicadas por la Sociedad Estadounidense de Cáncer recomiendan:

- Un Papanicolaou inicial aproximadamente tres años después de las primeras relaciones sexuales, pero no después de los 21 años de edad.
- Papanicolaou subsecuentes cada uno a dos años hasta los 30 años de edad.
- Después de los 30 años y después de tres Papanicolaou consecutivos con resultados normales, cada dos a tres años.
- Después de una histerectomía completa (extirpación del útero y cérvix), los Papanicolaou son innecesarios a menos que le hayan practicado cirugía para tratar cáncer cervical o cambios precancerosos.
- Las mujeres de 70 años de edad o más sin resultados anormales en los últimos 10 años pueden descontinuar la prueba.

Las mujeres con alto riesgo deben practicarse pruebas más frecuentes. Usted tiene alto riesgo si:

- Empezó su actividad sexual siendo adolescente, especialmente si tuvo múltiples parejas sexuales
- Tiene actualmente más de una pareja sexual
- Ha tenido o tiene una enfermedad de transmisión sexual
- Ha tenido un Papanicolaou anormal o cáncer previo
- Tiene VIH o un sistema inmune debilitado
- Estuvo expuesta al dietilestilbestrol (DES) cuando estaba en el útero de su madre
- Usa tabaco

Con un espéculo colocado en su sitio, el médico gira una espátula de madera y después un cepillo para remover una muestra de células (1 y 2). Las célula se extienden en una laminilla (3) para examinarlas al microscopio.

La confiabilidad del Papanicolaou

El Papanicolaou no es perfecto. Puede no detectar células anormales, teniendo un resultado falso negativo. Por eso es importante tener pruebas de Papanicolaou regularmente. Un resultado puede no ser exacto por estas razones:

- Las células anormales se han desprendido durante la actividad sexual o duchas antes del examen.

- El médico no recoge células de toda el área cervical, pudiendo no detectar células anormales; no extiende la muestra en la laminilla apropiadamente; o no procesa las células inmediata y correctamente.
- Existe un error en el laboratorio por el equipo o el técnico.

Problemas frecuentes

■ Otros trastornos médicos frecuentes

Endometriosis

La **endometriosis** es un trastorno del sistema reproductivo en el cual se piensa que pequeños fragmentos del revestimiento del útero (endometrio) migran fuera del útero a través de las trompas de Falopio. Los fragmentos se implantan en el intestino, vejiga, útero, las paredes de la pelvis y el exterior de los ovarios o las trompas de Falopio. Durante la menstruación, la sangre de estas placas se absorbe por los órganos circundantes, causando inflamación. Este proceso puede crear tejido cicatricial que hace que los órganos se adhieran (adherencias), lo que puede impedir el embarazo. Los síntomas incluyen periodos dolorosos, dolor tipo cólico importante durante los periodos, dolor profundo en la pelvis durante las relaciones sexuales y dolor durante la evacuación o la micción. Algunas mujeres tienen dolor importante, pero otras no tienen síntomas.

El tratamiento con hormonas ayuda a aliviar los síntomas, detiene la progresión y previene la infertilidad. Algunas veces se requiere cirugía más extensa.

Fibromas uterinos

Los fibromas uterinos (miomas, fibromiomas o leiomiomas) son tumores del útero que ocurren en más de una de cada cinco mujeres menores de 35 años de edad. Puede usted tener un fibroma uterino o varios, y su crecimiento es impredecible. Los fibromas no se asocian con riesgo aumentado de cáncer uterino, y a menudo no se detectan porque muchas mujeres no tienen síntomas. Cuando ocurren los signos y síntomas pueden incluir sangrado menstrual anormal, presión pélvica, dolor abdominal o en la parte baja de la espalda, dolor durante las relaciones sexuales, infertilidad o abortos, y dificultad para orinar o evacuar. El tratamiento generalmente incluye terapia farmacológica o ablación enfocada con ultrasonido, la cual usa calor para destruir la fibrosis.

Histerectomía

Cada año, se practica histerectomía aproximadamente a 600,000 mujeres, un procedimiento en el cual se extirpa todo o parte del útero de una mujer. Después de una histerectomía ya no tiene menstruación y no puede embarazarse más.

Una **histerectomía vaginal** es la extirpación del útero a través de una incisión en la vagina. Una **histerectomía abdominal** es la extirpación del útero a través de una incisión en el abdomen. La histerectomía abdominal se practica si tiene sospecha o confirmación de cáncer uterino u ovárico, endometriosis extensa, o cicatrices en la pelvis, historia de infección pélvica o un útero demasiado grande para extirparlo por vía vaginal.

Después de una histerectomía vaginal, puede sentir tracción en la ingle o dolor de espalda baja un día o dos. Puede tener flujo aproximadamente tres semanas al disolverse las suturas en la parte superior de la vagina. Una histerectomía abdominal puede causar más molestias porque la incisión es a través de la pared abdominal. Ambas son ciugías mayores.

Síndrome de choque tóxico

El **síndrome de choque tóxico** (SCT) es una reacción a toxinas producidas por bacterias en la vagina. Ocurre típicamente durante la menstruación y más frecuentemente en mujeres que usan tampones. Los síntomas se desarrollan súbitamente, y la enfermedad es grave. La presión arterial puede disminuir y presentar estado de choque. Algunas veces hay insuficiencia renal. El SCT requiere atención médica inmediata. Los síntomas incluyen fiebre de 39°C o más, vómito, diarrea, debilidad, mareo, desorientación y una erpución que semeja una quemadura solar.

Si usa tampones, evite marcas superabsorbentes. Cambie los tampones por lo menos cada ocho horas. Si ha tenido SCT, no use tampones.

Anticoncepción

Método	Cómo funciona	Eficacia*	Precauciones
Planeación natural de la familia	Coitos determinados por el ciclo menstrual	78 - 98%	Funciona mejor en relaciones estables. Requiere entrenamiento especial.
Anticonceptivos orales (píldora de control natal)	Hormonas sintéticas evitan la ovulación y dificultan la implantación	92% con uso típico	Tome la pastilla a la misma hora. No fume, especialmente después de los 35 años.
Dispositivos intrauterinos (DIU)	Insertados en el útero; inhiben la migración de esperma y la fertilización	98 - 99%	Uno puede aumentar el flujo de sangre; otro disminuye el flujo de sangre; la paciente debe verificar la colocación.
Diafragma	Capuchón de hule insertado en la vagina para cubrir el cérvix	84% con uso típico	Puede causar irritación cervical y aumento del riesgo de infecciones del tracto urinario. Se inserta antes del coito; se deja ocho horas después.
Capuchón cervical	Capuchón cervical de plástico que se coloca en el orificio cervical	86% en mujeres que no han tenido un hijo	Puede causar irritación cervical y anormalidades en la prueba de Papanicolaou. Debe insertarse antes del coito.
Esponja espermaticida	Actúa como barrera; se puede dejar dentro más de 30 horas	84-89%	Evitar las sulfas
Condón femenino	Membrana de poliuretano insertada en la vagina Se extiende fuera de la vagina	78-95%	Debe insertarse antes del coito. Inserción difícil para algunas mujeres.
Inyecciones de Depo-Provera	Inyección hormonal en el brazo, glúteo o bajo la piel cada tres meses	97% con uso típico	Puede causar dolor de cabeza, irregularidades menstruales, dolor de cabeza, acné y aumento de peso. El uso prolongado puede aumentar el riesgo de pérdida ósea.
Implante subdérmico	Hormona liberada de una banda colocada bajo la piel; más de tres años	99%	Acné, dolor de cabeza, aumento de peso, dolor de mamas, cicatriz al retirarlo.
El parche	Parche en la piel que libera hormonas en la corriente sanguínea	99%	Menos eficaz en mujeres que pesan más de 89 kg.
Anillo vaginal hormonal anticonceptivo	Anillo que libera hormonas colocado en la vagina	92% con uso típico	Necesita retirar el anillo después de tres semanas. Sacar el anillo una semana para la menstruación. Insertar uno nuevo.
Esterilización no quirúrgica	Diminutos dispositivos que se insertan en las trompas de Falopio, haciendo que cicatricen y se obstruyan	99%	Se requiere usar otra forma de anticoncepción durante 3 meses.
Esterilización quirúrgica**	Se suturan y se cortan o se cauterizan las trompas de Falopio	99%	Requiere cirugía, generalmente ambulatoria.
Condón masculino	Vaina de látex que se coloca en el pene	85% solo 95% con espermaticida	Evite el natural o de piel de borrego; alergia al látex.
Anticoncepción de emergencia	Altas dosis de hormonas en una pastilla para el día siguiente	75%	Debe iniciarse en las 72 horas posteriores a la relación sexual.

*La eficacia se define como prevenir el embarazo durante un año de uso típico.
**Para información sobre la esterilización masculina (vasectomía), ver página 143.

◼ Embarazo

Aunque el **embarazo** es un estado natural, quiere tomar especialmente buen cuidado de la salud para ayudar a asegurar que su bebé tenga el mejor inicio posible en la vida. Es buena idea ver al médico para un examen completo antes de embarazarse. Pueden revisarse varios trastornos que pueden no causar síntomas pero que complican el embarazo. Estos incluyen diabetes, presión arterial alta, tumores pélvicos y anemia. Si hay un problema de salud, el médico querrá controlar el trastorno, idealmente antes de embarazarse. El médico revisará también las inmunizaciones para asegurarse que es inmune al sarampión alemán (rubéola), una infección viral.

Autocuidados

Prepararse para el embarazo

- Si tiene sobrepeso, disminuya el peso antes de embarazarse. No empiece dieta si está embarazada.
- Si fuma, deje de fumar. Y si es posible, evite el humo de segunda mano (fumador pasivo) (ver página 193).
- No consuma alcohol si está tratando de embarazarse.
- Tome un multivitamínico diariamente. Asegúrese que contiene ácido fólico, que disminuye el riesgo de defectos del nacimiento de la columna vertebral (defectos del tubo neural).
- Hable con el médico respecto a tomar medicamentos que se pueden obtener sin receta o de prescripción.

Durante el embarazo

Una vez que está embarazada, las mejores formas de asegurar un bebé sano son:
- Consuma una alimentación saludable. Tenga un aumento de peso apropiado.
- Haga visitas regulares al médico.
- Tome una vitamina prenatal con ácido fólico, como lo prescriba el médico.
- Obtenga un libro sobre el embarazo. Entienda los cambios que el cuerpo está presentando.
- Evite las sustancias perjudiciales como cigarrillos, alcohol y algunos medicamentos y sustancias químicas.
- **Precaución**: El sangrado por la vagina durante el embarazo puede indicar que algo está mal. Llame al médico inmediatamente. Aunque algún manchado y sangrado inofensivo ocurre en muchas mujeres durante el inicio del embarazo, el médico querrá descartar un aborto, embarazo tubario (ectópico) y otros trastornos, como una lesión cervical.

Pruebas caseras de embarazo

Las pruebas de embarazo en la casa proporcionan una forma privada de saber si está embarazada. La mayoría de las pruebas usa tira reactiva colocada en el chorro de orina o en una muestra de orina para detectar la hormona gonadotrofina coriónica humana (hCG). La placenta empieza a producir esta hormona poco después de la concepción. Cuando se practica correctamente, la prueba tiene 97 por ciento de precisión después de una semana de atraso del periodo menstrual.

Las pruebas de embarazo en casa pueden ayudarla a empezar el embarazo con un buen inicio nutricional usando suplementos vitamínicos prenatales tempranamente. También la ayudan a evitar lo que podría perjudicar al feto como el alcohol y los cigarrillos, así como algunos medicamentos o sustancias químicas en casa o en el trabajo. Las pruebas de embarazo en casa proporcionan también una advertencia temprana para las mujeres que han tenido embarazo ectópico o abortos tempranos para que puedan ver al médico lo más pronto posible.

■ Problemas frecuentes durante el embarazo

Las preocupaciones frecuentes pero molestas que puede tener durante el embarazo son emesis gravídica, agruras, dolor de espalda y otros problemas. Estos pueden hacerla sentirse incómoda, pero generalmente no son una amenaza para su salud o para la salud del bebé en desarrollo. Si son graves o persisten a pesar de las medidas de autocuidados, vea al médico.

Náusea y vomito

En las primeras 12 semanas del embarazo aproximadamente 80 por ciento de las mujeres presenta náusea, y hasta 50 por ciento presenta vómito. Este trastorno es llamado frecuentemente náusea y vómito matutinos. Aunque no siempre sucede en la mañana, es generalmente inofensivo. Si tiene problemas con el malestar matutino:

- Coma unas galletas saladas antes de levantarse en la mañana.
- Consuma varias comidas pequeñas al día, para que el estómago nunca esté vacío.
- Evite oler o comer alimentos que desencadenen la náusea, y evite alimentos condimentados y fritos si tiene náusea.
- Tome abundantes líquidos, especialmente si está vomitando. Pruebe hielo picado, jugo de fruta o paletas heladas si el agua molesta su estómago.
- Intente acupresión o bandas para el mareo para combatir la náusea.
- Tome suplementos de vitamina B6 si se los recomienda el médico.

Anemia

Algunas mujeres embarazadas desarrollan un nivel inadecuado de hemoglobina en la sangre (**anemia**) por deficiencia de hierro o un aporte inadecuado de ácido fólico. Los síntomas de la anemia incluyen fatiga, falta de aire, desmayo, palpitaciones y piel pálida. Este trastorno puede ser de riesgo para usted y el bebé. Se diagnostica fácilmente con un análisis de sangre. Si está anémica:

- Consuma una dieta rica en hierro (incluyendo carne, hígado, huevo, frutas secas, granos enteros y cereales enriquecidos con hierro).
- Consuma abundantes verduras de hojas verdes, hígado, lentejas, chícharos, ejotes y frijoles, naranjas y toronja.
- Siga las recomendaciones del médico.

Edema (Hinchazón)

Cuando está embarazada, los tejidos del cuerpo acumulan más líquido, y es frecuente el edema. El clima caluroso puede agravar el trastorno. Si tiene problemas con el edema:

- Use compresas frías para ayudar a aliviar el edema.
- Consuma una dieta baja en sal.
- Acuéstese; eleve las piernas durante una hora al mediodía.
- Si la cara se hincha, especialmente alrededor de los ojos, puede ser un signo de un trastorno grave llamado preeclampsia. Vea al médico inmediatamente.

Venas varicosas

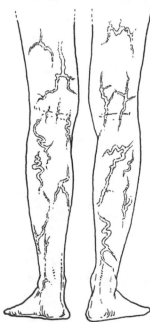

Las venas varicosas son venas aumentadas de tamaño que se ven fácilmente por debajo de la superficie de la piel.

El embarazo aumenta el volumen de sangre en el cuerpo y puede dificultar el flujo de sangre de las piernas a la pelvis. Esta dificultad puede hacer que las venas de las piernas aumenten de tamaño y duelan algunas veces, un trastorno llamado venas varicosas. Si tiene problemas con venas varicosas:

- No esté parada en lo posible, y eleve las piernas tan a menudo como pueda.
- Use ropas flojas alrededor de las piernas y la cintura.
- Use medias elásticas desde que despierte hasta que se acueste.

Estreñimiento

El **estreñimiento** puede agravarse durante el embarazo. Las evacuaciones pueden disminuir por el aumento de presión sobre los intestinos por el bebé en crecimiento dentro del útero.

- Tome abundantes líquidos — por lo menos ocho a 10 vasos al día.
- Haga ejercicio moderado diariamente.
- Consuma varias raciones de frutas frescas, verduras y granos enteros.
- Intente tomar un formador de volumen que contenga *psyllium* (disponible sin receta). No tome laxantes sin discutirlo con el médico.
- No tome un laxante sin discutirlo antes con el proveedor de atención a la salud.

Agruras

Las **agruras** son una sensación de ardor en la parte media del pecho, a menudo con un mal sabor en la boca. Es causado por reflujo — ácido del estómago que regresa al esófago. No tiene nada que ver con el corazón. Durante la última parte del embarazo el útero en expansión empuja al estómago fuera de su posición, lo que hace más lenta la velocidad a la que se vacía el alimento del estómago.

- Tome comidas pequeñas más a menudo, pero lentamente.
- Evite alimentos grasos.
- No tome café. Tanto el café regular como el descafeinado pueden agravar las agruras.
- No coma dos o tres horas antes de acostarse, y eleve la cabecera de la cama 10 a 15 centímetros. El reflujo se agrava cuando usted se acuesta.
- Si estos pasos no funcionan, consulte al médico, quien puede recomendarle un antiácido. (ver página 64).

Dolor de espalda

El dolor de espalda es frecuente en el embarazo y puede agravarse si se agacha, levanta, camina demasiado o se fatiga. El dolor puede estar en la parte baja de la espalda o puede irradiar hacia las piernas. El abdomen puede doler por el estiramiento de los ligamentos. Durante el embarazo los ligamentos son más elásticos y por lo tanto las articulaciones están más propensas a distensión y lesiones. El centro de equilibrio cambia también durante el embarazo. Esto significa más carga para la espalda.

- No aumente de peso más de lo que le recomienda el médico.
- Elimine toda la carga posible. Trate de usar una faja de maternidad.
- El médico puede recomendarle ejercicios para aliviar el dolor.

Hemorroides

Las **hemorroides** son venas que aumentan de tamaño en el orificio anal. Aumentan de tamaño porque se eleva la presión. A menudo se agravan durante el embarazo y se acompañan de estreñimiento.

- Evite el estreñimiento.
- No puje durante las evacuaciones.
- Tome baños con agua caliente frecuentes.
- Aplique un apósito de algodón con crema de almendras al área.
- Recuéstese durante el embarazo para ayudar a aliviar la presión en el área anal.

Problemas con el sueño

El sueño puede alterarse durante las etapas tardías del embarazo por la frecuente necesidad de orinar, los movimientos del bebé o todo lo que tiene usted en la mente.

- Evite la cafeína.
- No tome comidas abundantes antes de acostarse; tome un baño caliente antes de ir a la cama.
- Haga más ejercicio durante el día.
- Si no puede dormir, salga de la cama y haga algo.
- No tome ningún medicamento a menos que lo recomiende el médico.

Trastornos específicos

- Alergias respiratorias
- Artritis
- Asma
- Cáncer
- Diabetes
- Enfermedad cardiaca
- Hepatitis C
- Presión arterial alta
- Enfermedades de transmisión sexual

El asma, la artritis, las alergias respiratorias importantes, el cáncer, la diabetes, la presión arterial alta, la enfermedad cardiaca, la hepatitis C y las enfermedades de transmisión sexual son trastornos frecuentes y costosos en los cuales las reglas generales de autoevaluación y de autocuidados pueden no aplicar. Debe examinarlo un médico para el diagnóstico correcto y el tratamiento de estos trastornos.

En esta sección encontrará guías generales sobre la prevención y el manejo de estas enfermedades. En algunos casos se incluyen nuevos tratamientos que pueden ser útiles. Hable con el médico acerca de lo que es correcto para usted.

Alergias respiratorias

¿Desarrolla comezón en los ojos, lagrimeo, nariz congestionada o con secreción líquida abundante durante la misma estación cada año? ¿Estornuda frecuentemente cuando está cerca de animales o en el trabajo? Si responde afirmativamente a cualquiera de estas preguntas, puede ser uno de los más de 50 millones de estadounidenses con alergia (ver Reacciones alérgicas, página 12, y Urticaria, página 123).

Reacciones alérgicas y respuesta inmune

Una alergia es una reacción excesiva del sistema inmune a una sustancia por lo demás inofensiva, como el polen o la caspa de las mascotas. El contacto con esta sustancia, llamada alergeno, desencadena la producción del anticuerpo inmunoglobulina E (IgE). La IgE hace que las células inmunes del revestimiento de los ojos y de las vías aéreas liberen sustancias inflamatorias, incluyendo histamina.

Cuando estas sustancias químicas son liberadas, producen los síntomas familiares de la alergia — comezón, enrojecimiento y edema en los ojos, nariz congestionada o con secreción líquida abundante, estornudos frecuentes y tos, urticaria o ronchas en la piel. Esta reacción alérgica causa o agrava algunas formas de asma (ver página 165).

Sustancias encontradas en el exterior, en el interior y en los alimentos que usted consume causan reacciones alérgicas. Los alergenos más frecuentes son inhalados:

- **Polen.** La primavera, el verano y el otoño son las estaciones en que se produce polen en muchos climas. Durante estas estaciones, la exposición al polen transportado por el aire de árboles, pastos y hierbas es inevitable.
- **Ácaros del polvo**. El polvo de la casa alberga toda clase de alergenos potenciales, incluyendo polen y hongos. Pero el principal desencadenante de la alergia son los ácaros del polvo. Miles de estos microscópicos insectos parecidos a arañas están contenidos en una pizca de polvo de la casa. El polvo de la casa es una causa de síntomas de alergia todo el año.
- **Caspa de las mascotas**. Los perros y especialmente los gatos son los animales que con mayor frecuencia causan reacciones alérgicas. La caspa de los animales (escamas de la piel), la saliva, orina y algunas veces el pelo, son los principales culpables.
- **Hongos**. Muchas personas son sensibles a las esporas de hongos del aire. Los hongos del exterior producen esporas sobre todo en el verano y a principios del otoño en los climas nórdicos y todo el año en los climas subtropicales y tropicales. Los hongos del interior desprenden esporas todo el año.

Cómo descubrir las causas

No es claro por qué algunas personas se vuelven sensibles a alergenos como el polen. Pero los médicos saben que la tendencia a desarrollar alergias es hereditaria. Si usted tiene alergias, las probabilidades son que en su familia inmediata también enfrenten reacciones alérgicas.

Sin embargo, usted y sus parientes no necesariamente son sensibles a los mismos alergenos. Usted tiene menos probabilidad de heredar una sensibilidad a una sustancia específica que a heredar la tendencia general a desarrollar alergias.

Si los síntomas son leves, los medicamentos para la alergia que se obtienen sin receta pueden ser todo el tratamiento que usted necesita. Pero si los síntomas son persistentes o molestos, una visita al médico puede traerle alivio.

Para diagnosticar las alergias con precisión, el médico necesita conocer respecto a los:

- Síntomas
- Problemas médicos pasados
- Condiciones previas y actuales de vivienda
- Ambiente de trabajo
- Posible exposición a alergenos
- Historia médica familiar
- Alimentación, estilo de vida y hábitos recreativos

Los pasos siguientes son típicamente una exploración física y pruebas cutáneas. Durante una prueba cutánea se aplican en la piel gotitas diluidas de los alergenos sospechados. Luego se hacen pequeños rasguños o piquetes a través de las gotitas. Si la respuesta a un alergeno es positiva, aparece una reacción en la piel como el piquete de un mosquito o una pequeña roncha — llamada reacción de roncha y eritema — en el sitio de la prueba aproximadamente en 20 minutos.

Un resultado positivo de una prueba cutánea significa solamente que usted podría ser alérgico a una sustancia en particular. Para señalar la causa de los síntomas, el médico considera los resultados de las pruebas cutáneas además de la historia clínica y exploración física.

La diferencia entre resfriados y alergias

Debido a que las alergias causan a menudo síntomas similares a un resfriado — congestión de la cabeza y del pecho, nariz congestionada o con abundante secreción líquida, tos y estornudos — mucha gente confunde las alergias con los resfriados. Sin embargo, en un resfriado los síntomas generalmente desaparecen en unos días. Si tiene alergias, los síntomas pueden reactivarse en ciertas circunstancias o puede parecer que nunca terminan.

La **fibre del heno** (llamada médicamente rinitis alérgica) es una alergia respiratoria frecuente. Los síntomas aparecen a menudo durante la estación del polen — primavera, verano y otoño. La fiebre del heno se refiere generalmente a la rinitis alérgica estacional debida al polen. No es debida al heno, y no hay fiebre.

Algunas personas tienen síntomas de alergia principalmente en el invierno. Otras pueden presentar síntomas cuando entran a un cuarto con un gato. Otras más tienen síntomas al azar todo el año.

Los signos y síntomas de fiebre del heno incluyen los siguientes:
- Nariz congestionada o con secreción líquida
- Comezón en los ojos, nariz, garganta o paladar
- Estornudos frecuentes
- Tos

Mitos sobre la alergia

Las alergias parecen a menudo vagas en origen e impredecibles en su respuesta. Por lo tanto, no sorprende que existan varios conceptos equivocados respecto a sus causas y curaciones. Tres mitos frecuentes sobre las alergias se describen abajo.

- **Las alergias son psicosomáticas.** Aunque la fiebre del heno afecta los ojos y nariz, las alergias no "están en su cabeza". Una alergia es un trastorno médico real que involucra el sistema inmune. El estrés o las emociones pueden iniciar o agravar los síntomas, pero las emociones no causan alergias.
- **Irse a Arizona cura las alergias.** Algunas personas que tienen alergias a pólenes y hongos creen que irse al Suroeste en donde el follaje y el clima son diferentes

hará que desaparezcan sus alergias. El desierto puede carecer de árboles de maple y de ambrosía, pero tiene otras plantas que producen polen, como la artemisa, el álamo, olivos y fresnos. Las personas sensibles a algunos pólenes y hongos pueden volverse sensibles a los pólenes y hongos encontrados en nuevos ambientes.
- **Las mascotas de pelo corto no causan alergias.** La piel de un animal (independientemente de lo largo) no es responsable de las alergias. La causa es la caspa y algunas veces la saliva y la orina. Si usted es alérgico a la piel de las mascotas, los peces pueden ser una mejor opción.

Autocuidados

El mejor enfoque para manejar las alergias es conocer y evitar lo que las desencadena:

Polen

- Quédese en el interior cuando la cuenta de polen es más alta, entre las 5 a.m. y las 10 a.m. Use un acondicionador de aire con un buen filtro. Cámbielo frecuentemente.
- Use una mascarilla contra el polen cuando está en el exterior y para trabajar en el jardín.
- Tome sus vacaciones fuera de la región durante la fase de mayor intensidad de la estación del polen.

Polvo y hongos

- Limite su exposición limpiando la casa por lo menos una vez por semana. Use una mascarilla mientras limpia, o haga que alguien limpie por usted.
- Envuelva colchones, almohadas y *box springs* con fundas a prueba de polvo.
- Considere reemplazar las telas de los muebles por piel o vinil, poner el piso de madera, vinil o linóleo (particularmente en la recámara).
- Mantenga la humedad en el interior entre 30 y 50 por ciento. Use extractores en la cocina y en el baño y un deshumidificador en el sótano.
- Cambie rutinariamente los filtros de la estufa de acuerdo a las instrucciones del fabricante. Además, considere instalar un filtro de alta eficiencia para detener partículas (HEPA, por sus siglas en inglés) en el sistema de calefacción.
- Limpie los humidificadores frecuentemente para prevenir el crecimiento de hongos y bacterias.

Mascotas

- Evite mascotas con pelo o plumas. Si opta por conservar un animal con pelo, manténgalo fuera de la recámara y en un área de la casa que se pueda limpiar fácilmente. Mantenga el animal fuera de la casa el mayor tiempo posible.

Atención médica

Los **antihistamínicos** se utilizan ampliamente para controlar los estornudos, la secreción líquida de la nariz y la comezón en los ojos o la garganta. Los antihistamínicos bloquean la acción de la histamina, una de las sustancias químicas irritantes responsables de los síntomas. **Precaución**: Algunos antihistamínicos pueden causar somnolencia.

Los **descongestionantes** alivian algunos de los síntomas de la alergia disminuyendo la congestión o el edema de las membranas nasales. Esto le permite respirar más fácilmente. Muchos medicamentos que se obtienen sin receta para alergias y resfriados combinan descongestionantes con antihistamínicos. Los descongestionantes pueden causar palpitaciones, aumento de la presión arterial y dificultad para dormir.

Las **nebulizaciones nasales**, disponibles con y sin receta, pueden ser parte también de la defensa contra las alergias. Las diferentes formas se describen aquí.

- *Corticoesteroides*. Disponibles con prescripción, alivian la congestión cuando se usan diariamente, pero tardan por lo menos una semana para ser totalmente efectivos.
- *Cromolin sódico*. Una nebulización nasal disponible sin receta que puede prevenir los estornudos y la comezón, y las secreciones líquidas causados por alergias leves a moderadas.
- *Solución salina*. Nebulizaciones nasales que contienen solución salina para aliviar la congestión leve, aflojar el moco y evitar las costras. Puede usarlas con seguridad cuando las necesite hasta que mejoren los síntomas.
- *Descongestionantes*. Estas nebulizaciones no son para alivio de los síntomas crónicos de la alergia. Evítelos o úselos raras veces no más de tres o cuatro días.

Las **inyecciones para la alergia** (inmunoterapia) implican inyectar cantidades muy pequeñas de alergenos conocidos en su organismo. Después de varias inyecciones, generalmente semanales, puede desarrollar tolerancia al alergeno. Puede entonces necesitar inyecciones mensuales durante varios años.

Artritis

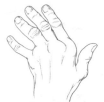

La artritis reumatoide puede producir aumento de volumen y deformaciones de los nudillos grandes y de en medio.

Los nódulos de Heberden son protuberancias de hueso y cartílago en los extremos de los dedos. Ocurren con mayor frecuencia en las mujeres y son un signo de osteoartritis.

La artritis es uno de los problemas médicos más frecuentes en Estados Unidos. Afecta a una de cada siete personas. Hay más de 100 formas de artritis, y tienen causas, síntomas y tratamientos diferentes. Vea el cuadro de la página 162 para un resumen de los síntomas de las formas principales de artritis.

Los signos de advertencia de la artritis incluyen los siguientes:
- Aumento de volumen en una o más articulaciones
- Rigidez matutina prolongada
- Dolor recurrente o dolor con la presión en cualquier articulación
- Incapacidad para mover normalmente una articulación
- Enrojecimiento y calor en una articulación
- Fiebre sin explicación, pérdida de peso o debilidad asociados a dolor articular.

Cualquiera de estos signos, cuando son nuevos, y duran más de dos semanas requieren evaluación médica pronto. Distinguir la artritis de simples dolores es importante para tratar correctamente el problema.

La artritis tiene muchas causas. Puede resultar del desgaste del cartílago de las articulaciones (osteoartritis) o de una lesión, inflamación, infección o cualquier número de causas desconocidas. La mayoría de dolencias causadas por inflamación son llamadas artritis, de las palabras Griegas *arthron*, "articulación" e *itis*, "inflamación".

El resto de esta sección se enfoca en el manejo de la **osteoartritis** que es la forma más frecuente de artritis. Algunos de los consejos de autocuidados pueden aplicarse a otras formas. Consulte al médico respecto al manejo de otras formas de artritis.

■ Ejercicio

Con el tiempo, el ejercicio es probablemente el tratamiento que tendrá el mayor beneficio para manejar la artritis. El ejercicio debe practicarse regularmente para producir y mantener la mejoría. Por eso debe hablar con el médico y empezar un programa regular de ejercicio para sus necesidades específicas.

En forma global, usted quiere estar en buena condición física. Esto significa mantener la flexibilidad, fuerza y resistencia. En conjunto, estas protegerán a las articulaciones de un mayor daño, las mantendrán alineadas, reducirán la rigidez y minimizarán el dolor.

Diferentes tipos de ejercicio logran diferentes objetivos. Para la flexibilidad, los ejercicios de rango de movimiento (estiramiento suave) mueven la articulación de una posición extrema a otra. En la oasteoartritis grave, los ejercicios de rango de movimiento pueden causar dolor. No continúe un ejercicio más allá del punto en que produce dolor sin la recomendación del médico o fisioterapeuta.

Mover grandes grupos musculares durante 15 a 20 minutos es la forma principal de hacer ejercicio aeróbico para fortalecer los músculos y aumentar la resistencia. Caminar, andar en bicicleta, nadar y bailar son buenos ejemplos de ejercicios de tipo aeróbico con baja a moderada carga sobre la articulación.

Si tiene sobrepeso es más difícil moverse. Está usted aplicando carga sobre la espalda, cadera, rodillas y pies — todos estos lugares frecuentes de la osteoartritis. No hay evidencia positiva de que el exceso de peso cause osteoartritis. La obesidad claramente agrava los síntomas de artritis, al igual que el desacondicionamiento debido a falta de actividad física.

Trastornos específicos

Formas frecuentes de artritis

Causa y frecuencia	Síntomas clave	¿Qué tan grave es?
	Osteoartritis	
A menudo se asocia a desgaste de algunas articulaciones. Puede ser debida a un desequilibrio de enzimas. Es frecuente en personas mayores de 50 años; es rara en jóvenes a menos que una articulación se lesione o que existan anormalidades metabólicas.	• Dolor en una articulación después de usarla. • Molestias en una articulación antes o durante un cambio del clima. • Aumento de volumen o pérdida de flexibilidad en una articulación. • Protuberancias óseas en las articulacions de los dedos. • Es frecuente el dolor. Es menos frecuente el enrojecimiento y calor.	La gravedad puede depender de las articulaciones afectadas y de la edad. No desaparece, aunque el dolor puede aparecer y desaparecer. Los efectos pueden ser incapacitantes en algunos casos. Articulaciones como la cadera y la rodilla pueden deteriorarse hasta el punto de necesitar reemplazo quirúrgico.
	Artritis reumatoide	
La **artritis reumatoide** es la forma más frecuente de artritis inflamatoria.* Se desarrolla con mayor frecuencia entre los 20 y 50 años de edad. Es causada probablemente porque el sistema inmune ataca el tejido de revestimiento articular, el cartílago y el hueso.	• Dolor y aumento de volumen en las articulaciones pequeñas de las manos y los pies. • Dolor y rigidez generalizada, sobre todo en la mañana o después de periodos de reposo. • Las articulaciones afectadas están hinchadas, dolorosas y calientes durante el ataque inicial y las reactivaciones.	Es una de las formas más debilitantes de artritis. La enfermedad produce frecuentemente deformación de las articulaciones. Algunas personas presentan sudor y fiebre así como pérdida de fuerza de los músculos insertados en las articulaciones afectadas. A menudo es crónica.
	Artritis infecciosa	
Los agentes infecciosos incluyen bacterias, hongos y virus. Puede ser una complicación de enfermedades transmitidas sexualmente. Puede ocurrir en cualquier persona.	• Dolor y rigidez en múltiples articulaciones, típicamente rodilla, tobillo, codo, dedo o muñeca. • Los tejidos circundantes están calientes y enrojecidos. • Calosfrío, fiebre y debilidad. • Puede asociarse a una erupción.	En la mayoría de los casos, el diagnóstico y tratamiento rápidos de una infección articular puede tener una recuperación rápida y completa.
	Gota	
Se forman cristales de urato en la articulación. Más comúnmente afecta a hombres mayores de 40 años.	• La **gota** causa dolor intenso y súbito en una articulación, a menudo en la base del dedo gordo del pie, pero puede afectar otras articulaciones, incluyendo la rodilla y el tobillo. • Hinchazón y enrojecimiento.	Un ataque agudo puede ser tratado eficazmente. Después que un ataque ha seguido su curso, la articulación afectada generalmente regresa a lo normal. Los ataques pueden repetir y requerir tratamiento preventivo para disminuir los niveles de ácido úrico en la sangre.

*Otros tipos de artritis inflamatorias incluyen la artritis psoriásica, que ocurre en personas con psoriasis, especialmente en las articulaciones de los dedos de las manos y los pies; la artritis posinfecciosa, que se transmite a menudo por contacto sexual y se caracteriza por dolor en las articulaciones, secreción por el pene, inflamación, dolor en los ojos y una erupción; la espondilitis anquilosante, que afecta las articulaciones de la columna y algunas veces los miembros y, en casos avanzados, causa una columna vertebral muy rígida sin flexibilidad.

Los medicamentos controlan las molestias

Los medicamentos usados con más frecuencia para la osteoartritis que pueden obtenerse sin receta se describen a continuación. (Ver página 258 para mayor información sobre el uso de estos medicamentos).

- **Acetaminofén**. Este medicamento que puede obtenerse sin receta alivia el dolor y tiene menos probabilidad de causar molestias en el estómago. No ayuda a la inflamación, pero debido a que el dolor de la osteoartritis se debe a menudo a problemas mecánicos, es una buena opción la mayor parte del tiempo.
- **AINE**. Los antiinflamatorios no esteroideos. (AINE) incluyen aspirina, ibuprofeno, naproxeno y ketoprofeno. La dosis hace la diferencia. El médico debe especificar la cantidad adecuada para usted. La aspirina puede aliviar el dolor con dos tabletas cada cuatro horas. Podría usted necesitar tomar esta dosis una semana o dos para la inflamación temporal– o durante más tiempo para la inflamación crónica. Otros AINE pueden funcionar igual que la aspirina y tener menos efectos secundarios, pero el costo es mayor.
- **Inhibidores de COX-2**. Los inhibidores de COX-2 bloquean la producción de una enzima que desencadena la inflamación y el dolor. Estos medicamentos fueron diseñados para proporcionar alivio sin los efectos secundarios de irritación y sangrado gastrointestinal. Se utilizan mejor bajo el cuidado de un especialista en artritis.
- **Corticoesteroides**. Disminuyen la inflamación. Se dispone de unos 30 tipos; el más común es la prednisona. Los médicos no prescriben corticoesteroides orales para la osteoartrtitis, pero pueden inyectar ocasionalmente cortisona dentro una articulación inflamada. Debido a que el uso frecuente de este medicamento puede acelerar el daño articular, los médicos a menudo son cautelosos con su uso.

Precaución

Muchos de los analgésicos y medicamentos antiinflamatorios que pueden obtenerse sin receta pueden irritar el revestimiento del estómago e intestino y causar úlceras e incluso sangrado grave con el uso a largo plazo. Se puede presentar perforación gástrica e intestinal sin sangrado. **Consulte al médico si está usando AINE regularmente más de dos semanas para tratar el dolor articular.**

Otros métodos para aliviar el dolor

Pregunte al proveedor de atención a la salud respecto a los tratamientos descritos abajo:
- El **calor** es calmante. Ayuda a relajar los músculos alrededor de una articulación adolorida. Puede aplicar calor superficial con agua caliente, baño de parafina, cojín eléctrico, compresas calientes o lámpara de calor; pero tenga cuidado en evitar una quemadura. Para penetración profunda, un fisioterapeuta puede usar ultrasonido o diatermia de onda corta.
- El **frío** actúa como anestésico local. También disminuye los espasmos musculares. Las compresas frías pueden ayudar cuando tiene dolor por tener los músculos en la misma posición para evitar el dolor.
- Las **férulas** soportan y protegen las articulaciones dolorosas durante la actividad, y proporcionan posición apropiada durante la noche, lo que favorece un sueño reparador. Las férulas constantes, sin embargo, pueden debilitar los músculos y disminuir la flexibilidad.
- Las técnicas de **relajación**, incluyendo hipnosis, visualización, respiración profunda, relajación muscular y otras técnicas pueden disminuir el dolor.
- Los **suplementos de glucosamina** están ganando popularidad. Hasta la fecha, existe poca evidencia de que estos suplementos de venta sin receta sean útiles. Tenga precaución cuando seleccione uno de ellos. Los productos no están regulados por la Administración de Alimentos y Medicamentos.
- **Otras técnicas,** como el ejercicio de bajo impacto, el manejo del peso, las ortesis (como las plantillas) y los auxiliares para caminar (bastones y andaderas), ayudan a fortalecer los músculos, reducir la presión, y disminuir el dolor. Vea a un terapeuta físico para una instrucción adecuada.

Trastornos específicos

Protección articular

La "mecánica corporal" correcta lo ayuda a moverse con mínimo esfuerzo. Un terapeuta físico u ocupacional puede sugerir técnicas y equipo que protegen las articulaciones al mismo tiempo que disminuyen la carga y conservan energía.

La modificaciones que puede hacer incluyen:

- Evitar actividades de prensión que aplican cargas sobre las articulaciones de los dedos. Por ejemplo, en lugar de una bolsa de asa o un portafolios, seleccione una con correa para el hombro. Use agua caliente para aflojar una tapadera y presione con la palma para abrirla, o use un abridor. No tuerza o use los articulaciones forzadamente.
- Distribuir el peso de un objeto en varias articulaciones. Use ambas manos, por ejemplo, para levantar una cazuela o un libro pesado. Intente usar una andadera o un bastón.
- Descansar periódicamente para relajarse y estirarse y evitar la fatiga muscular.
- La buena postura ayuda a promover la distribución del peso y ayuda a evitar desgarros en los ligamentos y músculos.
- Durante el día usar los músculos más fuertes ytratar de favorecer las articulaciones sin artritis. No empuje para abrir una pesada puerta de vidrio. Inclínese hacia ella. Para levantar un objeto, doble las rodillas y póngase en cuclillas mientras mantiene la espalda recta.
- Se dispone de instrumentos especiales para hacer la prensión más fácil para abrochar las camisas y uso en la cocina. Búsquelos en la tienda de abarrotes o ferretería, o contacte a la farmacia o al médico para información para ordenar estos productos.

No se engañe con curas no comprobadas

Los remedios para la artritis no probados pueden causar efectos colaterales dañinos. Aquí están algunas afirmaciones populares, pero falsas:

- **El aceite de hígado de bacalao "lubrica" las articulaciones rígidas.** Puede parecer lógico, pero el cuerpo trata el aceite de hígado de bacalao como cualquier otra grasa; no proporciona ninguna ayuda especial para las articulaciones. Cantidades grandes de aceite de hígado de bacalao pueden llevar a toxicidad por vitaminas A y D.
- **Algunos alimentos causan artritis alérgica.** No hay pruebas de que la alergia a los alimentos cause artritis.

Tampoco ciertos alimentos curan o mejoran los síntomas de la artritis.

- **Los aceites de pescado reducen la inflamación.** La investigación sobre artritis reumatoide sugiere que los ácidos grasos omega-3 de los aceites de pescado pueden proporcionar un alivio modesto y temporal de la inflamación. Este hallazgo es válido, pero nosotros no recomendamos suplementos de aceite de pescado. Necesitaría aproximadamente 15 cápsulas diarias — los médicos no saben si esa es una cantidad segura. Una dosis más baja no ayuda.

PARA MAYOR INFORMACIÓN (en Estados Unidos)

- Fundación para la Artritis, P.O. Box 7669, Atlanta GA 30357; 800-283-7800; *www.arthritis.org.*
- Oficinas del Instituto Nacional de Artritis, Enfermedades Musculoesqueléticas y de la Piel, Institutos Nacionales de Salud, 1 AMS Circle, Bethesda, MD 20892; 877-226-4267; *www.niams.nih.gov.*
- Colegio Americano de Reumatología, 1800 Century Place, Suite 250, Atlanta GA 30345; 404-633-3777; *www.rheumatology.org.*

Asma

Ocurre **asma** cuando los conductos principales del aire de los pulmones, llamados bronquios, se inflaman. Los músculos de las paredes bronquiales se estrechan y se produce moco extra. El flujo de aire hacia afuera de los pulmones disminuye, causando a menudo sibilancias.

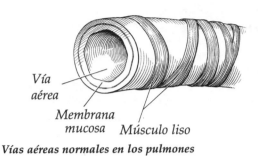

Vía aérea

Membrana mucosa

Músculo liso

Vías aéreas normales en los pulmones

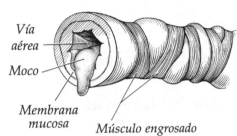

Vía aérea

Moco

Membrana mucosa

Músculo engrosado

En el asma, las vías aéreas de los pulmones están inflamadas y edematosas.

Los síntomas frecuentes son sibilancias, dificultad para respirar, "opresión" en el pecho y tos. En las urgencias, la persona tiene dificultad extrema para respirar, los labios y las uñas están de color azulado, tiene importante falta de aire aumento de la frecuencia del pulso, sudoración y tos intensa.

El asma es un trastorno médico grave, pero con cuidados y tratamiento apropiados puede generalmente controlar los síntomas y llevar una vida normal.

Aproximadamente 12 por ciento de los niños y 7 por ciento de los adultos en Estados Unidos tienen asma. Aproximadamente la mitad de los niños que tienen asma desarrolló el trastorno antes de los 10 años de edad. El asma es generalmente un trastorno hereditario, y no es contagioso.

Hay muchas causas o factores desencadenantes de los ataques de asma. Pueden desencadenarse por una reacción alérgica a los ácaros del polvo, cucarachas, sustancias químicas, polen, hongos o células muertas de la piel que se desprenden de los animales (caspa animal). Pueden desencadenarse por exposición a sustancias en la casa o en el trabajo. Algunas personas están más propensas a sufrir un ataque de asma después del ejercicio, especialmente si el ejercicio se hace en aire frío.

Las infecciones respiratorias causadas por resfriados y gripe pueden agravar los síntomas del asma. A los adultos con asma crónica se les debe aplicar una inyección anual para la influenza. Sin embargo, las mujeres embarazadas y los niños deben hablar con el médico antes de recibir inyecciones para influenza. Algunos desencadenantes adicionales de asma incluyen sulfitos, que se utilizan en nebulización en frutas y verduras en los restaurantes y tiendas para que no tomen un color café. Otros alimentos o bebidas, como el vino, pueden contener también sulfitos como conservadores. La aspirina y otros antiinflamatorios no esteroideos (AINE) pueden desencadenar un ataque de asma en algunas personas.

Los ataques de asma pueden variar de muy leves hasta poner en peligro la vida (ver abajo). Los ataques de asma pueden durar unos minutos, o prolongarse horas e incluso días. Si tiene asma, debe recibir tratamiento de un médico. El médico trabajará con usted para identificar los desencadenantes que causan los ataques de asma. Juntos diseñarán una estrategia para limitar la exposición a estos desencadenantes, ayudar a controlar los síntomas y asegurarse de que la respiración no esté gravemente obstruida.

Cómo reconocer un ataque que pone en peligro la vida

Prevenga los ataques mortales de asma tratando tempranamente los síntomas. No espere las sibilancias como signo de gravedad. Las sibilancias pueden desaparecer cuando el flujo de aire está gravemente restringido. Obtenga cuidados de urgencia si:
- Respirar se vuelve difícil y el cuello, pecho o costillas se retraen con cada respiración
- Las narinas aletean

- Caminar o hablar se vuelve difícil
- Las uñas o los labios tienen un color azulado
- El flujo máximo de aire (medido con un flujómetro manual que puede usar en casa) disminuye 50 por ciento por debajo de su nivel normal o continúa disminuyendo incluso después de que ha tomado el medicamento

Trastornos específicos

Los siguientes consejos ayudan a controlar los síntomas protegiendo su ambiente de factores desencadenantes:

- Conozca el asma. Mientras más sepa, más fácil es controlarla..
- Evite los alergenos que pueden desencadenar los síntomas. Si es alérgico a los gatos o perros, retire estas mascotas de su casa y evite el contacto con las mascotas de otras personas. Evite comprar ropa, muebles o alfombras fabricadas con pelo de animal.
- Si es alérgico al polen y hongos del aire, use aire acondicionado en la casa, en el trabajo y en el automóvil. Mantenga las puertas y vidrios cerrados para limitar la exposición al polen y hongos del aire.
- Evite actividades que puedan contribuir a los síntomas. Por ejemplo, los proyectos de mejoras de la casa pueden exponerlo a factores desencadenantes que llevan a un ataque de asma, como los vapores de pinturas, polvo de madera o irritantes similares.
- Examine el sistema de calefacción. Si tiene un sistema forzado de calefacción y es alérgico al polvo, use un filtro para control del polvo. Cambie o limpie los filtros de las unidades de calefacción y frío frecuentemente. El mejor es un filtro de alta eficiencia que detiene las partículas, llamado filtro HEPA, por sus siglas en inglés. Use una mascarilla cuando cambie los filtros sucios.
- Use una aspiradora con filtro de partículas pequeñas.
- Evite proyectos que aumentan el polvo. Si no puede, use una mascarilla para el polvo, que está disponible en farmacias y ferreterías.
- Revise los hábitos de ejercicio y considere ajustar su rutina (ver abajo). Considere hacer ejercicio dentro de la casa, lo que puede limitar su exposición a los desencadenantes del asma.
- Evite todo tipo de humos, incluso el humo de una chimenea o la combustión de las hojas. El humo irrita los ojos, la nariz y los bronquios. Si tiene asma no debe fumar, y la gente no debe fumar en su presencia.
- Disminuya el estrés y la fatiga.
- Lea las etiquetas cuidadosamente.
- Si es sensible a la aspirina, evite otros antiinflamatorios no esteroideos incluyendo ibuprofeno, naproxeno y piroxicam.

Cómo permanecer activo con sesiones de ejercicios bien planeadas

Hace algunos años si usted tenía asma, los médicos le decían que no hiciera ejercicio. Ahora creen que sesiones regulares y bien planeadas son beneficiosas, especialmente si tiene enfermedad leve o moderada. Si usted está en forma, el corazón y los pulmones no tienen que trabajar tanto para expeler el aire.

Pero, debido a que el ejercicio vigoroso puede desencadenar un ataque, asegúrese que discute un programa de ejercicio con el médico. Además, siga estas guías:

- **Conozca cuándo no hacer ejercicio.** Evite el ejercicio cuando tiene una infección viral o en condiciones bajo cero o sumamente calurosas y húmedas. En temperaturas frías use una mascarilla para calentar el aire que respira.

- **Use medicamento primero.** Use su beta agonista inhalado de corta acción 15 a 60 minutos antes del ejercicio.
- **Empiece lentamente.** Los ejercicios de calentamiento 5 a 10 minutos pueden relajar los músculos del pecho y abrir las vías aéreas para respirar más fácilmente. Gradualmente aumente hasta su ritmo deseado.
- **Seleccione inteligentemente el tipo de ejercicio.** Las actividades en clima frío como esquiar y actividades de larga distancia como la carrera causan con frecuencia sibilancias. El ejercicio que requiere periodos cortos de energía, como caminar, jugar golf y la bicicleta por distracción, pueden ser mejor tolerados.

Atención médica

Pruebas para las alergias. El médico puede practicar algunas pruebas para tratar de determinar los desencadenantes de los ataques de asma. Puede practicar una prueba cutánea o un análisis de sangre. El análisis de sangre es más costoso y menos sensible que las pruebas cutáneas, pero es preferible algunas veces cuando la persona tiene una enfermedad de la piel o está tomando medicamentos que pueden afectar los resultados de las pruebas.

Medicamentos. El médico puede prescribir algunos de los medicamentos presentados abajo para prevenir o tratar los ataques de asma. Tome todos los medicamentos como se prescriben, incluso si no tiene ya síntomas. No tome más de la cantidad prescrita porque el uso excesivo de medicamentos puede ser peligroso. Estos medicamentos pueden aplicarse con un inhalador, o pueden venir en forma líquida, en cápsulas o en tabletas.

Los *controladores (medicamentos antiinflamatorios)* reducen la inflamación de las vías aéreas y ayudan también a disminuir la producción de moco. El resultado es una reducción de los espasmos en las vías respiratorias. Tome la dosis diaria de estos medicamentos como se prescriben para prevenir que ocurran ataques de asma. Los controladores incluyen corticoesteroides inhalados, modificadores de leucotrienos, cromoglicato y nedocromil. Los brocodilatadores de acción prolongada (salmeterol, formoterol) se pueden usar con los corticosteroides inhalados.

Los *aliviadores (broncodilatadores)*, a diferencia de los controladores, se toman una vez que está presentando un ataque de asma. Los aliviadores ayudan a abrir las vías aéreas estrechas para permitir que respire más fácilmente durante un ataque. Los aliviadores incluyen beta agonistas de acción corta (albuterol, pirbuterol).

Automonitorización con un medidor del flujo máximo. Puede entrenarse para usar un medidor de flujo máximo, un dispositivo que mide qué tan bien está respirando. El medidor de flujo actúa como un medidor para los pulmones, y le proporciona una cifra que ayuda a valorar la función pulmonar. Una lectura baja significa que los vías aéreas están estrechas y es una advertencia temprana de que puede presentar un ataque de asma.

Un flujómetro es un dispositivo para medir la función pulmonar.

Inhaladores: Riesgos del mal uso

Inhalar un broncodilatador (ver Atención médica arriba) lo ayuda inmediatamente a respirar mejor durante un ataque. Pero el medicamento no corrige la inflamación.

El uso máximo diario de un broncodilatador es dos inhalaciones cada cuatro a seis horas. Si usted usa uno más frecuentemente para controlar los síntomas, necesita un medicamento más eficaz.

El alivio rápido puede hacer difícil reconocer los síntomas de agravamiento. Una vez que el efecto del medicamento desaparece, el asma regresa con sibilancias más intensas. Usted se ve tentado a aplicarse otra dosis del medicamento, retrasando el tratamiento adecuado con medicamentos antiinflamatorios.

El uso excesivo tiene también el riesgo de niveles tóxicos que pueden llevar a latidos cardiacos irregulares, especialmente si tiene usted un trastorno cardiaco.

Los inhaladores que pueden obtenerse sin receta pueden también aliviar los síntomas rápidamente — pero temporalmente. Confiar en los inhaladores puede enmascarar un ataque que se agrava y retrasar el tratamiento con medicamentos antiinflamatorios.

PARA MAYOR INFORMACIÓN (en Estados Unidos)
- Fundación de América de Asma y Alergia, 1233 20th St., Suite 402, Washington, D.C. 20036; 800-727-8462.; *www.aafa.org*.
- Asociación Estadounidense del Pulmón, 61 Broadway, 6° piso, New York, NY 10006; (800) 548-8252; *www.lungusa.org*.
- Instituto Nacional de Alergia y Enfermedades Infecciosas (NIH), 6610 Rockledge Dr., MSC 6612, Bethesda, MD 20892; 301-496-5717; *www.niaid.nih.gov*.

Trastornos específicos

Cáncer

El día que le diagnostican cáncer es un acontecimiento mayor en su vida. Usted ve todo lo que sigue en el contexto del diagnóstico y tratamiento del cáncer. Es una reacción normal.

Hay muchos tipos diferentes de cáncer. Estamos encontrando constantemente nuevas formas para detectarlo y tratarlo. Recientemente las tasas de supervivencia para algunos cánceres han mejorado de manera importante. Ahora hablamos de "vivir con el cáncer", más que "morir por cáncer" o convertirse en una "víctima del cáncer".

Nuevos casos de cáncer por sitio y sexo. Las estadísticas son estimados de 2002 de la Sociedad Estadounidense de Cáncer. Las cifras excluyen los cánceres de células basales y escamosas de la piel y los cánceres superficiales (carcinoma in situ), excepto la vejiga. (Con autorización de la Sociedad Estadounidense de Cáncer).

Hombre

Próstata
234,460 (30%)
Pulmón y bronquios
92,700 (13%)
Colon y recto
72,800 (10%)
Vejiga urinaria
44,690 (6%)
Melanoma de la piel
34,260 (5%)
Linfoma no Hodgkin
30,680 (4%)
Riñón y pelvis renal
24,650 (3%)
Cavidad oral y faringe
20,180 (3%)
Leucemia
20,000 (3%)
Páncreas
17,150 (2%)

Todos los sitios
720,280 (100%)

Mujer

Mama
212,920 (31%)
Pulmón y bronquios
81,770 (12%)
Colon y recto
75,810 (11%)
Cuerpo uterino
41,200 (6%)
Linfoma no Hodgkin
28,190 (4%)
Melanoma de la piel
27,930 (4%)
Tiroides
22,590 (3%)
Ovario
20,180 (3%)
Vejiga urinaria
16,730 (2%)
Páncreas
16,580 (2%)

Todos los sitios
679,510 (100%)

El diagrama de arriba muestra el número estimado de casos nuevos de varios tipos de cáncer en 2006, de acuerdo a la parte afectada del cuerpo. El resto de este capítulo incluye algunos consejos para usted o un familiar con cáncer. Para información específica sobre diversos tipos de cáncer, vea "Cáncer" en la página 290 del índice.

■ Cómo responder al diagnóstico de cáncer

Igual que en cualquier crisis o tiempo difícil en la vida, necesita estrategias de enfrentamiento saludables y eficaces. Aquí están algunas sugerencias:

1. **Conozca los hechos.** Trate de obtener toda la información básica útil que sea posible. Considere traer a un familiar o amigo con usted a las citas con el médico. Escriba sus preguntas y preocupaciones anticipadamente. Este enfoque lo ayuda a organizar sus pensamientos, obtener información precisa, entender el cáncer y su tratamiento, y participar en la toma de decisiones. Pero recuerde, las respuestas son frecuentemente conjeturas o estadísticas. Cada quien es diferente. Las preguntas a menudo incluyen las siguientes.

   - ¿Es curable mi cáncer?
   - ¿Cuáles son mis opciones de tratamiento?
   - ¿Qué puedo esperar durante el tratamiento?
   - ¿Serán dolorosos mis tratamientos?

- ¿Cuándo necesito llamar al médico?
- ¿Qué puedo hacer para prevenir que el cáncer recurra?
- ¿Cuáles son los factores de riesgo para mis familiares (especialmente mis hijos)?

2. **Desarrolle su propia estrategia de enfrentamiento.** Igual que el tratamiento del cáncer de cada persona es individualizado, la estrategia de enfrentamiento que debe usted seguir también lo es. Aquí están algunas ideas:
   - Aprenda técnicas de relajación (ver página 227).
   - Comparta los sentimientos honestamente con familiares, amigos, un pastor o un consejero.
   - Lleve un diario que lo ayude a organizar sus pensamientos.
   - Cuando se enfrente a una decisión difícil, escriba los pros y contras de cada opción.
   - Encuentre una fuente para fortalecer su fe.
   - Encuentre tiempo para estar solo.
   - Siga involucrado en el trabajo y actividades de distracción.

3. **Mantenga la comunicación abierta** entre usted y sus seres queridos, los que proporcionan los cuidados de la salud y otros. Puede sentirse particularmente aislado si la gente trata de protegerlo evitando noticias desalentadoras o tratando de hacer un frente común. Si usted y otros se sienten libres para expresar sus emociones, pueden ganar fuerza entre todos.

4. **Su autoimagen es importante.** Aunque algunas personas pueden no notar cambios físicos, usted los notará. El seguro médico a menudo ayuda a cubrir pelucas, prótesis y dispositivos de adaptación especiales.

5. **Un estilo de vida saludable** puede mejorar su nivel de energía y promover el crecimiento celular saludable. Esto incluye reposo adecuado, buena nutrición, ejercicio y actividades recreativas.

6. **Deje que los amigos y familiares lo ayuden.** A menudo pueden llevar recados, conducir el automóvil, preparar alimentos y ayudar con las tareas de la casa. Aprenda a aceptar ayuda. Aceptar ayuda proporciona también a los que lo quieren una sensación de utilidad en un momento difícil.

7. **Revise los objetivos y prioridades.** Considere lo que es realmente importante en la vida. Disminuya las actividades innecesarias. Encuentre una nueva apertura con sus seres queridos. Comparta sus pensamientos y sentimientos con ellos. El cáncer afecta todas las relaciones. La comunicación puede ayudar a reducir la ansiedad y el temor que puede causar el cáncer.

8. **Trate de mantener su estilo de vida normal.** Tome cada día a la vez. Es fácil olvidar esta simple estrategia durante los tiempos estresantes. Cuando el futuro es incierto, organizarlo y planearlo puede súbitamente tornarse abrumador.

9. **Mantenga una actitud positiva.** Celebre cada día. Si un día es difícil, deje que pase y siga adelante. No deje que el cáncer controle su vida.

10. **Combata los estigmas.** Muchos de los viejos estigmas asociados al cáncer existen todavía. Sus amigos pueden preguntarse si el cáncer es contagioso. Los compañeros de trabajo pueden dudar que tenga la suficiente salud para hacer su trabajo y pensar que agotará sus beneficios de salud. Asegure a los demás que la investigación muestra que los sobrevivientes de cáncer son tan productivos como otros trabajadores y no faltan al trabajo más a menudo. Recuerde a sus amigos que incluso si el cáncer ha sido una parte atemorizante de su vida, no deben asustarse por estar cerca de usted.

11. **Vea las opciones de los seguros médicos.** Si usted está empleado, puede sentirse "atrapado", incapaz de cambiar de trabajo por temor de no ser elegible para un nuevo seguro. Si está retirado, puede tener dificultad para obtener seguro complementario. Busque si tiene acceso a un seguro médico para las personas difíciles de asegurar. Vea las opciones de seguros de grupos a través de organizaciones profesionales, fraternales o políticas.

■ Nutrición: Un factor importante

No hay evidencia concluyente de que evitar o comer en exceso algún alimento específico ayude a tratar el cáncer. Pero la buena nutrición es importante para vivir con cáncer. El tratamiento para el cáncer puede disminuir el apetito y cambiar el sabor de los alimentos. Puede también interferir con la absorción de nutrientes de los alimentos. Los estudios muestran que una buena nutrición puede:

● Mejorar las probabilidades de tolerar el tratamiento
● Mejorar la sensación de bienestar general
● Aumentar las funciones inmunes y de los tejidos
● Ayudar a satisfacer las demandas de calorías y proteínas y regenerar los tejidos dañados
     El medicamento acetato de megestrol (disponible en forma de tabletas o líquido), tomado varias veces al día puede ayudar a mantener o aumentar el peso.

Autocuidados

Aquí están algunos consejos de nutrición si está perdiendo peso y necesita más calorías.

● Si el sabor del alimento lo molesta, los productos lácteos de poco sabor como el queso cottage y el yogur son buenas fuentes alternativas de proteínas. Intente comer un emparedado de mantequilla de cacahuate o untar la mantequilla de cacahuate en la fruta. Las legumbres, como frijoles y chícharos son buenas fuentes de proteínas, especialmente si se combinan con granos como el arroz, maíz o pan.
● Incluya todas las calorías que pueda en los alimentos que consume. Caliente el pan, y úntele mantequilla, margarina, jalea o miel. Ponga a los alimentos nueces picadas.
● Los platillos ligeramente sazonados hechos con lácteos, huevos, aves de corral, pescado y pasta son a menudo bien tolerados.
● Si tiene dificultad para comer una cantidad adecuada de alimento de una sola vez, consuma pequeñas cantidades más frecuentemente. Mastique lentamente el alimento.
● Si el aroma del alimento que se está preparando lo hace sentir mal, use un horno de microondas o seleccione alimentos que necesiten cocerse poco o que puedan calentarse a bajas temperaturas.
● Los líquidos nutritivos pueden reforzar las proteínas y calorías. Las sopas de crema, leche, cocoa, malteadas o bebidas nutritivas comercialmente preparadas pueden ayudar. El médico o dietista pueden ayudarlo a determinar si necesita un complemento.

■ ¿Qué hay respecto al dolor?

El dolor es una preocupación mayor en la gente que tiene cáncer, pero no debería ser. Sólo aproximadamente un tercio de la gente con cáncer tiene dolor. De hecho, la gente que tiene cáncer presenta menos dolor que la gente con artritis o trastornos de los nervios. El dolor es casi siempre controlable. Los medicamentos para el control del dolor incluyen los siguientes:

● **Medicamentos no narcóticos.** La aspirina es altamente eficaz, y a menudo proporciona alivio equivalente a analgésicos más potentes. Otros antiinflamatorios no esteroideos (AINE) y el acetaminofén son igualmente eficaces y puede requerirse menos dosis al día que con la aspirina (ver página 258). Los antidepresivos son también útiles para el alivio del dolor.
● Los **narcóticos** (morfina, codeína), utilizados para el dolor intenso, pueden administrarse por vía oral (tabletas o líquido), en inyección, mediante bombas que usted controla o un parche en la piel de liberación lenta.
● **Los anticonvulsivantes y algunos antidepresivos** pueden ayudar con el dolor nervioso.
     Las medidas no farmacológicas que controlan el dolor incluyen la radiación para reducir el tamaño del tumor y disminuir el dolor; la inyección o la cirugía para bloquear las vías nerviosas que llevan los mensajes del dolor al cerebro; biorretroalimentación, modificación del comportamiento, ejercicios de relajación y respiración, masaje, estimulación eléctrica nerviosa transcutánea (TENS, por su siglas en inglés) y compresas calientes y frías.

Autocuidados	• No espere que el dolor sea intenso para tomar un medicamento. Tome los medicamentos para el dolor por horario. • No se preocupe respecto a la adicción. Cuando se usan apropiadamente, las probabilidades de adicción a narcóticos son muy pequeñas. Además, si se necesita un narcótico largo tiempo para aliviar el dolor intenso, el alivio que proporciona es más importante que cualquier posibilidad de adicción. • Desarrolle una estrategia para manejar emociones como la ansiedad y la depresión. Éstas pueden hacer que el dolor parezca más intenso.

■ Cáncer en niños

El cáncer en los niños es poco frecuente, pero cuando se presenta los padres enfrentan aspectos y problemas especiales. Los investigadores han hecho grandes avances para encontrar tratamientos eficaces para los cánceres de los niños. Actualmente más de 80 por ciento de los niños estadounidenses con cáncer sobrevive.

Autocuidados	Si su hijo tiene cáncer, es importante: • Seleccionar cuidadosamente a la persona que va a tratar a su hijo. Busque un centro médico con los últimos tratamientos para el cáncer de los niños. El personal debe proporcionar apoyo emocional a su familia. • Intente mantener un estilo de vida lo más normal posible. Mantener los horarios, las reglas y las expectativas previas ayuda a su hijo a enfrentar y establecer la idea de un largo futuro. • Hable a los maestros del niño para establecer expectativas conductuales y académicas. • Haga lo mejor que pueda para manejar la posibilidad de la muerte en una forma honesta y directa. Los niños necesitan saber todo lo que puedan entender. No hay una forma especial para hablar de la muerte con los niños. Aliéntelos a formular preguntas. Déles respuestas simples. Sus temores pueden impedir que formulen preguntas, por ello, empiece por preguntarles cómo se sienten. Nunca mienta ni haga promesas que no pueda cumplir ni tenga miedo de decir, "No sé". • Aliente las actividades que reducen la ansiedad (como dibujar) y expresan sentimientos (representaciones o marionetas). • No ignore las necesidades de sus demás hijos. Los hermanos puede dar mucho apoyo a su hermano o a su hermana, pero deben saber que su lugar especial en la familia es seguro. • Lea "Cuando alguien en la familia tiene cáncer", de los Institutos Nacionales de Salud (folleto No. P619), disponible en el Instituto Nacional de Cáncer (ver abajo).

PARA MAYOR INFORMACIÓN (en Estados Unidos)
• Oficina de Investigaciones Públicas del Instituto Nacional de Cáncer, Suite 3036A, 6116 Executive Boulevard, MSC8322, Bethesda, MD 20892; 800-422-6237; *www.cancer.gov*.
• Sociedad Estadounidense de Cáncer, 1599 Clifton Road NE, Atlanta GA 30329; 800-227-2345; *www.cancer.org*.

Trastornos específicos

Diabetes

La **diabetes** es un trastorno del metabolismo — la forma que el cuerpo usa para digerir el alimento para tener energía y crecimiento. Normalmente el sistema digestivo convierte el alimento que consume en azúcar llamada glucosa. Esta azúcar penetra luego en la corriente sanguínea, lista para dar energía a las células.

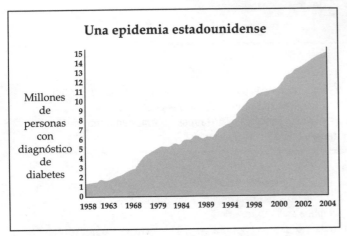

Una epidemia estadounidense

Millones de personas con diagnóstico de diabetes

15
14
13
12
11
10
9
8
7
6
5
4
3
2
1
0

1958 1963 1968 1979 1984 1989 1994 1998 2000 2002 2004

El número de personas en Estados Unidos que tienen diabetes ha estado aumentando constantemente desde 1958.

Para que las células reciban el azúcar, la insulina, una hormona producida por el páncreas, debe "escoltarla". Normalmente el páncreas produce suficiente insulina para manejar toda el azúcar presente en la sangre. Hay dos tipos de diabetes, y ambas alteran este proceso.

En la diabetes tipo 1 el páncreas produce cantidades menores de insulina. En la diabetes tipo 2 cuerpo no responde normalmente a la insulina que elabora. En ambos tipos de diabetes el azúcar entra a las células del cuerpo en cantidades limitadas. Parte del azúcar se acumula en la sangre y sale por la orina, pasando por el cuerpo sin usarse.

Ambos tipos de diabetes pueden causar complicaciones a largo plazo como enfermedad cardiaca, insuficiencia renal, daño a los nervios, ceguera y deterioro de los vasos sanguíneos y nervios. El daño a los vasos sanguíneos pequeños y grandes es la raíz de la mayoría de estas complicaciones.

Tipo 1 y tipo 2: ¿Cuál es la diferencia?

La **diabetes tipo 1** representa 5 a 10 por ciento de todos los casos de diabetes. Se conoce también como diabetes de inicio juvenil y generalmente se desarrolla antes de los 30 años de edad. Si tiene diabetes tipo 1, debe recibir insulina diariamente el resto de su vida. Los síntomas pueden desarrollarse abruptamente e incluyen los siguientes:

- Sed excesiva
- Orina frecuente
- Hambre extrema
- Pérdida de peso sin explicación
- Debilidad y fatiga

La **diabetes tipo 2** es la forma más frecuente de diabetes. Anteriormente era llamada diabetes de inicio en el adulto. El tipo 2 ocurre con mayor frecuencia después de los 45 años de edad en personas con sobrepeso. Una dieta balanceada, la reducción moderada de peso y el ejercicio pueden controlarla. Si la dieta y el ejercicio no son eficaces, puede necesitar medicamentos orales o inyecciones. Muchas personas con diabetes tipo 2 tienen pocos o ningún síntoma.

Los síntomas pueden desarrollarse lentamente e incluyen los siguientes:

- Sed excesiva
- Orina frecuente
- Visión borrosa
- Infecciones vaginales, de la piel y la vejiga recurrentes
- Úlceras que cicatrizan lentamente
- Irritabilidad
- Hormigueo o pérdida de sensibilidad en las manos o pies

¿Qué tanto afectan los antecedentes familiares su riesgo de diabetes?

Tipo 1		Tipo 2*	
Familiar con diabetes	**Su riesgo estimado**	**Familiar con diabetes**	**Su riesgo estimado**
Madre	1 a 5%	Madre	5 a 20%
Padre	5 a 15%	Padre	5 a 20%
Ambos padres	10 a 25%	Ambos padres	25 a 50%
Hermanos	5 a 10%	Hermanos	25 a 50%
Gemelo idéntico	25 a 50%	Gemelo idéntico	60 a 75%

* Tener una dieta saludable, mantener un peso saludable y ejercitarse regularmente puede reducir sustancialmente el riesgo total de diabetes tipo 2.
Fuente: Basado en una revisión de artículos recientes de revistas y libros de texto médicos.

Autocuidados

Controlar la diabetes es un acto de equilibrio. Las enfermedades, comer demasiado o muy poco, un cambio en el ejercicio, los viajes y el estrés, afectan el nivel de azúcar en la sangre. Aquí están algunas recomendaciones para ayudarlo a tener un control más estricto del nivel de azúcar en la sangre.

Dieta

Una dieta bien balanceada es la piedra angular para controlar la diabetes. Recuerde:

- **Siga un horario.** Coma tres veces al día. Sea consistente en la cantidad de alimento que consume y en la hora de comer. Si tiene hambre después de la cena, elija un alimento bajo en calorías o carbohidratos antes de irse a dormir, como las verduras crudas.
- **Concéntrese en la fibra.** Consuma una variedad de frutas, verduras y legumbres, y alimentos de granos enteros. Tienen poca grasa y son ricos en vitaminas y minerales.
- **Limite los alimentos ricos en grasa** a menos de 30 por ciento del consumo total de calorías. Seleccione cortes de carne sin grasa y use productos lácteos reducidos en grasa.
- **No abuse de las proteínas.** Los riñones pueden pagar las consecuencias de demasiadas proteínas. Limite la carne a 180 g (6 onzas) al día. Esto también ayuda a limitar el colesterol.
- **Evite las calorías 'vacías'.** Los caramelos, galletas y otros productos dulces no están prohibidos. Pero debido a que tienen poco valor nutritivo, tómelos con moderación e inclúyalos en el consumo total de carbohidratos.
- **Consuma alcohol con moderación.** Si el médico le dice que es seguro, seleccione bebidas de bajo contenido en azúcar y alcohol, como la cerveza ligera y los vinos secos. Incluya las bebidas alcohólicas en el consumo total de carbohidratos y no beba con el estómago vacío.
- **Vigile el peso.** Si tiene sobrepeso, reducir incluso unos poco kilos puede mejorar los niveles de azúcar en la sangre.

Trastornos específicos

Ejercicio

El ejercicio regular ayuda a mantener la salud en general, es beneficioso para el corazón y vasos sanguíneos y puede mejorar la circulación. Ayuda a controlar el nivel de azúcar en la sangre y puede ayudar a prevenir la diabetes tipo 2. Si tiene diabetes tipo 2, el ejercicio regular y una dieta saludable pueden reducir o incluso eliminar la necesidad de insulina inyectada o de un medicamento oral.

El ejercicio solo no es suficiente para lograr un buen control del azúcar en la sangre si tiene diabetes tipo 1, pero puede incrementar los efectos de la insulina que se aplica. Puede usted necesitar alimento adicional inmediatamente antes o durante el ejercicio para prevenir cambios súbitos en el nivel de azúcar en la sangre. Siga las recomendaciones del médico respecto al ejercicio.

Cómo vigilar el azúcar en la sangre

Verificar regularmente el nivel de azúcar en la sangre es esencial para manejar la diabetes. Qué tan a menudo necesita practicar esta prueba depende de su régimen de tratamiento. El equipo de cuidados de la salud puede ayudarlo a determinar los objetivos razonables del nivel de azúcar en la sangre. Además de seguir una dieta apropiada y una rutina de ejercicio, puede necesitar saber cómo ajustar los medicamentos, especialmente la insulina, para mantener el nivel de azúcar en la sangre casi normal.

Actualmente las pruebas en la sangre son la forma más precisa de verificar el nivel de azúcar en la sangre. Para hacerlo, ponga una gota de sangre de la yema del dedo en una tira de prueba tratada químicamente. La tira de prueba reacciona con la cantidad de glucosa de la sangre cambiando de color. Puede leer el nivel de glucosa en la sangre manteniendo la tira de prueba junto a una guía de color o haciendo que un monitor electrónico de glucosa la lea.

Para entender los resultados de la prueba de glucosa en ayunas

Si tiene síntomas que sugieren diabetes, pida al médico una prueba de glucosa sanguínea en ayuno. Hágase una prueba basal a los 45 años. Si los resultados son normales, hágase la prueba cada tres años. Si tiene prediabetes, hágase la prueba por lo menos una vez al año. Si tiene sobrepeso con uno o más factores de riesgo adicionales para diabetes, hágase la prueba a una edad más temprana y repítala más frecuentemente.

Nivel de glucosa	Indica
Menor de 100 mg/dL	Normal
100 a 125 mg/dL	Prediabetes*
126 mg/dL o mayor en dos pruebas diferentes	Diabetes

mg/dL = miligramos de glucosa por decilitro de sangre
* Prediabetes significa que está en alto riesgo de desarrollar diabetes.

Medicamentos

Puede necesitar medicamentos para controlar el nivel de azúcar en la sangre. Pero incluso con medicamentos, se requiere ejercicio y dieta para controlar la diabetes.

Si tiene diabetes tipo 1 debe aplicarse insulina. La insulina no puede administrarse por vía oral porque se degrada en el tracto digestivo. A menudo se administra por una inyección. El número de inyecciones diarias y el tipo de insulina prescrita (de acción corta, intermedia o larga) depende de las necesidades individuales. Si el nivel de azúcar en la sangre es difícil de controlar, puede necesitar inyecciones frecuentes o beneficiarse con una bomba de insulina. Recientemente, la Administración de Alimentos y Medicamentos aprobó una forma inhalada de insulina — una versión de acción corta que puede tomarse antes de los alimentos —.

Si tiene diabetes tipo 2 y dificultad para controlar el azúcar en la sangre con dieta y ejercicio únicamente, el médico puede prescribir uno de varios medicamentos orales. Estos medicamentos ayudan al páncreas a producir más insulina o ayudan a la insulina a funcionar mejor en el cuerpo. Si los medicamentos orales no funcionan bien, el siguiente paso a menudo es medicamento que se inyecta debajo de la piel del muslo, abdomen o parte superior del brazo. Esto puede incluir insulina o uno de los nuevos medicamentos no insulínicos. Los nuevos medicamentos son exenatide, el cual ayuda a evitar la necesidad de insulina en personas con diabetes tipo 2, y pramlintida, la cual se utiliza con la insulina para un mejor control de la glucosa tanto en la diabetes tipo 1 como en la 2.

La diabetes puede causar una o más de las siguientes urgencias:

Reacción insulínica. Ésta es llamada también azúcar baja en la sangre (hipoglucemia). Puede ocurrir cuando un exceso de insulina, un exceso de ejercicio, o muy poco alimento hacen que disminuya el nivel de azúcar en la sangre. Los síntomas generalmente aparecen varias horas después de comer e incluyen temblor, debilidad y somnolencia, seguidos de confusión, mareo y visión doble. Si no se trata, un nivel bajo de azúcar en la sangre puede causar convulsiones o pérdida de la conciencia.

Si usted cree que está teniendo una reacción insulínica, revise su nivel de azúcar en sangre. Si es bajo, coma algo que contenga azúcar, como jugo de frutas, dulces, o refrescos que contengan azúcar. Si está ayudando a alguien que tiene este problema, busque atención médica de urgencia si la persona vomita, no puede cooperar, está inconsciente, o si los síntomas persisten más de 30 minutos después del tratamiento. Quédese con la persona durante una hora después de la recuperación para asegurarse de que está pensando claramente.

Coma diabético. También llamada cetoacidosis diabética o CAD, esta complicación se desarrolla más lentamente que una reacción por la insulina, a menudo en horas o días. La CAD ocurre cuando los niveles de insulina son bajos y el cuerpo es incapaz de utilizar la glucosa, lo cual da como resultado un nivel alto de azúcar en la sangre (hiperglucemia). Náusea, vómito, dolor abdominal, debilidad, sed, aliento con un olor dulce y respiración más rápida y profunda pueden preceder a confusión gradual y pérdida de la conciencia. Esta reacción tiene mayor probabilidad de ocurrir en personas con diabetes tipo 1 con alguna enfermedad o que omiten una dosis de insulina. Puede ser el primer síntoma de diabetes no diagnosticada previamente.

El síndrome metabólico aumenta el riesgo de enfermedad

Aunque no todos los expertos están de acuerdo, el síndrome metabólico (también llamado síndrome de resistencia a la insulina) es un grupo de factores de riesgo que lo hacen más susceptible de desarrollar diabetes tipo 2, enfermedad cardiaca y ataque vascular cerebral. Si tiene tres o más de los factores de riesgo siguientes, puede diagnosticársele síndrome metabólico.

- Obesidad abdominal: más de 89 cm de cintura en las mujeres y más de 101 de cintura en los varones; para los estadounidenses de origen asiático, más de 79 cm para las mujeres y más de 89 para los varones.

- Triglicéridos: 150 mg/dL o más, o tratamiento farmacológico para los triglicéridos altos.
- Colesterol HDL (lipoproteína de alta densidad, el tipo "bueno"): menor de 50 mg/dL para las mujeres y menor de 40 mg/dL para los varones, o tratamiento farmacológico para el HDL bajo.
- Presión arterial: sistólica (cifra mayor) de 130 milímetros de mercurio (mm Hg) o mayor o diastólica (cifra menor) de 85 mm Hg o más, o tratamiento farmacológico para la presión arterial alta.
- Glucosa sanguínea en ayuno: 100 mg/dL o mayor, o tratamiento farmacológico para la glucosa sanguínea alta.

Si piensa que tiene síndrome metabólico, hable con el médico acerca de las pruebas que le pueden ayudar a determinarlo. La alimentación saludable, lograr un peso saludable y aumentar el nivel de actividad física pueden ayudar a combatir el síndrome metabólico, y jugar un papel en la prevención de la diabetes y otras enfermedades importantes.

El cuidado de los pies reduce el riesgo de lesión e infección

La diabetes puede dificultar la circulación y la inervación de los pies. El cuidado de los pies es esencial:

- Examine sus pies diariamente. Busque úlceras, cambios de coloración o alteración de la sensibilidad. Ayúdese con un espejo para ver todas las superficies.
- Lave sus pies diariamente. Use agua tibia (no caliente) jabonosa. Séquelos completamente con suavidad.
- Recorte las uñas cuadradas, lime los bordes ásperos.
- No use removedores de verrugas ni recorte los callos y ojos de pescado usted mismo. Vea al médico o a un podiatra.
- Use zapatos acojinados bien adaptados. Examine diariamente dentro de los zapatos en busca de desgaste de la tela o bordes ásperos. No camine descalzo.
- Evite ropas apretadas alrededor de las piernas o tobillos. No fume; fumar puede agravar más la mala circulación.
- Evite exponer los pies a temperaturas extremas. Si los pies están fríos, use calcetines.

PARA MAYOR INFORMACIÓN
- Asociación Estadounidense de Diabetes, 1701 N. Beauregard St., Alexandria, VA 22311; 800-342-2383; *www.diabetes.org.*

Enfermedad cardiaca

El corazón bombea sangre a todos los tejidos del cuerpo a través de una red de 90,000 kilómetros de vasos sanguíneos. La sangre lleva a los tejidos el oxígeno y los nutrientes esenciales para una buena salud.

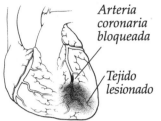

Arteria coronaria bloqueada

Tejido lesionado

Ocurre un ataque cardiaco cuando se bloquean las arterias que llevan sangre y oxígeno al corazón.

Los problemas pueden originarse en el músculo cardiaco, las válvulas del corazón, el sistema eléctrico de conducción, el saco que rodea el corazón (pericardio) o las arterias que llevan la sangre al músculo cardiaco (arterias coronarias). Esta sección se enfoca en los problemas de las arterias coronarias. Los problemas de las arterias coronarias provocan **ataques cardiacos** que causan la muerte de aproximadamente 225,000 estadounidenses anualmente.

Al avanzar la edad se pueden formar depósitos de grasa en las arterias coronarias del corazón, creando un trastorno llamado cardiopatía coronaria. Puede ocurrir "endurecimiento de las arterias" (aterosclerosis") en otras áreas del cuerpo también. Al estrecharse o bloquearse las arterias coronarias, el flujo de sangre al músculo cardiaco se reduce o se interrumpe.

Cuando el músculo cardiaco no recibe suficiente sangre, puede usted sentir dolor o presión en el pecho (angina). Si el flujo de sangre se interrumpe el tiempo suficiente en una arteria coronaria (aproximadamente 30 minutos a cuatro horas), la porción del músculo cardiaco irrigada por esa arteria morirá. La muerte del músculo cardiaco se conoce como infarto del miocardio (IM) o ataque cardiaco.

Un ataque cardiaco es generalmente causado por un bloqueo súbito de una arteria por un coágulo de sangre. El coágulo se forma habitualmente en una arteria que se ha estrechado por depósitos de grasa.

Ataque cardiaco: Reaccionar pronto puede salvar una vida

Un ataque cardiaco causa generalmente dolor en el pecho durante más de 15 minutos. Pero un ataque cardiaco puede ser también "silencioso" y no producir síntomas. Aproximadamente la mitad de las víctimas de ataques cardiacos tiene síntomas de advertencia horas, días o semanas antes.

La Asociación Estadounidense del Corazón presenta los siguientes signos de advertencia de un ataque cardiaco. Puede no presentarlos, y los síntomas pueden aparecer y desaparecer.

- Presión molesta, plenitud o dolor opresivo en el centro del pecho, que dura más de unos minutos.
- Dolor que se extiende a los hombros, cuello, espalda, mandíbula o brazos.

El dolor de un ataque cardiaco varía. Los síntomas pueden no ser específicos, especialmente en las mujeres. O puede experimentar una sensación de opresión en el pecho, acompañada de sudoración profusa. El dolor puede irradiar al brazo y hombro izquierdo, derecho o ambos, a la parte posterior del cuello e incluso a la mandíbula.

- Mareo, desmayo, sudoración o náusea.
- Después de los 65 años de edad, el síntoma más común es la falta de aire.
- Mientras más síntomas tiene, más probabilidad de un ataque cardiaco. Si sospecha un ataque cardiaco o piensa que es sólo indigestión, actúe inmediatamente:
- Llame en busca de ayuda médica de urgencia.
- Siéntese o acuéstese si siente que va a desmayarse. Respire lenta y profundamente.
- Mastique una aspirina, a menos que sea alérgico a ella. La aspirina adelgaza la sangre y puede disminuir significativamente las tasas de muerte. Si tiene tabletas de nitroglicerina, coloque una debajo de la lengua.
- Si observa a alguien con dolor en el pecho, siga los pasos mencionados arriba. Si la persona se desmaya o pierde la conciencia, valore RCP (ver página 2).

Cuando una persona con un ataque cardiaco llega al hospital, se le pueden administrar medicamentos para disolver los coágulos o practicar un procedimiento llamado angioplastía, que implica ensanchar las arterias bloqueadas para dejar que la sangre llegue más libremente al corazón. Si el uso de medicamentos para disolver los coágulos o la angioplastía se retrasan más de cuatro horas, los beneficios se reducen sustancialmente.

Trastornos específicos

¿Cuál es su riesgo de enfermedad cardiaca?

El colesterol elevado, fumar cigarrillos y la presión arterial alta son algunos de los factores de riesgo mayores de cardiopatía coronaria. Sus probabilidades de tener un ataque cardiaco o de morir por enfermedad cardiaca en los siguientes 10 años aumentan con cada factor de riesgo que tiene. Calcule el riesgo sumando los puntos que se muestran a continuación en las diversas categorías.

Puntos globales de Framingham

Si usted es hombre:

Edad	Puntos
20-34	-9
35-39	-4
40-44	0
45-49	3
50-54	6
55-59	8
60-64	10
65-69	11
70-74	12
75-79	13

Colesterol total	Puntos				
	Edad 20-39	Edad 40-49	Edad 50-59	Edad 60-69	Edad 70-79
<160	0	0	0	0	0
160-199	4	3	2	1	0
200-239	7	5	3	1	0
240-279	9	6	4	2	1
≥280	11	8	5	3	1

	Puntos				
	Edad 20-39	Edad 40-49	Edad 50-59	Edad 60-69	Edad 70-79
No fumador	0	0	0	0	0
Fumador	8	5	3	1	1

HDL (mg/dL)	Puntos
≥60	-1
50-59	0
40-49	1
<40	2

PA sistólica (mmHg)	Si no es tratada	Si es tratada
<120	0	0
120-129	0	1
130-139	1	2
140-159	1	2
≥160	2	3

Total de puntos	% de riesgo a 10 años
<0	<1
0	1
1	1
2	1
3	1
4	1
5	2
6	2
7	3
8	4
9	5
10	6
11	8
12	10
13	12
14	16
15	20
16	25
≥17	≥30

Riesgo a 10 años _____%

Si usted es mujer:

Edad	Puntos
20-34	-7
35-39	-3
40-44	0
45-49	3
50-54	6
55-59	8
60-64	10
65-69	12
70-74	14
75-79	16

Colesterol total	Puntos				
	Edad 20-39	Edad 40-49	Edad 50-59	Edad 60-69	Edad 70-79
<160	0	0	0	0	0
160-199	4	3	2	1	1
200-239	8	6	4	2	1
240-279	11	8	5	3	2
≥280	13	10	7	4	2

	Puntos				
	Edad 20-39	Edad 40-49	Edad 50-59	Edad 60-69	Edad 70-79
No fumadora	0	0	0	0	0
Fumadora	9	7	4	2	1

HDL (mg/dL)	Puntos
≥60	-1
50-59	0
40-49	1
<40	2

PA sistólica (mmHg)	Si no es tratada	Si es tratada
<120	0	0
120-129	1	3
130-139	2	4
140-159	3	5
≥160	4	6

Total de puntos	% de riesgo a 10 años
<9	<1
9	1
10	1
11	1
12	1
13	2
14	2
15	3
16	4
17	5
18	6
19	8
20	11
21	14
22	17
23	22
24	27
≥25	≥30

Riesgo a 10 años _____%

Las tablas están basadas en el Estudio del Corazón de Framingham

■ Cómo disminuir el riesgo de enfermedad cardiaca

Varios factores de riesgo de cardiopatía coronaria pueden modificarse mediante cambios en el estilo de vida o medicamentos. Aquí está lo que puede hacer para reducir el riesgo:

- Deje de fumar. Si fuma una cajetilla de cigarrillos al día, el riesgo de ataque cardiaco es más del doble del de una persona que no fuma. Para mayor información sobre fumar y las formas de dejar de fumar, vea la página 192.
- Disminuya la presión arterial. Ver página 183.
- Disminuya el nivel de colesterol. Ver página 213-216.
- Controle la diabetes. Ver página 172-176.
- Mantenga el peso apropiado. Ver página 206.
- Haga ejercicio. Ver página 217.
- Disminuya el estrés. Ver página 225.

Los factores de riesgo presentados pueden interactuar entre sí para afectar el riesgo total de desarrollar cardiopatía coronaria. Mientras más factores de riesgo tiene, mayor es el riesgo de un ataque cardiaco. El cálculo de riesgo de Framingham en la página 178 puede ayudarle a determinar sus factores de riesgo.

El control de estos factores de riesgo a menudo implica usar medicamentos. Pero, en general, puede disminuir el riesgo de manera significativa a través de una dieta equilibrada, pérdida de peso y ejercicio regular. Estos esfuerzos a veces previenen la necesidad de medicamentos.

Además de una buena dieta y ejercicio regular, los estudios han mostrado que los siguientes pueden también disminuir el riesgo de un ataque cardiaco. Discuta con el médico cómo cada uno de estos factores sirve para disminuir el riesgo.

La **aspirina** se recomienda a menudo para prevenir ataques cardiacos. Reduce la tendencia de la sangre a coagular disminuyendo la actividad de pequeños fragmentos celulares en la sangre que se adhieren entre sí para formar un coágulo (plaquetas). Puede ayudar a reducir un coágulo o incluso a evitar que un coágulo cause un ataque cardiaco. No es costosa, generalmente es segura y fácil de tomar. Una aspirina para niños (que es igual a una cuarta parte de una aspirina de adulto regular) es suficiente para reducir el riesgo de un ataque cardiaco sustancialmente. Un análisis de los datos de cinco estudios mostró que la aspirina disminuyó el riesgo de enfermedad cardiaca 25 por ciento. Sin embargo, un estudio más reciente encontró que la aspirina no afecta el riesgo de ataque cardiaco en las mujeres. Pregunte al médico si debe tomar aspirina de manera regular.

Vitaminas. Anteriormente, la vitamina E era recomendada por un posible beneficio cardiaco. Sin embargo, estudios recientes no han encontrado ningún beneficio y la vitamina E no se recomienda para prevenir ataques cardiacos. La vitamina C no ha mostrado claramente tener un beneficio cardiovascular, y no se recomienda para la prevención de ataque cardiaco. El ácido fólico, otra vitamina, puede ser benéfico para algunos individuos con riesgo aumentado de enfermedad cardiaca. Es importante discutir el uso de vitaminas con el médico para asegurarse de que está tomando las vitaminas adecuadas a las dosis correctas.

Aceite de pescado. Los ácidos grasos omega 3 en el aceite de pescado han mostrado disminuir la probabilidad de muerte cardiaca súbita. Los suplementos de aceite de pescado pueden ser recomendados por el médico si es que está en riesgo. La cantidad recomendada generalmente es de 1,000 miligramos (1 gramo) diariamente.

Medicamentos de prescripción para disminuir el riesgo. Si ha tenido un ataque cardiaco o si el médico le ha dicho que tiene cardiopatía coronaria, otros medicamentos pueden disminuir el riesgo de enfermedad cardiaca o ataque cardiaco. Hable con su médico respecto a los medicamentos para reducir el colesterol, beta bloqueadores e inhibidores de la enzima convertidora de la angiotensina (ECA). Estos medicamentos, como la aspirina, han mostrado que disminuyen el riesgo de un ataque cardiaco y pueden ser apropiados para usted.

Trastornos específicos

Hepatitis C

Los expertos la llaman la enfermedad silenciosa. Esto se debe a que casi 4 millones de estadounidenses tienen el virus, pero muchos de ellos no lo saben. Los síntomas pueden ser muy sutiles.

¿Podría tener el virus y no saberlo? o ¿Debería preocuparse de que pueda adquirir la enfermedad?

Si está en un grupo de riesgo, debe practicarse pruebas. Los tratamiento son limitados pero hay cosas que puede hacer para manejar su estilo de vida y vivir con el virus. Si no tiene **hepatitis C**, hay poca preocupación por adquirirla a través del contacto casual. El riesgo principal es a través de contacto con sangre contaminada.

¿Qué es la hepatitis C?

La hepatitis C es un virus que, como la **hepatitis A** y la **hepatitis B**, causa inflamación del hígado. Junto con el alcoholismo, está entre las causas principales de enfermedad hepática crónica y cirrosis en Estados Unidos, y es la razón principal de trasplante hepático.

El hígado es uno de los órganos más grandes del cuerpo. Es una virtual fábrica de sustancias químicas, que elabora nutrientes vitales y neutraliza toxinas.

En general la hepatitis C se disemina a través del contacto con sangre contaminada con el virus. Raras veces se transmite sexualmente. Mucha gente con el virus se infectó con transfusiones de sangre recibidas antes de 1992 — antes de que la prueba de tamizaje estuviera disponible. Ahora, las agujas contaminadas asociadas al uso de drogas ilícitas causan la mayoría de infecciones. El virus puede pasar también de la madre al bebé durante el embarazo o el parto. A diferencia de la hepatitis A y B, no hay vacuna para prevenir la hepatitis C.

Si tiene hepatitis C, puede no haber notado ningún síntoma. La mayoría de la gente no los nota durante años, incluso décadas. Y si tuvo síntomas tempranos, pudo haber pensado que era un caso de influenza. Mucha gente descubre que el virus está presente por mero accidente durante una prueba de sangre de rutina.

Cómo ataca al hígado

Más de 40 por ciento de personas infectadas con hepatitis C combaten el virus con sus defensas, sin producirse daño hepático. En el resto, la enfermedad se establece y ataca lentamente al hígado. Entre 5 y 25 por ciento de la gente con hepatitis crónica desarrolla cirrosis del hígado, generalmente en las primeras dos décadas después de la infección. La cirrosis puede llevar al desarrollo de insuficiencia hepática o cáncer hepático.

¿Debe practicarse la prueba?

Debido a que puede estar infectado con hepatitis C durante años antes que aparezcan los síntomas, debe practicarse pruebas si:
- Recibió una transfusión de sangre antes de 1992.
- Utilizó drogas ilícitas o intravenosas o intranasales (aunque haya sido sólo una vez).
- Recibió un trasplante antes de 1992.
- Estuvo expuesto a la sangre de otros.
- Estuvo en diálisis por insuficiencia renal.
- Recibió concentrados de factores de coagulación antes de 1987.

- Tiene perforaciones en el oído, tatuajes o acupuntura usando equipo no estéril.
- Sufrió un piquete de aguja accidentalmente mientras proporcionaba cuidados de la salud.
- Tiene resultados anormales de las pruebas de función hepática.

Si piensa que puede tener riesgo de hepatitis C, hable con el médico.

Autocuidados	Si le diagnostican hepatitis C, puede ser referido a un especialista del hígado. Los cambios del estilo de vida recomendados pueden incluir:

- **Eliminar el consumo de alcohol.** El uso del alcohol parece acelerar la progresión de la enfermedad hepática.
- **Evitar medicamentos que puedan tener riesgo de daño hepático.** El médico puede aconsejarle qué puede incluirse en esta lista.
- **Mantener un estilo de vida saludable.** Esto incluye una dieta saludable, ejercicio y reposo apropiados.
- **Vacunarse para la hepatitis A y B.** Puede reducir el riesgo de daño hepático por estas enfermedades.

También querrá prevenir a otros de que estén en contacto con su sangre. Cubra las heridas, no comparta los cepillos de dientes o rastrillos e informe a los que proporcionan los cuidados de la salud que tiene el virus. Además, no done sangre, órganos, tejidos o semen. También se aconseja el sexo seguro.

Atención médica

El tratamiento temprano con una combinación de medicamentos parece ser el mejor enfoque. Los médicos usan a menudo la combinación de interferón alfa, un medicamento que inhibe la replicación del virus, y otro medicamento antiviral, como la ribavirina.

Los investigadores están explorando otras formas de interferón y otros medicamentos antivirales para aumentar la eficacia de estos medicamentos para tratar la hepatitis C.

Trastornos específicos

Presión arterial alta

La **presión arterial alta** (hipertensión) es llamada el asesino silencioso. La mayoría de la gente con presión arterial alta no tiene síntomas. De hecho, cerca de 30 por ciento de los 65 millones de estadounidenses con este trastorno no saben que lo tienen, y por lo tanto, no conocen los efectos a largo plazo sobre las arterias, el corazón, cerebro, riñones y ojos.

La presión arterial alta es más frecuente en los negros que en los blancos. También es más frecuente con la edad. Hasta los 55 años, un porcentaje mayor de varones que de mujeres tienen la presión arterial alta. El porcentaje de mujeres con el trastorno es mayor a partir de los 55 años que para los varones.

¿Qué es la presión arterial?

¿Le han tomado alguna vez la presión arterial y ha pensado qué significan las cifras? Saber y entender las cifras, luego tomar pasos para controlar la presión arterial, es crítico. Estar informado y tomar los pasos apropiados puede significar la diferencia entre una buena salud o enfermedad cardiaca hipertensiva, ataque cerebral y enfermedad renal.

La presión arterial está determinada por la cantidad de sangre que el corazón bombea y la resistencia al flujo de sangre en las arterias. Las arterias pequeñas limitan el flujo de sangre. En general, mientras más sangre bombea el corazón y más pequeñas son las arterias, más alta es la presión arterial (el corazón tiene que trabajar más para bombear la misma cantidad de sangre).

Una presión arterial por abajo de 120/80 milímetros de mercurio (mm Hg) es óptima. La cifra superior (120), o presión sistólica, es la presión que genera el corazón cuando bombea sangre a través de las arterias. La cifra inferior (80), o presión diastólica, es la presión en las arterias cuando el corazón está en reposo entre latidos. La presión arterial varía normalmente en el día. Aumenta durante la actividad. Disminuye con el reposo.

La presión arterial alta se define como una presión sistólica de 140 mm Hg o más, o una presión diastólica de 90 mm Hg o más. Prehipertensión es el término que se utiliza para la presión arterial que está por arriba de lo normal pero no lo suficientemente elevada para cubrir la definición de presión arterial alta. El motivo por el cual la presión arterial se eleva no se conoce. De hecho, en sólo cerca de 10 por ciento de los casos se identifica la causa de la presión arterial alta. Cuando no se puede determinar una causa, la presión arterial alta es llamada **esencial** o **hipertensión primaria**.

Cuando se determina la causa, se usa el término **hipertensión secundaria** porque la presión aumentada es el resultado de otro trastorno. Estas causas específicas pueden incluir medicamentos como anticonceptivos orales, y trastornos renales como insuficiencia renal, glomerulonefritis y ciertos problemas de las glándulas suprarrenales.

Hipotensión (Presión arterial baja)

La hipotensión es la presión arterial baja. Si la presión disminuye a niveles peligrosamente bajos (choque), la situación puede poner en peligro la vida. El choque puede ser resultado de pérdida significativa de líquidos o de sangre, y en raros casos, por infecciones graves.

La hipotensión postural es una manifestación potencialmente peligrosa de presión arterial baja. El mareo o sensación de desmayo que ocurre al pararse rápidamente de una posición sentada es el síntoma clave. (Ver Mareo y desmayo, página 34). Puede ser causada por medicamentos, embarazo o enfermedades.

Cómo clasificar la presión arterial

Condición	Sistólica (Cifra superior)		Diastólica (Cifra inferior)	Qué hacer
Normal	119 o menor	y	79 o menor de vida saludable	Mantener un estilo
Prehipertensión	129 - 139	o	80 - 89	Adoptar un estilo de vida saludable
Hipertensión Grado 1	140-159	o	90-99	Cambio del estilo de vida más medicamentos
Grado 2	≥ 160	o	≥ 100	Cambios del estilo de vida y más de un medicamento
		o	110 o más	

Nota: Las presiones óptimas que se muestran arriba se aplican a toda la gente de 18 años de edad o más. Las condiciones de la presión arterial se diagnostican con base en el promedio de dos o más lecturas tomadas en dos diferentes visitas al médico, además de la visita original de tamizaje.
Fuente: Institutos Nacionales de Salud

Autocuidados

Los monitores electrónicos para la presión arterial requieren que haga dos cosas — poner el manguito en el brazo y presionar un botón para inflar el manguito y obtener una lectura. Es una buena forma para vigilar su presión arterial en casa.

La mejor estrategia es empezar con cambios en el estilo de vida, como control del peso, cambios en la alimentación y ejercicio. Si después de tres a seis meses la presión arterial no ha disminuido, el médico puede prescribir un medicamento. Esto es lo que puede hacer para ayudarse:

- **Dieta**. Lleve una dieta nutricionalmente balanceada enfatizando frutas y verduras, y alimentos lácteos reducidos en grasa.
- **Restricción de sal**. La sal hace que el cuerpo retenga líquidos y, por lo tanto, en muchas personas puede causar presión arterial alta. No agregue sal a los alimentos. Evite alimentos salados como las carnes curadas, las botanas y los alimentos enlatados o preparados.
- **Reducción de peso**. Si el índice de masa corporal (IMC) es de 25 o más, baje de peso. Una reducción de sólo 4.5 kilogramos puede disminuir la presión arterial. En algunas personas la reducción de peso es suficiente para evitar la necesidad de tomar medicamentos para la presión arterial. (Ver Índice de masa corporal, página 207).
- **Ejercicio**. El ejercicio aeróbico regular parece disminuir la presión arterial en algunas personas, incluso sin bajar de peso.
- **Deje de fumar**. El uso de tabaco puede acelerar el proceso de estrechamiento de los vasos sanguíneos (aterosclerosis) en personas con presión arterial alta. Fumar en combinación con presión arterial alta aumenta mucho el riesgo de daño a las arterias.
- **Limite el consumo de alcohol**. Demasiado alcohol — más de dos bebidas al día en los hombres y una en las mujeres y los hombres de bajo peso — puede aumentar la presión arterial.

El uso de medicamentos

El médico determinará cuál medicamento o combinación de medicamentos puede ser mejor para usted. Algunos medicamentos funcionan mejor que otros en diferentes edades o en ciertas razas. El médico puede considerar el costo, efectos secundarios, la interacción entre múltiples medicamentos y cómo afectan los medicamentos a otras enfermedades. Puede haber varios pasos en el proceso para seleccionar el medicamento porque el primer medicamento puede no disminuir la presión arterial. Un segundo, tercer, o incluso un cuarto medicamento pueden prescribirse como sustituto o como un medicamento adicional.

Enfermedades de transmisión sexual

Las enfermedades que se transmiten sexualmente (ETS) están aumentado en Estados Unidos. La mayoría de ETS es tratable, pero el virus de la inmunodeficiencia humana (**VIH**), la causa del síndrome de inmunodeficiencia adquirida (**SIDA**), no tiene actualmente curación, y la muerte ocurre eventualmente en la mayoría de los casos.

Aunque el VIH puede propagarse por el uso de agujas contaminadas, o raras veces, por transfusiones de sangre, generalmente se transmite por contacto sexual. El virus está presente en el semen y en las secreciones vaginales y penetra en el cuerpo de una persona a través de pequeños desgarros que pueden desarrollarse en los tejidos vaginales o rectales durante la actividad sexual. La transmisión del virus ocurre sólo después del contacto íntimo con sangre infectada, semen o secreciones vaginales. Ha habido casos de VIH en el personal de cuidados de la salud a través de piquetes de agujas.

Las ETS como infecciones por **clamidias**, **gonorrea**, **hepatitis B y C**, **herpes genital**, **verrugas genitales** y **sífilis** son altamente contagiosas. Muchas de ellas pueden diseminarse por un solo contacto sexual. Los microorganismos que causan ETS, incluyendo el VIH mueren en unas horas una vez que están fuera del cuerpo. Sin embargo, ninguna de estas infecciones se disemina por el contacto casual, saludar de mano o sentarse en un inodoro.

La única forma de prevenir las ETS y el SIDA es mediante abstinencia sexual o una relación exclusivamente entre dos personas no infectadas. Si usted tiene varias parejas sexuales o una pareja infectada, tiene un riesgo mayor de contraer una ETS.

El uso de condones

El uso correcto y consistente de un condón de látex y evitar ciertas prácticas sexuales pueden disminuir el riesgo de contraer SIDA y otras ETS, aunque los condones no eliminan completamente el riesgo. Los condones algunas veces son fabricados con membranas animales y los poros de estos condones de piel natural pueden permitir el paso del virus del SIDA. Se recomienda el uso de condones de látex.

Para ser eficaz un condón no debe estar dañado, debe colocarse antes del contacto genital y permanecer intacto hasta que se retira al terminar la actividad sexual. La lubricación extra (incluso con condones lubricados) puede ayudar a prevenir que se dañe el condón. Use únicamente lubricantes con base de agua. Los lubricantes con base de aceite pueden hacer que se dañe el condón.

Un nuevo condón para las mujeres puede ayudar a reducir el riesgo de contraer una ETS. Otras formas de anticoncepción dirigidas a la mujer — por ejemplo, la píldora — no proporcionan protección contra ETS.

Conductas de riesgo

El VIH se transmite frecuentemente por el coito peneano-anal. El receptor (pasivo) tiene mucho mayor riesgo de contraer VIH que el activo, aunque la gonorrea y la sífilis pueden adquirirse por el recto del pasivo. La probabilidad de transmisión del VIH se afecta también por el estadio de la infección de la persona infectada.

El coito vaginal heterosexual, particularmente con múltiples parejas, tiene riesgo de contraer VIH. Se cree que el virus se transmite más fácilmente del hombre a la mujer que viceversa.

El sexo oral-genital es también un medio posible de transmisión de VIH, gonorrea, herpes, sífilis y otras ETS.

Compartir agujas para autoinyectarse drogas aumenta también el riesgo de adquirir el VIH y el virus de la hepatitis C.

Enfermedades de transmisión sexual

Si usted piensa que tiene una enfermedad transmitida sexualmente (ETS), vea a un médico inmediatamente. Si se diagnostica una ETS es importante que comparta la información de una ETS confirmada con su pareja(s) sexual. En todos los casos de ETS, absténgase de contacto sexual hasta que la infección sea eliminada completamente. Algunas ETS no causan signos y síntomas y podría ignorar que está infectado.

Signos y síntomas	Respecto a la enfermedad	¿Qué tan importante es?	Tratamiento médico
	SIDA		
• Fatiga persistente, sin explicación y enfermedad similar a gripe • Sudores nocturnos • Calosfrío o fiebre mayor de 38 °C durante varias semanas • Ganglios linfáticos crecidos más de 3 meses • Diarrea crónica • Cefalea persistente • Tos seca y falta de aire	SIDA, causado por el VIH. Desafortunadamente una prueba para VIH no es precisa inmediatamente después de la exposición porque el cuerpo se tarda en desarrollar o elaborar anticuerpos. Puede tardar hasta 6 meses para detectar esta respuesta de anticuerpos.	El VIH debilita el sistema inmune hasta el punto que enfermedades oportunistas (las que el cuerpo normalmente combate) empiezan a afectarlo. El SIDA es una enfermedad mortal, aunque ha habido avances recientes significativos en el tratamiento del SIDA.	No hay vacuna para el SIDA. El tratamiento incluye el uso de medicamentos antivirales, refuerzos del sistema inmune y medicamentos para ayudar a prevenir o tratar infecciones oportunistas. Una nueva clase de medicamentos, llamada inhibidores de proteasas, ha mostrado ser promisoria.
	Infección por clamidias		
• Dolor al orinar • Secreción vaginal en las mujeres • Secreción del pene en los hombres • Dolor abdominal bajo	Puede causar cicatrices en las trompas de Falopio en las mujeres y prostatitis o epididimitis en los hombres.	Tocar el ojo con secreciones infecciosas puede causar infección en el mismo. Una madre puede pasar la infección a su hijo durante el parto, y causar neumonía o infección ocular.	Se prescriben antibióticos. La infección debe desaparecer en 1 o 2 semanas. Todas las parejas sexuales deben tratarse, aunque no tengan síntomas. De otro modo, pueden pasar la enfermedad entre ellos.
	Herpes genital		
• Dolor o comezón en el área genital • Vesículas con agua o úlceras abiertas • Úlceras genitales presentes pero no visibles dentro de la vagina (mujeres) o de la uretra (hombres) • Brotes recurrentes	El **herpes genital** es causado por el virus del herpes simple, generalmente tipo 2. Los síntomas empiezan 2 a 7 días después de la exposición. La comezón o ardor son seguidos por vesículas y úlceras. Aparecen en la vagina o en los labios, glúteos y ano. En hombres en el pene, escroto, glúteos ano y muslos. El virus queda dormido en las áreas infectadas y periódicamente se reactiva, causando síntomas.	No hay curación o vacuna. La enfermedad es muy contagiosa siempre que las úlceras están presentes. Los recién nacidos pueden infectarse al pasar por el canal del parto de madres con úlceras abiertas.	Los autocuidados consisten en mantener las úlceras limpias y secas. El medicamento antiviral de prescripción aciclovir ayuda a acelerar la curación. Si las recidivas son frecuentes, se puede tomar un antibiótico antiviral para suprimir el virus.

Trastornos específicos

Signos y síntomas	Respecto a la enfermedad	¿Qué tan importante es?	Tratamiento médico

Verrugas genitales

• Crecimientos verrucosos en genitales, ano, ingle, uretra	Las verrugas venéreas o las verrugas genitales son causadas por el virus del papiloma humano (VPH). Afectan a los hombres y a las mujeres. Las personas con sistemas inmunes alterados y las mujeres embarazadas son más susceptibles.	Generalmente no son importantes pero sí contagiosas. Las mujeres con historia de verrugas genitales tienen un mayor riesgo de cáncer cervical y deben practicarse cada año una prueba de Papanicolaou.	Las verrugas se eliminan con medicamentos, criocirugía (congelación), láser o corriente eléctrica. Estos procedimientos pueden requerir anestesia local o general.

Gonorrea

• Secreción espesa, como pus por la uretra
• Ardor, orina frecuente
• Ligero aumento de secreción vaginal e inflamación en las mujeres
• Secreción anal o irritación
• Ocasionalmente fiebre y dolor abdominal
	La gonorrea es causada por bacterias.
	  En hombres, los primeros síntomas aparecen 2 días a 2 semanas después de la exposición.
	  En mujeres, los síntomas pueden no aparecer en 1 a 3 semanas. La infección afecta generalmente al cérvix y algunas veces a las trompas de Falopio.
		Infección aguda altamente contagiosa que puede volverse crónica. En hombres puede llevar a epididimitis. En mujeres puede diseminarse a las trompas de Falopio y causar enfermedad pélvica inflamatoria. Puede producir cicatrices de las trompas e infertilidad. Raras veces causa infección articular o faríngea.	Muchos antibióticos son seguros y eficaces para el tratamiento de la gonorrea. Aunque tratable, la gonorrea se está haciendo resistente a algunos antibióticos. Puede curarse con una inyección de ceftriaxona. Los antibióticos orales, como la ciprofloxacina, son también eficaces.

Hepatitis B

• La piel y los ojos están amarillentos • La orina es de color de té • Enfermedad como influenza • Fatiga y dolorimiento • Fiebre	La hepatitis B es causada por un virus. Algunos portadores nunca tienen síntomas pero son capaces de pasar el virus a otros.	Una mujer embarazada puede pasar el virus al feto en desarrollo. Raras veces causa insuficiencia hepática y muerte.	No hay tratamiento antiviral. El reposo en cama no es esencial, aunque puede ayudar a sentirse mejor. Mantener buena nutrición. Abstenerse del uso del alcohol por el daño al hígado. Se puede prevenir con la vacunación.

Sífilis

• Úlceras indoloras en genitales, recto, lengua o labios • Ganglios linfáticos crecidos en la ingle • Erupción en cualquier área del cuerpo, sobre todo en palmas y plantas • Fiebre • Dolor de cabeza • Sensibilidad y dolor en los huesos y articulaciones	La sífilis es una enfermedad compleja causada por una bacteria. Primaria: aparecen úlceras indoloras en el área genital, recto, o lengua o labios 10 días a 6 semanas después de la exposición. Secundaria: 1 semana a 6 meses después: puede aparecer una erupción enrojecida en cualquier parte de la piel. Terciaria: a menudo años después de un periodo latente: enfermedad cardiaca, deterioro mental.	Puede curarse completamente si se establece el diagnóstico tempranamente y se trata la infección. Si no se trata, la infección puede llevar a la muerte. En mujeres embarazadas, puede transmitirse al feto, causando deformaciones y la muerte	Generalmente tratada con penicilina. Pueden usarse otros antibióticos en pacientes alérgicos a la penicilina. Una persona generalmente no puede transmitir la sífilis 24 horas después de empezar el tratamiento. Algunos no responden a las dosis habituales de penicilina. Se deben practicar pruebas periódicas para asegurarse que el agente infeccioso ha sido destruido.

Salud mental

- Comportamiento adictivo
- Ansiedad y trastornos de pánico
- Depresión y tristeza
- Abuso doméstico
- Pérdida de memoria

Esta sección examina diversos aspectos que afectan la salud mental de millones de personas y sus familias. Se ofrece información útil para manejar el comportamiento adictivo, los trastornos de pánico y ansiedad, la depresión, el abuso doméstico y la pérdida de memoria.

Comportamiento adictivo

Puede volverse adicto a muchas sustancias y prácticas. Los rasgos principales del comportamiento adictivo incluyen la necesidad apremiante de usar la sustancia adictiva o involucrarse en la actividad, dificultad de control como resultado del uso o la actividad, y el uso continuo o la actividad a pesar de las consecuencias adversas. En esta sección, se discute el alcohol, el tabaco, la dependencia de las drogas y el juego compulsivo.

■ Abuso del alcohol y alcoholismo

El abuso del alcohol y el **alcoholismo** (dependencia del alcohol) causan problemas mayores sociales, económicos y de salud pública. Cada año, cerca de 80,000 personas mueren por causas relacionadas con el alcohol. El costo anual de la productividad perdida y los gastos de la salud relacionados con el alcoholismo son mayores de 180 billones de dólares. De acuerdo al Instituto Nacional de Abuso del Alcohol y Alcoholismo de Estados Unidos, casi 14 millones de estadounidenses abusan del alcohol o son alcohólicos.

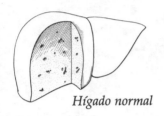

Hígado normal

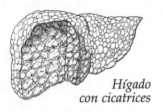

Hígado con cicatrices

El exceso en el consumo de alcohol puede dañar los tejidos del cuerpo, particularmente el hígado. El uso excesivo puede causar cicatrices, lo que se conoce como cirrosis.

Cómo funciona el alcohol en el cuerpo

La forma de alcohol en las bebidas que tomamos es el etanol (alcohol etílico), un líquido incoloro que en su forma pura tiene un sabor quemante. El etanol es producido por la fermentación de los azúcares que ocurre naturalmente en los granos y frutas como cebada y uvas.

Cuando toma alcohol, se deprime el sistema nervioso central actuando como sedante. En algunas personas la reacción inicial puede ser de estimulación, pero al seguir tomando, ocurre sedación o efectos calmantes. Al deprimir los centros de control del cerebro, se relaja y se reducen sus inhibiciones. Mientras más toma, más sedación tiene. Inicialmente el alcohol afecta áreas del pensamiento, emoción y juicio. En cantidad suficiente, el alcohol dificulta el lenguaje y la coordinación muscular, y produce sueño. Tomado en cantidades lo suficientemente grandes, el alcohol es un tóxico mortal — puede producir un estado de coma que pone en peligro la vida deprimiendo seriamente los centros vitales del cerebro.

El uso excesivo de alcohol puede producir varios efectos perjudiciales en el cerebro y sistema nervioso. Puede dañar seriamente el hígado, páncreas y sistema cardiovascular. El uso de alcohol en las mujeres embarazadas puede dañar al feto.

Intoxicación alcohólica

Los efectos intoxicantes del alcohol se relacionan con la concentración de alcohol en la sangre. Por ejemplo, si no es un bebedor habitual y la concentración de alcohol en la sangre es de 100 miligramos de alcohol por decilitro de sangre (md/dL), puede estar bastante intoxicado y tener dificultad para hablar, pensar y desplazarse. Al aumentar la concentración de alcohol en la sangre, la confusión ligera puede dar paso al estupor, y finalmente al coma. Los alcohólicos y bebedores habituales desarrollan tolerancia al alcohol.

La cantidad de alimento y qué tan recientemente comió antes de beber afecta la forma en que responde al alcohol. La complexión, la grasa corporal y la tolerancia a los efectos del alcohol desempeñan también un papel significativo. Beber cantidades iguales de alcohol puede tener un efecto mayor en una mujer que en un hombre. Las mujeres tienen generalmente concentraciones de alcohol en la sangre mayores por bebida debido a su complexión menor y su menor dilución de alcohol. También pueden metabolizar el alcohol más lentamente que los hombres.

Muchos estados definen ahora la intoxicación legal como la concentración de alcohol en la sangre de 0.08 por ciento por lo menos. En otros es de 0.1 por ciento. Incluso con concentraciones mucho menores del límite legal, algunas personas pierden la coordinación y el tiempo de reacción.

¿Qué es abuso del alcohol?

Los problemas con la bebida en personas que no tienen todas las características del alcoholismo se conocen como abuso de alcohol o problemas con la bebida. Estas personas beben excesivamente, lo que les acarrea problemas sociales o de salud, pero no son dependientes del alcohol y no han perdido todo el control sobre su consumo.

¿Qué es el alcoholismo?

El alcoholismo es una enfermedad crónica. A menudo es progresiva y mortal. Se caracteriza por periodos de preocupación por el alcohol y dificultad para controlar su consumo. Hay un uso continuo a pesar de las consecuencias adversas y la distorsión del pensamiento. La mayoría de alcohólicos niega que tiene un problema. Otros signos incluyen:

- Beber solos o en secreto
- No recordar conversaciones o compromisos
- Hacer un ritual de tomar antes, con, o después de la cena y molestarse cuando este ritual se altera o se cuestiona
- Perder interés en las actividades y pasatiempos que le brindaban placer
- Irritabilidad al aproximarse el tiempo de la bebida habitual, especialmente si no hay alcohol disponible
- Guardar alcohol en lugares poco probables en casa, en el trabajo o en el automóvil
- Atragantarse, ordenar dobles, intoxicarse intencionalmente para sentirse bien o beber para sentirse "normal"
- Tener problemas con las relaciones, el trabajo o las finanzas, o problemas legales
- Tener un "despertador" matutino para "calmar los nervios"

■ Cómo tratar el abuso del alcohol y el alcoholismo

La mayoría de alcohólicos y los que abusan del alcohol entra al tratamiento de mala gana porque niega el problema. A menudo deben ser presionados como requerir tratamiento después de manejar mientras estaba alcoholizado. Los problemas legales o de salud pueden motivar el tratamiento. La intervención ayuda al alcohólico a reconocer y aceptar la necesidad de tratamiento. Si está preocupado por un amigo o un familiar, discuta la intervención con un profesional.

Prueba autoadministrada de detección de alcoholismo

Para la detección del alcoholismo la Clínica Mayo desarrolló la Prueba Autoadministrada de Detección de Alcoholismo (SAAST, por sus siglas en inglés). La SAAST consta de 37 preguntas.

La SAAST trata de identificar comportamientos, síntomas médicos y consecuencias de la bebida en el alcohólico. Aquí está una muestra de las preguntas de la prueba.

1. ¿Cree que bebe normalmente (esto es, no bebe más que el promedio)?
2. ¿Sus parientes cercanos se han preocupado alguna vez o se han quejado de la forma en que bebe?
3. ¿Puede dejar de beber sin dificultad cuando lo desea?
4. ¿Su manera de beber ha creado alguna vez problemas entre usted y su esposa, esposo, padres u otros familiares cercanos?

5. ¿Bebe en algunas ocasiones en las mañanas?
6. ¿Alguna vez ha sentido la necesidad de detener su manera de beber?
7. ¿Alguna vez le ha dicho el médico que deje de tomar?
8. ¿Ha sido paciente en una instalación psiquiátrica debido a problemas relacionados con su manera de beber?
9. ¿Alguna vez lo han arrestado por manejar mientras estaba intoxicado?

Estas respuestas sugieren que usted tiene riesgo de alcoholismo: 1. No, 2. Sí, 3. No, 4. Sí, 5. Sí, 6. Sí, 7. Sí, 8. Sí, 9. Sí

Si respondió tres o cuatro de las preguntas con las respuestas mencionadas, probablemente tiene un problema de la bebida y necesita evaluación profesional.

■ Tratamiento individualizado

Se dispone de un amplio rango de tratamientos para ayudar a la gente con problemas de alcohol. El tratamiento debe adaptarse al individuo. El tratamiento puede involucrar una evaluación, una breve intervención, un programa ambulatorio o asesoramiento, o una estancia como interno en una institución.

Es importante determinar primero si es usted dependiente del alcohol. Si ha perdido el control sobre el uso del mismo el tratamiento puede involucrar reducir el consumo. Si abusa del alcohol, puede ser capaz de modificar la forma de beber. Si es alcohólico puede ser capaz de modificar su manera de beber. Si tiene alcoholismo, disminuir la bebida no es eficaz ni apropiado. La abstinencia debe ser una parte del objetivo del tratamiento del alcohólico.

Para la gente que no es dependiente del alcohol pero que presenta los efectos adversos de la bebida, el objetivo del tratamiento es reducir los problemas relacionados con el alcohol, a menudo mediante asesoramiento o una intervención breve. Una intervención breve generalmente involucra especialistas en el abuso del alcohol que pueden establecer un plan de tratamiento específico. Las intervenciones pueden incluir establecer objetivos, técnicas de modificación del comportamiento, uso de manuales de autoayuda, asesoramiento y seguimiento en un centro de tratamiento.

Muchos programas de tratamiento residencial del alcoholismo en Estados Unidos están basados en el "Modelo Minnesota". Este modelo incluye abstinencia, terapia individual y de grupo, participación en alcohólicos anónimos, conferencias educativas, inclusión de la familia, asignaciones de trabajo, terapia de actividades, y apoyo de consejeros (muchos de los cuales son alcohólicos en recuperación) y personal multiprofesional. Contacte a su seguro médico para determinar si el tratamiento residencial está incluido en su cobertura.

Además del tratamiento residencial hay muchos otros enfoques, incluyendo acupuntura, biorretroalimentación, terapia de refuerzo motivacional, terapia cognitiva-conductual y terapia de aversión. La terapia de aversión implica asociar la ingestión de alcohol con una respuesta repugnante como náusea o vómito inducidos por un medicamento. Después de varias asociaciones repetidas, el alcohol sólo causa la respuesta repugnante y esto disminuye la probabilidad de recaída. Por obvias razones la terapia de aversión tiende a no ser atractiva, aunque a menudo es efectiva.

Cómo enfrentar la bebida en la adolescencia

Aunque se pueden requerir muchos años para que los adultos desarrollen dependencia del alcohol, los adolescentes pueden volverse adictos en meses. El uso del alcohol en los adolescentes generalmente aumenta con la edad. Sin embargo, reportes recientes sugieren que el uso del alcohol en adolescentes está disminuyendo. Cada año en Estados Unidos, más de 3,000 jóvenes entre 15 y 20 años de edad mueren en accidentes automovilísticos relacionados con el alcohol, y muchos más quedan discapacitados. El alcohol está implicado también a menudo en otras muertes de adolescentes, incluyendo ahogamiento, suicidio e incendios.

En los jóvenes, la probabilidad de adicción depende de la influencia de los padres, compañeros y otros que asumen el papel de modelos, la edad en que empiezan a tomar alcohol, la susceptibilidad a la propaganda, la necesidad psicológica de alcohol y los factores genéticos (alcoholismo familiar) que pueden predisponerlos a la adicción. Busque estos signos:

● Pérdida de interés en las actividades y pasatiempos.
● Ansiedad e irritabilidad.
● Dificultades o cambios en las relaciones con los amigos — unión a un nuevo grupo.
● Reprobar en la escuela.

Para prevenir el uso de alcohol en la adolescencia:

● Establezca un buen ejemplo respecto al uso del alcohol.
● Comuníquese con sus hijos.
● Discuta las consecuencias legales y médicas de la bebida.

El Modelo Minnesota

Aquí está lo que puede usted esperar de un programa residencial de tratamiento basado en parte en el Modelo Minnesota.

- **Desintoxicación y supresión**. El tratamiento puede empezar con un programa de desintoxicación. Este generalmente tarda cuatro a siete días. Pueden requerirse medicamentos para prevenir el delirium tremens (DT) u otras crisis convulsivas por supresión.
- **Valoración médica y tratamiento**. Los problemas médicos frecuentes relacionados con el alcoholismo son presión arterial alta, aumento de azúcar en la sangre y enfermedad hepática y cardiaca.
- **Apoyo psicológico y tratamiento psiquiátrico**. Asesoramiento individual y de grupo y la recuperación de los aspectos psicológicos del alcoholismo con terapia de apoyo. Algunas veces los síntomas emocionales de la enfermedad pueden simular trastornos psiquiátricos.
- **Programas de recuperación**. La desintoxicación y el tratamiento médico son sólo los primeros pasos para la mayoría de la gente en un programa residencial de tratamiento.
- **Se enfatiza la aceptación y la abstinencia**. Es imposible un tratamiento efectivo a menos que acepte que es adicto y que no es capaz de controlar la forma de beber.
- **Tratamiento con medicamentos**. Un medicamento sensibilizante al alcohol llamado disulfiram puede ser útil. Si bebe alcohol, el medicamento produce una reacción física intensa que incluye rubor, náusea, vómito y dolor de cabeza. El disulfiram no cura el alcoholismo ni puede eliminar la compulsión para beber. Pero puede ser un fuerte elemento disuasorio. La naltrexona, un medicamento conocido desde hace mucho que bloquea la reacción de narcóticos, se ha encontrado recientemente que disminuye la urgencia de beber en los alcohólicos en recuperación. A diferencia del disulfiram, sin embargo, la naltrexona no causa una reacción en unos minutos de tomar un trago. La naltrexona puede producir efectos secundarios, particularmente daño hepático.
- **Apoyo continuo**. Los programas posteriores y Alcohólicos Anónimos ayudan a los alcohólicos en recuperación a mantener la abstinencia del alcohol, a manejar cualquier recaída y a llevar a cabo los cambios necesarios en el estilo de vida.

PARA MAYOR INFORMACIÓN (en Estados Unidos)

- Alcohólicos Anónimos, 475 Riverside Dirve, New York, NY 10115. (Verificar en el directorio telefónico el grupo más cercano). *www.alcoholics-anonymous.org*.
- Oficinas Generales del Grupo Familiar Al-Anon, Inc., 1600 Corporate Landing Parkway, Virginia Beach, VA 23454; 888-425-2666.
- Consejo Nacional sobre Alcoholismo y Dependencia de Drogas, 22 Cortland St., Suite 801, New York, NY 10010; referencia 24 horas 800-NCA-CALL (622-2255).
- En México busque ayuda en el grupo de Alcohólicos Anónimos más cercano a su localidad.

Tratamiento de la resaca: Evitar el alcohol

Incluso pequeñas cantidades de alcohol pueden casar efectos secundarios desagradables. Algunas personas desarrollan una sensación de rubor, mientras que otras son sensibles a la sustancia química tiramina que se encuentra en el vino tinto, brandy y cognac.

La resaca clásica, aunque bien estudiada, no se comprende por completo. Probablemente se debe a deshidratación, productos de degradación del alcohol, daño hepático, comer en exceso y alteraciones del sueño.

El mejor tratamiento de una resaca es la prevención y evitar beber alcohol. La mejor cosa siguiente es beber con moderación.

Si tiene una resaca, es demasiado tarde para hacer mucho por mejorar la salud y el funcionamiento. Se han intentando múltiples remedios para la resaca, pero no hay mucha evidencia de que ayuden — y pueden dañar.

Si tiene una resaca, siga este consejo:

- Permanezca en reposo y rehidrátese. Tome líquidos claros (agua, soda, algunos jugos de fruta o caldo). Evite las bebidas ácidas, cafeinadas o que contienen alcohol.
- Use con precaución analgésicos que se pueden obtener sin receta (ver página 258).

Tabaquismo y uso de tabaco

Cuando usted inhala el humo de un cigarrillo, está dejando libre todo un desfile químico que marcha a través de algunos de los órganos vitales — cerebro, pulmones, corazón y vasos sanguíneos. Cerca de 400,000 estadounidenses mueren anualmente por fumar cigarrillos. Una quinta parte de todas las muertes en Estados Unidos está relacionada con el tabaquismo.

El humo del cigarrillo libera en el cuerpo por lo menos 75 químicos que se sabe causan cáncer — pequeñas cantidades de venenos como el arsénico y el cianuro, y más de otras 4,000 sustancias.

La nicotina, uno de los ingredientes principales del tabaco, es una sustancia fuertemente adictiva. La nicotina es la que lo mantiene fumando. Aumenta la cantidad de una sustancia química del cerebro llamada dopamina, la cual produce sensación de placer y satisfacción. Obtener el "refuerzo de dopamina" es parte del proceso de adicción, heciendo que quiera seguir fumando o reexperimentar el placer. También desencadena que las glándulas suprarrenales produzcan hormonas que someten al corazón a mayor esfuerzo aumentando la presión arterial y la frecuencia cardiaca.

Otra razón por la cual las personas siguen fumando es debido a que se acostumbran a fumar en ciertas situaciones, y encuentran muy difícil romper estos hábitos arraigados. Esto incluye fumar: con la primera taza de café en la mañana, mientras maneja, después de las comidas, para aliviar una situación estresante, y como recompensa por salir de una situación difícil.

Cómo dejar de fumar

Muchos fumadores quieren dejar de fumar, pero lo encuentran difícil por el poder de adicción de la nicotina. De hecho, la mayoría de la gente necesita más de un intento antes que puedan dejar de fumar. Aquí están algunas sugerencias para ayudarlo a dejar de fumar:

Haga la tarea. Hable con exfumadores. Encuentre cómo dejaron de fumar y qué fue lo que encontraron útil. Encuentre un grupo para dejar de fumar. Estos grupos patrocinados por algunos institutos están disponibles en muchas comunidades. Su proveedor de atención a la salud, un especialista entrenado en el tratamiento de la dependencia al tabaco, y la línea estatal de adicciones en locatel, o www.naquitline.com en Internet pueden ayudar.

Haga pequeños cambios. Limite los lugares en donde fuma. Fume sólo en un cuarto de su casa o incluso en el exterior. No fume en el automóvil. Compre cigarrillos por cajetilla y no por paquete. Cambie a una marca diferente que le produzca menos satisfacción.

Ponga atención en su manera de fumar. Al prepararse a dejar de fumar, preste atención a su comportamiento. ¿Cuándo fuma? ¿En dónde? ¿Con quién fuma? Haga una lista de los principales desencadenantes para fumar. Planee enfrentarlos cuando deje de fumar. Practique enfrentarse con estas situaciones sin fumar.

Busque ayuda. Participe en un programa formal. Mientras más ayuda obtenga, más probabilidades tiene de éxito. Los estudios muestran que la gente que participa en programas formales tiene una probabilidad ocho veces mayor de tener éxito que los que tratan por sí solos.

Motívese. La clave para dejar de fumar es el compromiso. Cuando la Clínica Mayo estudió los resultados de sus programas, encontró que los fumadores que estaban más motivados para dejar de fumar tenían una probabilidad de éxito dos veces mayor para dejar de fumar que los que estaban menos motivados.

Fije una fecha para dejar de fumar. Hágalo un día de bajo estrés. Informe a sus amigos, esposa y compañeros su intención. Hágales saber que pueden apoyar sus esfuerzos.

■ Terapia de reemplazo de nicotina

Los mejores tratamientos probados actualmente disponibles para ayudar a la gente a dejar de fumar están basados en proporcionar nicotina al cerebro por medios diferentes a fumar o con medicamentos que modifican la química del cerebro, para reducir los síntomas de abstinencia y otros efectos que tiene la nicotina en el cerebro.

Medicamentos que se obtienen sin receta

Parche de nicotina. El parche proporciona nicotina a través de la piel al torrente sanguíneo. Los estudios muestran que la gente que usa apropiadamente el parche tiene una probabilidad dos veces mayor de dejar de fumar. Coloque el parche en las áreas con menos vello del cuerpo (pecho, parte superior de los brazos o del abdomen) en la mañana. Cambie los sitios. Retire el parche anterior antes de colocar el nuevo. La potencia varía con la marca. Los fumadores empedernidos pueden requerir más de un parche a la vez — bajo las instrucciones del médico. La duración del uso varía con las necesidades individuales. Generalmente se requieren 6 a 8 horas para establecer firmemente los cambios de comportamiento requeridos. **Precaución**: Más de 20 a 50 por ciento de las personas presenta una erupción leve con comezón en el sitio del parche. Si es un enrojecimiento menor, use una pequeña cantidad de crema de hidrocortisona en el área después de retirar el parche. Si está irritada, necesita dejar de usar el parche o cambie a otra marca. No fume mientras usa el parche.

Chicle de nicotina. Es una resina parecida al chicle que libera nicotina al torrente sanguíneo a través del revestimiento de la boca. Los estudios muestran que la gente que usa apropiadamente el chicle tiene más éxito que los que tratan de dejar de fumar sin él. Se dispone de dos potencias: 2 y 4 miligramos (mg). Los fumadores empedernidos pueden necesitar la dosis más alta. Para usar el chicle, coloque una pieza en la boca y mastíquela suavemente unos minutos hasta que perciba un hormigueo o sabor a pimienta. Luego deje el chicle entre los carrillos. Repita el proceso después de unos minutos. Una pieza debe durar unos 30 minutos. Use el chicle cuando sienta la urgencia de fumar o en situaciones en que sabe que se presentará la urgencia. Inicialmente puede usar hasta 10 a 12 piezas al día. Disminuya gradualmente el número en unas semanas. **Precaución**: Masticar y pasar rápidamente la saliva inactiva la nicotina y puede causar náusea. Lea la etiqueta cuidadosamente.

Pastilla de nicotina. La pastilla de nicotina es como una tableta para la tos que libera nicotina al cuerpo a través de la mucosa de la boca. Tiene un ligero sabor a menta y se mueve dentro de la boca mientras se disuelve lentamente. Está disponible sin necesidad de receta en dosis de 2 y 4 mg. Puede usar una pastilla para controlar los síntomas de abstinencia o el antojo. Cuando comience, use un mínimo de ocho a nueve pastillas al día pero no más de 20 sin consultar con el médico. Disminuya su uso después de seis a ocho semanas.

Medicamentos de prescripción

Nebulización nasal de nicotina. La nicotina se nebuliza directamente en cada narina, en donde se absorbe a través de las membranas nasales a las venas, es transportada al corazón y enviada luego al cerebro. Es un sistema un poco más rápido que el chicle o el parche, aunque no tan rápido como un cigarrillo. La dosis habitual — una nebulización en cada narina — es de 1 mg. Se recomienda típicamente empezar con una o dos dosis cada hora; el mínimo es ocho dosis al día, y el máximo es 40 dosis al día. Para la mayoría, el uso de las nebulizaciones nasales debe reducirse en 6 a 8 semanas de tratamiento. Durante los primeros días de tratamiento las nebulizaciones pueden ser irritantes para la nariz, causando una sensación picante, como de pimienta junto con tos y estornudos. Estos síntomas desaparecen en cinco a siete días.

El inhalador de nicotina. Tiene la forma de un cigarrillo pequeño, con una boquilla de plástico dentro de la cual se inserta un cartucho de nicotina. Usted inhala en él, y libera pequeñas cantidades de nicotina en la boca. La nicotina se absorbe lentamente a través del revestimiento de la boca — no a través de los pulmones como sucede con el humo — y hacia el torrente sanguíneo y después al cerebro, con lo cual se alivian los síntomas de abstinencia.

Bupropión. El bupropión es un antidepresivo que es eficaz para ayudar a las personas a dejar de fumar. El bupropión aumenta el nivel de dopamina, una sustancia química del cerebro que se refuerza también fumando. Los efectos secundarios incluyen insomnio y sequedad de boca. Si tiene antecedentes de convulsiones, esto puede hacerlo más propenso a ello. Otros dos medicamentos de prescripción pueden ser alternativas eficaces pero se consideran de segunda línea. Uno es la clonidina, un medicamento para la presión arterial, y el otro es nortriptilina, un antidepresivo. El médico puede recomendar uno de ellos si otros medicamentos no funcionan, o si tienen efectos secundarios significativos. Se están probando nuevos medicamentos para dejar de fumar.

De los fumadores que quisieran dejar de fumar, los que combinan medicamentos con visitas al médico para apoyo y asesoramiento tienen a menudo más éxito que los que tratan de hacerlo solos. Las guías del Servicio de Salud Pública de EUA recomiendan el uso de combinación de tratamientos — por ejemplo, dos medicamentos de nicotina, o un medicamento de nicotina y bupropión junto con ayuda profesional.

■ Cómo enfrentar la supresión de nicotina

Abajo está una lista de los síntomas frecuentes de supresión y algunas sugerencias para enfrentarlos. La supresión puede durar días o semanas.

Problema	Soluciones
Antojos	• Distráigase. • Haga ejercicios de respiración profunda (ver página 227). • Piense que el antojo pasará.
Irritabilidad	• Haga unas respiraciones lentas y profundas. • Imagine una escena exterior agradable y tome unas minivacaciones. • Tome un baño caliente.
Insomnio	• Camine varias horas antes de acostarse. • Relájese leyendo. • Tome un baño caliente. • Coma un plátano o tome leche caliente. • Evite bebidas con cafeína después del mediodía. • Ver trastornos del sueño, página 44.
Aumento de apetito	• Forme un equipo personal de supervivencia que incluya pajas, barras de canela, dulces sin azúcar, orozuz, palillos de dientes, chicle y verduras frescas. • Tome mucha agua o líquidos de bajo contenido calórico.
Incapacidad para concentrarse	• Tome una caminata enérgica — fuera si es posible. • Simplifique su horario unos días. • Tome un descanso.
Fatiga	• Haga más ejercicio. • Duerma lo suficiente. • Tome una siesta. • Trate de no forzarse durante dos a cuatro semanas.
Estreñimiento, gas, dolor de estómago	• Tome abundantes líquidos. • Agregue fibra a su alimentación: frutas, verduras crudas, cereales de granos enteros. • Cambie gradualmente la alimentación. • Ver estreñimiento, página 58; gas, página 60.

Fuente: Centro de Dependencia a la Nicotina Mayo

■ Tabaquismo en la adolescencia: ¿Qué se puede hacer?

¿Cuál es el daño en los niños y adolescentes que experimentan con cigarrillos? Fumar cigarrillos es rápidamente adictivo. La mayoría de los adolescentes sobreestima su capacidad para dejar de fumar una vez que empiezan. Muchos adolescentes creen que pueden dejar de fumar en cualquier momento que quieran. La realidad es que entre los que están terminando la secundaria y que fuman uno a cinco cigarrillos al día, cerca de 60 por ciento siguen fumando cinco años después. Aproximadamente tres cuartos de quienes fuman en la secundaria no tienen éxito al tratar de dejar de fumar.

Aquí están algunas estrategias que los padres pueden intentar para ayudar a mantener a sus hijos lejos del tabaquismo:

- **Conozca lo que sus hijos piensan respecto a fumar.**
- **Ayude a su hijo a explorar los sentimientos personales respecto a las presiones de sus amigos y fumar.**
- **Aliente a su hijo adolescente a permanecer físicamente activo.**
- **Note las repercusiones sociales del tabaquismo.**
- **Establezca un ejemplo personal de no fumar.**
- **Ayude a su hijo a encontrar alternativas al tabaquismo.**

Mascar tabaco

Llámelo como quiera — tabaco sin fumar, escupir o masticar tabaco — pero no lo llame inofensivo. Si está considerando hacer el cambio de fumar cigarrillos a mascar tabaco porque piensa que la versión no fumada del tabaco no lo perjudicará, tenga cuidado — mascar tabaco puede también causar serios problemas de salud.

- **Adicción.** Mascar tabaco lo hace adicto a la nicotina, similar a la forma en que lo hacen los cigarrillos. Y una vez que es adicto, se dificulta detener el hábito de mascar tabaco.
- **Caries y enfermedad de las encías.** Mascar tabaco y utilizar otras formas de tabaco sin fumar causan caries dental. Esto se debe a que el tabaco de mascar contiene grandes cantidades de azúcar, lo cual contribuye a las caries, y partículas ásperas que pueden irritar las encías, rasgar el esmalte de los dientes y causar enfermedad de las encías (gingivitis).
- **Problemas cardiacos.** El tabaco que no se fuma aumenta la frecuencia cardiaca y la presión arterial.

Alguna evidencia sugiere que lo puede colocar en mayor riesgo de ataque cardiaco. Las personas que consumen esta forma de tabaco también tienen mayores niveles de colesterol que las personas que no lo consumen.

- **Úlceras bucales precancerosas.** Las personas que consumen esta forma de tabaco son más susceptibles de desarrollar placas blancas pequeñas, llamadas leucoplaquia, dentro de la boca. Estas úlceras de la boca se consideran precancerosas — lo cual significa que las úlceras un día pueden desarrollar cáncer—.
- **Cáncer oral.** El riesgo de cáncer oral está aumentado si utiliza estas formas de tabaco. El cáncer oral incluye cáncer de la boca, garganta, mejillas, encías, labios y lengua. La cirugía para remover el cáncer de cualquiera de estas áreas puede dejar su mandíbula, mentón, cuello o cara desfigurados.

Los peligros de fumar de segunda mano (fumador pasivo)

La amenaza para la salud de los no fumadores por la exposición al humo del tabaco está bien documentada. La exposición a fumar de segunda mano se asocia con cáncer pulmonar y enfermedad cardiaca en los que no fuman. La mayoría de los estados han promulgado leyes que limitan fumar en lugares públicos.

La gente con trastornos respiratorios o cardiacos y los muy jóvenes y muy ancianos en general tienen riesgo especial de salud cuando están expuestos a fumar de segunda mano.

Los lactantes tienen una probabilidad tres veces mayor de morir por el síndrome de muerte súbita del lactante si sus madres fuman durante y después del embarazo.

Los niños menores de un año de edad que están expuestos al humo del cigarro tienen una mayor frecuencia de ingresos a los hospitales por enfermedades respiratorias que los hijos de padres que no fuman. Fumar de segunda mano aumenta el riesgo de un niño de infecciones del oído, neumonía, bronquitis y amigdalitis.

■ Dependencia de drogas

La dependencia a las drogas (<u>**drogadicción**</u>), sean de prescripción o ilegales, es peligrosa por sus efectos físicos a largo plazo, su efecto perjudicial sobre la familia, el trabajo y los riesgos potenciales de la abstinencia súbita. A menudo es esencial la ayuda médica para dejarlas.

Drogas de abuso frecuentes

Cemento. Los niños pueden inhalar el cemento, que es un depresor del sistema nervioso central. Al principio unas cuantas inhalaciones pueden producir estimulación, pero el niño desarrolla tolerancia en unas semanas. Los síntomas iniciales simulan la intoxicación alcohólica, incluyendo lenguaje arrastrado, mareo, disminución de las inhibiciones, somnolencia y amnesia. El niño puede tener alucinaciones, bajar de peso y perder la conciencia.

Estimulantes del sistema nervioso central (anfetaminas y cocaína). Las anfetaminas (*uppers*) producen una dependencia psicológica extraordinariamente fuerte que llega a ser una compulsión. Los que abusan desarrollan un alto grado de tolerancia a los efectos eufóricos, que duran varias horas. Las metanfetaminas se producen como pastillas, polvo, o pedazos de cristal. La mayoría de los químicos utilizados para hacer las anfetaminas se encuentra en productos domésticos o medicamentos que se venden sin receta, lo cual aumenta la popularidad de su uso. Los signos de consumo de anfetaminas incluyen excitación en el lenguaje, agitación, irritabilidad, falsa sensación de confianza, conducta violenta, paranoia intensa y alucinaciones. La cocaína precipita la liberación de sustancias químicas en el cuerpo que estimulan al corazón para que bombee más rápido y más fuerte. Estas reacciones dan como resultado la actividad frenética de la euforia, la ilusión del control y el aumento del impulso sexual. Inyectarse o fumar cocaína (llamada *crack*) puede ser más peligroso porque una mayor cantidad va al torrente sanguíneo.

Opioides. El opio es producido por la secreción lechosa de la semillas de la amapola. Los opioides incluyen sustancias naturalmente producidas por el opio, como la heroína y la morfina (opiáceos) y sustancias sintéticas que tienen acción semejante a la morfina. Los médicos pueden prescribirlas para aliviar el dolor, como anestésicos o como supresores de la tos (como la codeína y metadona). Los signos de abuso incluyen depresión, ansiedad, impulsividad, baja tolerancia a la frustración y necesidad de gratificación inmediata.

Marihuana y hashish. La marihuana es elaborada con las hojas y flores de la planta hachís, *Cannabis sativa*. El hashish se deriva de la resina de la misma planta. El cuerpo absorbe las sustancias psicoactivas contenidas en estas drogas. Estos compuestos afectan la concentración y la función perceptual y motora. Los usuarios crónicos tienen aumento de la frecuencia cardiaca, enrojecimiento de los ojos y disminución de la función pulmonar. Los síntomas de supresión incluyen agresión, irritabilidad, molestias gástricas y ansiedad.

Alucinógenos. La dietilamida del ácido lisérgico (LSD) produce cambios profundos en el estado de ánimo y los proceso del pensamiento, produciendo alucinaciones y un estado semejante a la psicosis aguda. Pueden ocurrir reacciones agudas de pánico, así como frecuencia cardiaca rápida, hipertensión y temblor. La preparación callejera más frecuente de PCP (fenciclidina) es llamada polvo de ángel, un polvo granulado blanco. En dosis bajas (5 mg) la PCP produce excitación, incoordinación y ausencia de sensibilidad (analgesia). En dosis altas puede causar salivación, vómito, estupor o coma. Cuando hay psicosis agudas asociadas a PCP, la persona tiene alto riesgo de suicidio o violencia hacia los demás.

Drogas diseñadas. Estas drogas se popularizaron en la década de 1990. Están formuladas para tener efectos específicos y modificar químicamente las drogas existentes para evitar la acusación criminal de las leyes actuales. Los nombres incluyen éxtasis, Adán, Eva y china blanca. El uso de estas drogas produce intoxicación y ha causado trastornos médicos graves, incluyendo trastornos de los movimientos y la muerte.

Atención médica

Los usuarios de drogas pueden requerir intervención por parte de familiares y amigos, y pueden requerir hospitalización para la desintoxicación. Pueden ser necesarios programas ambulatorios de seguimiento que duran semanas, meses o incluso años para prevenir una recaída.

PARA MAYOR INFORMACIÓN

- Institutos Nacionales de Abuso de Drogas, NIH, 6001 Executive Blvd., Rockville MD, 20852, *www.drugabuse.gov.*
- Narcóticos Anónimos (NA), Oficina de Servicios Mundiales, P.O. Box 9999, Van Nuys, CA 91409; 818-773-9999;*www.na.org.*

Cómo identificar el uso de drogas en los adolescentes

Tres pistas son posibles indicaciones de que su hijo adolescente esté usando drogas:

- **Escuela**. El niño repentinamente muestra un desagrado para la escuela y busca excusas para quedarse en casa. Contacte a las autoridades de la escuela para ver si el registro de asistencia de su hijo coincide con lo que usted sabe de sus días de ausencia. Un estudiante con buenas calificaciones que súbitamente empieza a reprobar cursos o recibe sólo calificaciones mínimas para aprobar puede estar usando drogas.
- **Salud física**. Languidez y apatía son posibles indicaciones del uso de drogas.
- **Apariencia**. La apariencia es sumamente importante para los adolescentes. Un signo de advertencia

significativo puede ser la falta de interés repentina en la ropa o en la apariencia.

- **Comportamiento personal**. Los adolescentes gustan de tener privacidad. Sin embargo, tenga cuidado con los esfuerzos exagerados para evitar que vaya usted a su recámara o se entere a dónde va con sus amigos.
- **Dinero**. Peticiones súbitas de más dinero sin una explicación razonable puede ser una indicación del uso de drogas.

¿Qué puede hacer?

Los adolescentes necesitan sentir que hay una línea de comunicación abierta con sus padres. Incluso ante la renuencia de su hijo para compartir los sentimientos, siga expresando interés por escuchar a su hijo hablar de sus experiencias.

■ Juego compulsivo

Las probabilidades al **jugar**, como expresa el dicho, están a favor de la casa. Pero eso no detiene a la gente para intentarlo. La cantidad estimada que se juega anualmente en Estados Unidos — es más de $50 billones de dólares. Desde 1975, la industria del juego en Estados Unidos se ha multiplicado diez veces.

La mayoría de la gente que apuesta no tiene problema. Pero una minoría — un estimado 1 a 3 por ciento de la población general — se vuelve jugadores compulsivos. La gente de este grupo pierde el control de sus apuestas, a menudo con consecuencias graves y algunas veces fatales.

¿Qué es jugar compulsivamente?

La Asociación Estadounidense de Psiquiatría (APA, por sus siglas en inglés) clasifica el juego compulsivo como un trastorno de impulso-control. Para cumplir con los criterios diagnósticos del juego compulsivo de la APA, una persona debe mostrar un comportamiento persistente de juego indicado por lo menos por cinco de los siguientes criterios:

1. Estar preocupado por el juego (por ejemplo, estar preocupado por volver a vivir experiencias pasadas en el juego, planear la siguiente aventura, pensar en formas de conseguir dinero para jugar)
2. Necesidad de jugar con cantidades crecientes de dinero para alcanzar la excitación deseada
3. Esfuerzos repetidos sin éxito por disminuir el juego o por dejar de jugar
4. Inquietud o irritabilidad cuando se intenta disminuir el juego o dejar de jugar
5. Jugar como una forma de escapar de los problemas o de aliviar un estado de ánimo disfórico (sentimientos de inutilidad, culpa, ansiedad, depresión)
6. Después de perder dinero en el juego, regresar otro día para recuperarse — persiguiendo las pérdidas personales
7. Mentir a los familiares, al terapeuta y a otros para ocultar el grado de relación en el juego
8. Haber cometido actos ilegales como falsificación, fraude, robo o desfalco para financiar el juego
9. Haber puesto en peligro o haber perdido una relación, un trabajo o una oportunidad de carrera significativas debido al juego
10. Confiarse en otros para conseguir dinero para aliviar una situación económica desesperada causada por el juego.

Atención médica

El mejor tratamiento probablemente semeja al mejor tratamiento de otras formas de adicción. Implica educación y el desarrollo de una relación terapéutica con otra persona o grupo de personas con la intención de dejar de jugar.

- La **terapia de grupo** proporciona apoyo y aliento, y ayuda a reducir el uso de mecanismos de defensa. La gente que ha "estado ahí" puede ver a través de la negación de una persona y ayudarla a confrontar el problema.
- Los **medicamentos** para hacer más fácil el proceso de recuperación están siendo investigados. Algunos de los medicamentos que se están considerando son los que han sido útiles para tratar enfermedades como el alcoholismo, los trastornos obsesivo-compulsivos y la depresión.
- **Jugadores Anónimos** proporciona un programa de 12 pasos semejante a Alcohólicos Anónimos. Para la gente que no sabe si tiene un problema del juego, Jugadores Anónimos publica una lista de 20 preguntas como instrumento de detección y proporciona una lista de las sucursales locales. Puede encontrar también grupos de ayuda patrocinados por el estado en su directorio telefónico local. Jugadores Anónimos tiene más de 1,200 sitios en EUA y 20 sedes internacionales.

Señales de la urgencia incontrolable por jugar

Puede tener adicción al juego si:
- Toma tiempo del trabajo y de su familia para jugar.
- Juega en secreto.
- Siente remordimiento después de jugar y jura repetidamente que va a dejar de hacerlo. Puede incluso haber dejado el juego por un tiempo y haber empezado de nuevo.
- No planea jugar. Simplemente "termina" jugando. Y juega hasta que pierde el último peso.

- Juega con dinero que necesita para pagar sus cuentas o solucionar sus problemas económicos. Miente, roba, pide prestado o vende cosas para conseguir dinero para jugar.
- Cuando pierde, juega para recuperar las pérdidas. Cuando gana, juega para ganar más. Sueña en el "gran golpe de suerte" y lo que comprará con él.
- Juega cuando se siente triste o cuando quiere celebrar.

Ansiedad y trastornos de pánico

Puede suceder en cualquier momento. Repentinamente el corazón empieza a acelerarse, la cara se pone roja y tiene dificultad para respirar. Se siente mareado, con náusea, fuera de control — algunos sienten incluso que están a punto de morir. Cada año miles de estadounidenses tienen una experiencia como ésta. Muchos, pensando que tienen un ataque cardiaco van al departamento de urgencias. Otros tratan de ignorarlo, sin saber que han experimentado un ataque de pánico.

Los ataques de pánico son episodios repentinos de temor intenso que precipitan reacciones físicas en el cuerpo. Aproximadamente 2 por ciento de la población está afectada por estos ataques. Antes considerados como "nervios" o estrés, un ataque de pánico se reconoce ahora como un trastorno potencialmente incapacitante pero tratable.

Cómo activar un sistema de alarma

Los **ataques de pánico** empiezan típicamente en la vida adulta joven y pueden presentarse toda la vida. Un episodio empieza generalmente en forma abrupta, tiene su máximo en los siguientes 10 minutos y dura aproximadamente media hora. Los síntomas pueden incluir frecuencia cardiaca rápida, sudoración, temblor y falta de aire. Puede tener calosfrío, bochornos, náusea, cólico abdominal, dolor en el pecho y mareo. Es frecuente la tensión en la garganta o la dificultad para deglutir.

Si los ataques de pánico son frecuentes, o si el temor de tenerlos afecta sus actividades, puede tener un problema llamado trastorno de pánico. Las mujeres tienen mayor probabilidad que los hombres de tener ataques de pánico. Los investigadores no están seguros por qué o qué causa los ataques de pánico. La herencia puede tener un papel— su probabilidad de tener ataques de pánico aumenta si tiene un familiar que los ha tenido también.

Muchos investigadores creen que está involucrada la respuesta natural del cuerpo de lucha o huida al enfrentar un peligro. Por ejemplo, si un oso gris se lanzara sobre usted, el cuerpo reaccionaría instintivamente. El corazón y la respiración se acelerarían al prepararse el cuerpo para una situación que pone en peligro la vida. Muchas de las mismas reacciones ocurren en un ataque de pánico. No hay ningún factor estresante obvio, pero activa el sistema de alarma del cuerpo.

Otros problemas de salud — como un ataque cardiaco inminente, el hipertiroidismo o la supresión de drogas — pueden causar síntomas similares a los ataques de pánico. Si tiene síntomas de un ataque de pánico, busque atención médica.

Opciones de tratamiento

Afortunadamente el tratamiento de los ataques de pánico y del trastorno de pánico es muy efectivo. La mayoría de la gente puede reanudar las actividades de la vida diaria. El tratamiento puede implicar:

- **Educación**. Saber lo que presentó es el primer paso para aprender a manejarlo. El médico puede proporcionarle información y enseñarle técnicas de enfrentamiento.
- **Medicamento**. El médico puede prescribir un antidepresivo, aunque no esté deprimido. Los antidepresivos generalmente son eficaces para prevenir ataques futuros. En algunos casos un tranquilizante puede administrarse solo o con otros medicamentos. Su eficacia varía. La duración del tratamiento depende de la gravedad del trastorno y de la respuesta al tratamiento.
- **Terapia**. Durante las sesiones con un psiquiatra o un psicólogo se enseñan habilidades de enfrentamiento y manejo de los factores desencadenantes de la ansiedad. La mayoría de la gente requiere sólo ocho a 10 sesiones. Generalmente no se requiere psicoterapia a largo plazo.
- **Técnicas de relajación**. Ver página 227.

PARA MAYOR INFORMACIÓN (en Estados Unidos)

- Asociación Nacional de Salud Mental, 2001 N. Beauregard St., 12th Floor, Alexandria, VA 22311; 800-969-6642; *www.nmha.org*.

Depresión y tristeza

Casi toda la gente tiene tristeza de vez en cuando — un periodo de varios días o una semana en el cual parece estar en un círculo vicioso. Este trastorno generalmente desaparece y reanudan los patrones normales. Sin embargo, tener tristeza es molesto, y hay medidas que puede tomar para evitarla.

Tener tristeza no es lo mismo que tener depresión clínica. La tristeza es temporal y generalmente desaparece después de un periodo corto.

La **depresión** es una enfermedad médica persistente, pero que puede tratarse. Puede mejorar eventualmente, pero dejarla sin tratamiento significa típicamente que persistirá meses o más. Si está deprimido, puede encontrar poca, si es que existe alguna, alegría en la vida. Puede no tener energía, sentirse inútil o culpable sin ninguna razón, encontrar difícil concentrarse o estar irritable. Puede despertar después de unas pocas horas de sueño o presentar cambios en el apetito — comer menos de lo habitual o comer demasiado. Puede presentar una sensación de desesperación o incluso considerar el suicidio (ver página 200). Una persona con depresión puede tener algunos, la mayoría, o todos los síntomas. La lista siguiente muestra los diferentes signos de la depresión y de la tristeza:

Signos de depresión
- Falta de energía persistente
- Tristeza prolongada
- Irritabilidad y cambios del estado de ánimo
- Sensación de desesperación recurrente
- Perspectiva negativa continua del mundo y de los demás
- Comer en exceso o falta de apetito
- Sensación de inutilidad o culpa
- Incapacidad para concentrarse
- Despertar temprano en la mañana recurrentemente u otros cambios en los patrones del sueño
- Incapacidad para disfrutar de las actividades placenteras
- Sentir que sería mejor si estuviera muerto

Signos de tristeza
- Sentirse triste unos días pero ser capaz de funcionar normalmente en las actividades de la vida diaria
- Falta de energía ocasional, o un cambio ligero en los patrones del sueño
- Capacidad para disfrutar algunas actividades recreativas
- Peso estable
- Un sentimiento rápidamente pasajero de desesperanza.

Autocuidados para la tristeza

Si el estado de ánimo cae en la columna de la tristeza, intente estas cosas:
- Comparta sus sentimientos. Hable con un amigo de confianza, cónyuge, familiar o consejero espiritual. Ellos pueden ofrecerle apoyo, guía y perspectivas.
- Pase tiempo con otras personas.
- Involúcrese en actividades que le han interesado en el pasado, particularmente actividades que ha disfrutado.
- El ejercicio moderado regular puede levantar el ánimo.
- Tenga reposo adecuado y consuma alimentos balanceados.
- No emprenda demasiadas cosas al mismo tiempo. Si tiene grandes tareas por hacer, divídalas en tareas pequeñas. Establezca metas que pueda cumplir.
- Busque oportunidades pequeñas para ser útil a alguien que sea menos afortunado.
- Evite el alcohol y los sedantes.

Vea la contraportada para recursos en

Causas de depresión

Cada año en Estados Unidos aproximadamente 19 millones de adultos tienen una enfermedad depresiva. Ocasionalmente es un efecto secundario de un medicamento de prescripción. Pero a menudo la causa no es clara. Los desequilibrios de ciertas sustancias químicas del cerebro pueden ser un factor. Pero a menudo la causa no es clara.

Usted tiene mayor riesgo de depresión si un pariente la ha tenido. La depresión puede también recurrir. Si la ha tenido una vez, tiene riesgo mayor de desarrollarla de nuevo. No deje que estos factores controlen su vida. Pero conózcalos al valorar su estado de ánimo. Y no retrase la atención médica si nota síntomas depresivos recurrentes. Además, si es tratado por depresión por un clínico, infórmelo a los demás que le proporcionan los cuidados de la salud, para evitar confusión e interacciones entre los medicamentos.

La depresión puede también estar precedida por un choque grave o estrés en la vida, como la muerte de un ser querido (ver abajo), o la pérdida del trabajo, o puede presentarse cuando las cosas van muy bien. Ciertamente es un sentimiento normal la tristeza después de las pérdidas o adversidades. Pero si la tristeza no desaparece rápidamente, probablemente se ha desarrollado una depresión importante.

La depresión puede no desaparecer espontáneamente. No espere salir de ella repentinamente ni piense que podrá acabar con la depresión con su sola determinación. Si los síntomas depresivos duran más de unas semanas, o si tiene sentimientos de desesperación o ideas de suicidio, es tiempo de buscar ayuda. No se culpe a usted mismo por sentirse deprimido. No es su culpa, y no es un signo de debilidad.

Contacte al médico familiar o pida que lo refiera a un psiquiatra. Un psiquiatra, igual que el médico familiar, está entrenado como médico y puede ayudarlo a excluir enfermedades significativas que pudieran contribuir a los síntomas.

Si los síntomas han sido leves — pero persistentes — un psicólogo puede ayudarlo. Un psicólogo está entrenado en diversos tipos de psicoterapia pero no tiene un título de médico. Discutir los sentimientos con un familiar o con un amigo es útil, pero no sustituye la ayuda profesional.

Si conoce a alguien que esté deprimido, invítelo a tomar parte en actividades sociales normales. Suave pero firmemente aliente su participación. Pero no exagere. Los amigos y familiares deben alentar y apoyar los cuidados profesionales. El problema no debe considerarse como algo trivial, sino más bien debe considerarse como una oportunidad para ayudar, porque la depresión puede ser tratada con éxito en la mayoría de los casos. Ofrezca tranquilidad de que las cosas mejorarán, pero no espere que una persona deprimida mejore repentinamente. No minimice los sentimientos de una persona deprimida. Más bien escuche cuidadosamente lo que dice.

El trastorno afectivo estacional, otra forma de depresión, parece estar relacionado con la exposición a la luz. Ocurre en los hemisferios norte y sur pero es raro en la gente que vive cerca del Ecuador, en donde las horas de la luz del día son largas. El trastorno es más frecuente en mujeres que en hombres y algunas veces es tratado aumentando la exposición a la luz durante el día con una cámara de luz que contiene una fuente de luz brillante de amplio espectro.

Cómo enfrentar una pérdida: Sugerencias prácticas

- **Exprese sus sentimientos**. Escriba una libreta de memorias, o incluso una carta a la persona que murió.
- **Pida ayuda**. Cuando experimentamos una pérdida súbita, nuestros amigos pueden no saber cómo responder. Podemos aliviar a otros y ayudarnos pidiendo tipos específicos de ayuda.

- **Siga involucrado**. La gente que llora la pérdida puede necesitar recordarse a sí mismo respecto al ejercicio, dieta y reposo.
- **Valórese usted mismo si tiene depresión**. Si la aflicción es sumamente grave en el corto plazo o persistente en el largo plazo (seis meses o más), considere la depresión como una posible causa.

■ Opciones de tratamiento

La mayoría de la gente que tiene depresión mejora mucho cuando es tratada con medicamentos antidepresivos. Hay más de una docena de estos medicamentos, algunos de los cuales funcionan en forma diferente. Un médico seleccionará un medicamento que probablemente sea útil. Discuta los posibles efectos secundarios con el médico. Si presenta síntomas que lo preocupen, llame al médico que prescribió el medicamento. Los efectos secundarios frecuentes pueden incluir **sequedad de boca**, insomnio, estreñimiento, visión borrosa, mareo, nerviosismo, aumento de peso y efectos laterales sexuales. Entre los niños, los antidepresivos se han relacionado con conducta suicida. Hable con el médico de su hijo acerca de los riesgos y beneficios del uso de antidepresivos.

Otros métodos de tratamiento incluyen hablar de sus sentimientos (psicoterapia) y otros programas con un psiquiatra, un psicólogo o algún otro profesional calificado. Hay varios tipos de psicoterapia, algunos involucran sólo al paciente y al terapeuta, otros a un grupo de personas con el mismo problema general que se reúnen para discutir su situación bajo la guía de un terapeuta.

El tratamiento tarda. Aunque algunos signos de cambio pueden ser evidentes en dos semanas, pero el beneficio completo puede requerir seis semanas o más. Ese proceso puede ser desalentador, por lo que es importante para los amigos y familiares proporcionar apoyo y ánimo durante este tiempo en que los medicamentos pueden necesitar ajustes. Además, puede necesitar seguir tomando el medicamento seis a nueve meses después de sentirse bien de nuevo.

Una persona que está siendo tratada no debe esperar un cambio importante en el estado de ánimo y en la actividad. Busque mejoría gradual en el sueño y el estado de ánimo una mejoría lenta en el apetito y el nivel de energía.

Además de asegurarse que la persona que proporciona el tratamiento está calificada, es importante sentirse cómodo con el médico. Debe escucharlo describir el problema, formular preguntas, discutir los hallazgos y recomendaciones y explicar los posibles riesgos y alternativas a los tratamientos recomendados.

Signos de advertencia de un posible suicido

Es importante tener en mente que estos signos de advertencia son sólo guías. No hay un solo tipo de persona suicida. Si usted está preocupado, busque ayuda inmediatamente.

- **Aislamiento.** Falta de voluntad para comunicarse y parece tener una urgencia abrumadora de estar solo.
- **Estado de ánimo variable.** Emocionalmente bien un día, seguido por periodos de depresión. Calma inexplicable y súbita.
- **Crisis o traumas de la vida.** El divorcio, la muerte, un accidente o la pérdida de la autoestima, que pueden ocurrir después de perder el trabajo o un conflicto económico pueden producir pensamientos suicidas.

- **Cambios de personalidad.** Un cambio en la actitud, apariencia personal o actividades. Un introvertido se vuelve súbitamente extrovertido.
- **Amenazas.** La suposición popular de que la gente que amenaza con suicidarse no lo hace, no es cierta.
- **Obsequios.** La persona regala sus pertenencias apreciadas a amigos y seres queridos.
- **Depresión.** La persona parece estar físicamente deprimida y puede ser incapaz de funcionar socialmente o en el trabajo.
- **Riesgo.** La urgencia suicida puede manifestarse en la participación súbita de conducir a alta velocidad o tener sexo no seguro.

PARA MAYOR INFORMACIÓN (en Estados Unidos)
- Asociación Nacional de Salud Mental, 2001 N. Beauregard St., 12th Floor, Alexandria, VA 2231; 800-969-6642; *www.smha.org*.

Abuso doméstico

Golpes, sexo forzado, temor de violencia del cónyuge o la pareja, o vivir con temor de que el cónyuge o la pareja le haga daño o abuse de sus hijos: Todas estas situaciones son ejemplos de abuso doméstico.

Las mujeres predominantemente, pero no exclusivamente, sufren de abuso doméstico. Cada año entre 2 millones y 4 millones de mujeres son golpeadas y aproximadamente 1,200 mujeres son asesinadas por un esposo, exesposo o un compañero. La violencia doméstica puede suceder en la gente de todas las razas, edades, niveles económicos y grupos religiosos.

El maltrato es el uso de fuerza física para controlar y mantener el poder sobre otra persona. El abuso doméstico puede involucrar también intimidación, abuso piscológico, acoso, humillación y amenazas.

Síntomas de comportamiento abusivo

Puede estar en una relación abusiva si usted:

- Ha sido golpeada, pateada, empujada o amenazada con violencia
- Siente que no tiene opción respecto a cómo pasar el tiempo, a donde va o cómo se viste
- Ha sido acusada por su pareja de cosas que nunca ha hecho
- Debe pedir permiso a su pareja para tomar las decisiones de la vida diaria
- Está de acuerdo con las decisiones de su pareja porque tiene temor de su enojo

Autocuidados

Cómo responder

- Si está preocupada de abuso físico potencial, hable con alguien lo más pronto posible. Las líneas telefónicas locales de urgencia para crisis son una opción. Las agencias del servicio social son otra opción. Confíe en un amigo, un médico o un miembro del clero.
- Si está usted en una relación abusiva, tenga un plan de huida. Esté preparada para tomar a sus hijos, las llaves de la casa y los papeles importantes. Es importante estar alerta. Esté preparada para salir en cualquier momento.
- Tenga dinero en efectivo a la mano en caso de emergencia.
- Conserve una lista de teléfonos de amigos que puedan ayudarle.
- Conozca el número del refugio para una mujer.

Ayuda profesional

Algunas personas son renuentes a discutir estos temas porque es penoso hablar abiertamente de estos problemas con extraños. Pero llamando a una agencia de servicio social o confiando en un consejero, los sentimientos de pena o vergüenza pueden ser discutidos.

Si llama a la policía, solicite una respuesta oportuna y seria. Algunas jurisdicciones tienen una ley de arresto mandatorio, que significa que un abusador será retirado de la casa mientras se adjudica el caso.

Si va a un refugio, espere estar segura y recibir asesoramiento. Debe preguntar también respecto a la asistencia legal (por ejemplo, la posibilidad de obtener una orden para impedir legalmente al abusador tener contacto con usted).

El asesoramiento debe estar disponible también como un medio para proporcionar apoyo y discusión de sus sentimientos. Los consejeros deben discutir con usted la decisión de una acción legal.

PARA MAYOR INFORMACIÓN (en Estados Unidos)

- Línea Permanente Nacional para la Violencia Doméstica, 800-799-7233
- Organización Nacional para la Asistencia a Víctimas, 800-879-6682.
- En México, llame a Locatel 5658-1111, o a la línea de apoyo para la violencia en las mujeres al 01 800 911 2511

Pérdida de memoria

Todos experimentamos pérdida de memoria reciente. No podemos recordar en dónde pusimos las llaves del automóvil, y olvidamos el nombre de una persona que acabamos de conocer. Esto es normal. Pero si la pérdida de memoria es persistente, necesita ver a un profesional de cuidados de la salud.

Un niño nace con miles de millones de células cerebrales. Con la edad, algunas de estas células cerebrales mueren y no son reemplazadas. Al avanzar la edad nuestro cuerpo produce también menos sustancias químicas que nuestras células cerebrales necesitan para funcionar. Aunque la memoria de corto plazo y de largo plazo no se afectan generalmente, la memoria reciente puede deteriorarse con la edad.

Los tres tipos de memoria se describen a continuación:

- **Memoria de corto plazo**. Esta es la memoria temporal. Puede usted ver un número en el directorio telefónico, y después que lo marca lo olvida. Una vez que ha terminado de usar la información, se desvanece.
- **Memoria reciente**. Esta es la memoria que conserva el pasado reciente, como lo que usted desayunó hoy o la ropa que usó ayer.
- **Memoria de largo plazo**. Esta es la memoria que conserva el pasado lejano, como los recuerdos de la infancia.

La pérdida de la memoria puede ser causada por muchas cosas: efectos secundarios de medicamentos, un traumatismo craneano, el alcoholismo o un ataque cerebral. Los problemas del oído y de la visión pueden afectar la memoria. Las mujeres embarazadas tienen algunas veces problemas con la memoria de corto plazo o la memoria reciente.

La **enfermedad de Alzheimer** es la forma más frecuente de demencia. Los síntomas incluyen pérdida gradual de la memoria de eventos recientes e incapacidad para aprender nueva información; una tendencia creciente a repetir, extraviar objetos, confundirse y perderse; una lenta desintegración de la personalidad, el juicio y las cortesías sociales; y una creciente irritabilidad, ansiedad, depresión, confusión e inquietud.

Autocuidados para mejorar la memoria

- **Establezca una rutina**. Manejar las actividades diarias es más fácil cuando sigue usted una rutina. Seleccione un determinado tiempo para hacer las tareas de la casa — limpiar el baño el sábado, regar las plantas el domingo.
- **Ejercite los "músculos mentales"**. Participe en juegos de palabras, crucigramas y en otras actividades que son un reto para las habilidades mentales.
- **Practique**. Cuando entre en un cuarto, haga un inventario mental de las personas que reconoce. Cuando conozca a alguien, repita su nombre en la conversación.
- **Relacione los números**. Por ejemplo, si el cumpleaños de su esposa es el 3 de octubre, haga algo que se lo recuerde, como el título de una canción.
- **Haga asociaciones**. Al conducir el automóvil, busque señales para asociar su camino y nómbrelas en voz alta para que se queden en la memoria. Por ejemplo "Dar vuelta a la izquierda en la escuela secundaria para llegar a la casa de Beto".
- **Trate de no preocuparse**. Preocuparse por la pérdida de memoria puede agravarla.
- **Escriba listas**. Mantenga un registro de las tareas y citas importantes. Por ejemplo, pague el recibo del agua en cierto día de cada mes.

Atención médica

Consulte al médico si está preocupado por la pérdida de la memoria.

PARA MAYOR INFORMACIÓN

- Asociación de Alzheimer, 225 N. Michigan Ave., 17th Floor, IL 60611; 800-272-3900; *www.alz.org*.

Cómo permanecer saludable

- **Peso, ¿qué es saludable para usted?**

- **Cómo comer bien**

- **Cómo disminuir el colesterol**

- **Actividad física y acondicionamiento**

- **Detección e inmunizaciones**

- **Cómo mantener el estrés bajo contol**

- **Cómo protegerse**

- **Lavarse las manos**

- **El envejecimiento y la salud**

Esta sección está llena de información práctica para ayudarlo a mantener y mejorar su salud estableciendo y llevando un estilo de vida saludable.

Peso, ¿qué es saludable para usted?

Parece estar casi a cualquier lado que mire en estos días, está bombardeado por dietas y regímenes de pérdida de peso. La pérdida de peso vende. Sin embargo, como cualquiera que ha intentado perder peso sabe, hacerlo no es fácil. El éxito en la pérdida de peso requiere los ingredientes clave de conocimiento, compromiso, alimentación saludable y actividad física regular.

Para la mayoría de estadounidenses con sobrepeso, la **pérdida de peso** es un objetivo saludable. Bajar de peso significa a menudo un riesgo menor de enfermedad cardiaca, diabetes y presión arterial alta. Sin embargo, algunas personas, a menudo mujeres, que no tienen sobrepeso, están tratando de perder kilos. Para ellas, bajar de peso no ofrece beneficios saludables y puede incluso ser perjudicial.

Los riesgos de tener sobrepeso

El peso deseable es el peso en el que está lo más saludable posible. Y el peso es sólo una parte del cuadro del estilo de vida que contribuye a la salud a largo plazo.

Tener sobrepeso puede colocarlo en riesgo de:

- Presión arterial alta
- Enfermedad cardica
- Diabetes tipo 2
- Deterioro de articulaciones
- Grasas de la sangre anormales
- Ciertos cánceres
- Lumbalgia crónica
- Cálculos vesiculares
- Problemas respiratorios

Perder peso puede ser un reto. De las personas que bajan de peso, especialmente aquellos que bajan rápidamente, la mayoría recupera el peso dentro de uno a cinco años. Por lo tanto, ¿qué debe hacer? Primero, determinar qué tanto sobrepeso tiene, y luego desarrollar un programa de manejo de peso seguro y saludable.

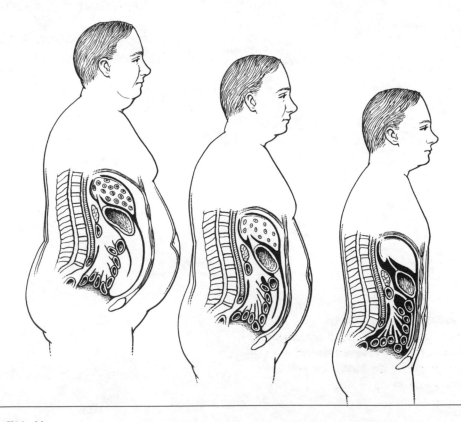

El cuerpo tiene una capacidad casi ilimitada para almacenar grasa. Bajando de peso se reduce el congestionamiento de los órganos y el esfuerzo a que se ven sometidos la parte baja de la espalda, caderas y rodillas.

Cómo determinar el índice de masa corporal

¿Qué es un peso saludable? Si tiene presión arterial alta, o si está en riesgo de presión arterial alta, no es vital que se vuelva "delgado". Pero debe tratar de alcanzar o mantener un peso que mejore el control de la presión arterial y disminuya los riesgos de otros problemas de salud.

Dos evaluaciones que puede hacer usted mismo pueden decir si su peso es saludable o si podría beneficiarse bajando unos cuantos kilos.

Índice de masa corporal

El primer paso para determinar el peso saludable es calcular su índice de masa corporal (IMC). Puede hacer eso utilizando la tabla de abajo.

Un IMC de 19 a 24.9 es deseable. Si su IMC es de 25 a 29.9, tiene sobrepeso. Se considera que es obeso si tiene un IMC de 30 o más. La **obesidad** extrema es un IMC mayor de 40.

Tiene riesgo aumentado de desarrollar una enfermedad relacionada con el peso, como presión arterial alta, si su IMC es de 25 o más.

Índice de masa corporal (IMC)

IMC	Saludable		Sobrepeso					Obesidad				
	19	24	25	26	27	28	29	30	35	40	45	50
Talla							Peso en kg					
1.47	41.00	51.75	53.55	55.8	58.05	60.3	62.1	64.35	75.15	85.95	96.75	107.55
1.49	42.3	49.05	55.8	57.6	59.85	62.1	64.35	66.6	77.85	89.1	99.9	111.15
1.52	43.65	55.35	57.6	59.85	62.1	64.35	66.6	68.85	80.55	91.8	103.5	114.75
1.54	45	57.15	59.4	61.65	64.35	66.6	68.85	71.1	83.25	94.95	107.1	118.8
1.57	46.8	58.95	61.2	63.9	66.15	68.85	71.1	73.8	85.95	98.1	110.7	122.85
1.60	48.15	60.75	63.45	65.7	68.4	71.1	73.35	76.05	88.65	101.25	114.3	126.9
1.62	49.5	63	65.25	67.95	70.65	73.35	76.05	78.3	91.8	104.4	117.9	130.95
1.64	51.3	64.8	67.5	70.2	72.9	75.6	78.3	81	94.5	108	121.5	135
1.67	53.1	66.6	69.75	72.45	75.15	77.85	80.55	83.7	97.2	111.15	125.1	139.05
1.69	54.45	68.85	71.55	74.7	77.4	80.1	83.25	85.95	100.35	114.75	129.15	143.55
1.72	56.25	71.1	73.8	76.95	79.65	82.8	85.5	88.65	103.05	117.9	132.75	147.6
1.74	57.6	72.9	76.05	79.2	81.9	85.05	87.75	91.35	106.2	121.5	136.8	152.1
1.77	59.4	75.15	78.3	81.45	84.6	87.3	90.9	94.05	109.35	125.1	140.85	156.6
1.80	61.2	77.4	80.55	83.7	86.85	90	93.6	96.75	112.50	128.7	144.9	161.1
1.83	63	79.65	82.8	85.95	89.55	92.7	95.85	99.45	116.1	132.3	148.95	165.6
1.85	64.8	81.9	85.05	88.65	91.8	95.4	98.55	102.15	119.25	135.9	153	170.1
1.88	66.6	82.8	87.3	90.9	94.5	98.1	101.25	104.85	122.4	139.95	157.5	175.05
1.90	68.4	86.4	90	93.6	97.2	100.8	104.4	108	125.55	143.55	161.5	179.55
1.93	70.2	88.65	93	95.85	99.45	103.5	107.1	110.7	129.15	147.6	166.05	184.5

Nota: los asiáticos con IMC de 23 o mayor pueden tener mayor riesgo de problemas de salud.
Fuente: Institutos Nacionales de Salud, 1998

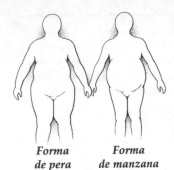

Forma de pera   *Forma de manzana*

No sólo es importante cuánto pesa sino también en dónde almacena el cuerpo la grasa extra. La gente que tiene forma de manzana tiende a presentar mayor riesgo de problemas de salud que la gente que tiene forma de pera.

Circunferencia de la cintura

Esta medida sigue en importancia al IMC. Indica en dónde está localizada la mayor parte de la grasa. La gente que tiene la mayor parte del peso alrededor de la cintura se refiere como forma de manzana. Los que tienen la mayor parte del peso por debajo de la cintura, alrededor de las caderas y muslos, se dice que tienen forma de pera.

Generalmente es mejor tener forma de pera que de manzana. La acumulación de grasa alrededor de la cintura se asocia con riesgo aumentado de presión arterial alta, diabetes, grasas de la sangre anormales, como triglicéridos altos, y cardiopatía coronaria. Eso se debe a que la grasa en abdomen es más perjudicial. El mecanismo exacto de esto no ha sido comprobado, aunque la resistencia a los efectos de la insulina es una característica clave.

Para determinar si tiene demasiado peso alrededor del abdomen, mida la circunferencia de la cintura. Encuentre el punto más elevado en cada una de las caderas y mida a través del abdomen inmediatamente por arriba de estos puntos. Una medida mayor de 102 centímetros en hombres y 88 centímetros en mujeres significa aumento de riesgo para la salud, especialmente si tiene un IMC de 25 o más. En general, mientras más grande sea la medida de la cintura mayores serán los riesgos de salud.

■ Consejos para bajar de peso

Para bajar de peso necesita modificar el estilo de vida. A menudo esto significa hacer cambios en la alimentación y en el nivel de actividad física. Comprométase a bajar de peso y trabaje para cambiar gradualmente los hábitos de alimentación y ejercicio. Son los cambios a largo plazo los que tienen éxito.

Autocuidados

Como empezar:

- **Determine un buen momento para empezar su programa de pérdida de peso.** Es mejor empezar cuando puede dedicar un tiempo y atención para hacer cambios en su vida. Un régimen agitado, estrés o depresión pueden ser barreras para un inicio exitoso.
- **Establezca metas razonables de reducción de peso** (a largo y a corto plazo). Si quiere bajar de peso 18 kg (40 libras), empiece con una meta de bajar 2 kg (5 libras) el primer mes.
- **Verifique cuidadosamente el consumo de alimentos**. La mayoría de los adultos subestiman las calorías que están comiendo. Generalmente es razonable disminuir 500 a 1,000 calorías al día de lo que come actualmente para producir una reducción de peso de 1/2 a 1 kg (1 a 2 libras) por semana. En promedio, las mujeres deben intentar tener 1,200 calorías al día y los varones, 1,400 calorías al día. Las dietas que restringen a menos de 1,200 calorías al día puede no satisfacer las necesidades nutricionales diarias. Vea Cómo comer bien, en la página 210.
- **Lleve un registro de alimentos.** Las personas que escriben todo lo que comen son más exitosas en el mantenimiento a largo plazo. Además, registre los factores que influencian sus conductas alimenticias, como el estrés o saltarse comidas.

Mejore sus selecciones alimenticias:

- **Coma más verduras y frutas frescas o congeladas**. Pueden ayudarlo a sentirse lleno y no contienen muchas calorías. Coma por lo menos tres raciones de frutas y cuatro de verduras diariamente.
- **Limite la grasa en su la dieta**. Puede usted disminuir el consumo de grasa de manera importante comiendo menos carne y productos lácteos descremados o de bajo contenido graso evitando alimentos fritos, postres cargados de grasa y condimentos grasos como margarina, mayonesa y aderezo de ensaladas.

Autocuidados

- **Limite el azúcar y los dulces**. Ambos son altos en calorías y bajos en otros nutrientes. Los dulces y los postres pueden ser también altos en grasa.
- **Considere lo que bebe** Limite los refrescos regulares. El alcohol, también alto en calorías, puede aumentar el apetito y disminuir su poder de voluntad. La leche reducida en grasa y los jugos deben estar dentro de límites — tienen calorías también. Tome agua. De manera ocasional, los refrescos de dieta están bien.

Cambie sus hábitos alimenticios:

- **No se salte comidas.** Coma a horarios regulares para mantener su apetito y selecciones de alimentos bajo un mejor control.
- **Sírvase usted y a otros miembros de la familia de la estufa**, en lugar de colocar toda la cacerola de comida en la mesa. Esto ayuda a prevenir tomar una segunda ración.
- **Use un plato más pequeño**, sírvase usted mismo porciones más pequeñas y deje su tenedor o cuchara entre los bocados.
- **Concéntrese en comer**. No lea o vea la televisión mientras está comiendo.
- **Deje de comer cuando esté satisfecho.** Contrario a lo que su madre le podría haber enseñado, no tiene que limpiar el plato.
- **Trate evitar los antojos de ciertos alimentos** cuando esto suceda. Generalmente pasan en minutos. Si no, coma algo saludable y bajo en calorías.

Otras sugerencias

- **No se pese con demasiada frecuencia**. Una vez por semana es a menudo suficiente.
- **Use un multivitamínico diario.** Si está limitando sus calorías a 1,200 al día y siente que no está tomando las vitaminas y minerales adecuados. Tener un sobrepeso excesivo (obesidad médicamente complicada) puede afectar enormemente la salud de algunas personas. Para estas personas pueden ser necesarios los medicamentos para suprimir el apetito, o la cirugía para mejorar la salud. Cualquiera de estos enfoques debe llevarse a cabo bajo la supervisión cuidadosa de un médico. Sin embargo, sin un cambio en los hábitos de la alimentación, incluso estos pasos radicales pueden fracasar.

■ Actividad física: La clave para quemar calorías

La actividad física y el ejercicio son importantes en cualquier programa de reducción de peso. Haga cambios gradualmente, especialmente si está fuera de forma. Si tiene más de 40 años de edad, es fumador, ha tenido un ataque cardiaco o tiene diabetes, consulte al médico antes de empezar un programa de ejercicio. Una prueba de esfuerzo puede valorar sus riesgos y limitaciones.

Autocuidados

- **Trate de encontrar una o más actividades que disfrute** y que pueda realizar regularmente. Empiece lentamente, y aumente de manera gradual hasta su objetivo. El objetivo es mantener una actividad moderada por lo menos 30 minutos o más todos los días — de preferencia 60 minutos.
- **La actividad no necesita ser demasiado vigorosa** para producir resultados positivos. Puede alcanzar su objetivo mediante ejercicio moderado, regular, como caminar.
- **Varíe los ejercicios** para mejorar la condición física global y mantenerlos interesantes.
- **Divida la actividad en incrementos de 5 a 10 minutos**. Todas las actividades cuentan.
- **Encuentre un compañero de ejercicio**. Puede ayudarlo a mantener el programa.
- **Cambios pequeños son significativos**. Estaciónese al final del estacionamiento. Suba las escaleras en lugar de tomar el elevador. Bájese del autobús una parada o dos antes y camine.
- **Lleve un registro de su actividad.**
- **Cumpla con su horario de ejercicio**. No use la falta de tiempo como una excusa.

Cómo comer bien

El alimento que come es la fuente de energía y nutrición para el cuerpo. Y por supuesto, comer es una experiencia placentera para la mayoría de la gente. Obtener suficiente alimento raras veces es un problema, pero obtener una buena nutrición puede ser un reto. Para sentirse bien, prevenir enfermedades y desempeñarse en un nivel máximo, necesita una nutrición balanceada.

Muchas enfermedades crónicas (enfermedad cardiaca, cáncer y ataque cerebral) son causadas en parte por comer demasiado las clases equivocadas de alimentos. Para la mayoría de la gente el mejor enfoque para una buena nutrición es seguir los principios la Pirámide de peso saludable de la Clínica Mayo la cual le recomienda hacer lo siguiente:

- Aspirar a un peso saludable.
- Ser físicamente activo todos los días.
- Haga que las frutas y verduras sean el fundamento de su dieta. Éstas tienen bajo contenido graso y de calorías y contienen muchos nutrientes que combaten enfermedades.
- Consuma productos de grano como pan y pasta, hechos de grano entero.
- Consuma lácteos de bajo contenido graso o sin grasa.
- Coma más proteína de origen vegetal, como frijoles, lentejas, y chícharos, y menos carne.
- Trate de comer pescado - el cual contiene ácidos grasos omega 3 saludables — dos veces a la semana.
- Limite las grasas y seleccione fuentes monoinsaturadas presentes en los aceites de olivo y canola, aguacates y nueces.
- Limite los dulces a 75 calorías por día.
- Si consume bebidas alcohólicas, hágalo con moderación.

Seleccione frutas y verduras para una dieta saludable

Las frutas y verduras contienen muchos nutrientes conocidos para proteger la salud.

Prácticamente todas las frutas son deseables, pero algunas frutas son mejores que otras. Las frutas frescas y congeladas son mejores porque son más ricas en fibra y con menos contenido de calorías que las frutas, jugos de frutas y frutas secas enlatadas. Las frutas secas son relativamente altas en calorías porque su contenido en agua ha sido removido en el proceso del desecado. Sin el agua, el volumen que ocupa la fruta es mucho menor. Un cuarto de taza de pasas contiene las mismas calorías — aproximadamente 100, que casi dos tazas de uvas. Las uvas llenan más porque ocupan un mayor volumen. Si selecciona las uvas puede consumir casi ocho veces más volumen que si selecciona las pasas. Además de las uvas, otras selecciones excelentes incluyen manzanas, plátanos, arándanos, melón, bayas, toronjas, melón gota de miel, kiwi y mango.

Las verduras son también opciones altamente deseables, incluyendo ensaladas verdes, espárragos, ejotes, brócoli, coliflor, calabacita, calabaza, zanahorias, berenjenas, hongos, cebollas, jitomates y muchos más.

Algunas verduras pueden considerarse carbohidratos porque son ricas en almidón, contienen más calorías que las verduras típicos, y funcionan más como carbohidratos en el cuerpo. Las verduras ricas en almidón incluyen maíz, papas, camotes y calabaza. Otros carbohidratos saludables incluyen granos enteros, como arroz, café, pasta de trigo entero, pan de granos enteros y cereales.

▊ La pirámide del peso saludable de la Clínica Mayo

Si el peso es un problema para usted, la Pirámide del Peso Saludable de la Clínica Mayo puede mostrarle cuáles alimentos comprar y comer cuando selecciona alimentos que favorecen un peso saludable. Usted reducirá también el riesgo de enfermedades relacionadas con el peso. Más todavía, se sentirá más satisfecho y con menos hambre si sigue este enfoque.

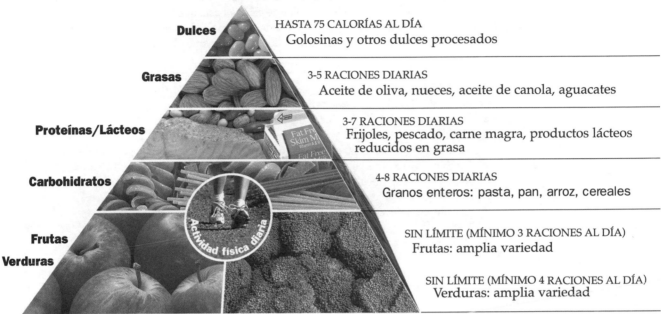

Dulces — HASTA 75 CALORÍAS AL DÍA
Golosinas y otros dulces procesados

Grasas — 3-5 RACIONES DIARIAS
Aceite de oliva, nueces, aceite de canola, aguacates

Proteínas/Lácteos — 3-7 RACIONES DIARIAS
Frijoles, pescado, carne magra, productos lácteos reducidos en grasa

Carbohidratos — 4-8 RACIONES DIARIAS
Granos enteros: pasta, pan, arroz, cereales

Frutas — SIN LÍMITE (MÍNIMO 3 RACIONES AL DÍA)
Frutas: amplia variedad

Verduras — SIN LÍMITE (MÍNIMO 4 RACIONES AL DÍA)
Verduras: amplia variedad

Vea al médico antes de empezar algún plan de peso saludable.

Raciones recomendadas*

	Pérdida de peso, promedio mujeres	Pérdida de peso, promedio varones	Mantenimiento de peso, promedio adultos	Mantenimiento de peso, adultos activos y adolescentes
Nivel de calorías**	Aproximadamente 1,200	Aproximadamente 1,400	Aproximadamente 2,000	Aproximadamente 2,600
Carbohidratos	4	5	8	12
Verduras	4 o más	4 o más	5 o más	5 o más
Frutas	3 o más	4 o más	5 o más	5 o más
Proteína/lácteos	3	4	7	8
Grasas	3	3	5	8

* Basado en la Pirámide de peso saludable de la Clínica Mayo.

** Estos son los niveles de calorías recomendados si elige alimentos de bajo contenido graso, magros de los principales grupos alimenticios y consume alimentos provenientes de las grasas, aceites y dulces esporádicamente.

■ Cafeína

La cafeína se encuentra naturalmente en el café, té y chocolate. La cafeína se agrega frecuentemente los refrescos y a los medicamentos que se venden sin receta, incluyendo tabletas para el dolor de cabeza y el resfriado, medicamentos para permanecer despiertos y remedios para la alergia.

Aunque depender de la cafeína no es reconocido médicamente como una adicción a drogas, puede volverse dependiente de la cafeína para animarse. Puede sentirse un poco somnoliento o puede tener un ligero dolor de cabeza hasta que toma la bebida con cafeína. Las indicaciones de que usted puede estar usando demasiada cafeína incluyen dificultad para dormir, dolor de cabeza, cansancio, irritabilidad, nerviosismo, depresión vaga o bostezos frecuentes.

Autocuidados

Si la cafeína le está causando molestias trate de disminuir gradualmente el consumo (una ración al día) al cambiar a bebidas descafeinadas:

- Cuando tenga sed, tome bebidas descafeinadas o agua.
- Mezcle café descafeinado con el café regular antes de prepararlo.
- Sustituya el café instantáneo regular, que cotiene menos cafeína que el café mezclado.
- Cambie a té o a otras bebidas. Sin embargo, tenga cuidado al cambiar a tés de hierbas. Algunos tipos, particularmente variedades hechas en casa pueden tener los mismos efectos que el café o peores.
- Los síntomas deben empezar a disminuir en cuatro a 10 días.

Cómo disminuir el colesterol

La enfermedad cardiovascular sigue siendo la causa principal de muerte en este país. Muchas de las más de 600,000 muertes anuales ocurren debido a las arterias estrechadas o bloqueadas (aterosclerosis). El colesterol desempeña un papel significativo en este trastorno que en gran parte puede prevenirse.

La aterosclerosis es un proceso silencioso, indoloro, en el cual los depósitos de grasa que contienen colesterol (placas) se acumulan en la paredes de las arterias durante muchos años, empezando en la infancia. Al acumularse las placas, el interior de la arteria se estrecha y el flujo de sangre se reduce.

¿Qué es el colesterol?

El colesterol se encuentra en todas las células del cuerpo, y todas las células lo necesitan. Pero el riesgo de enfermedad cardiovascular aumenta considerablemente si tiene usted demasiado de esta sustancia cérea, grasa, en la sangre.

La reducción de peso, una dieta baja en grasa y otros cambios en el estilo de vida pueden ayudar a reducir el colesterol. Pero algunas veces esto no es suficiente. El nivel de colesterol puede todavía ponerlo en riesgo de un ataque cardiaco o un ataque cerebral.

Afortunadamente hay ahora un conjunto de medicamentos potentes que pueden reducir rápidamente el colesterol, y finalmente, los riesgos para la salud que representan.

Por qué necesita colesterol

El colesterol es sólo un tipo de grasa (lípido) de la sangre. Se habla a menudo de él como si fuera un veneno, pero no puede vivir sin él. Es esencial para las membranas celulares del cuerpo, para aislar los nervios y para la producción de ciertas hormonas. También lo ayuda a digerir el alimento.

El hígado elabora aproximadamente dos tercios del colesterol del cuerpo. Usted ingiere el resto al comer productos animales.

Como los nutrientes de los alimentos digeridos, el colesterol es transportado a través del cuerpo por la corriente sanguínea. Para que esto suceda el cuerpo cubre el colesterol con una proteína. El paquete de colesterol-proteína se conoce como lipoproteína. El colesterol de lipoproteínas de baja densidad (LDL) es conocido a menudo como colesterol "malo". Con el tiempo puede acumularse en los vasos sanguíneos con otras sustancias para formar placas. Esto puede causar un bloqueo, que resulta en un ataque cardiaco o un ataque cerebral. En contraste, el colesterol de lipoproteínas de alta densidad (HDL) es a menudo llamado colesterol "bueno" porque ayuda a "limpiar" el colesterol de los vasos sanguíneos.

Tratamiento con medicamentos

Si a pesar de los cambios en la alimentación y el ejercicio tiene todavía demasiado colesterol malo (**colesterol alto**) o no suficiente colesterol bueno (ver la página 215), el médico puede considerar tratamiento con medicamentos. Los medicamentos pueden cambiar los niveles sanguíneos de colesterol o triglicéridos, otro tipo de lípidos de la sangre.

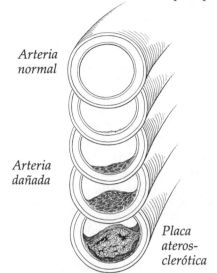

Arteria normal

Arteria dañada

Placa ateros- clerótica

Un exceso de partículas de colesterol de LDL en la sangre aumenta el riesgo de la acumulación de colesterol dentro de la pared de las arterias. Eventualmente se pueden formar estos depósitos llamados placas, estrechando o incluso bloqueando una o más arterias.

Angiografías de la arteria coronaria practicadas con cinco años de diferencia que muestran los resultados que pueden alcanzarse con medicamentos que disminuyen el colesterol.

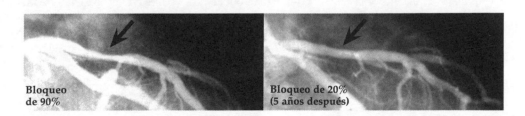

Bloqueo de 90%

Bloqueo de 20% (5 años después)

Al reducir el colesterol LDL y otros lípidos, los medicamentos pueden ayudar a prevenir la formación de placas o incluso reducirla. También ayudan a estabilizar las placas dentro de los vasos sanguíneos, con lo cual se previene su ruptura, que puede causar obstrucción o un coágulo sanguíneo. Los tipos de medicamentos incluyen:

- **Resinas de unión a ácidos biliares (secuestradores).** Colestiramina, colesevelam, colestipol se unen a los ácidos biliares en el tracto intestinal, con lo cual se estimula al hígado a producir más ácidos biliares. Debido a que el hígado utiliza al colesterol para formar los ácidos, está disponible menos colesterol para llegar al torrente sanguíneo.
- **Fibratos.** Gemfibrozil, fenofibrato reducen la producción de triglicéridos y elimina los que están en la circulación.
- **Estatinas.** Estos fármacos actúan directamente en el hígado bloqueando una sustancia que el hígado necesita para fabricar colesterol. Esto disminuye el colesterol en las células del hígado y causa que las células tomen el colesterol de la sangre circulante. Las estatinas incluyen atorvastatina, fluvastatina, lovastatina, pravastatina, rosuvastatina y simvastatina.
- **Niacina.** La niacina se presenta en varias fórmulas de prescripción y que se venden sin receta. Ayuda a aumentar el colesterol HDL y reducir el LDL y los triglicéridos.
- **Inhibidores de la absorción de colesterol.** Éstos incluyen el medicamento ezetimiba, el cual inhibe selectivamente la absorción de colesterol y sustancias relacionadas en el intestino.
- **Combinación de inhibidor de la absorción de colesterol y estatina.** Existe un medicamento que es una combinación de ezetimiba y simvastatina. Trabaja en dos formas diferentes para ayudar a reducir el colesterol LDL y los triglicéridos y aumentar el colesterol HDL.

¿Usted necesita medicamentos?

Para determinar si necesita medicamentos, el médico observa su colesterol y otros niveles de grasas en la sangre y los considera junto a sus factores de riesgo de enfermedad cardiaca. Usted puede necesitar medicamentos si:

- Su nivel de LDL es de 190 mg/dL o mayor con ningún o un factor de riesgo de enfermedad cardiaca
- Su nivel de LDL es de 160 mg/dL o mayor con dos o más factores de riesgo y menos de 10 por ciento de riesgo de tener un ataque cardiaco en los próximos 10 años
- Su nivel de LDL es de 130 mg/dL o mayor con dos o más factores de riesgo y tiene 10 a 20 por ciento de riesgo de tener un ataque cardiaco en los próximos 10 años.

Usted se considera en riesgo alto o muy alto si:

- Su nivel de LDL es de 100 mg/dL o mayor, tiene enfermedad cardiaca o diabetes, tiene dos o más factores de riesgo y su riesgo de ataque cardiaco es mayor de 20 por ciento.
- Su nivel de LDL es de 70 mg/dL o mayor, tiene enfermedad cardiaca con múltiples y mal controlados factores de riesgo y el riesgo de ataque cardiaco es mayor de 20 por ciento.

¿Por qué tiene colesterol alto?

Los genes y el estilo de vida influyen sobre cuánto y qué clase de colesterol tiene usted. El hígado puede elaborar demasiado colesterol de LDL o puede no "limpiar" suficiente de la sangre. O su hígado puede no elaborar suficiente colesterol de HDL.

Fumar, una dieta rica en grasa y la inactividad pueden también aumentar los niveles de LDL y reducir los niveles de HDL. También afectan los niveles de otros lípidos de la sangre.

La mejor forma de saber cuánto y qué clase de colesterol tiene es hacerse una revisión médica de los lípidos en sangre. Las pruebas en casa le proporcionan solamente el colesterol total. No pueden decirle cuánto colesterol bueno o malo tiene.

Productos de venta sin receta para ayudar a disminuir el colesterol

Existe un número importante de maneras de disminuir el colesterol malo (LDL), además de tomar los medicamentos estándar llamados estatinas. Ésta es una lista de algunos de ellos:

Agente	Dónde se encuentra	Efecto	Dosis
Esteroles y estanoles vegetales	Take Control o margarina Benecol	Bloquea la absorción de colesterol	1.6-3.4 gramos al día; use el equivalente a dos untadas de margarina dos veces al día
Fibra soluble	Metamucil (contiene psyllium) o beta-glucano de la avena (como el que está presente en las hojuelas de avena)	Aumenta la pérdida de colesterol en ácidos biliares en el intestino	Una medida al día
Policosanol	Vitaminas One-A-Day Cholesterol plus	Estimula la degradación del colesterol LDL, similar a las estatinas	10 miligramos (mg) al día
Proteína de soya	Frijoles de soya, leche de soya, tofú	Reduce la producción de colesterol en el hígado	25 gramos al día en cuatro raciones
Nueces	Almendras	Buena fuente de grasas monoinsaturadas	42 gramos al día (1.5 onzas)
Aceite de pescado	Cápsulas de aceite de pescado (provee ácidos grasos omega 3)	Favorable para el endotelio (el revestimiento interior de las arterias y del corazón) y reduce la posibilidad de latidos cardiacos irregulares y letales. No disminuye el colesterol pero disminuirá los triglicéridos con dosis de 6 a 7 gramos al día	1,000 mg al día

¿Qué significan sus niveles de colesterol y triglicéridos?*

Colesterol total	Lo que significan las cifras	Colesterol de HDL ('bueno')	Lo que significan las cifras**
Menos de 200	Deseable	Menos de 40	Bajo
200 a 239	Limítrofe alto	40 a 59	Mejor, pero no óptimo
240 o más	Alto	60 o más	Óptimo

Colesterol de LDL ("malo")	Lo que significan las cifras	Triglicéridos	Lo que significan las cifras
Menos de 100	Óptimo***	Menos de 150	Deseable
100 a 129	Casi óptimo	150 a 199	Limítrofe alto
130 a 159	Limítrofe alto	200 a 499	Alto
160 a 189	Alto	500 o más	Muy alto
190 o más	Muy alto		

Fuente: Programa Nacional de Educación del Colesterol, Tratamiento de Adultos Panel III, 2001

* Los niveles son en miligramos de colesterol por decilitro (mg/dL) de sangre y se aplican a adultos de 20 años de edad o más. LDL significa lipoproteínas de baja densidad y HDL significa lipoproteínas de alta densidad. Los rangos deseables pueden variar, dependiendo de las condiciones individuales de salud. Consulte con el médico.

** El colesterol de HDL impide que el colesterol malo se acumule en las arterias. Por lo tanto, para las HDL las cifras más altas son mejores. Pero las cifras altas para el colesterol total, el colesterol de LDL o los triglicéridos pueden aumentar el riesgo de enfermedad cardiovascular.

*** Si tiene enfermedad de arterias coronarias, la meta es menos de 70.

Cómo permanecer saludable

Cómo ponderar sus opciones

Cuál medicamento para disminuir el colesterol recomienda el médico depende de muchos factores. Estos incluyen cuánto colesterol bueno o malo tiene y si otros lípidos de su sangre están elevados. La edad puede ser también un factor. Algunas veces el médico puede recomendar una combinación de medicamentos.

La eficacia de los medicamentos para disminuir los lípidos varía entre las personas. No hay un medicamento que sea el mejor para todos. No es necesario tomar el medicamento más reciente si su el actual es eficaz.

Un programa de largo plazo

La decisión de tomar alguna clase de medicamentos para disminuir los lípidos es un asunto serio. Una vez que empieza, debe tomar el medicamento típicamente el resto de su vida. Esto puede ser costoso. Puede también necesitar que se examine el hígado después de empezar estos medicamentos. Raras veces los medicamentos pueden causar daño hepático, que es la razón por la que no se recomiendan si tiene enfermedad hepática.

Otros efectos secundarios de la mayoría de los medicamentos que reducen los lípidos generalmente no son graves, pero pueden ser lo suficientemente molestos para hacer que no tome el medicamento. Las estatinas, por ejemplo, pueden causar dolor muscular cuando se toman solas o en combinación con otros medicamentos, como el gemfibrozil, los medicamentos antimicóticos o el popular antibiótico eritromicina. Sin embargo, este efecto secundario es raro.

Las resinas pueden causar estreñimiento y distensión, o disminuir la eficacia de otros medicamentos tomados al mismo tiempo. La niacina causa algunas veces enrojecimiento irritante en la piel y puede aumentar el nivel de azúcar en la sangre, agravar una úlcera gástrica o precipitar un ataque de gota. Y el gemfibrozil puede causar cálculos vesiculares.

Además, debido a que los medicamentos para reducir los lípidos han estado disponibles sólo aproximadamente 20 años, los médicos no han podido estudiar su seguridad cuando se usan durante toda la vida.

Actividad física y acondicionamiento

La actividad física regular — por lo menos 30 minutos la mayor parte de los días de la semana— puede reducir el riesgo de varios problemas serios de salud incluyendo enfermedad cardiaca, presión arterial alta, ataque cerebral, diabetes, ciertos cánceres y osteoporosis.

Los beneficios del ejercicio incluyen los siguientes:

- **Corazón**. El ejercicio aumenta la capacidad del corazón para bombear sangre y disminuye la frecuencia cardiaca en reposo. El corazón puede bombear más sangre con menos esfuerzo.
- **Colesterol y triglicéridos**. El ejercicio mejora los niveles de grasas de la sangre.
- **Presión arterial**. El ejercicio puede disminuir la presión arterial y es especialmente útil si tiene hipertensión leve. El ejercicio regular puede ayudar también a prevenir y reducir la presión arterial alta.
- **Diabetes**. Si tiene diabetes, el ejercicio puede disminuir el azúcar en la sangre. El ejercicio puede ayudar a prevenir la diabetes de inicio en el adulto.
- **Huesos**. Las mujeres que hacen ejercicio tienen una mayor probabilidad de evitar la osteoporosis, si no hacen demasiado ejercicio que puede interrumpir la menstruación.
- **Peso**. El ejercicio reduce los depósitos de grasa del cuerpo.
- **General**. La actividad física regular puede también aliviar el estrés, mejorar su sensación de bienestar general, ayudarlo a dormir mejor y mejorar su concentración.

■ Ejercicio aeróbico contra anaeróbico

El **ejercicio aeróbico** (que significa "ejercicio con oxígeno") ocurre cuando mueve continuamente grandes grupos musculares como los músculos de las piernas. Este ejercicio ejerce demandas aumentadas sobre el corazón, los pulmones y las células musculares. Sin embargo, no es tan intenso que cause dolor (por la acumulación de ácido láctico). Si usted hace ejercicio en un buen rango aeróbico, debe sudar y respirar más rápido, pero puede todavía hacer ejercicio cómodamente durante 30 a 60 minutos. El ejercicio aeróbico mejora la resistencia global. Caminar, andar en bicicleta, trotar y nadar son ejercicios aeróbicos familiares.

El **ejercicio anaeróbico** ("ejercicio sin oxígeno") ocurre cuando las demandas que se hacen a un músculo son suficientemente grandes que utiliza todo el oxígeno disponible y empieza a quemar la energía almacenada al acumularse en los músculos. Esa es una razón por la cual no puede hacer ejercicios anaeróbicos mucho tiempo. Levantar pesas o las carreras de velocidad son ejemplos clásicos. El ejercicio anaeróbico acumula fuerza y velocidad más que resistencia. Si está empezando un programa de ejercicio, complemente el ejercicio aeróbico con ejercicios anaeróbicos ligeros. Cuando empiece un programa de ejercicio, trabaje con pesos ligeros o coloque los aparatos en resistencia baja para evitar lesiones, y complemente sus ejercicios anaeróbicos con aeróbicos.

Qué significa estar en forma

Usted está en forma si:
- Lleva a cabo las actividades de la vida diaria sin fatiga y tiene suficiente energía para disfrutar las actividades placenteras
- Camina 1.6 km (una milla) o sube unos tramos de escaleras sin quedar sin aire o sentir pesadez o fatiga en las piernas.

- Lleva a cabo una conversación durante el ejercicio leve a moderado como caminar rápidamente

Si está sentado la mayor parte del día, probablemente no está en forma. Los signos de falta de condición física incluyen sentirse cansado la mayor parte del tiempo, no poder mantener el ritmo de otras personas de su edad y evitar la actividad física porque usted sabe que se cansa si camina una distancia corta.

Cómo empezar un programa de condicionamiento físico

Consulte al médico antes de empezar un **programa de ejercicio** si fuma, si tiene sobrepeso, si es mayor de 40 años de edad y si nunca ha hecho ejercicio o tiene un trastorno crónico como una enfermedad cardiaca, diabetes, presión arterial alta, enfermedad pulmonar o enfermedad renal. Los riesgos del ejercicio derivan de hacer demasiado, demasiado vigorosamente, con muy poca actividad previa.

Si está médicamente apto para empezar un programa, aquí están algunos consejos útiles:

- **Empiece gradualmente**. No haga demasiado. Si tiene dificultad para conversar con un compañero durante su sesión de ejercicio, probablemente está haciendo demasiado.
- **Seleccione el ejercicio adecuado para usted**. Debe haber algo que disfrute — o por lo menos que sea tolerable. De otro modo, con el tiempo lo evitará.
- **Hágalo regular pero moderadamente** y nunca haga ejercicio hasta el punto de presentar náusea, mareo o falta de aire extrema. Sus objetivos deben ser:
  - *Frecuencia*. Trate de hacer ejercicio o estar físicamente activo la mayoría de los días de la semana.
  - *Intensidad*. Que el objetivo sea aproximadamente 60 por ciento de la capacidad aeróbica máxima. Para la mayoría de la gente, 60 por ciento de la capacidad significa ejercicio moderado con respiración profunda, pero sin falta de aire importante o demasiado calor. Use la prueba del habla (ver el No. 1 cerca de la parte inferior de la página 219) para medir la intensidad.
  - *Tiempo*. Trate de acumular 30 a 60 minutos de ejercicio o actividad física todos los días. Si el tiempo es un problema, tres sesiones de 10 minutos pueden ser igualmente favorables que una sesión de 30 minutos. Si usted no acostumbraba el ejercicio, empiece con una duración con la que se sienta cómodo y aumente gradualmente a su objetivo.
- **Siempre caliéntese y enfríese**. Caliéntese y haga ejercicios de estiramiento para ayudar a aflojar los músculos; también haga ejercicios de estiramiento al enfriarse para aumentar la flexibilidad.

¿Cuántas calorías usa?

El ejercicio que es equivalente a quemar aproximadamente 1,000 calorías por semana disminuye significativamente el riesgo global de un ataque cardiaco. El cuadro muestra las calorías estimadas que se usan al practicar diversas actividades durante una hora. Las cifras representan un nivel moderado de intensidad para muchas actividades. Mientras más pesa, más calorías usa. Observe que las cifras son estimados — las calorías que realmente se usan varían de persona a persona.

Actividad (1 hora de duración)	Calorías usadas 54 a 58.5 kg (120 a 130 lb)	76.5 a 81 kg (170 a 180 lb)	Actividad (1 hora de duración)	Calorías usadas 63 a 67.5 kg (140 a 150 lb)	76.5 a 81 kg (170 a 180 lb)
Clase de aeróbicos	290-575	400-800	Racquetball	345-690	480-960
Excursión con mochila	290-630	400-880	Saltar la cuerda	345-690	480-960
Badmington	230-515	320-720	Correr, 12.8 km/h (8 mph)	745	1,040
Ciclismo (al aire libre)	170-800	240-1,120	Esquiar, hielo o patines	230-460	320-640
Bicicleta fija	85-800	120-1,120	Esquiar (a campo traviesa)	290-800	400-1,120
Boliche	115-170	160-240	Esquiar (en descenso)	170-460	240-640
Canotaje	170-460	240-640	Subir escaleras	230-460	320-640
Baile	115-400	160-560	Natación	230-690	320-900
Golf (caminando, sin carrito)	115-400	160-560	Tenis	230-515	320-720
Excursionismo	170-690	240-960	Volibol	170-400	240-560
Trote, 8 km/h (5 mph)	460	640	Caminar, 3,2 km/h (2 mph)	150	210
Trote, 9 km/h (6 mph)	575	800	Caminar, 5.6 km/h (3 mph)	200	275

Para otros pesos puede calcular las calorías aproximadas usadas seleccionando el número de calorías usadas de la columna de una persona de 76.5 a 81 kg (170-180 libras). Multiplíquelas por su peso y divida entre 175. Por ejemplo, si pesa 99 kg (220 lb), al trotar a 8 km/h usa 656 x <u>220 = 805</u> calorías/hora (1 libra = 0.45 kg).

175

■ Caminar para tener condición física

Menos de la mitad de los adultos estadounidenses hacen ejercicio regularmente. Sin embargo, caminar enérgicamente 30 a 60 minutos todos los días puede ayudarlo a alcanzar el nivel de condición física asociado a una vida más larga y más saludable. El ejercicio no tiene que ser intenso. Incluso caminar lentamente puede disminuir el riesgo de enfermedad cardiaca. Caminar más aprisa, o más lejos, o más frecuentemente, ofrece mayores beneficios para la salud.

Primero lo primero

El mejor programa de caminata aprovecha sus objetivos de condicionamiento físico y al mismo tiempo es seguro, conveniente y divertido. Aquí están algunos consejos para obtener lo máximo al caminar:

- **Establezca objetivos reales**. ¿Qué quiere obtener con el ejercicio regular? Sea específico ¿Tiene 45 años y está preocupado por evitar un ataque cardiaco? ¿Tiene 75 años y quiere disfrutar más actividades recreativas y prolongar su independencia? ¿Quiere bajar de peso? ¿Disminuir la presión arterial? ¿Aliviar el estrés? Puede ser que sólo quiera sentirse mejor.

  Caminar puede ayudarlo a alcanzar estos objetivos. Decida qué es lo más importante para usted. Luego sea específico respecto a cómo quiere alcanzar ese objetivo. No diga, "Voy a caminar más". Diga, "Voy a caminar de 7 a 7:30 de la mañana los martes, jueves y sábados".

- **Compre unos buenos zapatos**. No necesita gastar mucho dinero en zapatos diseñados específicamente para caminar. Necesita zapatos que proporcionen protección y estabilidad.

- **Use la ropa adecuada**. Use ropa holgada y cómoda. Seleccione materiales apropiados para el tiempo — un rompevientos en los días frescos y con viento, varias capas de ropa en el tiempo frío. Use colores brillantes elaborados con telas que reflejan. Evite telas ahuladas; no permiten que escape la transpiración. Protéjase del sol con filtros solares, anteojos de sol o un sombrero.

- **Tome agua**. Cuando hace ejercicio necesita agua extra para mantener la temperatura corporal normal y refrescar los músculos que están trabajando. Para ayudar a recuperar los líquidos que pierde durante el ejercicio, tome agua antes y después de la actividad. Si camina más de 20 minutos, tome 1/2 a 1 vaso de agua cada 20 minutos, especialmente si el tiempo es caluroso.

- **Vea al médico**. Si tiene 40 años o más o si tiene un problema crónico de salud, revise los objetivos del ejercicio con el médico antes de empezar.

Cómo planear su programa

Si hace un poco más de esfuerzo físico del habitual, el cuerpo responde mejorando la capacidad de ejercicio. Aumentando gradualmente la cantidad de ejercicio que usted hace, y permitiendo que ocurra el proceso de adaptación, puede mejorar su nivel de condición física en 8 a 12 semanas. Para poner en forma el corazón y pulmones con seguridad, planee estos aspectos de su programa.

- **Intensidad**. Recuerde, el ejercicio no tiene que ser extenuante para ser saludable. Pero ¿Cuál es el rango de intensidad de ejercicio para usted? Aquí están dos instrumentos simples que lo ayudan a encontrarlo:
  1. Prueba de conversación. Mientras camina, debe poder sostener una conversación con un compañero. Si no puede, probablemente está haciendo demasiado. Disminuya el ritmo.
  2. Esfuerzo percibido. Esto se refiere a la cantidad total de esfuerzo físico que experimenta. La escala de esfuerzo percibido es responsable de todas las sensaciones de esfuerzo, esfuerzo físico y fatiga.

Escala de Borg del esfuerzo percibido (EEP)

En esta escala un valor de 6 indica ausencia de esfuerzo, como sentarse cómodamente en una silla. Una calificación de 20 corresponde a un esfuerzo máximo, como trotar cuesta arriba en una colina inclinada.

   Trate de alcanzar una calificación de 12 a 14. En general, corresponde a 70 por ciento de la capacidad máxima de ejercicio. Esta se considera casi ideal para la mayoría de la gente. Cuando use la escala, no se preocupe por ningún factor como molestias en las piernas o respiración laboriosa. En su lugar, trate de concentrarse en su sensación general de esfuerzo.

6	Sin ningún esfuerzo
7	Sumamente ligero
8	
9	Muy ligero
10	
11	Ligero
12	
13	Algo fuerte
14	
15	Fuerte (pesado)
16	
17	Muy fuerte
18	
19	Sumamente fuerte
20	Esfuerzo máximo

© 1998 Gunnar Borg

- **Frecuencia**. Camine por lo menos tres veces por semana. Para tener beneficios sobre el acondicionamiento físico y la salud su objetivo es eventualmente caminar tres a cuatro horas por semana.
- **Duración**. Camine por lo menos 25 a 30 minutos. Si nunca ha hecho ejercicio regularmente o si no ha practicado hecho en mucho tiempo, empiece a un nivel cómodo para usted. Puede ser no mayor de cinco minutos.

Un programa de 10 semanas
Use este programa para mejorar el nivel de caminata que está realizando o para iniciar un programa regular.

Semana	Tiempo (min)*	Días	Total de minutos
1	15	2	30
2	15	3	45
3	20	3	60
4	25	3	75
5-6	30	3	90
7-8	30	4	120
9-10	30	5	150

*No incluye el calentamiento ni el enfriamiento.

Ejercicios de estiramiento para los que caminan

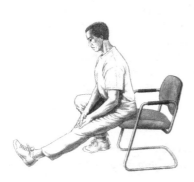

Estiramiento de la pantorrilla.
1. Inclínese contra una pared como se muestra. Mientras mantiene la rodilla derecha estirada, flexione su rodilla izquierda como si se moviera hacia la pared. Sostenga por 30 a 45 segundos. Sienta el estiramiento en su pantorrilla derecha.

Repita con la otra pierna.
2. Colóquese en una posición similar al ejercicio anterior, pero con su rodilla derecha flexionada en lugar de estirada. Flexione su rodilla izquierda como si se moviera hacia la pared. Sostenga durante 30 a 45 segundos. Sienta el estiramiento en los músculos profundos de la pantorrilla. Repita con la otra pierna.

Estiramiento de los músculos de la corva.
1. Colóquese como se muestra arriba. Lentamente estire su rodilla izquierda hasta que sienta que el estiramiento. Sostenga por 30 a 45 segundos. No estire al punto que sienta dolor. Puede aplicar una leve presión hacia abajo con sus manos.
Repita con la pierna derecha.

Estiramiento del tórax.
1. Colóquese en una posición neutral como se muestra arriba.

2. Mueva sus brazos hacia atrás mientras rota las palmas hacia delante. Apriete las placas de los hombros juntas, respire profundamente, y lleve su tórax hacia arriba. Sostenga durante 30 a 45 segundos. Regrese a la posición inicial.

Estiramiento de la cadera.
1. Acuéstese en una mesa firme o en la cama. Sostenga ambas rodillas hacia su pecho. Suelte su pierna izquierda y lentamente estírela, dejando que cuelgue de la mesa o de la cama. Sostenga durante 30 a 45 segundos. Sienta el estiramiento de su cadera izquierda. Repita con la otra pierna.

Estiramientos de la espalda.
1. Colóquese como se muestra arriba. Lentamente jale su rodilla derecha hacia el pecho. Mantenga su rodilla izquierda relajada. Sostenga durante 30 a 45 segundos. Sienta el estiramiento en su espalda baja y cadera. Repita con su pierna izquierda.

2. Colóquese como se muestra arriba. Jale ambas rodillas hacia el pecho. Sostenga durante 30 a 45 segundos. Esta variación generalmente brinda un estiramiento más intenso de la espalda baja.

Cómo permanecer saludable

Además del tiempo que pasa usted caminando, asegúrese de calentarse y enfriarse. Use los ejercicios de estiramiento y flexibilidad que se ilustran en la página anterior.

Un buen programa de ejercicio incluye tres fases:

- **Calentamiento**. Antes de caminar, pase unos cinco minutos preparando el cuerpo para caminar. Los primeros tres a cinco minutos camine a un paso más lento para aumentar gradualmente la frecuencia cardiaca, la temperatura corporal y el flujo de sangre a los músculos que se están ejercitando. El estiramiento también desarrolla y mantiene la flexibilidad adecuada de músculos y articulaciones.
- **Condicionamiento**. Caminar desarrolla la capacidad aeróbica aumentado la frecuencia cardiaca, la profundidad de la respiración y la resistencia muscular. También quema calorías. Las calorías quemadas dependen de qué tan aprisa y cuánto tiempo camina así como cuánto pesa (ver ¿Cuántas calorías usa?, página 218).
- **Enfríese**. Al final de la caminata, disminuya la velocidad tres a cinco minutos para reducir gradualmente la frecuencia cardiaca y presión arterial. Luego repita los mismos ejercicios de estiramiento que utilizó para calentarse para ayudar a mejorar la flexibilidad.

Pasos seguros

Felicitaciones. Se ha comprometido usted a un programa regular de caminar. Tiene confianza en los beneficios que va a obtener. Pero al prepararse, tenga cuidado de los terribles excesos.

- Demasiado
- Demasiado fuerte
- Con muy poca preparación.

El dolor en el pie o en el talón es un resultado frecuente. Problemas como estos pueden acabar con su programa de caminata y debilitar su motivación. Aquí está cómo caminar sin desgastarse:

- **Progrese gradualmente.** Si no ha estado físicamente activo en los dos últimos meses, empiece conservadoramente. En las primeras dos a tres semanas, seleccione una intensidad en el extremo más bajo de la Escala de Borg de esfuerzo percibido. Aumente gradualmente la intensidad sólo después de caminar cómodamente durante el tiempo deseado.
- **Escuche a su cuerpo.** Espere sentir algún dolor muscular después de añadir tiempo a su plan. Sin embargo, jadear y sentir dolor en las articulaciones son señales para disminuirlo. La rigidez muscular que dura varios días significa que fue demasiado.

  Vea al médico inmediatamente si nota cualquier síntoma que sugiera enfermedad cardiaca o pulmonar, tales como dolor en el pecho, opresión en el pecho, fatiga inusual que dura varias horas, irregularidad cardiaca o dificultad para respirar inusual durante o inmediatamente después del ejercicio.
- **Reemplace los zapatos gastados**. Los zapatos empiezan a perder su capacidad de amortiguar después de 500 a 800 km de uso y deben reemplazarse, aunque todavía pueden verse bien. Además, invierta en un par nuevo cuando las suelas empiecen a separarse del zapato. Examine la pérdida de estabilidad alineando los zapatos de lado. Luego vea si alguno de los zapatos se inclina a la derecha o a la izquierda.
- **Seleccione su ruta cuidadosamente**. Verifique la ruta que planea caminar. Evite caminos con aceras agrietadas, agujeros, ramas bajas o pavimento irregular. No camine en la noche en una carretera. Cuando sea posible camine con un compañero y lleve siempre una identificación personal.
- **No haga demasiado**. Si el ejercicio empieza a sentirse como una obligación, trate de tomar un día de descanso de su programa cada semana. Use el tiempo para hacer alguna otra actividad recreativa que disfrute.

Detección e inmunizaciones

■ Pruebas y procedimientos de detección en el adulto

Prueba o procedimiento	Propósito	Recomendación
Prueba de colesterol en sangre	Detectar la gente con alto riesgo de cardiopatía coronaria	● Prueba basal entre los 20 y los 30 años. Si los valores son normales, cada cinco años. Ver página 213
Determinación de la presión arterial	Detección temprana de la presión arterial alta	● Cada dos años o de acuerdo a las recomendaciones del médico
Detección de cáncer del colon (varias pruebas disponibles)	Detectar cáncer y crecimientos (pólipos) en la pared interna del colon que pueden volverse cancerosos	● Sigmoidoscopia flexible cada cinco años después de los 50 años de edad ● Rayos X del colon cada cinco años después de los 50, en combinación con proctoscopia o sigmoidoscopia ● Colonoscopia cada 5 a 10 años después de los 50 Reemplaza la necesidad de otras pruebas y es el mejor método, pero tiene más riesgo y es el más costoso
Exploración física completa*	Detectar trastornos antes que se desarrollen síntomas; cuidados preventivos, consejo, evaluación de los síntomas y revisión de medicamentos	● Dos veces entre los 20 y los 30 años ● Tres veces entre los 30 y los 40 años ● Cuatro veces entre los 40 y los 50 años ● Cinco veces entre los 50 y los 60 años ● Anualmente después de los 60 ● Más frecuentemente si tiene usted un trastorno médico crónico o si toma medicamentos
Examen dental	Detectar caries y problemas de las encías, lengua y boca	● Una vez al año o de acuerdo a las recomendaciones del dentista
Radiografía de tórax	Detectar anormalidades pulmonares	● No es una prueba de rutina. Cuando se requiera por síntomas o trastornos
Electrocardiograma (ECG)	Identificar daño cardiaco o ritmos irregulares	● No es una prueba de rutina. Cuando se requiera por síntomas o trastornos
Examen de los ojos	Detectar problemas de la vista	● Cada cuatro o cinco años o como lo recomiende el médico
Mamografía (radiografía de las mamas)	Detección temprana de cáncer de mama	● Cada año en mujeres mayores de 50. Cada año en mujeres entre los 40 y 50 años puede ser apropiado. Ver página 145
Prueba de Papanicolaou	Detectar células anormales que pueden desarrollar cáncer	● Cada tres años o más a menudo según la edad, el riesgo y las recomendaciones del médico. Ver página 151 para detalles.
Antígeno prostático específico (APE)	Determinar la cantidad de una proteína secretada por la glándula prostática. Los niveles elevados pueden indicar cáncer de la próstata	● Considerar la prueba si tiene usted historia familiar de cáncer de próstata o de acuerdo a las recomendaciones del médico. Una próstata crecida o inflamada puede también aumentar el nivel del APE.

*   Las recomendaciones de tamizaje se aplican a los que tienen buena salud y sin síntomas de enfermedad. Los síntomas de diagnósticos previos pueden cambiar las recomendaciones de detección. Hable con el médico. Los componentes de una exploración física completa dependen de la edad, sexo, enfermedades previas, trastornos médicos actuales, riesgos de salud basados en su comportamiento y en su historia familiar de enfermedades. La frecuencia de los exámenes médicos varía de acuerdo a sus necesidades personales de salud.

Cómo permanecer saludable

Esquema de vacunación en el adulto

Vacuna	Recomendación
Refuerzo de tétanos/difteria tos ferina (Td, Tdap)	Cada 10 años. Después de una herida profunda o sucia si el refuerzo más reciente fue hace más de cinco años. Los refuerzos deben aplicarse lo más pronto posible después de la lesión. Un nuevo refuerzo de tétanos/difteria (Tdap) también contiene la vacuna para la tos ferina (pertussis). Pregunte al médico si es bueno para usted.
Hepatitis A (2 inyecciones)	Los viajeros y la gente en grupos de alto riesgo (enfermedad hepática crónica, hombres con compañeros sexuales masculinos, usuarios de drogas intravenosas, gente que ha tenido contacto con alguien que tiene hepatitis A).
Hepatitis B (3 inyecciones)	Personal de salud, grupos de riesgo (gente con múltiples parejas sexuales o un compañero sexual que es portador) y otros que podrían haber estado expuestos a sangre o líquidos corporales infectados. La vacuna se aplica ahora rutinariamente a lactantes y adolescentes no vacunados previamente.
Influenza (gripe)	Cada año para personas de 50 años o más y otras con alto riesgo (personal de salud y personas con enfermedades crónicas, o si viven con personas que tienen alto riesgo).
Sarampión, parotiditis, rubeola (MMR)	Dos inyecciones para los adultos nacidos después de 1956 sin pruebas de inmunización o inmunidad previa. No aplicarla durante el embarazo o en mujeres que planean embarazarse, en las cuatro semanas siguientes.
Vacuna neumocócica (Vacuna para la neumonía)	65 años de edad o más o cualquier adulto con un trastorno médico que aumenta el riesgo de infección. Las personas generalmente sanas pueden necesitar sólo una inyección. Las que son menos sanas y las que recibieron la primera inyección antes de los 65 pueden necesitar inyecciones con mayor frecuencia.
Varicela (2 inyecciones)	Adultos susceptibles (personal de salud sin inmunidad o adultos sin enfermedad conocida que están expuestos a la varicela).
Vacuna meningocócica	No se aplica de rutina. Considerar para viajes o para adultos jóvenes en viviendas cerradas.

Esquema de vacunación pediátrica y en adolescentes

El cuadro siguiente incluye el esquema de vacunas recomendado en la Clínica Mayo. Es una modificación de las recomendaciones avaladas por la Academia Estadounidense de Pediatría y los Centros de Control y Prevención de Enfermedades. Hable con el médico respecto al tiempo para aplicar las inmunizaciones de su hijo.

Edad	Vacuna	Edad	Vacuna
2 meses	PCV, HBV-Hib, DTaP, IPV	15 meses	PCV, DTaP, Hib
4 meses	PCV, HBV-Hib, DTaP, IPV	4 años	MMR DTap
6 meses	PCV, DTaP, Hib	5 años	IPV
9 meses	HBV, IPV	11 años	Tdap (HBV, MMR; Varivax si no se aplicaron previamente)
12 meses	MMR, Varivax	17 años	Vacuna meningocócica

Abreviaturas (siglas en inglés)

PCV — Vacuna neumocócica conjugada
HBV-Hib— Vacuna para Hepatitis B-*Haemophilus influenzae* tipo b
DTaP — Vacuna para difteria-tétanos-tosferina acelular
IPV — Vacuna para Poliovirus inactivada (Salk)

HBV — Vacuna para la hepatitis B
MMR — Vacuna para sarampión-parotiditis-rubéola
Varivax — Vacuna para varicela
Td — Vacuna para difteria/tétanos

Cómo mantener el estrés bajo control

El estrés es algo que la mayoría de la gente conoce bien y que presenta a menudo. Es ese sentimiento de presión, a menudo resultado de tener mucho que hacer y muy poco tiempo para hacerlo. En el mundo ocupado de hoy, el estrés es inevitable. El estrés puede ser causado por eventos positivos — una promoción en el trabajo, vacaciones o matrimonio — así como por eventos negativos — pérdida del empleo, un divorcio o la muerte de un ser querido. Es su respuesta personal a situaciones y circunstancias lo que causa que sienta estrés.

Cuando presenta estrés — especialmente estrés intenso — ocurre una respuesta física para satisfacer las demandas percibidas de energía de la situación. El corazón late más aprisa, la respiración se acelera, y la presión arterial aumenta. Además, el azúcar en la sangre aumenta y el flujo de sangre al cerebro y grandes músculos aumenta. Después que pasa la amenaza, el cuerpo lentamente se relaja de nuevo.

El estrés puede ser de corto plazo (agudo) o de largo plazo (crónico). El estrés crónico se relaciona a menudo con situaciones que no se resuelven fácilmente, como problemas de relaciones, soledad, preocupaciones económicas o largos días de trabajo. Puede ser capaz de manejar un evento estresante ocasional, pero cuando el estrés ocurre regularmente, los efectos se multiplican y complican con el tiempo.

El estrés produce diversos síntomas físicos, psicológicos y conductuales. Y puede llevar a enfermedad — agravar un problema de salud existente, o posiblemente desencadenar uno nuevo. Si tiene riesgo de ese trastorno el estrés puede producir los siguientes efectos sobre la salud:

■ Suprime el sistema inmune

La hormona cortisol producida durante la respuesta al estrés puede suprimir el sistema inmune, aumentando la susceptibilidad a las infecciones. Los estudios sugieren que el riesgo de infecciones bacterianas como tuberculosis y enfermedad esteptocócica del grupo A aumentan durante el estrés. El estrés puede hacerlo también más propenso a infecciones respiratorias superiores virales como un resfriado o gripe.

■ Aumenta el riesgo de enfermedad cardiovascular

Durante el estrés agudo el corazón late rápidamente, lo que lo hace más susceptible a irregularidades del ritmo cardiaco y a un tipo de dolor de pecho llamado angina. Más todavía, si usted es un "hiperreactor" el estrés agudo se puede añadir al riesgo de ataque cardiaco. Los hiperreactores presentan aumentos extremos de la frecuencia cardiaca y de la presión arterial en respuesta al estrés diario. Estas oleadas pueden dañar gradualmente las arterias coronarias y el corazón. El aumento de la coagulación de la sangre por el estrés persistente puede también ponerlo en riesgo de un ataque cardiaco o de un ataque cerebral.

Agrava otras enfermedades

Otras relaciones entre la enfermedad y el estrés no son tan claras. Sin embargo, el estrés puede agravar los síntomas si tiene alguno de los siguientes trastornos:

- **Asma**. Una situación estresante puede hacer que las vías aéreas sean hiperreactivas, precipitando un ataque de asma.
- **Problemas gastrointestinales**. El estrés puede precipitar o agravar los síntomas asociados con algunos trastornos gastrointestinales, como el síndrome del colon irritable o la dispepsia no ulcerosa.
- **Dolor crónico**. El estrés puede aumentar la respuesta del cuerpo al dolor, haciendo que el dolor crónico asociado a trastornos como la artritis, fibromialgia o una lesión en la espalda sea más difícil de manejar.
- **Trastornos de salud mental**. El estrés puede precipitar depresión en personas propensas. Puede también agravar los síntomas de otros trastornos mentales, como la ansiedad.

Signos y síntomas del estrés

Las primeras indicaciones de que el cuerpo y el cerebro se están sintiendo presionados pueden estar asociados a los síntomas de estrés — dolor de cabeza, insomnio, molestias gástricas y cambios digestivos. Puede reaparecer un hábito nervioso antiguo como morderse las uñas. Otro síntoma frecuente es irritabilidad con las personas cercanas a usted. Ocasionalmente estos cambios son tan graduales que usted o los que lo rodean no los reconocen hasta que su salud o sus relaciones cambian.

Físicos	Psicológicos	Conductuales
Dolor de cabeza	Ansiedad	Exceso en la comida o falta de apetito
Rechinar de dientes	Irritabilidad	Impaciencia
Garganta tensa, seca	Sensación de peligro inminente o muerte	Discusión, debate
Mandíbulas trabadas	Depresión	Lentitud, dilación
Dolor en el pecho	Pensamiento lento	Uso aumentado de alcohol o drogas
Falta de aire	Pensamientos divagantes	Aumento del tabaquismo
Presión arterial alta	Sensación de desesperanza	Aislamiento
Palpitaciones	Sensación de desesperación	Evitar o descuidar la responsabilidad
Dolores musculares	Sensación de inutilidad	Desempeño deficiente en el trabajo
Indigestión	Sensación de falta de dirección	Agotamiento
Estreñimiento o diarrea	Sensación de inseguridad	Higiene personal deficiente
Transpiración aumentada	Tristeza	Cambio en las prácticas religiosas
Manos frías, húmedas	Estar a la defensiva	Cambio en las relaciones familiares o estrechas
Fatiga	Enojo	
Insomnio	Hipersensibilidad	
Enfermedad frecuente	Apatía	

Técnicas de relajación para reducir el estrés

Respiración relajada

Con práctica, puede respirar en una forma profunda y relajada. Al principio, practique estando acostado sobre la espalda y vestido con ropas flojas alrededor de la cintura y abdomen. Una vez que ha aprendido esta posición, practique estando sentado y después estando parado.

- Acuéstese sobre la espalda en una cama o en una superficie alfombrada.
- Coloque los pies ligeramente separados. Descanse una mano cómodamente en el abdomen cerca del ombligo. Coloque la otra mano en el pecho.
- Inhale por la nariz mientras empuja el abdomen hacia afuera. Luego exhale lentamente por la nariz mientras empuja el abdomen hacia adentro.
- Concéntrese en la respiración unos minutos y perciba la mano sobre el abdomen que sube y baja con cada respiración. Haga de cada respiración un movimiento suave, en forma de onda.
- Exhale suavemente la mayor parte del aire de los pulmones.
- Inhale mientras cuenta lentamente hasta 4, aproximadamente un segundo por cuenta.
- Al inhalar, imagine el flujo de aire tibio que fluye a todas las partes del cuerpo.
- Haga una pausa de un segundo después de inhalar.
- Exhale lentamente hasta una cuenta de 4. Mientras está exhalando, el abdomen bajará lentamente.
- Al salir el aire, imagine que la tensión está también saliendo.
- Haga una pausa de un segundo después de exhalar.
- Si es difícil inhalar y exhalar hasta una cuenta de 4, acorte la cuenta un poco y después practique hasta 4. Si se siente mareado, respire más lentamente o menos profundamente.

- Repita la inhalación lentamente, haciendo pausa, exhalando lentamente y haciendo pausa cinco a 10 veces. Inhale lentamente; 1,2,3,4. Pausa. Exhale lentamenete; 1,2,3,4. Pausa. Inhale: 1,2,3,4. Pausa. Exhale: 1,2,3,4. Pausa.

Si es difícil hacer la respiración regular, aspire un poco más profundamente, manténgala un segundo o dos y luego deje salir el aire a través de sus labios fruncidos durante unos 10 segundos. Repita esto una o dos veces y regrese al otro procedimiento.

Relajación muscular progresiva

- Siéntese o acuéstese en una posición cómoda y cierre los ojos. Deje que la mandíbula caiga y los párpados se relajen pero no fuertemente cerrados.
- Mentalmente examine su cuerpo, empezando con los dedos de los pies y subiendo lentamente hasta su cabeza. Concéntrese en cada parte individualmente; imagine que la tensión se está desvaneciendo.
- Apriete los músculos en un área de su cuerpo y manténgalos así una cuenta de 5, relájese y pase a la siguiente área.

Imaginación visual

- Permita que sus pensamientos fluyan a través de la mente pero no se concentre en ninguno de ellos. Sugiérase a usted mismo que está relajado y tranquilo, que sus manos están calientes (o frías si usted está caliente) y pesadas, que el corazón está latiendo tranquilamente.
- Respire lentamente, regularmente y profundamente.
- Una vez que está relajado, imagínese que está en uno de sus lugares favoritos o en un sitio de gran belleza.
- Después de cinco o 10 minutos, salga de ese estado gradualmente.

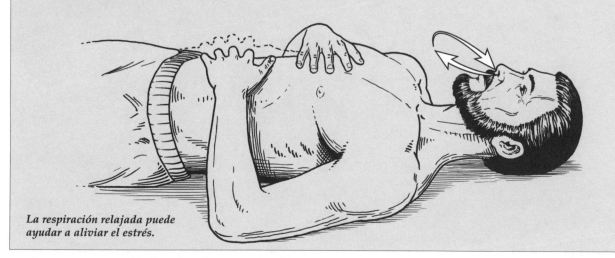

La respiración relajada puede ayudar a aliviar el estrés.

Autocuidados

- **Aprenda a relajarse.** Las técnicas como la imaginería guiada, la meditación, la relajación muscular y la respiración pueden ayudarlo a relajarse (ver página 227). El objetivo es disminuir la frecuencia cardiaca y presión arterial al mismo tiempo que reduce la tensión muscular.
- **Discuta sus preocupaciones con un amigo de confianza.** Hablar ayuda a aliviar las presiones y a poner las cosas en perspectiva, y puede llevar a un plan saludable de acción.
- **Planee su trabajo** en una forma escalonada. Realice tareas pequeñas.
- **Maneje su enojo.** El enojo necesita expresarse, pero con cuidado. Cuente hasta 10, adopte su compostura y responda al enojo en una forma más efectiva.
- **Sea consciente.** Un cambio de ritmo puede ayudarlo a desarrollar una nueva perspectiva.
- **Sea realista.** Establezca objetivos reales. Priorice. Concéntrese en lo que es importante. Las metas altas irreales son una invitación al fracaso.
- **Evite la automedicación.** Algunas veces podemos buscar el uso de medicamentos o alcohol para sentir alivio. Estas sustancias sólo enmascaran el problema.
- **Busque ayuda.** Contacte al médico o a un profesional de salud mental si el estrés se está acumulando o si no está usted funcionando bien.
- **Duerma lo suficiente.** Un cuerpo sano promueve la buena salud mental. El sueño nos ayuda a enfrentar los problemas en un estado más fresco.
- **Manténgase físicamente activo.** El ejercicio es bueno para su cuerpo y le ayuda a quemar el exceso de energía que el estrés puede producir.
- **Coma bien.** La comida chatarra sólo aumenta el nivel de estrés. Disfrute alimentos y bocadillos saludables.
- **Limite la cafeína.** Demasiado café, té o refresco sólo aumentará el nivel de estrés.
- **Tome tiempo para actividades que disfrute.** Esto puede incluir ir al cine, unirse a un grupo de lectura, jugar golf con los amigos o reunirse para un juego de cartas.
- **Nutra su espiritualidad interna.** Esto se puede lograr a través de la naturaleza, arte, música, meditación, oración o asistiendo a los servicios religiosos.
- **Desarrolle una red de apoyo.** Los miembros de la familia, amigos y compañeros de trabajo con los cuales puede interactuar para apoyo emocional y práctico pueden ser muy importantes cuando esté lidiando con estrés.

Cómo protegerse

Cerca de 100,000 muertes en Estados Unidos cada año son resultado de accidentes (traumatismos no intencionales). Los accidentes son la causa más frecuente de muerte en personas de 1 a 34 años de edad. Muchos accidentes pueden evitarse.

En las siguientes páginas, se muestra una variedad de consejos de seguridad. Esta información no es amplia pero le puede alertar de algunas circunstancias peligrosas en la vida diaria. Para una discusión sobre seguridad en el sitio de trabajo, vea la página 241.

■ Preparación para una emergencia

Muchas personas enfrentan emergencias de un momento a otro, desde la avería de un coche hasta un incendio en la cocina. Las emergencias mayores por un desastre natural, derrames de tóxicos, pandemia o ataque de terrorismo son raras pero afectan a más personas a la vez. Una emergencia mayor potencialmente incluye muerte o lesión, falta de alimento y agua, y pérdida de las instalaciones públicas, transporte y servicios. Su supervivencia en estas circunstancias puede depender de su nivel de preparación.

Necesidad de acción
Una urgencia requiere decisiones rápidas: ¿Debe estar donde está? O ¿es su mejor decisión evacuar? ¿Cómo se pone en contacto con su familia y amigos? En condiciones caóticas, que cambian rápidamente, sus decisiones dependerán del sentido común y su conocimiento del peligro inmediato. Los pasos que puede tomar para estar mejor preparado incluyen:
- **Estar informado.** Determinar la probabilidad de escenarios desastrosos que podrían suceden en su área, por ejemplo, alimentos, incendios forestales, enfermedades infecciosas, o derrames peligrosos. Aprenda cómo se le notificarán las emergencias. Podría haber sirenas especiales, anuncios en radio y televisión, o trabajadores de emergencias que van de puerta en puerta.
- **Permanecer en contacto.** Elija un número telefónico común de "contacto de emergencias" — la casa de un amigo o familiar, por ejemplo — que todos los miembros de la familia puedan usar para estar en contacto durante las emergencias. Note que cuando hay alteraciones mayores, a menudo es más fácil contactar a alguien lejos que a alguien cercano. Es aconsejable tener un contacto de respaldo en una localidad diferente.
- **Planeación para la evacuación.** Si debe evacuar, determine los lugares donde se pueden reunir usted y su familia, tanto dentro como fuera de la comunidad. Sepa cómo apagar los servicios domésticos — agua, electricidad y gas. Planee llevar a las mascotas con usted si es posible. Siempre mantenga los tanques de gas por lo menos a la mitad.
- **Mantener la calma.** Las emergencias mayores generalmente son inesperadas, no familiares e incontrolables. El estrés ante estos eventos causa pánico y confusión. Su habilidad para tomar decisiones acertadas puede depender de:
  - Práctica de su plan de emergencia
  - Conocimiento de los recursos de su comunidad
  - Incluir a sus hijos en la preparación y práctica

Equipo de suministro en desastres
Las preparaciones para emergencias incluyen un conjunto de suministros que están listos para usarse en el caso de desastre. Tenga en mente que el agua, alimentos y aire limpio son sus principales prioridades. Puede personalizar su equipo de acuerdo a sus necesidades y preferencias, y manejar los desastres más probables.

Debe haber suministros que duren por lo menos tres días para cada uno. Guarde el equipo en un lugar seco, frío, de preferencia lejos del sol. Empaque los objetos en contenedores accesibles fáciles de llevar para uso en casa o si necesita evacuar.

Los objetos básicos incluyen:

- **Agua**. Planee un galón por persona al día, para beber y limpieza. Almacene agua ligeramente salada en contenedores de plástico limpios.
- **Alimentos**. Seleccione alimentos que no requieran refrigeración o preparación, que tengan una vida larga, y que requieran poca o nada de agua.
- **Objetos para higiene y limpieza**. Mascara contra el polvo, toallas húmedas, desinfectante de manos, pasta y cepillos de dientes, papel higiénico, bolsas y ataduras para basura de uso rudo.
- **Herramientas**. Abrelatas manual, cubiertos, lámpara, radio de baterías, baterías extra, cerillos (en contenedores a prueba de agua), hojas de plástico y cinta de aislar, cuchillo, llave inglesa o pinzas, tijeras, silbato.
- **Equipo de primeros auxilios**. Vendas adhesivas, agentes de limpieza (jabón o toallas), ungüento antibiótico, termómetro, pinzas, ungüento para quemaduras, solución para lavar los ojos, gasas estériles, venda elástica, y aspirina u otro remedio para el dolor.
- **Objetos familiares**. Efectivo y monedas, suministro de medicamentos de uso regular, copias de tarjetas de crédito, números del banco, documentos importantes, prescripciones médicas, licencias de conducir y pasaportes, juego de llaves extra.

Objetos adicionales incluyen:

Accesorios de cocina y alimentación, cobijas o bolsas para dormir, cambio de ropa y calcetines, accesorios de baño, objetos para lactantes (si es necesario), brújula, tienda de campaña, pala, extintor de incendios, toallas de papel, desinfectante o mezcla casera de cloro, suministros para mascotas, objetos de necesidades especiales, inhaladores, lentes de contacto, anteojos extra, baterías para auxiliares auditivos y suministros femeninos.

Cómo enfrentar amenazas de enfermedad infecciosa

Si vive o debe viajar a una región con un brote de una enfermedad infecciosa — por ejemplo hantavirus, SARS, mokeypox, o gripe aviar, comúnmente llamada gripe de las aves — trate de hacer lo siguiente:

- Evite áreas atestadas
- Utilice una máscara en público
- Mantenga las manos lavadas y lejos de su cara
- Coma sólo alimentos bien cocidos en restaurantes limpios o consuma alimentos enlatados
- Lleve limpiadores antisépticos y equipo de primeros auxilios con guantes de hule y máscaras
- Hable con el médico acerca si es recomendable ponerse vacunas especiales o llevar medicamentos especiales
- Si está haciendo un viaje trasatlántico revise el sitio en la red de los Centros para el Control y Prevención

de Enfermedades (CDC) antes de viajar para saber las precauciones y los números de contacto de su embajada en la mayoría de los países.

Un equipo con los siguientes objetos también puede ayudar para lidiar con las amenazas infecciosas:

- Repelente de insectos que contenga DDT
- Limpiadores antibacterianos para manos o limpiadores de manos con base de alcohol
- Tabletas para purificación de agua
- Sobres de solución de rehidratación (para manejar la deshidratación por diarrea)

Vea las páginas 281-287 para más recomendaciones relacionadas con los viajes.

PARA MAYOR INFORMACIÓN
- Departamento de Seguridad en el Hogar de EUA; *www.ready.gov*
- Preparación y Respuesta a Emergencias del CDC; *www.bt.cdc.gov*

Disminuya el riesgo en la carretera

Aproximadamente 50,000 personas mueren en las carreteras y autopistas de EUA cada año. Muchas más son gravemente lesionadas. Para reducir el riesgo, siga estas sugerencias:

- **Siempre use el cinturón de seguridad**, incluso si está viajando sólo una corta distancia.
- **Acomode a los niños en asientos infantiles y asegure el asiento adecuadamente.** (Ver el recuadro de abajo).
- **Conduzca a la defensiva.** Cuídese de los otros automóviles todo el tiempo.
- **Considere el clima** y ajuste su velocidad de acuerdo a las condiciones.
- **No conduzca si tiene algún impedimento.** No conduzca después de consumir alcohol.
- **Evite las distracciones.** No deje que la radio, hablar por teléfono celular o una atracción a un lado del camino lo distraiga.
- **Lleve el automóvil a servicio de mantimiento** para reducir el riesgo de averías.
- **Lleve un botiquín de urgencias.** Un botiquín puede incluir un teléfono celular (o cambio para pagar el teléfono), lámpara de pilas, productos de primeros auxilios, cables para la batería, luces intermitentes, una vela y cerillos.

Las bolsas de aire y los asientos infantiles de seguridad no se llevan

La fuerza del despliegue de una bolsa de aire puede dar muerte o lesionar gravemente a un lactante o un niño pequeño. Siente a los lactantes y niños pequeños atrás. Aquí están algunas recomendaciones de seguridad para sus hijos:

- Para lactantes que pesan menos de 9 kg (20 libras) o menores de un año de edad, use asientos de seguridad para niños en el automóvil — o asientos de seguridad convertibles de bebés y niños que empiezan a caminar. Asegure el asiento de seguridad adecuadamente en el asiento posterior del automóvil.

- Para niños que pesan entre 9 y 18 kg (20 y 40) libras o menores de cuatro años de edad, use un asiento de seguridad infantil, sujetado correctamente en el asiento posterior. Los cinturones de seguridad deben sujetar hasta el tercio superior del pecho de su hijo de manera adecuada.

  Para niños que pesan más de 18 kg (40 libras) pero que son todavía pequeños para usar un cinturón de seguridad, use un asiento sobrepuesto para obtener la posición correcta del cinturón de seguridad.

Reduzca el riesgo en casa

Use esta lista de seguridad para hacer de su hogar un lugar más seguro.

- ❏ Plan y equipo de preparación para urgencias en casa (vea las páginas 229-230).
- ❏ Plan de escape en caso de incendio revisado con todos los miembros de la casa.
- ❏ Detectores de humo instalados en cada piso y funcionando.
- ❏ Detectores de monóxido de carbono instalados en cada piso y funcionando.
- ❏ Eliminación de riesgos de fuego — objetos flamables lejos de la flama abierta o fuente de calor.
- ❏ Sustancias tóxicas o peligrosas bajo llave o fuera del alcance de los niños.
- ❏ Control de intoxicaciones, otros números de emergencias y direcciones de casa pegadas cerca del teléfono.
- ❏ Objetos peligrosos lejos de los niños — herramientas, armas de fuego, objetos eléctricos o calientes.
- ❏ Equipo eléctrico alejado del agua, cables y equipo en buenas condiciones.
- ❏ Pasillos y escaleras bien iluminados, sin superficies derrapantes, ni objetos extraños.
- ❏ Luces nocturnas y auxiliares visuales en su lugar para uso en la noche.
- ❏ Pasamanos y superficies antiderrapantes en baños, regaderas y escaleras.
- ❏ Eliminación de fuentes de alergenos — cañería limpia, drenaje en buen orden de funcionamiento, áreas de humedad libres de lodo y moho, y deshumificador instalado en el interior. Manchas de polvo, carpetas y alfombras vacías.
- ❏ Válvulas de emergencia apagadas para agua y gas e interruptor maestro de electricidad localizado y funcionando conocido y accesible.
- ❏ Equipo de protección fácilmente accesible — goggles para ojos, protección auditiva, guantes, máscaras.

Cómo prevenir caídas

Los tropezones y las caídas representan un peligro para los niños y los ancianos. Las caídas son una causa común de lesión entre los adultos mayores —algunos producen la muerte. Las caídas pueden ser causadas por una alteración del equilibrio, mala visión, enfermedad, medicamentos y otros factores. Los mejores autocuidados son desarrollar un plan que disminuya el riesgo y prevenga las lesiones en primer lugar.

Autocuidados

Aquí están algunos consejos para prevenir las caídas:

- **Acuda a examen de la vista y del oído regularmente**. Si la visión y el oído están deteriorados, pierde indicaciones importantes que ayudan a mantener el equilibrio.
- **Haga ejercicio regularmente**. El ejercicio mejora la fuerza, tono muscular y coordinación. Esto no sólo ayuda a prevenir las caídas sino que también reduce la gravedad de la lesión si se cae.
- **Cuidado con los medicamentos**. Pregunte al médico respecto a los medicamentos que toma. Algunos medicamentos pueden afectar el equilibrio y coordinación.
- **Evite el alcohol**. Incluso un poco de alcohol puede causar caídas, especialmente si elequilibrio y los reflejos están ya deteriorados.
- **Levántese lentamente**. Un disminución momentánea de la presión arterial debida a los medicamentos o a la edad, puede causar mareo si se pone de pie demasiado rápidamente.
- **Mantenga el equilibrio y el apoyo de los pies**. Si se siente mareado, use un bastón o una andadera. Use zapatos fuertes, con tacones bajos y suelas anchas que no se resbalen.
- **Elimine los tapetes sueltos**.
- **Instale iluminación adecuada**, especialmente las luces de la noche.
- **Bloquee los escalones para los lactantes** y niños que empiezan a caminar — instale pasamanos para los ancianos.

Exposición al plomo

Aproximadamente 310,000 niños de 1 a 5 años de edad en Estados Unidos tienen niveles potencialmente peligrosos de plomo en la sangre, de acuerdo a los Centros de Control y Prevención de Enfermedades. La intoxicación por plomo puede afectar a casi todos los sistemas del cuerpo. Los niños son más sensibles a la intoxicación por plomo que los adultos. La Agencia de Protección Ambiental de EUA (EPA, por sus siglas en inglés) recomienda que se practiquen pruebas en su hijo para intoxicación por plomo a los seis meses de edad si piensa que su casa tiene altos niveles de plomo, y después de acuerdo a las recomendaciones del médico.

Aquí están algunas fuentes potenciales de intoxicación por plomo:

- **El suelo**. Las partículas de pintura y gasolina usada hace años que quedan en el suelo pueden permanecer ahí durante muchos años. Las concentraciones altas de plomo en el suelo pueden encontrarse alrededor de las casas viejas y en algunos ambientes urbanos.
- **Polvo casero**. Éste puede contener plomo por los fragmentos de pintura o tierra traídos del exterior.
- **Agua**. Las tuberías de plomo, latón y tuberías de cobre soldadas con plomo pueden liberar partículas de plomo en el agua. Si tiene usted esta tubería, deje que el agua fría corra 30 a 60 segundos antes de beberla. El agua caliente absorbe más plomo que el agua fría. La EPA advierte no preparar la fórmula para el bebé con agua caliente de la llave en los sistema antiguos de tuberías.
- **Pintura de plomo**. Aunque ahora está prohibida, la pintura de plomo está todavía en las paredes y en la madera de muchas casas viejas. Cuando se lija o se desprenden en una casa vieja, use una mascarilla y mantenga a los niños lejos del polvo y los fragmentos.

Intoxicación por monóxido de carbono

El monóxido de carbono es un gas venenoso producido por la combustión incompleta de la gasolina. Es incoloro, inodoro e insípido. El monóxido de carbono se acumula en los glóbulos rojos, impidiendo el transporte de oxígeno y privando al cuerpo de oxígeno.

Cada año aproximadamente 500 estadounidenses mueren por intoxicación no intencional con monóxido de carbono. Unas cuantas medidas simples pueden ayudar a evitar la intoxicación:

- **Conozca los signos y síntomas.** Incluyen dolor de cabeza, fiebre, enrojecimiento de la piel, mareo, debilidad, fatiga, náusea, vómito, falta de aire, dolor en el pecho y dificultad para pensar. Los síntomas de intoxicación por monóxido de carbono aparecen a menudo lentamente y pueden confundirse con un resfriado o gripe. Las pistas incluyen síntomas similares presentados por todos en el mismo edificio, o mejoría de los síntomas cuando sale o deja el edificio un día o más, y después el regreso de los síntomas cuando vuelve al edificio.
- **Conozca las posibles fuentes.** Las fuentes más frecuentes son estufas de gas y aceite, estufas de leña, aparatos de gas, calentadores de albercas y los gases de la combustión de motores. Los intercambiadores de calor dañados en las estufas, las chimeneas bloqueadas o aparatos de ventilación pueden permitir que el monóxido de carbono llegue a las áreas destinadas a la vivienda. Un aporte inadecuado de aire fresco a una estufa puede permitir también que el monóxido de carbono se acumule en los espacios destinados a la vivienda. La construcción hermética de la casa puede también aumentar el riesgo porque entra menos aire fresco.
- **Adquiera un detector.** Emite un sonido de advertencia cuando el monóxido de carbono se acumula. Busque la clave UL 2034 en el empaque, que indica que el detector cumple con los estándares de la industria.
- **Sepa cuándo tomar acción.** Si se activa la alarma, ventile el área abriendo puertas y ventanas. Si todos están presentando síntomas de intoxicación, salgan inmediatamente y llame la ayuda médica de urgencia en un teléfono cercano. Si nadie está presentando síntomas, siga ventilando, apague todos los aparatos que queman gasolina y haga que un técnico calificado realice una inspección de su casa.

Contaminación del aire en el interior

La Agencia de Protección Ambiental de EUA (EPA, por sus siglas en inglés) clasifica la contaminación del aire interior entre los cinco riesgos ambientales más altos para la salud. Otros son la contaminación del aire exterior, las sustancias químicas tóxicas en el trabajo y el agua de beber contaminada.

Los contaminantes más peligrosos que se encuentran en el aire interior incluyen:

- **Humo de tabaco.** Fumar causa cáncer pulmonar. Incluso si usted no fuma pero vive con alguien que fuma, tiene un riesgo 20 por ciento mayor de cáncer pulmonar que una persona que vive en una casa libre de humo. Los filtros de aire ayudan, pero eliminan principalmente las partículas sólidas del humo, no los gases.
- **Radón.** Este gas que ocurre naturalmente es elaborado por el decaimiento radiactivo del uranio en las rocas y en el suelo. Puede usted fácilmente pasar por alto el radón porque no se puede ver, no lo puede oler ni tiene sabor. Sin embargo, el radón puede entrar a su casa y a otros edificios a través de grietas en el sótano, aberturas del suelo y juntas entre las paredes y pisos. Después de la exposición crónica a niveles elevados, el radón puede llevar a cáncer pulmonar. Para verificar el nivel de radón en su casa, compre un detector de radón. Si su nivel de radón es alto, llame a la línea permanente de radón de EPA: 800-767-7236.
- **Químicos caseros.** Cuando se usan componentes químicos en interiores como pegamentos, pinturas, limpiadores, solventes, y destapadores de drenaje, asegúrese de ventilar el área.

Lavarse las manos

Los estadounidenses gastan billones de dólares anualmente para combatir las infecciones. Con los métodos de alta tecnología actual para la atención de la salud, es fácil olvidar la forma más simple de evitar infecciones — lavarse las manos. El jabón simple y agua y el lavado cuidadoso es una onza de prevención probada.

¿Por qué es importante?

La mayoría de casos de resfriado común, gripe (influenza), diarrea, vómito y hepatitis son causados por el lavado inadecuado de las manos. Los gérmenes se acumulan en las manos al desempeñar las actividades diarias. Si no se lava las manos, puede adquirir o pasar una multitud de problemas.

En forma global, las infecciones reclaman más vidas que las demás enfermedades excepto la enfermedad cardiaca y el cáncer. La neumonía y la influenza son las causas principales de muerte en Estados Unidos.

¿Qué es lavarse las manos apropiadamente?

Siga estos pasos:

- Coloque las manos bajo el agua corriente. La temperatura del agua no es esencial. El agua que está suficientemente caliente (unos 44 °C) para cortar la grasa es mejor. El agua que es suficientemente caliente para destruir a los gérmenes puede dañar las manos.
- Aplique jabón o detergente a sus manos.
- Frote vigorosamente durante 10 segundos por lo menos para suspender los gérmenes (microorganismos).
- Limpie alrededor de las cutículas, debajo de las uñas y en las crestas de sus manos.
- Enjuague todo el jabón de las manos para eliminar todos los microorganismos posibles.

Si no tiene tiempo para lavarse con agua y jabón, hay diversos limpiadores de manos disponibles sin agua. Las toallitas para limpiar las manos impregnadas con alcohol reducen significativamente el número de microorganismos de la piel y actúan rápidamente.

¿Cuándo se debe lavar?

Es imposible mantener las manos libres de gérmenes, pero algunas veces es crítico lavarse las manos. Siempre lávelas:

- Antes de manejar o consumir alimentos
- Después de ir al baño
- Después de cambiar un pañal
- Después de jugar con una mascota o manejar equipo para mascotas, como cepillos, acuarios, o cajas para heces.
- Después de manejar basura
- Después de manejar dinero
- Después de sonarse la nariz, estornudar o toser en su mano
- Después de manejar alimentos no cocinados (especialmente carne)
- Antes de entrar a un cuarto de hospital y después de salir de él

Envejecimiento y su salud

■ Cómo puede afectar la edad a la salud

Si tiene más de 40 años de edad, ha confrontado indudablemente algunas realidades de la edad. Probablemente ha visto en el espejo una cara que ha desarrollado algunas arrugas. Puede haber notado que los dolores duran un poco más después de practicar ejercicio o arreglar el jardín. Hasta que los adultos llegan a la cuarta o quinta década de la vida la edad raras veces significa mucho para ellos — aun cuando es un proceso de toda la vida que empieza al nacer.

La mayoría de adultos presentan cambios físicos comunes al avanzar la edad. Estos ejemplos vienen del Estudio Longitudinal del Envejecimiento de Baltimore, publicado por el Departamento de Salud y Servicios Humanos:

- La presión arterial sistólica aumenta al engrosarse las paredes de las arterias y hacerse menos flexibles.
- El cuerpo redistribuye la grasa y la masa muscular disminuye.
- La masa muscular y fuerza de prensión disminuyen.
- La capacidad para oír sonidos de alta frecuencia disminuye, alrededor de los 20 años de edad, y los sonidos de baja frecuencia se vuelven más difíciles de oír alrededor de los 60 años.
- La capacidad máxima de respiración disminuye.
- El cerebro sufre pérdida y daño de células nerviosas.
- La vejiga pierda capacidad, aumentando la frecuencia urinaria y algunas veces incontinencia.
- El riñón se vuelve menos eficiente para eliminar los productos de desecho de la sangre.

Esta lista describe lo que sucede en promedio a grupos de personas. No predice como afectará la edad a usted en particular. Cuidando su salud puede retrasar o evitar por lo menos algunas de estos sucesos.

¿Qué tanto puede esperar vivir?

Este cuadro muestra cuántos más años, en promedio, una persona puede esperar vivir, con base en la edad actual, sexo y raza. Por supuesto, éstos son sólo cálculos generales. Si fuma o maneja sin cinturón de seguridad, disminuye sus probabilidades. Si tiene un estilo de vida saludable, puede aumentar las probabilidades.

Número promedio de años restantes

Edad actual	Varones de todas las razas	Mujeres de todas las razas	Varones blancos	Mujeres blancas	Varones de raza negra	Mujeres de raza negra
50	28.5	32.5	28.8	32.6	24.9	30.0
55	24.4	28.0	24.6	28.1	21.3	25.9
60	20.5	23.8	20.6	23.8	18.0	22.1
65	16.8	19.8	16.9	19.8	15.0	18.5
70	13.5	16.1	13.5	16.0	12.2	15.3
75	10.6	12.7	10.5	12.6	9.9	12.3
80	8.1	9.7	8.0	9.6	8.0	9.8
85	6.1	7.2	6.0	7.1	6.5	7.7

Fuente: Reportes de Estadísticas Vitales Nacionales, 2003

■ Cómo mantener la salud al envejecer

Envejecer con éxito implica muchos factores que están bajo su control. Empiece con estrategias para mantener la salud general.

Adopte una actitud positiva. Recuerde que las actitudes dan color a la calidad de la vida. Usted es viejo cuando piensa que lo es. Es cierto, el cuerpo envejece. Deje que la mente siga siendo tan joven como usted se siente. Si espera vivir una larga vida llena de vitalidad física, humor y relaciones sociales, entonces esta actitud modela su futuro en un grado importante.

Durante toda la vida siga concentrado en lo que es importante y sacúdase lo que no es. El sentido del humor y la capacidad para adaptarse al cambio son sus valores. También vea las sugerencias para el manejo del estrés en la página 227.

Coma bien. Numerosos estudios indican que una alimentación saludable cuando se combina con actividad física y mental regular, puede ayudarlo a vivir más y mejor. Sin embargo, al avanzar la edad puede necesitar hacer ciertos ajustes en la alimentación. Además de las guías para comer bien, empezando en la página 210, mantenga las siguientes sugerencias en mente:

- Debido al hecho de que el metabolismo se hace más lento, considere limitar el tamaño de las raciones y las calorías para mantener un peso saludable.
- Aumente el consumo de fibra, que puede ayudarlo a prevenir el estreñimiento y que puede disminuir el riesgo de enfermedades del colon, incluyendo el cáncer del colon.
- Para prevenir la enfermedad cardiovascular, disminuya la cantidad de grasa, colesterol y sodio que consume.
- Si toma alcohol, hágalo con moderación — en general, un máximo de una bebida al día para las mujeres y dos bebidas al día para los hombres.
- Recuerde que al avanzar la edad el mecanismo de la sed declina. Haga un hábito de tomar por lo menos seis vasos al día de líquidos que no sean alcohólicos.

Evite la nicotina. Fumar se ha relacionado a enfermedad en las encías, presión arterial alta, enfermedad cardiaca, ataque cerebral, cáncer pulmonar y otros cánceres. Si fuma o masca tabaco, haga un plan para dejarlo. Para obtener ideas, vea la página 192.

Manténgase físicamente activo. El ejercicio regular puede ayudarlo a prevenir la cardiopatía coronaria, la presión arterial alta, el ataque cerebral, la diabetes, la depresión, las caídas y algunos cánceres. Una buena condición física reduce también los efectos limitantes del estilo de vida de la osteoporosis y la artritis.

Nunca es demasiado tarde para ser más activo. Usted encontrará muchas sugerencias para hacerlo en la página 217. Pero antes de empezar un programa de ejercicio más vigoroso que caminar, acuda a una evaluación médica.

Manténgase mentalmente perspicaz. El cerebro es como un músculo. Para mantenerlo fuerte, úselo. Participe en actividades comunitarias como tutoría, servicio en comités o voluntariado.

Permanezca socialmente relacionado. Tener relaciones fuertes con la familia y los amigos es siempre importante. Con la edad estas relaciones se vuelven todavía más cruciales. Los estudios indican que si usted tiene pocas relaciones sociales, el riesgo de muerte prematura es dos a cuatro veces mayor que la gente que cultiva muchas relaciones.

Busque la espiritualidad. La investigación apoya la sabiduría de creer en algo más que usted como una forma de enfrentar lo que la vida le depara. La gente que asiste a servicios religiosos tiene mayor probabilidad de disfrutar una mejor salud, vivir más y recuperarse de la enfermedad más pronto y con menos complicaciones.

Cada quien define la espiritualidad en forma diferente. Para algunas personas es la religión organizada. Para otras, la espiritualidad se expresa a través de la meditación, música o arte — cualquier fuente de significado y propósito que le permite resistir el sufrimiento y experimentar serenidad en la vida diaria.

Salud y trabajo

- Salud, seguridad y prevención de lesiones
- Alivio para el estrés
- Cómo enfrentar la tecnología

Esta sección trata sobre las formas de tener mayor éxito y bienestar en el ambiente de trabajo. Encontrará información práctica sobre una variedad de asuntos básicos de salud y seguridad. También contiene consejos sobre manejo del estrés y estrategias para enfrentar con dolores y desgarros relacionados con la computadora.

Salud, seguridad
y prevención de lesiones

■ Proteja su espalda

Su espalda se mueve en muchas direcciones y se usa en actividades que cargan peso. El dolor de espalda, especialmente de la espalda baja, es uno de los problemas más comunes reportados tanto en el lugar de trabajo como en el hogar. Las buenas noticias son que con tan poco como cinco a 10 minutos de ejercicios al día — junto con las siguientes guías sencillas cuando cargue peso — puede prevenir muchos problemas de espalda.

Autocuidados

Cuide su espalda:
- **Haga ejercicio regularmente.** Vea la página 55 para ver ejercicios diseñados para fortalecer su espalda.
- **Cargue peso de manera adecuada.** Para ayudarlo a utilizar una buena técnica de levantamiento de peso, vea la página 54.
- **Evite lesiones de espalda en el trabajo.** Vea Lesiones de espalda en el lugar de trabajo en la página 53 para aprender más cosas que puede hacer para reducir el riesgo de lesiones y dolor de espalda.
- **Si ya tiene dolor de espalda.** Las buenas noticias son que hay muchas cosas que puede hacer para sentirse mejor sin ir con médico o el quiropráctico. Vea Autocuidados en la página 51 para una lista de cosas que puede hacer por sí mismo.

■ Cuidado de manos y muñecas

¿Qué causa el síndrome de túnel del carpo?

El <u>túnel del carpo</u> es un pasaje entre la muñeca y la mano que contiene y protege a los nervios y tendones, cuando las estructuras del túnel del carpo se inflaman, aplican presión en un nervio que da la sensación a los dedos pulgar y el índice, medio y anular. El exceso de presión en este nervio puede causar que presente cualquiera de los síntomas mencionados anteriormente. Su el problema se deja sin tratamiento, se puede presentar daño en el nervio y el músculo.

Signos de alarma de síndrome de túnel del carpo
- Adormecimiento, o una sensación de hormigueo en las manos o en los dedos pulgar, índice y medio (pero no en el meñique).
- Incomodidad en el antebrazo o mano después del uso de fuerza o con el uso repetitivo.
- Despertar con estos mismos síntomas durante la noche.

Cómo evitar el problema
Los descansos rápidos, masaje e ibuprofén, aspirina u otros antiinflamatorios de venta sin receta pueden aliviar los síntomas temporalmente. Tome estas precauciones.
- **Tome un descanso de cinco minutos cada hora.** Detenga su actividad y suavemente estire sus manos y dedos hacia atrás. Alterne actividades cuando sea posible.
- **Vigile su forma.** Evite flexionar la muñeca hacia arriba o hacia abajo. Una posición media relajada es lo mejor.
- **Relaje su fuerza de agarre.** Evite usar un agarre fuerte cuando maneje su auto, pinte o escriba. Las plumas, lápices y herramientas grandes pueden permitir un agarre más suave.

Atención médica

Intente las medidas mencionadas anteriormente, pero si persiste el dolor, adormecimiento o debilidad por más de un par de semana, vea al médico. Pueden recomendarse las tablillas, terapia, inyecciones o medicamentos de prescripción. Ocasionalmente es necesaria la cirugía.

Para más información sobre problemas de la mano, vea la página 96.

■ Cómo enfrentar la artritis en el trabajo

Estos son algunos consejos para enfrentar la artritis en el trabajo:

- Conocer y aceptar sus limitaciones; algunas veces son necesarios cambios a largo plazo.
- Comunicar necesidades especiales a sus empleados. Adaptaciones menores de su ambiente de trabajo o una rutina diferente pueden brindar atención a su problema.
- Revise un régimen de trabajo flexible; permita tiempo para calentarse y aflojar articulaciones antes de empezar a trabajar.
- Trate de organizar sus actividades de trabajo para minimizar el movimiento repetitivo significativo; alterne cargar objetos pesados con levantarse o sentarse.
- Considere equipo especial, como sostenedores de lápices, soportes de brazos y alfombras para el piso en caso de estar mucho tiempo de pie.

Vea las páginas 161-164 para más información acerca del manejo de la artritis.

■ Ejercicios para quienes trabajan en oficinas

Estar sentado ocho horas al día puede causar el síndrome del oficinista — fatiga, estrés, dolor de espalda, incluso coágulos sanguíneos. Estos estiramientos le ayudarán - e incluso pueden mejorar — su desempeño en el trabajo.

Tres descansos de cinco minutos al día para estiramientos lo ayudar, relajan los músculos y mejoran la flexibilidad. Más adelante y en la siguiente página hay ejercicios que puede hacer sin dejar su escritorio. Sostenga cada estiramiento durante 10 a 20 segundos. Repita cada ejercicio una o dos veces en ambas manos.

1. *Estire sus dedos tanto como pueda. Sostenga durante 10 segundos. Relaje. Ahora flexione sus dedos hacia los nudillos y apriete.*

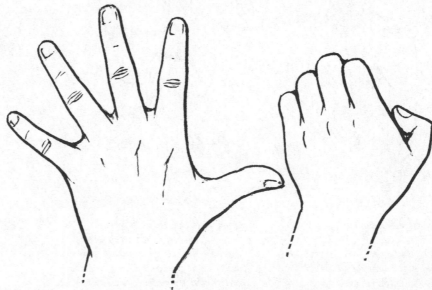

Salud y trabajo

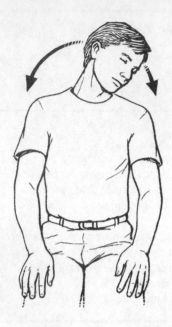

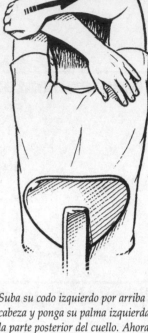

2. Incline lentamente su cabeza hacia la izquierda hasta que sienta un estiramiento al lado de su cuello. Repita hacia el lado derecho y hacia delante.

3. Sostenga su brazo izquierdo por abajo del codo con su mano derecha. Suavemente jale su codo cruzando el tórax hacia el hombro derecho mientras voltea su cabeza para ver por arriba del hombro izquierdo. Repita con el otro brazo.

4. Suba su codo izquierdo por arriba de su cabeza y ponga su palma izquierda sobre la parte posterior del cuello. Ahora tome su codo izquierdo con su mano derecha. Suavemente jale el codo por detrás de la cabeza y hacia el hombro derecho hasta que sienta un estiramiento agradable en el hombro o la parte superior de los brazos. Repita con el otro brazo.

5. Sostenga su pierna izquierda por debajo de la rodilla. Suavemente jale la corva de su pierna hacia el pecho. Sosténgala con el brazo derecho y jálela hacia el brazo derecho. Repita con la pierna derecha.

6. Cruce su pierna izquierda sobre la derecha. Cruce su codo derecho sobre el muslo izquierdo. Ligeramente presione su pierna con el codo para girar su cadera y partes inferior y media de la espalda. Mire sobre el hombro izquierdo para completar el estiramiento. Repita al otro lado.

■ Seguridad en el sitio de trabajo

Protéjase a usted y a los demás siguiendo estas reglas de seguridad y guías de sentido común:

- **Protección para los ojos**. Si su trabajo implica un riesgo de lesiones en los ojos, su patrón debe proporcionarle, por ley, anteojos protectores, y usted debe usarlos. Si interfieren con su eficiencia, intente otro diseño.
- **Protección del ruido**. En condiciones de ruido excesivamente fuerte, su patrón debe medir regularmente los niveles de ruido o proporcionar dispositivos protectores. Se dispone de orejeras especialmente diseñadas. Algunos tipos lo aíslan del mundo exterior; otros están adaptados a audífonos y un micrófono que le permiten comunicarse con otros trabajadores. Los tapones comerciales están hechos de hule espuma, plástico o de hule, o los tapones especialmente adaptados son también eficaces para disminuir la exposición al ruido excesivo. No use bolas de algodón. Pueden atorarse profundamente en el canal auditivo.
- **Vapores, humo, polvo y riesgo de gases**. Muchos síntomas respiratorios pueden resultar de la exposición a vapores tóxicos, gases, partículas y humo en el lugar de trabajo. La exposición puede ser de largo plazo con niveles bajos de sustancias químicas, o puede ser accidental, en la cual niveles elevados de sustancias químicas tóxicas industriales son inhaladas en un corto tiempo. Use ropa adecuada, mascarillas que filtran el aire, protección para los ojos y otras protecciones apropiadas. Asegúrese que la ventilación es adecuada.

Si está embarazada o está tratando de embarazarse evite cualquier exposición a sustancias químicas de riesgo.

Si sospecha que está siendo expuesto a humo peligroso, vapores, polvo o sustancias químicas en el sitio de trabajo, discútalo con el médico. Muchos problemas respiratorios permanentes se desarrollan lentamente como resultado de la exposición industrial durante años. La exposición baja que parece inocua puede resultar en una enfermedad crónica. Si piensa que usted o sus compañeros están sometidos a un riesgo innecesario, consulte con la oficina de seguridad de la compañía o contacte a la Administración de Seguridad y Salud Ocupacional (OSHA) o su sindicato.

Medicamentos y uso de alcohol. No consuma alcohol antes o durante las horas de trabajo. No opere maquinaria cuando está tomando medicamentos que pueden producir somnolencia. Si toma medicamentos, pregunte a su médico si estas sustancias pueden afectar su trabajo.

Preparación para urgencias. Asegúrese que comprende los pasos que debe tomar en caso de urgencias en el sitio de trabajo. Muchas compañías tienen planes que describen lo que se debe hacer en varios tipos de urgencias. Si su compañía no tiene un plan así, hable con alguien para preparar uno.

■ Consejos para dormir para los trabajadores que cambian de turno

Cambiar el ritmo normal de vigilia y sueño como resultado de los cambios de turnos, requiere un periodo de ajuste. Si su trabajo requiere cambios o variaciones constantes, su cuerpo tendrá más dificultad para adaptarse y readaptarse conforme avance la edad.

Aquí están algunas estrategias a intentar:

- Trabaje un turno durante tres semanas en lugar de cambiar a un horario diferente cada semana.

Salud y trabajo

- Cambie la secuencia. Tiene un patrón de sueño más normal cuando la secuencia de turnos es día-tarde-noche en lugar de día-noche-tarde.
- La tolerancia al cambio de turnos varía en las personas. Si tiene usted dificultad para adaptarse, considere cambiar de trabajo. Si presenta insomnio importante, pregunte al médico respecto a medicamentos para dormir de corta acción.

  Para más información, vea la página 44.

◼ Drogas, alcohol y trabajo

Las drogas ilegales de la calle y el alcohol pueden afectar la salud y la seguridad en el sitio de trabajo, así como la seguridad de sus compañeros. El problema es extensivo.

Considere las siguiente estadísticas:

- Aproximadamente 75 por ciento de los usuarios de drogas ilegales está empleado.
- El alcoholismo causa 500 millones de días de trabajo perdidos al año.
- A *grosso modo* se ha estimado un costo del abuso de alcohol y drogas para los negocios estadounidenses de 81 billones en pérdida de productividad en sólo un año.
- Los usuarios de drogas ilícitas o bebedores intensos tienen el doble de probabilidad de faltar uno o más días de trabajo al mes que aquellos que no lo hacen.
- Más de 40 por ciento de las muertes industriales y 47 por ciento de las lesiones industriales pueden relacionarse con el consumo de alcohol y al alcoholismo.
- Los usuarios de drogas, como grupo, usan los recursos médicos dos o tres veces más que los no usuarios.

Autovaloración

Para determinar si tiene usted un problema con el alcohol o las drogas, formúlese las siguientes preguntas:

- ¿He usado una droga ilegal en los últimos seis meses?
- ¿He hecho mal uso de un medicamento de prescripción por su efecto (para dormir o calmarse, o por placer)?
- ¿He hecho algo inseguro o tomado riesgos estando bajo la influencia del alcohol o las drogas, como conducir un automóvil, operar maquinaria pesada o tomar decisiones que afectan la seguridad de los demás?
- ¿He usado alcohol en las 12 horas previas al trabajo?
- ¿Ha afectado negativamente el uso de drogas o alcohol mis relaciones, mi salud o mi capacidad de trabajo?

Si contestó sí a cualquiera de estas preguntas, tiene signos de abuso de sustancias y debe empezar a actuar.

Autocuidados

- Si usted o un familiar es dependiente del alcohol, vea Abuso de alcohol y alcoholismo en la página 188.
- Si usted o un familiar tiene problemas de drogadicción, vea Dependencia de drogas en la página 196.
- Muchas corporaciones grandes ofrecen programas de asistencia confidencial a empleados para ayudar a los trabajadores a tratar el abuso de drogas y alcohol. Pregunte respecto a su disponibilidad en el departamento de personal o recursos humanos.
- Si su compañía no ofrece un programa de rehabilitación de alcohol o drogas, contacte a su médico o a un profesional de salud mental para una referencia confidencial.

Alivio para el estrés

¿Agotado? Póngase a punto

Si teme ir al trabajo o se siente agotado estresado durante varias semanas, enfrenta una situación que podría afectar las relaciones profesionales y personales e incluso la vida. La frustración exagerada o la indiferencia hacia el trabajo, la irritabilidad persistente, la rabia, el sarcasmo y la rapidez para pelear son indicadores de un problema que debe enfrentarse. Las siguientes son estrategias que puede usar:

- **Cuídese**. Coma comidas regulares y balanceadas, incluyendo el desayuno. Duerma y ejercítese lo suficiente.
- **Haga amistades en el trabajo y fuera de la oficina**. Compartir los sentimientos que le inquietan con alguien de su confianza es el primer paso para resolverlos. Limite las actividades con los amigos "negativos" que refuercen los malos sentimientos.
- **Tome tiempo libre**. Tome unas vacaciones o un fin de semana largo. Planee un tiempo libre cada semana y no conteste llamadas o correos. Durante el día de trabajo, tome descansos cortos.
- **Establezca límites**. Cuando sea necesario, aprenda a decir "no" de una manera amistosa pero firme.
- **Escoja sus batallas con sabiduría**. No se apresure a pelear cada vez que alguien esté en desacuerdo con usted. Mantenga la cabeza fría, y ahorre las discusiones para las cosas que realmente importan. (Todavía mejor, trate de no pelear para nada).
- **Tenga un escape**. Lea, tenga un pasatiempo, haga ejercicio, o participe en alguna otra actividad que aleje la mente del trabajo y lo relaje.
- **Busque ayuda**. Si ninguno de estos pasos alivia los sentimientos de estrés o agotamiento, pida consejo a un profesional del cuidado de la salud.

Conflictos entre colaboradores: cinco pasos para hacer las paces

La mejor manera de resolver las diferencias es directamente, es decir, hablando con la persona con la que se tiene el conflicto. No obstante, el tono de esa discusión es crucial. Aquí hay algunos consejos útiles:

- **Discutan el asunto en privado**. Elija territorio neutral, a una hora específica que ambos hayan acordado. Acérquese a la otra persona de una manera que no sea amenazadora, por ejemplo, diciendo "Me gustaría hablar de algo contigo. Me siento..." Otra línea para iniciar la conversación es: "Me gustaría revisar algo contigo cuando tengas tiempo de hablar".
- **No culpe al otro**. Hable en primera persona (yo). Esto hará que su compañero se sienta menos enojado a la defensiva.
- **Escuche cuidadosamente.** Comprender el punto de vista de su compañero puede ayudarle a a sentir menos estrés o enojo.
- **Concéntrese en las formas de resolver el problema**. No se desvíe en una discusión.
- **Busque ayuda**. Hable con un consejero de empleados que pueda ayudar a desarrollar reglas básicas para este tipo de discusiones y a promover la comunicación respetuosa.

Cinco consejos para manejar el tiempo

- Ponga un plazo realista para usted mismo, y establezca revisiones regulares de progreso.
- Genere un archivo de lectura de artículos tomados o marcados en periódicos y revistas.
- Tire todos los papeles del escritorio, excepto los importantes. Prepare una lista maestra de tareas. Elimine los archivos que tengan una antigüedad mayor de seis meses.
- A lo largo del día revise la lista maestra y trabaje los puntos en orden de prioridades.
- Use una agenda. Guarde ahí las direcciones y números telefónicos. Copie las tareas de la lista maestra en la página correspondiente al día en que espera hacerlas. Evalúe y dé prioridades diariamente.
- Para los proyectos especialmente importantes o difíciles, reserve un tiempo libre sin interrupciones a puertas cerradas.

Conozca a su jefe y se llevará mejor

Si usted y su jefe son como el agua y el aceite, no se desespere. Para revivir la relación, dedíquese a conocerlo mejor. Aquí esta cómo:
- Pregúntese, "¿Que necesita realmente mi jefe?". ¿Le importa más estar a tiempo aunque se produzcan resultados regulares a buenos, o está bien sacrificar una fecha límite con tal de hacer que un proyecto sea perfecto? ¿Le gusta enterarse de todo lo que usted hace, o se siente cargado con exceso de información si lo pone al día? Conozca las preferencias del jefe y utilice la información para facilitar la vida de él (o ella) y la suya propia.
- Sepa lo que espera su jefe. Si la persona a quien debe informarle de su trabajo no habla sobre sus expectativas, sea directo y pregúntele cuáles son.
- Determine el estilo personal de su jefe. ¿Formal o informal? ¿El panorama general o los detalles? Sin convertirse en un clon, trate de adaptar su comportamiento.

Alto a las hostilidades: hable de ello

Para evitar la hostilidad, lo más importante es hablar con alguien para liberar la tensión y posiblemente lograr una nueva perspectiva.

Cuando el conflicto ya está en ebullición:
- Hable de *soluciones* además de los problemas. Coopere con otros para rectificar la situación.
- Trate de controlar el enojo hasta que haya oído todos los hechos.
- Si siente que se acerca un estallido, tome un descanso. Cuente hasta 10, respire profundamente, vaya a caminar — haga cualquier cosa que necesite para calmarse y evite tomar cualquier acción que pueda lamentar después.
- Utilice sus habilidades para "escuchar activamente" y repita con calma lo que escuche. ("Déjame estar seguro de que te entiendo...").
- Cuando la confrontación y el enojo parezcan inevitables, busque un tercero neutral que ayude a que se realicen las pláticas.

Cómo enfrentar la tecnología

■ Las pantallas de computadoras y el cansancio ocular

Ahí está, viendo el monitor (terminal de despliegue de video; VDT, por sus siglas en inglés). Si usted es una más del número creciente de personas para las cuales el uso de una computadora es parte integral del trabajo, puede estar frente al monitor por la enésima hora de este día, y como muchos usuarios de computadora, es posible que sufra cansancio ocular como resultado.

Los síntomas pueden incluir:

- Cansancio, ardor, molestia, comezón o resequedad en los ojos.
- Visión doble o borrosa
- Visión borrosa a distancia después de mirar por tiempo prolongado el monitor
- Dolor de cabeza y del cuello
- Dificultad para enfocar el monitor y los documentos originales
- Dificultad para enfocar la imagen de la pantalla
- Bordes de color o "fantasmas" cuando fija la vista fuera del monitor
- Aumento de sensibilidad a la luz

Se cree que el cansancio ocular asociado con VDT no tiene consecuencias graves o a largo plazo, pero es molesta y desgradable. Aunque probablemente no sea posible cambiar todos los factores que provocan el cansancio ocular, aquí hay algunas cosas que puede hacer para aliviarlo:

- Cambiar los hábitos de trabajo.
- Descansar los ojos. Aleje la vista de la pantalla y enfóquela en un objeto a varios metros de distancia durante diez segundos cada diez minutos.
- Cambiar el paso. Trate de cambiar de sitio por lo menos una vez cada dos horas, dando al cuerpo y a los ojos el descanso necesario. Haga que el trabajo lejos de la computadora se convierta en descansos de la pantalla. Considere ponerse de pie durante estas labores.
- Guiñar y parpadear. La resequedad en los ojos puede ser el resultado del uso de la computadora, en especial para las personas con lentes de contacto. Hay gente que sólo parpadea una vez por minuto cuando trabaja en la computadora (es normal hacerlo cada cinco segundos). Si el parpadeo es menor, la lubricación de las lágrimas también lo es, lo cual provoca resequedad, comezón o ardor en los ojos; así es que parpadee con mayor frecuencia. Si eso no ayuda, puede utilizar lágrimas artificiales en forma de gotas para los ojos que se venden sin receta.
- Cerrarlos. Si es posible, recárguese y cierre los ojos por unos momentos de cuando en cuando. Es posible que no quiera hacer esto en el escritorio y arriesgarse a que le acusen de dormir en el trabajo.

Todo en su lugar

Monitor. Coloque el monitor de 45 a 75 cm de distancia de los ojos. Mucha gente piensa que colocar la pantalla a la distancia de su brazo es lo adecuado. Si tiene que acercarse para leer la letra pequeña, piense en utilizar los tipos de mayor tamaño para los caracteres de la pantalla. Por lo general, éste es un ajuste sencillo que se ofrece en los programas de computación, como los procesadores de palabras y de navegación en la Internet.

La parte superior de la pantalla debe estar a nivel de los ojos o un poco más abajo, de manera que incline ligeramente la vista al ver su trabajo. Si coloca el monitor demasiado alto, tendrá que inclinar la cabeza hacia atrás para verlo, una receta segura para el dolor del cuello — y para la resequedad en los ojos, porque es posible que no los cierre completamente al parpadear. Si tiene el monitor sobre la unidad central de procesado (CPU, por sus siglas en inglés), piense en colocar esta última a un lado o en el piso.

El polvo en la pantalla disminuye el contraste y puede contribuir al o los problemas por brillo y reflejos. Manténgala limpia.

Teclado. Coloque el teclado directamente frente del monitor. Si lo coloca en ángulo o a un lado, los ojos se verán forzados a enfocar de manera separada, lo cual es muy cansado.

Documentos originales. Coloque el material de lectura y referencia en un atril junto al monitor y al mismo nivel, ángulo y distancia. De esa manera, los ojos no tienen que reajustarse constantemente al ir de una parte a otra.

Luz y reflejos (ambientales). Para evaluar los relfejos, siéntese frente a la computadora con el monitor apagado. Podrá ver la luz que se refleja y las imágenes que no ve normalmente — incluyéndose a sí mismo. Observe cualquier reflejo intenso. Es probable que los peores problemas provengan de fuentes por arriba o detrás de usted, incluyendo luces fluorescentes o luz solar.

Si es posible, coloque el monitor de manera que las fuentes luminosas más brillantes estén a un lado, paralelas a la línea de visión con respecto al monitor. Piense en apagar algunas o todas las luces superiores. Si no puede hacer esto, incline ligeramente hacia abajo el monitor para reducir el brillo. Cerrar las cortinas o las persianas también puede ayudar. Una pantalla protectora o una visera también son opciones, pero asegúrese de no sacrificar la intensidad del blanco en la pantalla. La iluminación ajustable que no incide directamente sobre los ojos mientras ve la pantalla puede reducir el cansancio ocular. Ante todo, la luz circundante debe ser más oscura que el punto más blanco de la pantalla.

Lentes. La corrección adecuada ayuda. Si usa anteojos o lentes de contacto, asegúrese de que la corrección es adecuada para trabajar en computadora. La mayoría de los lentes se ajusta para leer impresos y puede no ser óptima para trabajar con la computadora. Por ejemplo, muchos usuarios de bifocales constantemente fuerzan el cuello para ver por la mitad inferior de los lentes, lo cual produce dolor de espalda o del cuello. Los anteojos o lentes de contacto diseñados para enfocar correctamente la pantalla de la computadora pueden resultar una inversión valiosa.

Consulte a un profesional del cuidado de los ojos si presenta:
- Molestias oculares prolongadas
- Un cambio notable en la visión
- Visión doble

El consumidor saludable

- Usted y quien proporciona los cuidados de salud
- Paquetes de pruebas médicas para el hogar
- El árbol médico familiar
- Uso de los medicamentos
- Suplementos dietéticos
- La medicina alternativa y la salud
- El viajero saludable

En esta sección, encontrará información relacionada con la manera de ser un consumidor de cuidados de salud bien enterado. Aprenderá cómo comunicarse mejor y a trabajar con el médico, qué puede aprender de la historia médica familiar y la eficacia de algunas pruebas médicas para el hogar. También se presenta el uso adecuado de medicamentos, junto con descripciones sencillas de remedios para el resfriado y medicamentos para el dolor que se venden sin receta. Cubre además lo que se incluye en su botiquín de medicina familiar doméstico y su equipo de primeros auxilios, así como los riesgos potenciales de salud asociados con los viajes.

Usted y quien proporciona los cuidados de salud

La atención médica se está haciendo cada vez más compleja. Y encontrar al proveedor de atención a la salud correcto para usted y su familia puede ser un reto. Puede tener buena salud y necesitar un médico inmediatamente. Pero cuando lo haga, es bueno tener a alguien que lo conozca y que pueda coordinar su atención rápida y eficientemente. En esta sección encontrará consejos para seleccionar a su equipo de atención a la salud que es adecuado para usted.

■ Empezar con la atención primaria

Probablemente empezará buscando a un médico general - un médico de atención primaria que a menudo encabeza a un equipo que incluye asistentes médicos, enfermeras y enfermeras practicantes. Un médico de atención primaria y su equipo pueden hacer lo siguiente:

● Ser el punto de primer contacto para atención urgente y aguda.
● Brindar atención preventiva, como vigilancia de la presión arterial, tamizaje para el cáncer y vacunas.
● Brindar consultas por teléfono y correo electrónico cuando se requiera consejo pero no se requiera una visita al consultorio.
● Brindar continuidad a la atención. Esto es especialmente importante si usted o alguien de su familia tiene un problema crónico.

    Estos son ejemplos de especialidades de atención primaria:

● **Médico familiar.** Brinda atención a personas de todas las edades y puede también dar atención obstétrica.
● **Especialista en medicina interna.** Brinda atención enfocada en las necesidades generales de los adultos, incluyendo adultos mayores.
● **Geriatra.** Brinda atención enfocada en las necesidades generales de los adultos mayores.
● **Pediatra.** Brinda atención a niños y adolescentes.
● **Ginecólogo.** Un proveedor de atención especializada, pero muchos ginecólogos dan atención primaria para las mujeres adultas.

■ Cómo encontrar un médico

Una vez que tiene una idea acerca de cuál proveedor de atención primaria desea, identifique a varios candidatos. Hable con sus amigos y compañeros de trabajo acerca de sus experiencias con médicos en su comunidad. Además, considere si quiere un médico de atención primaria para todos los miembros de la familia o atención más enfocada por parte de un pediatra o un ginecólogo.

    Si está en un plan de seguro médico, puede estar limitado a los médicos de la lista de la compañía de seguros. Si es así, llame al asegurador para verificar que tiene la lista más actualizada.

Verifique las credenciales

Antes de que visite a un médico, haga una llamada telefónica o visite un sitio en la red para confirmar las credenciales del médico. Si éste está certificado por el consejo de la especialidad, como en práctica familiar, medicina interna o geriatría, lo puede confirmar en el consejo de la especialidad específica de México.

    Para determinar si se ha tomado alguna acción disciplinaria o pende alguna contra el médico, llame al consejo estatal de licencias médicas. Para obtener el número, vea en las listas del gobierno del estado en su directorio telefónico o llame a asistencia de directorio. Sin embargo, tenga en mente que inclusive los mejores médicos tienen ocasionalmente problemas legales. Por lo tanto, no deje que este se el único factor en su decisión.

Visite el consultorio del médico

Una vez que haya seleccionado dos o tres médicos, establezca citas informadas. Dígale a la recepcionista que está buscando un médico y que le gustaría hablar con alguien que pudiera responder unas preguntas acerca del médico y los procedimientos del consultorio.

Un buen punto de inicio es saber si el médico está aceptando pacientes nuevos. Después, preguntar si el médico acepta su plan de seguro médico.

Estas son algunas preguntas adicionales que puede hacer:

- ¿Cuál es el entrenamiento del médico y campo de práctica especial?
- ¿Cuáles son sus horarios de oficina?
- ¿Cuántos días a la semana ve pacientes el médico?
- ¿Es posible hacer citas por las noches o en fines de semana?
- ¿Si llamo al consultorio con una pregunta médica, puedo hablar con el médico?
- ¿Cómo se arregla el médico para contestar preguntas de salud después de su horario?
- ¿Con qué tiempo de anticipación la gente tiene que hacer una cita? (Si es más de un mes, probablemente el médico está sobresaturado. Puede ser que quiera buscar a alguien más).
- Por lo general, ¿cuánto tiempo tiene que esperar la gente en el consultorio?
- ¿Qué tan dispuesto está el médico para referir personas al especialista?
- ¿Cuánto tiempo será capaz de visitar al médico? (Algunos centros de salud restringen un tiempo total menor de 30 minutos).

Confíe en su instinto

Si no se siente compatible con el médico, intente el siguiente de su lista. Tiene más probabilidades de seguir las recomendaciones de un médico con el que se siente a gusto. Los médicos lo saben. Por lo tanto, no crea que se van a molestar. Concéntrese en sus necesidades.

■ Especialistas que puede necesitar

¿Cómo sabe cuándo necesita a un especialista o a otro proveedor de cuidados de la salud, como un fisioterapeuta, un médico de extensión o una enfermera? Generalmente el médico de cabecera lo referirá a un especialista cuando tiene un problema que lo justifica. Si está preocupado porque tiene problemas médicos que no son tratados adecuadamente por su médico de cabecera, podría querer ver a un especialista cuyo entrenamiento y experiencia coinciden con el problema.

Si visita un especialista, pida que envíe los registros del diagnóstico y tratamiento a su médico de cabecera, que necesita mantener el seguimiento de los cuidados globales de su salud. Pida una copia de los registros para usted. Además, la siguiente vez que vea a su médico de cabecera, asegúrese de darle un informe de lo que el especialista hizo por usted.

Especialistas

Aquí está una lista breve de los especialistas que podría necesitar al avanzar la edad, así como los sistemas, enfermedades, trastornos y tratamientos con los que pueden ayudarlo:

Alergólogo, inmunólogo. Trata alergias y enfermedades del sistema inmunológico

Anestesiólogo. Administra y vigila los anestésicos

Audiólogo. Hace pruebas de audición y trata los trastornos de la audición

Cardiólogo. Trata enfermedades del corazón, vasos sanguíneos y circulación

Cirujano. Trata diversos trastornos con cirugía. Muchas subespecialidades

Dermatólogo. Trata enfermedades de la piel

Endocrinólogo. Trata problemas de las glándulas, incluyendo diabetes

Especialista en medicina preventiva. Se enfoca en la prevención de las enfermedades y las lesiones

Fisiatra. Trata trastornos del sistema nervioso y musculoesquelético

Gastroenterólogo. Trata enfermedades digestivas

Genetista. Se especializa en enfermedades hereditarias

Ginecólogo. Se especializa en el cuidado de la mujer

Hematólogo. Trata enfermedades de la sangre

Infectólogo. Trata enfermedades infecciosas, inmunización

Internista. Involucrado en el diagnóstico y tratamiento no quirúrgico de enfermedades de adultos

Médico familiar. Trata a todos los miembros de la familia y sus padecimientos

Nefrólogo. Trata problemas del riñón

Neurocirujano. Trata quirúrgicamente enfermedades del sistema nervioso

Neurólogo. Se especializa en enfermedades del sistema nervioso

Neumólogo. Trata trastornos respiratorios. También trata trastornos del sueño

Obstetra. Se especializa en embarazo, parto y cuidados de los lactantes

Oncólogo. Se especializa en cáncer

Ortopedista. Trata los trastornos y lesiones de los huesos con cirugía

Otorrinolaringólogo. Trata problemas de los oídos, nariz y garganta

Patólogo. Estudia los líquidos y tejidos corporales

Pediatra. Trata enfermedades de los niños

Psicólogo. Se especializa en valoración psicológica y terapia de consejo

Psiquiatra. Trata trastornos mentales

Radiólogo. Utiliza técnicas de imagen para diagnosticar y tratar enfermedades

Reumatólogo. Trata problemas de las articulaciones, músculos y tejido conectivo

Urólogo. Se especializa en trastornos del tracto urinario y urogenital

Otros proveedores de cuidados de la salud (en EUA)

Enfermera. Si está en el hospital, probablemente vea enfermeras más frecuentemente que médicos porque las enfermeras proporcionan la mayoría de los cuidados. Las enfermeras observan los síntomas y escuchan a usted describirlos, ayudan a llevar el plan de tratamiento y valoran los resultados.

Las iniciales RN significan enfermera registrada. Para ser RN, una persona debe completar el Bachillerato en enfermería o en un programa similar, y luego pasar un examen de licencia en el estado en donde quiere practicar. Algunas enfermeras registradas tienen diplomas de posgrado.

Las iniciales L.P.N. significan enfermera práctica con licencia. El curso de L.P.N. es más corto, y la L.P.N. generalmente trabaja bajo la supervisión de una R.N.

Algunas enfermeras se especializan. Se pueden enfocar en pediatría o cardiología. Algunas no sólo se especializan sino que se hacen enfermeras practicantes (N.P.). Una enfermera práctica generalmente tiene por lo menos una maestría y practica muchas de las tareas básicas de un médico — examinar y tratar personas así como escribir prescripciones.

Terapeuta ocupacional. Si está lesionado o incapacitado, un terapeuta ocupacional lo ayuda a recuperar la capacidad para llevar a cabo las actividades de la vida diaria, como las actividades requeridas para ganarse la vida. La palabra *ocupacional* es engañosa porque la terapia no está dirigida únicamente a ayudarlo a regresar al trabajo, sino a recuperar la capacidad para hacer las tareas de la vida diaria en donde quiera que esté, en casa o en el trabajo: comer, vestirse, bañarse, tareas domésticas y actividades recreativas. Este terapeuta puede recomendar cambios físicos en la casa o lugar de trabajo — como volver a distribuir los muebles o agregar rampas y pasamanos —para hacer más fácil moverse por la casa y llevar a cabo las tareas.

Farmacéutico. El farmacéutico es una buena fuente de información respecto a su medicamento, si son medicamentos de prescripción o que se obtienen sin receta. Puesto que el farmacéutico lleva un registro de todas las prescripciones que usted compra en su farmacia, es útil utilizar la misma farmacia para todos sus medicamentos de prescripción. Esto le proporciona un doble control para asegurarse que no toma un medicamento que reacciona con algo más que usted está tomando. El farmacéutico puede ayudarlo también a seleccionar los medicamentos que no son de prescripción que son mejores para usted.

Fisioterapeuta. Como un terapeuta ocupacional, un fisioterapeuta ayuda también a las personas lesionadas e incapacitadas a recuperar las funciones físicas perdidas utilizando técnicas como ejercicio, masaje y ultrasonido. El enfoque aquí es maximizar la capacidad física y compensar las funciones físicas que se han perdido.

Cómo seleccionar un cirujano

Su médico de cabecera lo ayudará a encontrar un buen cirujano si alguna vez necesita una operación. Si necesita un reemplazo articular, por ejemplo, probablemente le recomiende un cirujano ortopedista, que se especializa en operaciones que involucran la articulaciones, músculos y huesos. Al elegir a un cirujano, trate de seleccionar a uno que haya practicado muchas operaciones del tipo que usted necesita.

En vista de los riesgos y costos potenciales de muchas cirugías, es bueno a menudo tener una segunda opinión. Usted o su médico de cabecera pueden tomar la decisión de una segunda opinión. Por lo tanto, no sienta que necesita hacer una visita en secreto a un segundo cirujano. Mantenga informado al médico.

Preguntas antes de la cirugía

Si el médico habitual o un cirujano le recomiendan cirugía, usted querrá formular varias preguntas:

¿Qué se hace durante la operación? Pida una clara descripción de la operación. Si es necesario tal vez podría pedir al médico hacer un dibujo para ayudar a explicar exactamente lo que implica la cirugía.

¿Hay alternativas de la cirugía? Algunas veces la cirugía es la única forma de corregir el problema. Pero una opción podría ser una vigilancia expectante, para ver si el problema mejora o se agrava.

¿Cómo ayudará la cirugía? Un reemplazo de cadera, por ejemplo, puede significar que usted vuelva a caminar cómodamente de nuevo ¿En qué grado ayudará la cirugía y cuánto durarán los beneficios? Usted querrá expectativas reales. Si la cirugía lo ayuda sólo unos pocos años antes de que necesite una segunda cirugía, usted querrá saberlo.

¿Cuáles son los riesgos? Todas las operaciones tienen algún riesgo. Pondere los beneficios con los riesgos. Pregunte también los efectos secundarios de la operación, como el grado de dolor que puede esperar y por cuánto tiempo.

¿Qué clase de experiencia ha tenido con esta cirugía? ¿Cuántas veces ha practicado el médico esta cirugía, y qué porcentaje de pacientes tuvieron resultados exitosos? Para reducir los riesgos, usted quiere a un médico con entrenamiento integral en la cirugía y que tiene mucha experiencia haciéndola.

¿En dónde se practicará la cirugía? Muchas cirugías actualmente se practican en forma ambulatoria. Usted va a un hospital o a una clínica para la cirugía y regresa a casa el mismo día.

¿Lo anestesiarán para la cirugía? La cirugía puede requerir sólo anestesia local, lo que significa que sólo parte del cuerpo se adormece durante un corto tiempo. En el caso de anestesia general lo pondrán a dormir.

¿Cuánto tiempo tardará la recuperación? Usted querrá saber cuándo la mayoría de la gente puede reanudar sus actividades normales, como las tareas de la casa y regresar al trabajo. Puede usted pensar que no habría problema en levantar un saco de comestibles después de una semana o dos. Pero podría haberlo. Siga las recomendaciones del médico lo más cuidadosamente posible.

¿Cuánto me costará? La cobertura del seguro varía. Puede ser que no tenga que pagar nada. Puede tener un deducible que cumplir. O tal vez tiene que pagar un porcentaje del costo. La oficina del médico puede generalmente darle información a este respecto, pero verifique también con la compañía de seguros.

Asegúrese que sabe si es responsable de un pago compartido (deducible) —una cantidad establecida para la cirugía — o si tiene que pagar un porcentaje de la cuenta. Hay una gran y costosa diferencia.

Paquetes de pruebas médicas para el hogar

En las farmacias existen paquetes que pueden usarse para realizar pruebas médicas en el hogar, sin la participación de un médico u otro profesional de la salud.

Al igual que la mayor parte de las pruebas efectuadas en laboratorios, en los estudios para el hogar se utilizan la orina, sangre o material fecal. Algunos de ellos son relativamente baratos y pueden realizarse más de una vez.

Tipos de paquetes
- **Pruebas de embarazo,** para investigar la presencia del embarazo.
- **Pruebas de predicción de ovulación**, que ayudan a determinar el momento óptimo para tener una relación sexual en la que pueda lograrse la concepción.
- **Pruebas de azúcar** (glucosa), que se realizan en la sangre o la orina, para determinar la existencia de diabetes o para seguimiento de su control.
- **Pruebas de colesterol** para determinar su nivel total de colesterol.
- **Otras pruebas de orina**, como las encaminadas a detectar los excesos de proteínas, que pueden indicar un problema renal.
- **Pruebas para detectar sangre** en la materia fecal, que podría indicar la presencia de un tumor en el colon.
- **Pruebas del virus de la inmunodeficiencia humana (VIH)**, para identificar los anticuerpos contra este virus, causante del SIDA. La prueba consiste en colocar una gota de sangre sobre una tarjeta de prueba con un número de identificación. Se envía la tarjeta por correo al laboratorio certificado cuyo nombre aparece en el paquete. Luego hay que comunicarse para conocer el resultado aproximadamente en una semana.

Desventajas de las pruebas en casa
- **Existe el simple riesgo de realizar la prueba de manera incorrecta** y, por lo tanto, obtener resultados incorrectos. Deben seguirse con exactitud las instrucciones, de otra forma, el estudio no es de utilidad. Los profesionales de los laboratorios clínicos tienen menos probabilidades de cometer errores, debido a su mayor experiencia y a contar con mejor equipo.
- **Las pruebas médicas no siempre funcionan correctamente**. Esta afirmación es válida tanto para las pruebas efectuadas en el hogar como las de los laboratorios clínicos. Un cierto porcentaje de los resultados de pruebas indica la presencia de algo que en realidad no existe (resultado positivo falso). Por ejemplo, un resultado positivo falso de una prueba indicaría que existe sangre oculta en la materia fecal cuando en verdad no está presente, o que la mujer está embarazada y esto no es verdad.
- **También pueden existir resultados negativos falsos.** Por el contrario, un cierto porcentaje de resultados de pruebas indican que no existe algo cuando en realidad está presente; esto se denomina resultado negativo falso. Por ejemplo, un resultado negativo falso de una prueba indicaría que la concentración de azúcar en sangre es normal y ello no es así, o la mujer no está embarazada cuando sí existe embarazo. Un médico está en mejor posición de juzgar los resultados falsos negativos y falsos positivos de las pruebas basado en otras evidencias médicas, su entrenamiento y experiencia.
- **Es posible que se interpreten de manera incorrecta** los resultados de la prueba. Los cambios en el aspecto del resultado de la prueba, como son el color, pueden dar lugar a confusión. Es frecuente que se requiera consultar al médico o solicitar la repetición de la prueba en un laboratorio clínico, sin importar cuál haya sido el resultado inicial.
- **La indecisión** es otro factor. Después de realizar la prueba, con frecuencia resulta difícil decidir la acción siguiente. Por ejemplo, en caso de establecer con certeza la existencia de sangre en la materia fecal y que la prueba señale lo contrario, ¿todavía debe verse al médico?

Precaución

Cuando se usan correctamente, muchas pruebas para el hogar son precisas. No obstante, deben usarse con cautela . No representan un sustituto de la atención médica apropiada, especialmente cuando la persona piensa que está en riesgo de padecer una enfermedad grave. Debe darse seguimiento a los resultados inesperados y preocupantes a través de una consulta médica.

El consumidor saludable

El árbol médico familiar

Las reuniones familiares son un momento ideal para actualizarse en las noticias familiares. También son una oportunidad para conocer más la historia médica de la familia.

Aproximadamente 5 por ciento de la gente que tiene cáncer del colon tiene una forma hereditaria. Los hijos de alcohólicos tienen una probabilidad tres a cuatro veces mayor de volverse adictos al alcohol o a otras drogas que los hijos de padres no alcohólicos. Y la historia familiar de la presión arterial alta, diabetes, algunos cánceres y ciertos trastornos psiquiátricos aumenta significativamente las probabilidades de todos los miembros de la familia de desarrollar el padecimiento.

Si los parientes consanguíneos tienen una enfermedad o trastorno en particular, ¿Está destinado a tenerlo? Generalmente no. Pero puede significar que tiene mayor riesgo.

Muchas enfermedades importantes tienen un componente hereditario. Los árboles genealógicos de enfermedad revelan patrones de enfermedades hereditarias. Con la información que proporciona, el médico puede solicitar pruebas para determinar si tiene el trastorno, o le sirven de base para recomendar cambios en el estilo de vida para reducir el riesgo.

Cuando usted sabe que tiene riesgo mayor de una enfermedad puede tomar medidas para prevenirla — o por lo menos detectarla en una fase temprana, cuando las posibilidades de curación pueden estar a su favor.

Cómo elaborar un árbol médico familiar

● **Conozca quién es quién**. Investigue a sus padres, hermanos e hijos. Luego añada la información de sus abuelos, tíos, tías, primos, sobrinas y sobrinos. Mientras más parientes incluya, mejor.

● **Busque los detalles**. Entreviste a los parientes por teléfono, o envíeles cuestionarios por correo.

● **Busque en el pasado**. La información de cualquier dolencia — desde alergias hasta cojera — puede ser útil. Preste atención especial a trastornos serios pero que pueden prevenirse, como cáncer, presión arterial alta, enfermedad cardiaca, diabetes, depresión y alcoholismo. Anote la edad de su pariente cuando se diagnosticó la enfermedad ¿Qué tipo de estilo de vida tenía la persona (¿fumador? ¿nivel de actividad?).

● **Reúna toda la información**. Organice el árbol para que pueda ver la historia de la salud de varios parientes a la vez (ver la ilustración). Asigne a cada trastorno médico una letra, y anote esta letra en seguida del nombre de la persona o figura. Anote la edad de la persona al morir.

● **Discútalo**. Pida al médico que revise el árbol con la información.

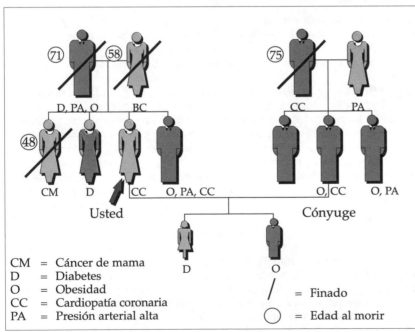

CM = Cáncer de mama
D = Diabetes
O = Obesidad
CC = Cardiopatía coronaria
PA = Presión arterial alta

/ = Finado
◯ = Edad al morir

Árbol familiar que muestra cómo puede diseñarse una historia médica familiar.

Uso de los medicamentos

Independientemente de la edad o padecimiento, hay reglas fundamentales que se deben seguir cuando se toman medicamentos:

- **Informe a su médico de los productos que obtiene sin receta** que está tomando, incluso laxantes o antiácidos; aspirina o acetaminofén; medicamentos para la tos, resfriado o alergia, productos para aumentar o perder peso; complementos minerales y vitaminas o preparaciones de hierbas. Los fármacos que se venden sin receta pueden ser potentes y algunos pueden causar reacciones serias cuando se mezclan con fármacos de prescripción.
- **Infórmese.** Conozca los medicamentos que toma y por qué los toma.
- **Lea cuidadosamente las etiquetas y la información que proporcionan.** Pregunte al médico y al farmacéutico los efectos secundarios potenciales, las restricciones dietéticas que debe seguir, si debe evitar el alcohol mientras toma el medicamento o cualquier preocupación que tenga. Si le vuelven a surtir una receta y parece diferente de lo que estaba tomando, pregunte al farmacéutico por qué.
- **Siga las instrucciones.** Toda persona que usa una dosis mayor de la recomendada tiene riesgo de una sobredosis. La teoría de "más es mejor" no se aplica a los medicamentos.
- **No deje de tomar un medicamento prescrito** sólo porque los síntomas parecen haber disminuido. Tome el medicamento todo el tiempo prescrito, incluso si los síntomas han desaparecido, a menos que el médico le haya indicado algo diferente.
- **Lleve un registro** de lo que toma si está tomando varios medicamentos. Llévelo en su bolsa o cartera. Además, apunte las alergias e intolerancias a medicamentos.
- **Informe al médico los efectos secundarios.** Esté alerta al dolor de cabeza, mareo, visión borrosa, zumbido de oídos, falta de aire, ronchas y otros efectos inesperados.
- **Informe al médico si está embarazada, si está tratando de embarazarse o si está lactando.** Algunos medicamentos pueden ser perjudiciales para el feto o pueden excretarse en la leche materna, y podrían perjudicar al bebé.
- **Surta las recetas en una farmacia.** Acudir a una misma farmacia puede ayudarlo a evitar problemas de interacciones de los medicamentos. El farmacéutico puede ayudarlo a vigilar la mezcla de medicamentos, incluso si son prescritas por diferentes médicos. Informe al farmacéutico si tiene trastornos crónicos, para asegurarse que los medicamentos no agravan el trastorno o se vuelven tóxicos en el cuerpo.
- **Almacene de manera apropiada los medicamentos.** La mayoría requieren un lugar seco, seguro, a temperatura ambiente y lejos de la luz del sol. Algunos medicamentos requieren refrigeración. Un botiquín en el baño es a menudo un mal lugar para guardar medicamentos por las variaciones de temperatura y humedad.
- **Deseche los medicamentos que han caducado.** Los medicamentos se deterioran con el tiempo y pueden algunas veces volverse tóxicos. Nunca tome sobrantes de medicamentos.
- **Cuidado con los niños.** Conserve los medicamentos de prescripción y sin prescripción seguros, lejos del alcance de los niños. Adquiera frascos a prueba de niños, especialmente si tiene niños pequeños, nietos o invitados muy pequeños.
- **Conserve los medicamentos en sus frascos originales.** Los contenedores de medicamentos de prescripción están diseñado para proteger a los medicamentos de la luz y brindar información vital. Si la etiqueta se separa del frasco y existe alguna duda de su contenido, deseche el medicamento inmediatamente.
- **No preste ni comparta medicamentos de prescripción.** Lo que lo ayuda a usted puede perjudicar a otros.
- **No mezcle los medicamentos y el alcohol.** Los dos pueden producir una interacción perjudicial.
- **No se desanime por el precio.** Si el precio de un medicamento es mayor de lo que puede usted pagar, pregunte al médico si hay un medicamento alternativo de menor costo.

■ Cómo ordenar medicamentos por Internet

Ordenar medicamentos de prescripción en línea puede ahorrarle tiempo u algunas veces, dinero. Muchas farmacias en línea brindan información acerca de interacciones medicamentosas. Algunas incluso mandan mensajes de alerta por correo electrónico cuando un medicamento cambia de nombre o empieza a estar disponible un equivalente genérico.

Pero debe tener cuidado. Farmacias en línea cuestionables pueden enviar medicamentos caducados o aquellos que no se han almacenado correctamente. Otras no requieren una prescripción o revisión de interacciones medicamentosas. Algunos sitios saltan el margen de legalidad.

Para salvaguardar su salud y sus finanzas, estas son algunas cosas para recordar:

- **Consulte al médico.** El médico puede determinar si un medicamento en particular es seguro para usted o si otro tratamiento podría ser mejor. Asegúrese de que el médico conozca todos los medicamentos que está tomando, incluyendo fármacos que se venden sin receta o los de prescripción.
- **Use una farmacia con licencia.** Las autoridades pueden decirle que si una farmacia en línea en particular tiene licencia y está en un buen lugar. Algunos sitios portan un sello de aprobación. Para obtener esta aprobación, los sitios deben mantener licencias estatales y permitir inspecciones por parte de las autoridades.
- **Insista en accesar a una farmacia registrada.** Los sitios con reputación ofrecen acceso sin herramientas para farmacéuticos registrados para ayudar a contestar sus preguntas acerca de medicamentos. Algunas farmacias en línea tienen localizaciones físicas tradicionales también. Si tiene preguntas acerca de un medicamento antes empezar a tomarlo o si está preocupado acerca de reacciones medicamentosas, podría ser especialmente valioso hablar con el farmacéutico en persona.
- **Lea las políticas de privacía y seguridad.** Antes de hacer una orden, asegúrese de que su número de tarjeta de crédito, información personal de salud y otra información personalmente identificable estarán protegidas.
- **Compare precios.** Puede encontrar grandes tratos en línea. Pero no son ninguna garantía. Su farmacia local podría ganarle al precio en línea.
- **Sea cuidadoso con sitios de países extranjeros.** Existen sitios legítimamente internacionales. Pero hay riesgos. La marca del producto o las instrucciones pueden estar en un idioma que no entienda. El medicamento puede no estar sometido a los mismos estándares rigurosos. Un medicamento vendido en Estados Unidos puede ser un producto diferente con el mismo nombre en otro país. Algunos sitios extranjeros venden medicamentos que son ilegales en otros.
- **Evite sitios que derivan prescripciones.** Sólo el médico puede prescribir medicamentos para usted y vigilar con seguridad los efectos secundarios.
- **Obtenga una dirección y número telefónico.** Evite sitios que no brindan una dirección física y número telefónico o que sólo presenten información extranjera. Una dirección de correo electrónico no es suficiente.
- **Sea cauteloso para declaraciones falsas.** No compre medicamentos de sitios que anuncian "curas milagrosas" o aquellos que utilizan terminología impresionante para cubrir la falta de ciencia real.
- **Informe problemas.** Si su orden no llega, encuentra cargos no autorizados en su tarjeta de crédito o tiene otro problema con una farmacia en línea, infórmelo a la Administración de Alimentos y Medicamentos. Reclamar puede ayudar a promover un sitio de mercado más seguro para todos.

Analgésicos: Cómo seleccionar el medicamento según el dolor

Todos los analgésicos que se pueden obtener sin receta contienen uno de cinco ingredientes — salicilatos (incluyendo aspirina), acetaminofén, ibuprofeno, naproxeno sódico, y más recientemente ketoprofeno. Para el alivio del dolor, las diferencias entre los productos generalmente son más sutiles que significativas.

Los calmantes del dolor son llamados analgésicos (de las palabras griegas *an*, que significa "sin", y *algos*, que significa "dolor"). Los analgésicos orales que se pueden obtener sin receta alivian a menudo el dolor leve a moderado asociado al dolor de cabeza, resfriado, dolor dental, dolor muscular, dolor de espalda, artritis y cólicos menstruales. También disminuyen la fiebre. Los analgésicos que se venden sin receta caen en dos categorías principales: los productos que disminuyen también la inflamación y los que no la disminuyen.

- **AINE**. La aspirina, ibuprofeno, naproxeno sódico y ketoprofeno disminuyen la inflamación y son llamados antiinflamatorios no esteroideos (AINE). Son más útiles para el dolor asociado a trastornos como la artritis y la tendinitis. Los efectos secundarios frecuentes incluyen molestias gástricas, úlcera y sangrado.
- El **acetaminofén** no alivia la inflamación. Debido a su relativa ausencia de efectos secundarios en las dosis recomendadas, puede ser una alternativa para uso a largo plazo o cuando tomar AINE representa un riesgo.

Todas las dosis regulares de los analgésicos que se venden sin receta proporcionan alivio comparable para el dolor habitual, como el dolor de cabeza o el dolor muscular. Para el dolor menstrual, el ibuprofeno, el naproxeno sódico y el ketoprofeno pueden ofrecer mayor alivio.

Cómo diferenciar la ayuda de la exageración

Los analgésicos que se venden sin receta vienen en una gran variedad de formas. Algunas veces una forma genérica de menor costo es todo lo que necesita. Si tiene preguntas, hable con el farmacéutico o con el médico.

Aquí está una guía de las diferentes formas de administrar los medicamentos:

- **Amortiguado**. Un analgésico amortiguado contiene un antiácido para disminuir la acidez. Hay controversia respecto a si estos productos realmente protegen el estómago.
- **Capa entérica**. Una cubierta especial permite a las tabletas pasar a través del estómago y disolverse en el intestino delgado. Esto ayuda a disminuir la irritación gástrica. Considere un producto con capa entérica si necesita alivio diario del dolor crónico. Debido a que la cubierta retrasa la absorción, no es la mejor opción para el alivio rápido (por ejemplo, un dolor de cabeza).
- **Liberación cronometrada**. También llamada liberación extendida y liberación sostenida, estos productos se disuelven lentamente. Prolongan el alivio al mantener un nivel constante de analgésico en la sangre. Úselos si necesita alivio prolongado, no inmediato.
- **Potencia extra**. Una dosis de estas preparaciones contiene más medicamento para aliviar el dolor que los productos de potencia regular — típicamente 500 miligramos de aspirina o acetaminofén en vez de 325 miligramos. Son más convenientes cuando se requiere más de una dosis regular para mejorar los síntomas, pero debe tomarlos con menor frecuencia.
- **Fórmulas de combinación**. Algunos productos llevan cafeína o un antihistamínico que refuerza el efecto. Los estudios muestran que la adición de cafeína a la aspirina o acetaminofén aumentan el alivio del dolor.
- **Tabletas, cápsulas, cápsulas de gel, goma o líquido**. Si tiene dificultad para deglutir, una tableta redonda o una cápsula oval, una cápsula de gelatina blanda podría funcionar mejor. Otras opciones incluyen tomar aspirina en forma líquida o masticable, en la presentación de un analgésico efervescente con antiácido o aspirinas masticables como chicle.
- **Genéricos**. Los analgésicos genéricos casi siempre cuestan menos que los medicamentos con nombres de marca y son igualmente eficaces.

- **Conocer los riesgos personales**. En general, no deben tomarse AINE si se consume otro medicamento antcoagulante o si se padece una enfermedad renal, úlceras, trastornos hemorrágicos o alergia a la aspirina.
- **Evitar interacciones medicamentosas**. Si se usan otros medicamentos de prescripción o de venta sin receta, debe preguntarle al médico o farmacéutico cuál analgésico es más conveniente.
- **No exceder la dosis recomendada**, a menos que el médico lo recomiende.
- **Evitar el alcohol**. Mezclar el alcohol con la aspirina, ibuprofeno o naproxeno sódico aumenta las probabilidades de presentar malestar estomacal y hemorragia. Si se combina con dosis de paracetamol mayores que las recomendadas, el alcohol incrementa las probabilidades de padecer daño hepático grave.
- **Tome los AINE con leche y alimentos** como ayuda para disminuir las molestias estomacales.
- **No tomar analgésicos más tiempo que el necesario**. Conviene reevaluar periódicamente la necesidad de analgésicos.
- **Leer siempre las instrucciones de la etiqueta de los productos**.

Analgésicos orales que se pueden obtener sin receta

	Ácido acetilsalicílico	Paracetamol	Ibuprofeno	Naproxeno sódico	Ketoprofeno
Ejemplos de marcas	Aspirina Bufferin, Ecotrin	Tylenol	Advil, Ibupril Motrin-IB, Tabalon, Days	Naxen, Flanax, Pactens, Tandax Naxodol, Aleve	Keduril, Profenid, Bifebral, Orudis
Reduce el dolor y la fiebre	Sí	Sí	Sí	Sí	Sí
Reduce la inflamación	Sí	No	Sí	Sí	Sí
Efectos adversos	Dolor abdominal, agruras, sangrado gastrointestinal	Raros cuando se emplea durante periodos breves (días a semanas)	Dolor abdominal, agruras, sangrado gastrointestinal, mareo	Dolor abdominal, agruras, sangrado gastrointestinal, mareo	Dolor abdominal, agruras, sangrado gastrointestinal, mareo
Precauciones especiales	No emplearla en caso de presentar asma, trastornos hemorrágicos, gota, úlceras o alergia a la aspirina	La sobredosis puede ser tóxica para el hígado. El alcohol intensifica los efectos tóxicos de las dosis elevadas	No emplear si tiene enfermedad hepática, enfermedad cardiaca o renal, trastornos de la coagulación, o problemas estomacales	No emplear si tiene enfermedad hepática, cardiaca o renal, trastornos de la coagulación, o problemas estomacales	No emplear si tiene enfermedad hepática, cardiaca o renal, trastornos de la coagulación, o problemas estomacales
Uso en niños	Puede causar síndrome de Reye* en niños con varicela, influenza u otras enfermedades virales	Disponible para niños. Dosis basadas en la edad y el peso. Consultar al médico	Disponible para niños. Dosis basadas en la edad y el peso. Consultar al médico	No debe emplearse en menores de 12 años excepto por recomendación médica.	No administrar en niños menores de 16 años de edad excepto con el consejo del médico

*El síndrome de Reye es una inflamación potencialmente grave de los tejidos cerebrales. Nota: Esta lista no es completa ni debe considerarse como una recomendación de los productos presentados. No hemos probado esos productos y dependemos de los datos proporcionados por sus fabricantes.

Remedios contra el resfriado: utilidad y limitaciones

No existe curación para del catarro común. Sin embargo, los medicamentos usados para tratar los efectos del catarro común (escurrimiento nasal, fiebre, congestión nasal y tos), representan el sector más grande del mercado de productos de venta sin receta para la industria farmacéutica. Algunos de estos fármacos están formulados como medicamentos antialérgicos para tratar el ardor de ojos y los estornudos.

La mayoría de las personas no necesita emplear medicamentos contra el catarro.

Sin embargo, si el resfriado es particularmente molesto, ciertos medicamentos pueden ayudar. Con respecto a la tos, los nuevos lineamientos publicados desarrollados por el Colegio Estadounidense de Médicos Neumólogos declara que los expectorantes y supresores de la tos que se venden sin receta a menudo no ayudan a aliviar los síntomas. Si la tos es persistente, intensa o se acompaña de fiebre, vea al médico.

Remedios contra el resfriado que no requieren receta

	Antihistamínicos	Descongestionantes	Combinaciones para tos/resfriado
Ejemplos de marcas	Benadryl, Chloro-Trimeton, Tavist, Clarityne	Afrin, Neo-Synephrine, Sudafed	Actifed, Contac, Dimetapp, Drixoral, Sudafed, Tavist
Síntomas que mejoran	Estornudos, escurrimiento nasal, ardor de ojos, congestión debida a alergias	Congestión y obstrucción nasal	Depende de los ingredientes: escurrimiento nasal, estornudos, congestión, tos, molestias generales
Efectos colaterales y precauciones	Somnolencia, resequedad de la boca, pueden secar las secreciones y dificultar la expectoración del moco. El alcohol puede aumentar la somnolencia	Insomnio, temblor, palpitaciones, puede aumentar la presión arterial. No use descongestionantes nasales más de tres días	Pueden contener tres o más ingredientes. Los efectos secundarios dependen de los ingredientes
Momento del beneficio máximo	Al inicio del catarro, cuando son usuales los estornudos y el escurrimiento nasal	Cuando existe congestión nasal	Cuando la variedad de síntomas es intensa. Para síntomas limitados considere usar productos individuales

El consumidor saludable

Autocuidados

A continuación se presentan algunas recomendaciones útiles para el uso de los medicamentos contra el resfriado.

- **Siempre lea las etiquetas** para determinar los ingredientes activos y los efectos secundarios.
- **Un medicamento para un solo síntoma puede ser mejor** que una combinación de medicamentos.
- **La mayoría de combinaciones de medicamentos para el catarro contienen alguna forma de analgésico** como aspirina, ibuprofeno o acetaminofén (ver página 258). Por lo tanto, no necesita tomar otro analgésico.
- **No mezcle** varios medicamentos para el resfriado ni los tome con otros medicamentos sin consultar al médico.
- **Evite el alcohol** cuando tome medicamentos para el resfriado.
- **Consulte al médico** antes de dar un medicamento para el resfriado a un niño.
- **Si tiene presión arterial alta, glaucoma o próstata crecida,** evite los medicamentos para la tos y el resfriado, a menos que lo indique el médico. Algunos ingredientes pueden agravar estos trastornos.

■ Productos médicos en casa

Cuando se presenta una urgencia o un problema médico en la casa, a menudo no tiene el tiempo para salir a buscar los productos necesarios. Mantenga los productos médicos en un lugar de fácil acceso para los adultos pero fuera del alcance de los niños. Y recuerde reemplazar los productos después de usarlos para asegurarse de que siempre está completo el botiquín.

Esto es lo que necesita para estar bien preparado para accidentes y enfermedades comunes que se mencionan en este libro. Verifique sus existencias cada año para los artículos que han caducado y que necesitan reemplazarse.

- **Para cortadas**. Vendajes de varios tamaños, gasa, tela adhesiva, una solución antiséptica para limpiar las heridas y una crema antiséptica para prevenir la infección.
- **Para quemaduras**. Compresas frías, gasa, aerosol para quemaduras y crema antiséptica.
- **Para dolor y fiebre**. Aspirina (para adultos solamente) y otro antiinflamatorio no esteroideo, o acetaminofén para niños o adultos.
- **Para lesiones en los ojos**. Solución estéril para lavar los ojos (como solución salina), un lavaojos, parches para los ojos y *goggles*.
- **Para esguinces, torceduras y fracturas**. Compresas frías, vendas elásticas y una venda triangular para hacer un cabestrillo para el brazo.
- **Para mordeduras y picaduras de insectos**. Compresas frías para reducir el dolor y la inflamación. Crema de hidrocortisona (al 0.5 o 1 por ciento), loción de calamina o levadura (se combina con agua para formar una pasta) para aplicar en el sitio hasta que los síntomas desaparezcan. Antihistamínicos. Si un familiar es alérgico a picaduras de insectos, incluya también un estuche con un Epi-pen — una jeringa que contiene epinefrina (adrenalina). El médico puede prescribirle uno.
- **Para ingestión de tóxicos**. Conserve el número de su centro de control local de intoxicaciones en una etiqueta en su teléfono.
- **Para cuidados generales**. Tijeras con filo, pinzas, torundas de alcohol e hisopos, bolsas de plástico, seguros, compresas, jabón, toallas limpiadoras o limpiador instantáneo de manos, guantes de látex o sintéticos para uso si es que hay sangre o líquidos corporales, medicamentos antidiarreicos y un vasito o cuchara para medicamentos.

Suplementos dietéticos

El cuerpo necesita muchos nutrientes para mantenerse sano. Estos incluyen proteínas, carbohidratos y grasas (macronutrientes), y vitaminas y minerales (micronutrientes).

Para mejorar la salud y ayudar a prevenir la enfermedad, es importante consumir una alimentación balanceada — rica en frutas, verduras y granos enteros, y baja en grasas saturadas. Pero ¿qué hay de los complementos alimenticios — pastillas, cápsulas y otros productos — que afirman que combaten la enfermedad o mejoran los síntomas? En algunos casos los complementos pueden ser útiles. En otros casos no hay una comprobación clara de que el producto tenga algún beneficio.

Aquí está una revisión de lo que se sabe de algunos de los complementos alimenticios más populares.

Antioxidantes

Los antioxidantes son ciertas vitaminas, minerales y enzimas que protegen el cuerpo neutralizando los radicales libres, productos del metabolismo normal de las células. Se cree que los radicales libres contribuyen a los cambios relacionados con la edad y a ciertas enfermedades. Los complementos de antioxidantes que se afirma que combaten las enfermedades del envejecimiento incluyen:

- **Vitamina E**. La vitamina E se ha anunciado como auxiliar para evitar la oxidación, un proceso que daña las células y puede acelerar el envejecimiento y producir enfermedad cardiovascular y cáncer. Pero un informe de 2004 sugiere que tomar megadosis de vitamina E puede ser más perjudicial que favorable. Los investigadores revisaron 19 estudios y encontraron que las personas que tomaron más de 400 unidades internacionales (UI) de vitamina E diariamente murieron en un índice más alto que aquellos que no tomaron suplementos. La causa no está clara. Hasta que se sepa más, no tome más de 400 UI de vitamina E al día. El mejor abordaje es obtener la vitamina E de fuentes dietéticas (nueces, aceites vegetales, granos enteros).
- **Vitamina A y beta caroteno**. Varios estudios han encontrado que los complementos de beta caroteno — que es convertido en vitamina A en el cuerpo — no ofrecen protección contra la enfermedad cardiovascular. Dos estudios encontraron riesgo aumentado de cáncer pulmonar en fumadores que recibieron complementos de beta caroteno. Mejor consuma verduras rojas y amarillas en vez de complementos.
- **Vitamina C**. Los estudios han mostrado que la gente cuya dieta es alta en vitamina C, que se encuentra sobre todo en frutas cítricas, tiene menores tasas de cáncer y enfermedad cardiaca. Pero no es claro si tomar complementos de vitamina C tiene beneficios similares. Consumir más frutas y jugos cítricos puede ser una conducta más razonable que tomar complementos.
- **Selenio**. Este mineral antioxidante se encuentra principalmente en mariscos y el hígado. Puede ayudar a prevenir cáncer. Una cantidad excesiva puede producir caída del cabello y de las uñas. Se requiere una mayor investigación.
- **Coenzima Q10**. Este antioxidante tiene muchas fuentes alimenticias, entre las que se incluyen la carne y los mariscos. Las declaraciones de que puede hacer más lento el envejecimiento y detener la diseminación del cáncer no se han comprobado.
- **Ácido fólico y vitaminas del complejo B**. Las vitaminas B-6, B-12 y especialmente el ácido fólico han mostrado que funcionan en combinación para reducir los niveles de homocisteína, un aminoácido que, en niveles aumentados, se ha relacionado con riesgo aumentado de enfermedad cardiovascular. Se están realizando estudios para determinar si disminuyendo los niveles de homocisteína se reduce el riesgo de ataque cardiaco, ataque cerebral y enfermedades relacionadas. La Asociación Estadounidense del Corazón no recomienda el uso generalizado de ácido fólico y otros suplementos de vitamina D para reducir el riesgo de enfermedad cardiaca y ataque cerebral. En su lugar, consuma una alimentación saludable que incluya por lo menos cinco raciones de frutas y verduras diariamente.

El consumidor saludable

Aceites de pescado

Aumentar el consumo de aceites de pescado — ácidos grasos omega-3 o ácidos grados poliinsaturados de cadena larga n-3 — disminuye el riesgo de muerte súbita cardiaca. Consumir pescado — especialmente pescados grasos, como caballa, trucha de lago, arenque, sardinas, atún y salmón — es segura en cantidades moderadas y es una inversión que vale la pena incluso si no tiene enfermedad cardiaca. Las mujeres que pueden todavía tener hijos deben limitar el consumo de pescado con alto contenido en mercurio, como el tiburón, pez espada, caballa o macarela o pescado que contiene trazas de contaminantes industriales. De acuerdo con la Asociación Americana del Corazón los complementos de aceite de pescado pueden ser apropiados para las personas con enfermedad cardiovascular. Usted quiere estar seguro que los complementos son de alta calidad y libres de contaminantes.

Hierbas

La gente toma hierbas por muchas razones. A continuación se muestra un resumen de las más populares, lo que se dice que hacen y lo que la investigación ha encontrado:

- **Cohosh negro (cimicifuga)**. Con algunos efectos similares a la hormona femenina estrógeno, la cimicifuga de la serpiente se usa para aliviar los cólicos menstruales, los periodos dolorosos y los síntomas menopáusicos, como los bochornos. Varios estudios clínicos indican que la cimicifuga es eficaz, pero se requieren más estudios de largo plazo.
- **Equinácea**. Derivada de la flor púrpura, la equinácea se utiliza típicamente para prevenir resfriados y gripe. Algunos estudios muestran que puede acortar la duración de los resfriados y gripe. Pero probablemente no los evita. Algunos investigadores han expresado preocupación respecto al potencial de esta hierba de ser tóxica para el hígado. No la tome más de ocho semanas continuas. La equinacea afecta el sistema inmune, por lo que algunos médicos están en contra de su uso si tiene diabetes, una enfermedad autoinmune como esclerosis múltiple o artritis reumatoide, o inmunidad alterada por cáncer o el virus de la inmunodeficiencia humana (VIH).
- **Efedra (ma-huang)**. Esta potente hierba debe evitarse. Se encuentra en muchos productos diseñados para suprimir el apetito o reforzar la energía. Debido a que la efedra puede aumentar el riesgo de ataque cardiaco, convulsiones, ataque cerebral y muerte súbita, la Administración de Alimentos y Medicamentos (FDA) la ha retirado del mercado.
- **Crisantemo**. Las hojas de esta planta se usan para prevenir la migraña. Los estudios indican que el ingrediente activo de la hierba, parthenolide, puede reducir la frecuencia e intensidad de la migraña. No la tome si está embarazada porque puede causar un aborto.
- **Ajo**. El jurado todavía está en duda con el ajo. Algunos estudios han sugerido que el ajo y algunos suplementos de ajo pueden ser útiles para disminuir el colesterol "malo" (LDL). El ajo también puede ayudar a prevenir ciertos tipos de cáncer y problemas cardiacos. Pero los efectos positivos parecen modestos y la investigación, todavía en proceso, es limitada.
- **Jengibre**. La raíz de la planta del jengibre se utiliza para aliviar la náusea y la indigestión. Los estudios muestran que puede ser eficaz para prevenir la náusea asociada al mareo por movimiento y por anestesia. El jengibre no se recomienda para el mareo matutino del embarazo. Además, si tiene cálculos vesiculares, verifique con el médico antes de usar jengibre porque aumenta la producción de jugos digestivos.
- **Ginkgo**. El ginkgo se utiliza para aumentar el flujo de sangre al cerebro en un esfuerzo por aliviar síntomas como pérdida de memoria de corto plazo, mareo, zumbidos de oídos y dolor de cabeza. Se usa también para tratar el dolor de piernas relacionado con la actividad debido a una mala circulación de las piernas (claudicación). Sin embargo, los supuestos beneficios de ginkgo sobre la memoria y la circulación no han sido probados por investigación más reciente. No lo tome si está tomando anticoagulantes o un diurético tiacídico.

- **Ginseng**. Algunas personas usan ginseng para aumentar la energía, el deseo sexual, reducir el estrés y contrarrestar los efectos de la edad. Ninguna evidencia científica indica que haga ninguna de estas cosas. No lo use más de tres meses ni exceda la dosis recomendada. No use ginseng si tiene una enfermedad relacionada con estrógenos, como cáncer de mama, o si tiene presión arterial alta no controlada.
- **Kava**. También conocida como kava kava, esta hierba parece promisoria como tratamiento para la ansiedad, insomnio y otros problemas. Sin embargo, la kava se ha relacionado con serios problemas hepáticos incluso con el uso a corto plazo a una dosis normal. Está prohibida en varios países.
- **Planta de San Juan**. La planta de San Juan se usa para tratar depresión leve a moderada. Algunos estudios sugieren que puede funcionar igual que los medicamentos en la depresión leve y con menos efectos secundarios. No ha sido eficaz para tratar la depresión mayor. Una preocupación es que la hierba puede alterar peligrosamente los efectos de varios medicamentos de prescripción. Hasta que se tengan más conocimientos, no mezcle la planta de San Juan con ningún medicamento sin discutirlo antes con el médico.
- **Palmito dentado**. Algunas investigaciones indican que el palmito dentado puede mejorar el flujo de orina y el vaciamiento vesical en hombres con crecimiento no canceroso de la glándula prostática. Los estudios no son concluyentes en cuanto a si la hierba puede afectar los resultados de la prueba del antígeno prostático específico (APE) utilizada para la detección del cáncer de próstata. Para información sobre cáncer de la próstata, ver página 141.

Hormonas

Las hormonas son sustancias químicas elaboradas por el cuerpo para regular la actividad de órganos vitales. Debido a que los niveles hormonales declinan con la edad, algunos científicos especulan que las hormonas pueden desempeñar un papel en el proceso del envejecimiento. Los defensores de productos hormonales afirman que estos productos pueden reajustar el reloj biológico.

- **DHEA**. La dehidroepiandrosterona (DHEA) es convertida por el cuerpo en las hormonas sexuales estrógenos y testosterona. Los defensores de complementos de DHEA afirman que los productos pueden hacer más lento el envejecimiento, aumentar la fuerza de los músculos y huesos, quemar grasa y mejorar la función cognoscitiva. No se ha comprobado que los complementos hagan esto. La DHEA fue retirada en 1985 por la FDA antes que apareciera como complemento alimenticio no regulado.
- **Melatonina**. Esta hormona ayuda a regular el sueño y puede ayudar a combatir el transtorno por el cambio de horario en vuelos intercontinentales. Pero las afirmaciones de que puede hacer más lento o revertir el envejecimiento, combatir el cáncer y aumentar la sexualidad están lejos de estar comprobadas. Los complementos que se venden en las tiendas contienen típicamente cantidades muy superiores a la melatonina producida por el cuerpo. Si se toma inadecuadamente, puede en realidad alterar el ciclo de sueño.

Otros

Los complementos alimenticios que han ganado atención como posibles tratamientos para la artritis incluyen:

- **Glucosamina y condroitina**. La glucosamina se encuentra naturalmente en el cuerpo. Ayuda a dar al cartílago la fuerza y rigidez. Los complementos que se venden en las tiendas son una versión sintética de esta sustancia. La condroitina es parte de una gran molécula de proteína que da elasticidad al cartílago. Si tiene alergia a mariscos, no debe tomar glucosamina. Si toma medicamentos para adelgazar la sangre (anticoagulantes), el condroitin puede afectar los niveles. Hasta la fecha, hay poca evidencia de que estos suplementos sean útiles.

- **SAM-e**. La S-adenosil-metionina (SAM-e) se encuentra de manera natural en todos los tejidos y órganos humanos. Ayuda a producir y regular las hormonas y membranas celulares. Los europeos han usado SAM-e por años como un medicamento de prescripción para la artritis y la depresión. En Estados Unidos se comercializó como un complemento que se puede obtener sin receta en 1999. Los investigadores han estudiado SAM-e en numerosos estudios clínicos. Los estudios indican que SAM-e puede aliviar el dolor de la osteoartiritis igual que los antiinflamatorios no esteroideos (AINE), pero con menos efectos secundarios.

Los alimentos enteros son la mejor fuente

Beneficios de los alimentos enteros

Los alimentos enteros — frutas, verduras, granos, carnes magras y productos lácteos — tienen tres beneficios principales que no puede encontrar en una tableta:

- **Los alimentos enteros son complejos**. Contienen diversos nutrientes que el cuerpo necesita. Una naranja, por ejemplo, proporciona vitamina C pero también beta caroteno, calcio y otros nutrientes. Un complemento de vitamina C carece de estos otros nutrientes.
- **Los alimentos enteros proporcionan fibra**. La fibra es importante para la digestión y para prevenir ciertas enfermedades. La fibra soluble — encontrada en ciertos frijoles y granos, y en algunas frutas y verduras — y la fibra insoluble — encontrada en los cereales de granos enteros para el desayuno y en algunas verduras y frutas — puede ayudar a prevenir enfermedad cardiaca, diabetes y estreñimiento.
- **Los alimentos enteros contienen otras sustancias que pueden ser importantes para la buena salud**. Las frutas y verduras, por ejemplo, contienen sustancias que se encuentran de manera natural en los alimentos llamadas fitoquímicos, que pueden ayudar a protegerlo del cáncer, enfermedad cardiaca, osteoporosis y diabetes. No se sabe exactamente cuál es el papel que los fitoquímicos desempeñan en la nutrición. Si depende de complementos más de que consumir una variedad de alimentos enteros, pierde los posibles beneficios para la salud de los fitoquímicos.

El mensaje

Concéntrese en obtener nutrientes de los alimentos, no de los complementos, todo lo que sea posible. Los alimentos enteros proporcionan una mezcla ideal de nutrientes, fibra y otras sustancias alimenticias. Es probable que todos estos funcionen en combinación para mantenerlo sano.

¿Debe tomar complementos?

La Asociación Dietética Estadounidense y otras organizaciones médicas importantes están de acuerdo en que la mejor forma de obtener las vitaminas y minerales que necesita es a través de una alimentación balanceada desde el punto de vista nutricional. Pero algunas veces un suplemento puede ser apropiado.

Incluso si no tiene una deficiencia de vitaminas o minerales, un complemento de vitaminas o minerales puede ser apropiado para usted si:

- **Es mujer después de la menopausia**. Puede ser difícil obtener las cantidades recomendadas de calcio y vitamina D sin complementos. Tanto los complementos de calcio como de vitamina D han mostrado que protegen de la osteoporosis. Incluso si es una mujer joven o es varón, se puede beneficiar con los suplementos de calcio y vitamina D.

- **No come bien.** Si usted no consume las cinco raciones recomendadas al día de frutas y verduras, puede ser razonable tomar una complemento multivitamínico. El mejor curso de acción será adoptar mejores hábitos de alimentación.

- **Lleva una dieta muy baja en calorías.** Si consume menos de 1,200 calorías al día, puede beneficiarse con un complemento de vitaminas-minerales. Recuerde: Una dieta muy baja en calorías limita el tipo y cantidad de alimentos que consume, y a su vez, el tipo y cantidad de nutrientes que obtiene. Las dietas muy bajas en calorías deben llevarse únicamente bajo la guía del médico.

- **Fuma.** El tabaco disminuye la absorción de muchas vitaminas y minerales, incluyendo la vitamina B-6, la vitamina C, el ácido fólico y la niacina.

- **Toma alcohol en exceso.** Los alcohólicos tienen dificultad para la digestión y absorción de tiamina, ácido fólico y las vitaminas A, D y B-12. El metabolismo alterado afecta también minerales como zinc, selenio, magnesio y fósforo. Si bebe en exceso, puede sustituir alimento por alcohol, lo que tiene como resultado una dieta que carece de nutrientes esenciales. La bebida excesiva se define como más de una copa al día si es mujer no embarazada y más de dos copas al día si es hombre.

- **Está embarazada o en la lactancia.** Durante estos tiempos necesita usted más de ciertos nutrientes, especialmente ácido fólico y hierro. El ácido fólico ayuda a prevenir defectos del tubo neural en el bebé, como la espina bífida. El hierro ayuda a prevenir la fatiga ayudando a elaborar los glóbulos rojos de la sangre necesarios para llevar oxígeno a su bebé. El médico puede recomendar un complemento. Es importante empezar a tomar un complemento antes de embarazarse.

- **Sigue una dieta especial.** Si la dieta tiene una variedad limitada debido a intolerancia o alergia a alimentos, puede beneficiarse con un complemento de vitaminas-minerales. Si es vegetariano y elimina todos los productos animales de la dieta, puede necesitar vitamina B-12 adicional. Además, si no consume productos lácteos y no recibe 15 minutos de sol diariamente en las manos y en la cara, puede ser necesario complementar la dieta con calcio y vitamina D.

- **Tiene más de 65 años de edad.** Al aumentar la edad los problemas de la salud pueden contribuir a una dieta deficiente, lo que dificulta que obtenga las vitaminas y minerales que usted necesita. Puede perder el apetito, así como algo de la capacidad para percibir el sabor y el olor. La depresión o los problemas con las dentaduras pueden también inhibir el deseo de comer. Si come solo, puede no comer lo suficiente para obtener todos los nutrientes que necesita del alimento. Además, al avanzar la edad, el cuerpo puede perder la capacidad de absorber las vitaminas B-6, B-12 y D como antes, lo que hace más necesario el complemento. También hay evidencias de que un multivitamínico puede mejorar la función inmune y disminuir el riesgo de algunas infecciones si es usted una persona de edad avanzada.

■ Vitaminas y minerales: ¿Cuánto necesita?

Puede estar confundido respecto a qué cantidad necesita de una vitamina o mineral específico. Aquí está la forma de saber lo que necesita:

- **El consumo alimenticio recomendado (RDA, por sus siglas en inglés)** describe el promedio de cada vitamina y mineral que se requiere cada día para satisfacer las necesidades de casi todos los individuos saludables. Se determinan por el Consejo de Nutrición y Alimentos del Instituto de Medicina, que forma parte de la Academia Nacional de Ciencias de Estados Unidos. El RDA de algunas vitaminas y minerales varía de acuerdo al sexo, edad, o ambos.

- **Los valores diarios (VD)** se utilizan en las etiquetas de los alimentos y complementos. Tienen su origen en el Consumo Alimenticio Recomendado (RDA), pero son establecidos por la Administración de Alimentos y Medicamentos (FDA). La FDA basa los VD en una dieta de 2,000 calorías al día. Por supuesto, el estándar de 2,000 calorías al día es sólo una guía. Las necesidades individuales pueden variar. Muchas mujeres y adultos de edad avanzada pueden necesitar sólo 1,600 calorías al día. Las mujeres activas y la mayoría de los hombres necesitan aproximadamente 2,200 calorías al día. Los hombres activos pueden necesitar aproximadamente 2,800 calorías al día. Si sus necesidades de calorías son mayores o menores de 2,000 al día, los VD de diversos nutrientes generalmente aumentan o disminuyen en consecuencia.
- **El porcentaje del valor diario (%VD)** le dice el porcentaje del VD que proporciona una ración de un alimento o complemento — esto es, el porcentaje de la recomendación diaria. Por ejemplo, si la etiqueta del frasco de multivitaminas dice que el multivitamínico proporciona 30 por ciento del VD de la vitamina E, necesita todavía 70 por ciento para satisfacer el objetivo recomendado. Mientras más alto es el %VD, mayor es la contribución para satisfacer los objetivos de los nutrientes.

■ Cómo elegir y usar los complementos

Los complementos no son sustitutos. No pueden reemplazar los cientos de nutrientes de los alimentos enteros que usted necesita para una alimentación nutricionalmente balanceada. Si usted decide tomar un complemento de vitaminas o minerales, algunos factores a considerar son:

- **Evite los complementos que proporcionan 'megadosis'.** En general seleccione un complemento de multivitaminas y minerales que proporcione aproximadamente 100 por ciento de los VD de todas las vitaminas y minerales en lugar de uno que proporcione, por ejemplo, 500 por ciento del VD de una vitamina y sólo 20 por ciento del VD de otra. La excepción a esto es el calcio. Puede notar que los suplementos que contienen calcio no proporcionan 100 por ciento del VD. Si lo hicieran, las tabletas serían demasiado grandes para deglutirse. Las dosis por arriba de 100 por ciento del VD no proporcionan protección extra en la mayoría de los casos, sino que aumentan el riesgo de efectos secundarios tóxicos. La mayoría de la toxicidad de los nutrientes deriva de los complementos de altas dosis. Algunos trastornos específicos son tratados con dosis altas, como la enfermedad de Hartnup, un trastorno genético tratado con dosis altas de niacina. Estos trastornos son raros.
- **Considere comprar genéricos.** Los genéricos son generalmente menos costosos e igualmente eficaces que los nombres de marca. Compare la lista de ingredientes y el %VD para asegurarse que son comparables.
- **Busque 'USP' en la etiqueta.** Esto asegura que el complemento cumple con los estándares de dosis, pureza, desintegración y disolución establecidos por la organización US Pharmacopeia (USP).
- **Cuidado con los trucos publicitarios.** Las vitaminas sintéticas son las mismas que las llamadas vitaminas naturales. No caiga en la tentación de hierbas, enzimas o aminoácidos añadidos — lo único que agregan es costo.
- **Busque la fecha de caducidad.** Los complementos pueden perder potencia con el tiempo, especialmente en climas cálidos y húmedos. Si un complemento no tiene fecha de caducidad, no lo compre.
- **Guarde los complementos de vitaminas y minerales lejos de la vista y del alcance de los niños.** Póngalos en un botiquín cerrado o en otro lugar seguro. No los deje en la barra ni confíe en los frascos a prueba de niños. Sea especialmente cuidadoso con cualquier complemento que contenga hierro. La sobredosis de hierro es una de las causas principales de muerte por intoxicación en los niños.

- **Explore las opciones.** Si tiene dificultad para tragarlos, pregunte al médico si los complementos líquidos o las vitaminas y minerales para niños podrían ser adecuados para usted.
- **Vaya a lo seguro.** Antes de tomar cualquier cosa diferente a un complemento de multivitaminas-minerales estándar de 100 por ciento de VD o menos, hable con el médico o dietista. Esto es especialmente importante si tiene usted un problema de salud o si está tomando medicamentos. Las dosis altas de niacina, por ejemplo, pueden agravar una úlcera del estómago. Además, los complementos pueden interferir con los medicamentos. La vitamina E, por ejemplo, no se recomienda si está tomando medicamentos para adelgazar la sangre (anticoagulantes) porque puede complicar el control adecuado de la anticoagulación. Si está tomando ya un complemento individual de vitaminas o minerales y no lo ha informado al médico, discútalo en su siguiente examen.

Complementos y problemas digestivos: Lo que necesita saber

Si usted tiene un problema digestivo, como una enfermedad del hígado, vesícula biliar, intestino o páncreas, o si ha tenido cirugía del tracto digestivo, puede ser que no digiera y absorba adecuadamente los nutrientes. Por lo tanto, el médico puede recomendarle que tome un complemento de vitaminas o minerales. Algunos trastornos que pueden requerir que tome complementos incluyen:

- **Enfermedad de Crohn.** Una inflamación crónica del intestino. Afecta principalmente la parte inferior del intestino delgado (ileon). Puede afectar también el colon o cualquier otra parte del tracto digestivo. La capacidad para absorber nutrientes adecuados está a menudo limitada en la enfermedad de Crohn, particularmente si la enfermedad afecta porciones grandes del intestino delgado o si le han extirpado quirúrgicamente porciones del intestino delgado. Si tiene enfermedad de Crohn, los médicos recomiendan a menudo que tome un multivitamínico convencional que proporcione 100 por ciento del VD. El médico puede también recomendar reemplazo específico de ciertas vitaminas o minerales, si hay evidencia de deficiencia. Si tiene enfermedad de Crohn, puede no absorber la vitamina B-12. Si no se trata, una deficiencia de esta vitamina puede llevar a anemia perniciosa. Si esto ocurre, puede obtener la vitamina B-12 que necesita con inyecciones mensuales.
- **Cirrosis biliar primaria.** Trastorno caracterizado por inflamación crónica y cicatrices en los conductos biliares microscópicos en el hígado. Esta inflamación

y las cicatrices pueden bloquear el flujo de bilis, que puede interferir con la absorción de vitaminas liposolubles (A, D, E y K). Si tiene cirrosis biliar primaria, el médico puede prescribir complementos de estas vitaminas en una forma especial más fácil de absorberse.

- **Pancreatitis.** Inflamación del páncreas. La inflamación puede ser aguda o crónica. En la pancreatitis crónica el páncreas se vuelve cada vez menos capaz de secretar las enzimas que usted necesita para digerir apropiadamente las grasas de la alimentación. Esta insuficiencia pancreática afecta por lo tanto su capacidad para absorber vitaminas liposolubles. Si tiene pancreatitis crónica, el médico puede prescribir suplementos de enzimas pancreáticas para ayudar a mejorar la digestión y la absorción. Además, puede recomendar un suplemento multivitamínico o complementos específicos de vitaminas o minerales si hay evidencias de deficiencia.
- **Cirugía de derivación gástrica.** La derivación gástrica es una cirugía para perder peso que limita la capacidad para absorber calorías. También limita la cantidad de nutrientes que puede absorber. Como resultado, el médico puede recomendar que tome suplementos de calcio, vitamina D, inyecciones o aerosol nasal u oral de vitamina B12, y un multivitamínico. Si es una mujer premenopáusica, también le pueden aconsejar tomar hierro adicional.

La medicina alternativa y la salud

Los tratamientos **complementarios y alternativos** se han hecho más populares al buscar los estadounidenses un mayor control de la salud. Un estudio publicado en la revista de la Asociación Médica Estadounidense encontró que los estadounidenses visitaron a los practicantes de medicina complementaria y alternativa más frecuentemente que a los médicos de atención primaria, aun cuando muchos de los servicios complementarios y alternativos no fueron cubiertos por el seguro médico.

¿Que es la medicina complementaria y alternativa?

La mayoría de lo que llamamos tratamientos complementarios y alternativos no son nuevos. Muchos han sido practicados durante miles de años. Incluyen un amplio rango de filosofías, enfoques y otros tratamientos para curar. A menudo, aunque no siempre, las prácticas se utilizan en combinación con el tratamiento médico tradicional. Los ejemplos pueden ser usar yoga, además de medicamentos, para aliviar la ansiedad. O integrar la acupuntura en el régimen de fisioterapia para manejar el dolor crónico. Algunas veces los tratamientos alternativos se usan en lugar de la medicina tradicional. Un ejemplo podría ser usar una preparación de hierbas en lugar de la quimioterapia convencional para tratar el cáncer.

La promesa — y el peligro — de las nuevas opciones de tratamiento

La opción de seleccionar entre los tratamientos no tradicionales hace el complicado mundo de la atención de la salud más complejo todavía. Tiene muchas opciones de tratamiento — convencional, complementario y alternativo — disponibles. Pero también enfrenta un mayor riesgo de confusión y daño.

No puede aceptar siempre las pretensiones de la medicina complementaria y alternativa. Es cierto, la gran mayoría de los que la practican son bien intencionados y muchos tienen entrenamiento especializado. Sin embargo, la charlatanería ha existido siempre y algunas personas sin escrúpulos pueden pretender falsamente ser expertos en medicina complementaria y alternativa. Incluso quienes la practican con las mejores intenciones pueden tener poco entrenamiento, información o ambos.

Ármese con dos estrategias

Si decide usar tratamientos complementarios y alternativos, tome algunas medidas para proteger su salud y su cartera. Cuando decida un tratamiento no convencional — o convencional — considere la seguridad y eficacia. Seguridad significa que los beneficios superan los riesgos. La eficacia es la probabilidad de que el tratamiento será útil si se usa apropiadamente.

Investigue varios tratamientos. Conozca las cinco formas principales de la medicina complementaria y alternativa, y los beneficios que quienes la practican pretenden proporcionar.

- Preparaciones de hierbas
- Manipulación y tacto
- Intervenciones sobre la mente-cuerpo
- Restablecimiento de la energía natural
- Sistemas alternativos

Tome la responsabilidad de su propio cuidado. Vea los Cinco pasos al considerar cualquier tratamiento, en la página 278.

■ Verifique las pretensiones de éxito del tratamiento

Pida al médico información sobre los resultados de la investigación para tomar una decisión informada respecto a usar un tratamiento en particular. Puede encontrar información también mismo, pero es importante comprender la calidad de la investigación. Si usted busca en la literatura médica los estudios de los tratamientos complementarios y alternativos, encontrará varios términos que describen diferentes tipos de investigación. Por ejemplo:

- *Estudios clínicos* son aquellos que involucran seres humanos como sujetos — no animales. Generalmente son precedidos por estudios que demuestran seguridad y eficacia del tratamiento en animales.
- En los *estudios aleatorios y controlados*, los participantes generalmente se dividen en dos grupos. El primer grupo recibe el tratamiento en investigación. El segundo es un grupo control — reciben el tratamiento convencional, ningún tratamiento, o una sustancia inactiva llamada placebo. Los participantes son asignados a estos grupos al azar. Esto ayuda a asegurar que los grupos serán similares.
- En los estudios *doble ciego*, ni los investigadores ni los sujetos conocen quién recibirá el tratamiento activo y quién recibirá el placebo.
- Los *estudios prospectivos* ven hacia adelante. Los investigadores establecen criterios para los participantes en el estudio que deben seguir y luego determinan o describen los resultados. La información de estos estudios es generalmente más confiable que los estudios retrospectivos. Los estudios retrospectivos implican ver los datos pasados (por ejemplo, pedir a los participantes que recuerden información), lo cual deja más campo para errores de interpretación.
- Las *revistas científicas revisadas por pares* publican únicamente artículos que han sido revisados por un panel independiente de médicos expertos.

Identifique la mejor investigación

Los estudios prospectivos, doble ciego, que han sido cuidadosamente controlados, distribuidos al azar y publicados en revistas con revisión por pares proporcionan el estándar de oro. Cuando involucran un número grande de personas (varios cientos o más) estudiadas durante años, tienen todavía más credibilidad. Los médicos quieren ver también estudios que se repliquen — que se repitan por investigadores diferentes con los mismos resultados.

Hasta ahora, pocos tratamientos complementarios y alternativos han sido investigados de acuerdo a estándares rigurosos. Para la mayoría de tratamientos no convencionales, el veredicto todavía no define si son útiles.

Por qué la gente busca medicina alternativa

(Encuesta telefónica de 31,000 adultos)

Cinco principales razones	Cinco terapias más comunes
1. Dolor de espalda	1. Orador (solo)
2. Resfriado	2. Orador (otros)
3. Dolor de cuello	3. Productos naturales
4. Dolor articular	4. Productos naturales
5. Artritis	5. Grupo de oración

Fuente: Uso de Medicina Complementaria y Alternativa en Estados Unidos, Centro Nacional para Medicina Complementaria y Alternativa, Septiembre, 2004

El consumidor saludable

■ Tratamientos con hierbas

Aunque popularmente considerados como "naturales" y con menos riesgo que los medicamentos de prescripción, los suplementos de hierbas no están sujetos al mismo control de calidad riguroso que los medicamentos. Ha habido un estudio cuidadoso de algunos de estos tratamientos, pero es buena idea tener precaución cuando considere un suplemento.

Regulación limitada de la FDA

Las hierbas, vitaminas y minerales son considerados complementos alimenticios por la Administración de Alimentos y Medicamentos (FDA) de Estados Unidos. Estas sustancias no son consideradas como un alimento o como un medicamento, y como tal, no están sujetas a las guías habituales reguladoras y de seguridad.

En 1994, el Congreso de EUA aprobó el Acta de Suplementos Alimenticios para la Salud y Educación (DSGEA). Esta ley limita el control de la FDA sobre los complementos alimenticios. El DSHEA afirma que los fabricantes no tienen que probar que un producto es seguro o eficaz antes de que salga al mercado. Como resultado, en Estados Unidos las hierbas pueden comercializarse con regulaciones limitadas. Quienes las venden pueden hacer afirmaciones de salud respecto a productos basándose en su propia revisión e interpretación de los estudios — sin la autorización de la FDA. La FDA puede retirar un producto del mercado si se prueba que es peligroso.

Use las hierbas con seguridad

Si está usted considerando tomar un tratamiento de hierbas, tenga estos puntos en mente:

- **Discuta con el médico lo que está tomando**. Algunas hierbas pueden interferir con la eficacia de medicamentos de prescripción o sin prescripción, o tienen otros efectos perjudiciales. (Ver Cómo elegir y utilizar los complementos en las páginas 266-267). Asegúrese de que no tiene un trastorno médico de fondo que necesite tratamiento del médico.
- **Siga las instrucciones**. Al igual que los medicamentos de prescripción y los que no requieren prescripción, los productos de hierbas tienen ingredientes activos que pueden afectar la forma en que funciona el cuerpo. No exceda las dosis recomendadas. Algunas hierbas pueden ser perjudiciales si se toman demasiado tiempo. Pida consejos al médico y a otras fuentes de reputación.
- **Lleve un registro de lo que toma**. Tome un tipo de complemento a la vez para tratar de determinar su efecto. Anote lo que toma, cuánto y cómo lo afecta ¿Hace lo que afirman que hace? ¿Presenta usted algún efecto secundario, como somnolencia, insomnio, dolor de cabeza o náusea?
- **Lea el contenido en la etiqueta**. La calidad y la potencia pueden variar mucho con la marca. Busque las letras USP (*United States Pharmacopeia*), o NF (*National Formulary*), que indican que los complementos cumplen ciertos estándares de calidad.
- **Evite la hierbas si está embarazada o durante la lactancia**. A menos que el médico lo apruebe, no tome ningún medicamento — de prescripción, que se vende sin receta o hierbas — cuando está usted embarazada o en la lactancia. Puede hacer daño al bebé.
- **Tenga cuidado con los productos de hierbas elaborados o comprados fuera del país**. En general las hierbas europeas están bien reguladas y estandarizadas. Se han encontrado ingredientes tóxicos (incluyendo plomo, mercurio y arsénico) y medicamentos de prescripción (como la prednisona) en algunos complementos de hierbas elaborados en otros países, particularmente en China y en India.

- **Evite hierbas peligrosas**. De acuerdo a la FDA, éstas inluyen belladona, retama, pie de asno, consuelda, raíz de la vida, lobelia y hierba del pudín. Hidrastis y la raíz del orozuz son otras hierbas controvertidas que pueden causar serios problemas de salud.

La efedra, también conocida como ma-huang, se encuentra en diversos productos "naturales" para bajar de peso y para incrementar la energía. Se supone que suprime el apetito y estimula el metabolismo. La efedra puede aumentar el riesgo de ataque cardiaco, convulsiones, ataque cerebral y muerte súbita. Otra hierba popular, llamada kava, usada para tratar el insomnio y la ansiedad, se ha asociado a daño hepático en algunas personas. Puede haber otras hierbas perjudiciales. La sobredosis de cualquiera de estas hierbas puede ser mortal.

La eficacia de muchas hierbas no se ha establecido todavía. Y pocos estudios han investigado los riesgos de tomar diferentes hierbas al mismo tiempo. De todos los tratamientos no convencionales, los tratamientos de hierbas pueden tener el mayor potencial de daño. Esto es especialmente cierto cuando la gente se autoprescribe las hierbas, o cuando los productos están mal etiquetados o contaminados.

Lo que la investigación muestra

Si está pensando en usar **complementos de hierbas**, lea la información de los estudios clínicos respecto a la seguridad y eficacia. De los ejemplos que se mencionan abajo, verá por qué es importante informar al médico si está tomando productos de hierbas para que puedan diseñar un plan de tratamiento eficaz.

- Una revisión de 37 estudios aleatorios, controlados publicada en *Brithish Medical Journal* sobre la **hierba de San Juan** concluyó que la hierba parecía ser útil para la depresión leve a moderada y que tenía menos efectos secundarios que algunos antidepresivos de prescripción. Sin embargo, la revista informó que seis estudios recientes, grandes, más precisos encontraron que la hierba de San Juan produjo sólo mínimos beneficios entre individuos con represión mayor. Si su depresión es intensa, no la trate usted mismo. El análisis también encontró que la hierba de San Juan produjo menos efectos secundarios que los antidepresivos antiguos y que puede causar ligeramente menos efectos que los antidepresivos recientes.

- Múltiples estudios han mostrado que la hierba palmito dentado mejora los síntomas urinarios como la orina frecuente, diuresis dolorosa, resistencia y urgencia en varones con crecimiento no canceroso de la glándula prostática (hiperplasia prostática benigna, o HPB). Algunos estudios sugieren que la hierba podría no ser útil en varones que tienen sólo síntomas leves. El palmito dentado no parece interferir con los resultados de la prueba de antígeno prostático específico (APE), una herramienta que ayuda a detectar cáncer de próstata. Sin embargo, si toma palmito dentado, dígaselo al médico antes de la prueba.

- Algunos estudios indican que el **crisantemo** puede reducir la frecuencia y gravedad de la migraña por un ingrediente activo, llamado parthenolide. Los productos del crisantemo varían ampliamente en la cantidad de parhenolide que contienen. Evite el crisantemo si está usando aspirina o warfarina. No tome crisantemo o ninguna otra hierba si está embarazada.

El consumidor saludable

Evite las interacciones entre hierbas y medicamentos

Aunque "naturales" y generalmente considerados inofensivos, los complementos de hierbas contienen ingredientes que pueden no combinarse con seguridad con los medicamentos de prescripción o los que se obtienen sin receta. Además, algunos problemas médicos pueden aumentar el riesgo de efectos adversos si toma productos de hierbas.

Hable con el médico antes de tomar cualquier producto de hierbas si está embarazada o en la lactancia. Vea también al médico antes de tomar hierbas si tiene alguno de los siguientes trastornos:

- Presión arterial alta
- Historia de ataque cerebral
- Problemas de coagulación de la sangre
- Problemas tiroideos
- Diabetes
- Enfermedad cardiaca
- Epilepsia

- Enfermedad de Parkinson
- Glaucoma
- Crecimiento de la glándula prostática
- VIH, SIDA y otras enfermedades del sistema inmune
- Depresión y otros problemas psiquiátricos

Además, los complementos de hierbas pueden ser igualmente peligrosos que los medicamentos de prescripción y los que se obtienen sin receta cuando se usan con anestesia. Si está preparándose para cirugía, informe al médico de cualquier medicamento que esté tomando — incluyendo complementos de hierbas.

Deje de tomar complementos de hierbas por lo menos dos a tres semanas antes de la cirugía para permitir que se eliminen del cuerpo. Si esto no es posible, lleve el producto de hierbas en su recipiente original al hospital para que el anestesiólogo conozca exactamente lo que está tomando.

■ Curación a través de manipulación y tacto

Una atracción de muchos tratamientos complementarios y alternativos es que implican el toque humano. Los ejemplos son el tratamiento quiropráctico, la osteopatía, el masaje, el tacto terapéutico y la acupuntura.

Tratamiento quiropráctico

Los cuidados quiroprácticos han recorrido un largo camino desde los días de sus fundadores, que señalaron la mala alineación de las vértebras como la fuente de toda enfermedad. Actualmente los quiroprácticos algunas veces trabajan incluso con médicos. Aunque no pueden prescribir medicamentos o practicar cirugía, los quiroprácticos usan muchos procedimientos médicos convencionales. Y los seguros médicos cubren con mayor frecuencia los servicios de los quiroprácticos.

Cinco consejos si busca cuidados quiroprácticos

Para obtener lo más que pueda de los cuidados quiroprácticos y de otros tratamientos que se basan en la manipulación vertebral, siga algunso consejos:

1. Pida al médico de atención primaria que lo refiera a un proveedor apropiado. Este podría ser un quiropráctico o un osteópata, un médico específicamente entrenado en manipulación para manejar problemas articulares y vertebrales.

2. Si busca cuidados quiroprácticos sin referencia, hágalo con cuidado. Encuentre a alguien con licencia que haya terminado el programa de entrenamiento en una escuela acreditada.

3. Vea sólo quiroprácticos que estén dispuestos a enviar un informe al médico, proporcionarle un plan de tratamiento por escrito y permitir al médico observar los tratamientos quiroprácticos (si lo desea).

4. Evite a los quiropráticos que ordenan frecuentemente radiografías o piden que extienda el tratamiento de manera indefinida.

5. Evite a los quiroprácticos que consideran la manipulación vertebral como la curación de "todas sus dolencias". No hay evidencia para apoyar esta idea.

La mayoría de quiroprácticos usan un tipo de ajuste con las manos llamado terapia de manipulación o manipulación vertebral. De acuerdo a la teoría quiropráctica, las vértebras mal alineadas pueden restringir el rango de movimiento de la columna y afectar los nervios que salen de la columna. A su vez, los órganos que dependen de estos nervios pueden funcionar inadecuadamente o afectarse. Los ajustes quiroprácticos se dirigen a volver a alinear las vértebras, restablecer el rango de movimiento y liberar las vías nerviosas.

Otras personas además de los quiroprácticos realizan manipulación vertebral. Muchos osteópatas y fisioterapeutas están entrenados en este tratamiento. Y no hay evidencia de que los quiroprácticos hagan una mejor manipulación vertebral que otros prestadores de cuidados de la salud. Algunos quiroprácticos sostienen la teoría de que la manipulación vertebral puede tratar otras enfermedades además del dolor de espalda, pero no hay evidencia que apoye esto.

Lo que la investigación muestra

Tratamiento quiropráctico. Aunque los resultados de la investigación son algunas veces contradictorios, los estudios indican que la manipulación vertebral puede tratar eficazmente la lumbalgia no complicada, especialmente si ha estado presente menos de cuatro semanas.

Después de revisar muchos estudios, la Agencia de Investigación de la Calidad de los Cuidados de la Salud (en Estados Unidos) concluyó que la manipulación vertebral puede proporcionar alivio temporal de la lumbalgia aguda. La agencia limitó sus conclusiones al tratamiento de corto plazo. Hubo poca evidencia de que el tratamiento a largo plazo fuera eficaz. Y la mayoría de las lumbalgias agudas mejoran sin tratamiento en cuatro a seis semanas.

En otra revisión de estudios médicos, los investigadores holandeses encontraron evidencia de que la manipulación vertebral puede tratar eficazmente la lumbalgia aguda. La baja calidad de muchos de los estudios impidió que los investigadores tuvieran conclusiones firmes respecto a la manipulación vertebral.

Manipulación osteopática

La osteopatía es una disciplina médica reconocida que tiene mucho en común con el medicamento convencional y el tratamiento quiropráctico. Como los médicos tradicionales, los osteópatas siguen un largo entrenamiento en ambientes académicos y clínicos. Los osteópatas tienen licencia para practicar muchos de los mismos tratamientos y procedimientos que los médicos tradicionales. Pueden practicar cirugía y prescribir medicamentos. Los osteópatas pueden también especializarse en diversas áreas de la medicina, como la ginecología o la cardiología.

La osteopatía difiere de la medicina convencional en un área: la manipulación para los problemas articulares y vertebrales. Similar a un quiropráctico, un osteópata puede practicar manipulaciones para liberar la presión de las articulaciones, alinear los músculos y articulaciones, y mejorar el flujo de líquidos corporales. En forma interesante, una encuesta de 1995 de médicos familiares osteópatas encontró que usaban la manipulación vertebral sólo de manera ocasional.

Masaje

El masaje se utiliza a menudo como parte de la fisioterapia, la medicina deportiva y los cuidados de enfermería. Puede utilizarse, por ejemplo, para aliviar la tensión muscular o favorecer la relajación, ayudando a la gente mientras recibe otros tipos de tratamiento médico. También es aceptado como un medio sencillo para que las personas saludables alivien el estrés y se sientan bien.

El masaje es amasar, percutir y manipular los tejidos blandos del cuerpo — la piel, músculos y tendones. El masaje varía dependiendo del ritmo, velocidad, presión y dirección de estos movimientos.

Usted no debe recibir masaje sobre una herida, infección de la piel, flebitis o áreas de huesos debilitados. Además, no deben aplicarle masaje si algunas de sus articulaciones están inflamadas. Y si ha sufrido un traumatismo, primero consulte al médico. No confíe exclusivamente en el masaje para reparar los tejidos dañados.

Generalmente un masaje debe sentirse bien o causar muy pocas molestias. Si este no es el caso, dígalo pronto.

Tacto terapéutico

El tacto terapéutico semeja el concepto religioso de "pasar las manos", en el que se cree que el poder de curar fluye de las manos de un ministro a un paciente. Sin embargo, el tacto terapéutico no está basado necesariamente en un concepto religioso. En su lugar, deriva de la idea de que el cuerpo está rodeado de un campo de energía. La enfermedad es resultado de las alteraciones en este campo.

Algunos que practican el toque terapéutico intentan eliminar estas alteraciones moviendo las manos de un lado a otro del cuerpo. Quienes lo practican creen que al transferir la energía para curar a través de las manos al cuerpo, pueden reducir el dolor, el estrés y la ansiedad. Muchos que proporcionan cuidados convencionales de la salud son escépticos del tacto terapéutico, que no está apoyado en una sólida investigación.

Acupuntura

La acupuntura es parte de la medicina China tradicional que tiene por lo menos 2,500 años. De acuerdo a esta filosofía oriental:
- La salud depende de la libre circulación de la sangre y la energía sutil llamada chi (a veces se escribe *qi*).
- El chi fluye a través del cuerpo a lo largo de vías llamadas meridianos.
- Al insertar agujas en puntos a lo largo de los meridianos se promueve el flujo libre de chi.

Los investigadores médicos son escépticos de estas afirmaciones. Aun así, la acupuntura es una de las prácticas más bien investigadas y aceptadas en la medicina complementaria y alternativa. Los especialistas del dolor en la Clínica Mayo han usado acupuntura desde 1974 como parte del programa de tratamiento del dolor.

Dependiendo de sus razones para buscar acupuntura, le insertarán una o varias agujas delgadas como cabellos bajo su piel. Algunas pueden penetrar hasta 7.5 cm (3 pulgadas), dependiendo del lugar en el que se colocan en el cuerpo y el objetivo del tratamiento. Otras se colocan superficialmente. Las agujas generalmente se dejan 15 a 30 minutos. Una vez insertadas, algunas veces son estimuladas con una corriente eléctrica.

Espere tener varias sesiones. Si no hay alivio después de seis a ocho sesiones, la acupuntura probablemente no es para usted.

Para encontrar un practicante calificado, pida referencia al médico o contacte a la Academia Americana de Acupuntura Médica (AAMA). Visite el sitio en la red de la AAMA en www.medicalacupuncture.org. En México contacte a la Asociación Mexicana de Asociaciones y Sociedades de Acupuntura (AMASA) al teléfono 56 11 90 89 o al Instituto Politécnico Nacional. Los miembros de estas asociaciones tienen licencia para practicarla con más de 200 horas de entrenamiento en acupuntura.

Un tratamiento seguro de acupuntura

Los efectos secundarios adversos de la acupuntura son raros, pero ocurren. La hepatitis B se ha transmitido por agujas que no son esterilizadas apropiadamente. Asegúrese de que su acupunturista use agujas desechables.

Debe sentir poco o algún dolor con las agujas. Puede incluso encontrar que la inserción es relajante. El dolor significativo y persistente con las agujas es un signo de que el procedimiento se está realizando de manera inadecuada.

■ Conexión mente-cuerpo

Estos tratamientos están basados en la idea de que la mente y el cuerpo funcionan en un campo unificado. Quienes practican este enfoque sostienen que los pensamientos y sentimientos negativos pueden producir síntomas en el cuerpo. El tratamiento está dirigido a menudo a ayudarlo a deshacerse de estos pensamientos y sentimientos, o a cambiarlos de manera activa.

Biorretroinformación

Esta práctica usa tecnología para controlar ciertas respuestas del cuerpo. Durante una sesión de biorretroalimentación, un terapeuta entrenado aplica electrodos y otros sensores en varias partes del cuerpo. Los electrodos están conectados con dispositivos que registran las respuestas y proporcionan retroinformación visual o auditiva. Por ejemplo, podría ver patrones en un monitor que despliega los niveles de tensión muscular, actividad de las ondas cerebrales, frecuencia cardiaca, presión arterial, respiración o temperatura de la piel.

Con esta retroalimentación puede aprender cómo producir cambios positivos en las funciones del cuerpo, tales como disminuir la presión arterial o aumentar la temperatura corporal. Estos son signos de relajación. El terapeuta en biorretroalimentación puede usar técnicas de relajación para calmarlo más, reducir la tensión muscular o disminuir la frecuencia cardiaca y respiratoria todavía más.

Puede tener tratamientos de biorretroalimentación en varios sitios — clínicas de fisioterapia, centros médicos y hospitales.

Hipnosis

La hipnosis produce un estado de relajación profunda, pero la mente sigue alerta. Durante la hipnosis puede recibir sugerencias diseñadas para disminuir la percepción del dolor o ayudar a dejar hábitos como fumar. Nadie sabe exactamente cómo funciona la hipnosis, pero los expertos creen que alerta los patrones de ondas cerebrales en forma parecida a otras técnicas de relajación.

El éxito de la hipnosis depende de la experiencia de quien la practica, la comprensión del procedimiento y la voluntad para intentarlo. Necesita estar fuertemente motivado para cambiar. Algunas personas desarrollan eventualmente las habilidades para hipnotizarse a sí mismos.

Los psiquiatras y psicólogos practican ocasionalmente la hipnosis. Hay también hipnotizadores profesionales, pero cuidado, porque este campo está regulado de manera deficiente.

Yoga

La gente hace yoga por muchas razones. Para algunos, yoga es una vía espiritual. Para otros, yoga es una forma de promover la flexibilidad física, la fuerza y la resistencia. En cualquier caso, puede encontrar que el yoga lo ayuda a relajarse y manejar el estrés.

Los estadounidenses asocian generalmente el término *yoga* con una escuela particular de esta antigua disciplina — hatha yoga. En la mayoría de los casos, hatha yoga combina ejercicios suaves de respiración con movimientos a través de una serie de posturas llamadas asanas.

Los maestros de yoga ofrecen con frecuencia instrucción para meditación. De acuerdo a uno de los textos más antiguos de yoga, el propósito del yoga es calmar la mente en preparación de la meditación.

Un principio de meditación es que el estrés viene con una mente acelerada. Los que meditan observan el flujo de los pensamientos sin juzgarlos, un proceso que ayuda a la mente a relajarse de manera natural.

El consumidor saludable

Tai chi

Un método sofisticado y agradable para mejorar el equilibrio físico y emocional es una forma antigua de ejercicio llamada tai chi. Desarrollado originalmente en China, el tai chi implica movimientos lentos, suaves, semejantes a la danza, que relajan y fortalecen los músculos y articulaciones. Mucha gente que practica tai chi la ven como una forma de meditación en movimiento.

Usted encontrará clases de tai chi en ciudades de todo el país. Para localizar una clase en su comunidad, contacte su YMCA local, el club de condicionamiento físico o el centro para personas de edad avanzada. (En México, consulte la Sección Amarilla).

La investigación indica que el tai chi puede prevenir caídas en adultos de edad avanzada porque mejora la fuerza y el equilibrio. En un estudio grande, quienes practicaron tai chi disminuyeron el riesgo de múltiples caídas aproximadamente 47 por ciento.

■ Sistemas que combinan tratamientos

Homeopatía

La homeopatía es un tratamiento controvertido. Se basa en dos principales creencias:

- *La ley de los similares*. Cuando se administran en grandes cantidades, algunas sustancias derivadas de plantas, animales y minerales producen síntomas de enfermedad. Pero cuando se administran a una persona enferma dosis mucho menores de las mismas sustancias pueden (teóricamente) aliviar los mismos síntomas.
- *La ley de los infinitesimales*. Literalmente, infinitesimal significa demasiado pequeño para medirse. De acuerdo a esta creencia, las sustancias tratan la enfermedad de manera más eficaz cuando están altamente diluidas, a menudo en agua destilada o alcohol.

La ley de los similares es algunas veces formulada como "lo semejante cura lo semejante" — una cápsula sumaria de homeopatía. La vacunación, una práctica convencional, está basada en una idea similar: Inyectar una dosis pequeña de un agente infeccioso modificado estimula el sistema inmune del cuerpo para combatir enfermedades causadas por ese agente.

La homeopatía en general se aparta ampliamente de la medicina convencional. El tratamiento farmacológico moderno usa principalmente sustancias para revertir síntomas, no para producirlos. Además, los médicos encuentran difícil aceptar la ley de los infinitesimales — especialmente cuando los tratamientos homeopáticos están tan diluidos que no quedan trazas de la sustancia original. Aunque las sustancias altamente diluidas pueden no ayudarlo, probablemente tampoco lo perjudiquen.

La gente que practica la homeopatía (homeópatas) puede recomendar también cambios en la alimentación, ejercicio y otros comportamientos relacionados con la salud. Pero evite a aquellos que lo alientan a usar remedios homeopáticos en lugar de los medicamentos que le prescribió el médico.

Muchos estudios de homeopatía han investigado si los pretendidos beneficios de este tratamiento son resultado de un efecto placebo — esto es, de la creencia de los pacientes en el tratamiento más que del tratamiento en sí. Un análisis de 89 estudios controlados concluyó que la homeopatía pareció tener resultados que fueron más allá del efecto placebo. Sin embargo, hay poca evidencia publicada de que la homeopatía pueda tratar enfermedades o trastornos específicos de manera eficaz.

Ayurveda

Uno de los sistemas más antiguos de cuidados de la salud viene de la medicina hindú practicada en India desde los tiempos antiguos. Es llamado ayurveda, un palabra del sánscrito que significa "ciencia de la vida".

Ayurveda parte de la premisa de que la gente difiere tanto física como psicológicamente. Por lo tanto, los tratamientos toman en cuenta estas diferencias.

De acuerdo a los que practican ayurveda, hay tres tipos principales de energía (doshas) que crean diferencias entre la gente y que gobiernan la salud:

- Vata es la energía del movimiento. Las personas dominadas por vata son alertas, creativas y físicamente activas.
- Pitta es la energía de la digestión y el metabolismo. Las personas con esta dosha primaria tienen más apetito, cuerpo más caliente y temperamento más estable que la gente dominada por vata.
- Kapha es la energía de la lubricación. La gente dominada por kapha tiene generalmente piel aceitosa. Aumentan de peso fácilmente y tienden a ser menos activos físicamente. Además, los tipos kapha son generalmente tranquilos, pacientes y compasivos.

Se cree que una de estas energías puede ir a extremos, creando una falta de equilibrio. Por ejemplo, los tipos kapha puede volverse letárgicos. El tratamiento en este caso podría incluir recomendaciones para practicar ejercicio regularmente, evitar siestas y alejarse de los alimentos grasosos, aceitosos.

Naturopatía

Basada en la creencia en el poder de curación de la naturaleza, los primeros naturópatas prescribieron hidroterapia — literalmente, tratamiento con agua — para tratar la enfermedad. Recomendaron baños en manantiales calientes, caminar descalzos en la hierba o a través de corrientes frías y otros tratamientos relacionados con el agua.

Actualmente los naturópatas utilizan una combinación de tratamientos, que incluyen nutrición, hierbas, acupuntura y masaje. También usan técnicas desde la homeopatía, el ayurveda, la medicina China y los tratamientos convencionales. El énfasis principal de la naturopatía es en la prevención de la enfermedad a través de un estilo de vida saludable, que incluyen aire fresco, agua limpia y ejercicio.

El consumidor saludable

■ Cinco pasos al considerar cualquier tratamiento

1. Reunir información sobre el tratamiento

Internet ofrece una forma ideal para mantenerse al día sobre lo último en los tratamientos complementarios y alternativos. Empiece con sitios creados por organizaciones nacionales, agencias gubernamentales, centros médicos importantes o universidades. Las direcciones de Internet del gobierno de EUA que proporcionan información sobre la medicina complementaria y alternativa incluyen:

National Center for Complementary and Alternative Medicine
nccam.nih.gov

Office of dietary supplements
dietary-supplements.info.nih.gov

National Institutes of Health
www.nih.gov

National Library of Medicine MEDLINEplus Health Information
www.nlm.nih.gov/medlineplus

U.S. Department of Health and Human Services
www.healthfinder.gov

Para la información más reciente de la Clínica Mayo, visite:

Mayo Clinic Health Information
http://www.MayoClinic.com

Evite la desinformación en Internet

Puede encontrar miles de direcciones en Internet dedicadas a la salud. Pero tenga cuidado. El material que encontrará varía entre investigación sólida y charlatanería.

Recuerde buscar estas tres características:

- *Fechas.* Busque la información más reciente que pueda encontrar. Los sitios de Internet de reputación incluyen el día de publicación de cada artículo que presentan.
- *Documentación.* Verifique la fuente de información y si los artículos se refieren a investigación médica publicada. Busque un consejo de profesionales calificados que revisan el contenido antes que sea publicado. Tenga cuidado con los sitios comerciales o testimonios personales que sostienen un solo punto de vista o venden curas milagrosas.
- *Doble verificación.* Visite varias direcciones de salud y compare la información que ofrecen. Y antes de seguir cualquier recomendación, pida al médico que lo oriente.

Algunos sitios en Internet tienen un logo de la Fundación de la Salud en la Red (HON, por sus siglas en inglés). Las direcciones que tienen este logo están de acuerdo en regirse por el Código de Conducta HON.

2. Encuentre y valore a los que proporcionan el tratamiento.

Después de recoger la información sobre un tratamiento, es posible que decida encontrar a una persona que lo ofrezca. Seleccionar un nombre de la sección clasificada en el directorio telefónico tiene riesgo si no tiene otra información del proveedor. Verifique las listas estatales del gobierno de las agencias que regulan y conceden la licencia a los que proporcionan los cuidados de la salud. Estas agencias pueden proporcionar nombres de personas en su área y ofrecen una forma para verificar sus credenciales.

Hable con gente que ha recibido el tratamiento que está considerando y pregúntele su experiencia con proveedores específicos. Empiece por preguntar a amigos y familiares.

Hay riesgos y efectos secundarios en muchos tipos de tratamientos, tanto convencionales como no convencionales. Con cualquier tratamiento que considere, busque si los beneficios son mayores que los riesgos.

3. Considere el costo del tratamiento

Muchos métodos complementarios y alternativos no son cubiertos por el seguro médico. Infórmese exactamente cuánto le costará el tratamiento.

Demasiado bueno para ser cierto — Signos de fraude médico

La Administración de Alimentos y Medicamentos y el Consejo Nacional contra el Fraude de la Salud (en Estados Unidos) recomiendan que observe las siguientes sugerencias o prácticas. Estos son a menudo signos de advertencia de posibles productos de hierbas o de otros tratamientos "naturales" fraudulentos:

- Los anuncios de materiales promocionales incluyen palabras como *innovación*, *mágico*, o *nuevo descubrimiento*. Si el producto fuera en verdad una curación, sería reportado en forma generalizada en los medios de comunicación, y el médico lo recomendaría.
- Materiales promocionales que incluyen un lenguaje seudomédico como desintoxicar, purificar y energizar. Estas afirmaciones son difíciles de definir y medir.

- El fabricante afirma que el producto puede tratar un amplio rango de síntomas, o curar o prevenir diversas enfermedades. Ningún producto puede hacer esto.
- El producto está supuestamente apoyado por estudios científicos, pero no se proporcionan las referencias, son limitadas o antiguas.
- La promoción del producto no menciona efectos secundarios negativos, sólo beneficios.
- El fabricante del producto acusa al gobierno o a la profesión médica de suprimir información importante respecto a los beneficios del producto. No hay razón para que el gobierno o la profesión médica oculten información que pudiera ayudar a la gente.

4. Verifique su actitud

Cuando se trate de la medicina complementaria y alternativa, tome un camino intermedio entre la aceptación no crítica y el rechazo absoluto. Aprenda a tener la mente abierta y a ser escéptico al mismo tiempo. Sea abierto a diversos tratamientos pero valórelos cuidadosamente. Recuerde también que el campo está cambiando: Lo que es alternativo hoy puede ser bien aceptado — o desacreditado — mañana.

5. Optar por la medicina complementaria sobre la medicina alternativa

La investigación indica que el uso más popular de los tratamientos médicos no convencionales es *complementar* más que *reemplazar* los cuidados médicos convencionales. De manera ideal, las diversas formas de tratamiento deberían funcionar juntas.

Puede usted utilizar tratamientos complementarios para mantener buena salud y aliviar algunos síntomas. Pero continuar confiando en la medicina convencional para diagnosticar un problema y tratar las fuentes de la enfermedad. E informar al médico de todos los tratamientos que usted recibe — tanto convencionales como no convencionales.

Asegúrese de buscar un tratamiento convencional si tiene un problema de salud súbito, grave o que pone en peligro la vida. Si se fractura un hueso, tiene un accidente automovilístico, o presenta una intoxicación alimenticia, entonces que el departamento de urgencias sea su primera escala.

También recuerde que sus elecciones del estilo de vida hacen la diferencia. La mayoría de los practicantes — convencionales, complementarios y alternativos — le dirán que la nutrición, el ejercicio, no fumar, el manejo del estrés y las prácticas seguras son la clave para una vida más larga y una mejor salud.

El viajero saludable

Enfermar lejos del hogar puede implicar una serie especial de problemas. Este capítulo sugiere formas de enfrentar los males comunes que afectan a los viajeros. Para la gente con problemas crónicos de salud, es recomendable hablar con el médico antes de salir de casa.

■ Diarrea del viajero

La diarrea afecta hasta 50 por ciento de la gente que viaja a los países en desarrollo. Para reducir su riesgo:

- No tome agua. Beba agua embotellada, refrescos, cerveza o vino servidos en sus envases originales. Evite los hielos. Las bebidas preparadas con agua hervida como el café y el té, por lo general son seguras.
- Utilice agua embotellada hasta para lavarse los dientes. Mantenga la boca cerrada mientras está en la regadera.
- No compre alimentos de vendedores en la calle.
- Evite las ensaladas, los alimentos en *buffet*, las carnes poco cocidas, los vegetales crudos, las uvas, moras, frutas peladas o cortadas, y leche y productos lácteos no pasteurizados, el agua de la llave y los cubos de hielo.
- Pregunte a su médico si debe llevar medicamentos contra la diarrea.

■ Agotamiento por calor (Insolación)

En los climas calientes, un día de admirar el paisaje puede dejarlo débil, mareado, con náusea y sudando más rápido de lo que pueda recuperar los líquidos perdidos. Para evitar el agotamiento por calor:

- Tome su tiempo. Vaya despacio los primeros días cuando llegue a un clima caliente.
- Planee descansos regulares en la sombra. Lleve agua si no está seguro de las fuentes en el camino.
- No coma demasiado.
- Beba líquidos antes de sentir sed. Evite las bebidas alcohólicas.
- Use ropa ligera de colores claros y un sombrero de ala ancha.
- Al primer síntoma de agotamiento, aléjese del sol y descanse en la sombra o en edificio con aire acondicionado.

■ Ampollas

Las ampollas pueden ser un recordatorio desagradable para que vaya más despacio. Para evitarlas:

- Use zapatos cómodos.
- Utilice calcetines de algodón o lana con talco en el interior.
- Use un paño para acojinar y proteger los puntos inflamados.

■ Mal de altura

La disminución del oxígeno en el aire en alturas muy elevadas provoca mal de altura. Los síntomas por lo general son leves pero pueden ser lo suficientemente graves para requerir atención médica inmediata. Incluyen dolor de cabeza, falta de aire, fatiga, náusea, y alteraciones del sueño. Para reducir el riesgo:

- **Comience despacio.** Comience a una altitud menor a los 2,700 metros (9,000 pies).
- **Tome tiempo para ajustarse.** Descanse un día después de llegar para ajustarse a la altura.
- **Tómelo con calma.** Baje el ritmo si le falta el aire o está cansado.
- **Limite el ascenso.** Una ves que alcance los 24 km (8,000 pies), no suba más de 3 km al día.
- **Duerma a menor altura.** Si está por encima de los 3,352 metros (11,000 pies) durante el día, pase la noche a 2,700 metros (9,000 pies) o menos.
- **Evite los cigarros y el alcohol y demasiada cafeína.**
- **Tome en cuenta los medicamentos.** Consulte a su médico acerca de la actazolamida u otros fármaco de prescripción que pueda ayudarle a evitar o disminuir los síntomas.
- **Hable con el médico.** Si ha tenido mal de altura anteriormente, o si tiene un problema crónico pulmonar o cardiaco, obtenga el consejo del médico antes de partir.

Mareo

Cualquier tipo de transportación puede causar mareo. Puede progresar de una sensación de inquietud a un sudor frío, mareo y después vómito y diarrea. El mareo generalmente se alivia al detenerse el movimiento.

Puede escaparse del mareo planeando anticipadamente.

- Si está viajando en barco, solicite una cabina al frente o a la mitad del barco, cerca de la línea de flotación. Si está en un avión pida un asiento en el borde del frente de un ala. Una vez a bordo dirija el aire de ventilación a su cara. En el tren, tome un asiento cerca de una ventana, y vea hacia adelante. En un automóvil, conduzca o siéntese en el asiento delantero.
- Si se empieza a sentir mal, enfóquese en el horizonte o en un objeto estable. No lea. Mantenga su cabeza inmóvil, descansando contra un respaldo. Coma galletas saladas o tome una bebida carbonatada para ayudar a asentar su estómago. Evite los alimentos condimentados y el alcohol.
- Si sabe que se va a sentir mal, tome un antihistamínico de venta sin receta como meclizina, o uno con difenhidramina (dramamine). Hable con el médico acerca de medicamentos de prescripción como escopolamina.

Viajes al extranjero

Antes de viajar al extranjero, en especial si tiene un problema de salud o toma medicamentos, revise sus planes con su médico. Si los planes incluyen la visita a un lugar relativamente remoto, piense en consultar a un especialista en medicina de viaje.

- **Comience con la actualización de las vacunas.** Las inmunizaciones que requiera dependen de su lugar de destino, la duración de la estancia y su historial médico. Consulte a su médico por lo menos cuatro a seis semanas — de preferencia seis meses — antes de su partida para programar las vacunas que necesitará. Algunas de ellas requieren varias inyecciones separadas por varios días, semanas o hasta meses.
  Puede obtener información sobre las inmunizaciones y las precauciones de salud para los viajeros en el departamento de salud local o con su médico (Ver fuentes de información para el viajero, página 287).
- **Obtenga la aprobación del médico.** Dependiendo de las circunstancias, el médico puede autorizarlo para viajar aunque sus condiciones de salud sean inestables. Obtenga la aprobación por escrito.

- **Lleve un resumen de su historial médico.** Haga muchas copias. En caso de urgencia puede requerirlas para los profesionales médicos que lo atiendan. Si tiene un historial de problemas cardiacos o usa un marcapaso, pida una copia de un electrocardiograma reciente (ECG).
- **Entérese de dónde puede pedir atención médica.** Lleve una lista con los nombres, direcciones y telefónos de los médicos y hospitales donde se hable su idioma en su lugar de destino. Consulte con el médico y con el agente de viajes sobre los lugares a los que pude recurrir si llega a necesitarlo. Como ejemplo, en la página 287 se muestra una lista de Fuentes de Información para el Viajero, que aplica para Estados Unidos.
- **Lleve copias de las prescripciones.** Pida que le escriban a máquina las recetas (son más fáciles de leer). También lleve la prescripción de sus antejos.
- **Empaque los medicamentos con cuidado.** Mantenga sus medicamentos de prescripción en sus envases originales, con etiquetas a máquina, en el equipaje de mano. Siempre vuelva a reabastecer las prescripciones cuando salga de viaje y lleve más medicamento del que crea que necesitará. Si toma narcóticos de prescripción, obtenga una carta de autorización con papel membretado del médico. Conozca las leyes de los países que visitará.
- **Revise exhaustivamente el seguro de salud.** Averigue con anticipación si su plan de salud cubre la atención médica en el extrajero.
- **Aprenda acerca de los países que planea visitar.** Antes de irse, lea sobre la cultura, la gente y la historia. Para obtener datos actualizados sobre las condiciones de salud y seguridad, obtenga una hoja de información consular en la Oficina de Servicios para Ciudadanos en el Extranjero.

Vacunas para viajes internacionales

Además de asegurarse de contar con la serie primaria de vacunas (sarampión, rubéola, paperas, difteria, tos ferina, tétanos, polio), los Centros para la Prevención y el Control de Enfermedades de Estados Unidos (www.dc.gov.travel) recomiendan tomar en cuenta las siguientes inmunizaciones adicionales si piensa viajar al extranjero:

Vacunas de refuerzo o dosis adicionales
- **Tétanos, difteria y tos ferina (pertussis).** Una nueva vacuna está disponible que protege a adolescentes y adultos contra tétanos, difteria y tos ferina. Pregunte al médico acerca de la vacuna Tdap.
- **Polio.** A menos que le hayan aplicado un refuerzo para la polio como adulto, puede requerir una sola dosis adicional si va a viajar por África, Asia y el Oriente Medio, la India y sus países vecinos, y la mayoría de las antiguas repúblicas de lo que fuera la Unión Soviética.
- **Sarampión.** Si nació en o después de 1957, considere aplicarse un refuerzo de la vacuna de sarampión antes de viajar al extranjero.
- **Neumonía (meningocócica).** Considérela si tiene más de 65 años o tiene un problema crónico de salud.
- **Influenza.** Recomendada para todos los mayores de 50 años, pero puede ser para otros dependiendo del destino y estación del año para el viaje.

Vacunas adicionales
- **Fiebre amarilla.** Se recomienda si piensa ir a ciertas partes de África y América del Sur.
- **Vacuna contra hepatitis B.** Considérela si permanecerá seis meses o más en áreas con altos índices de hepatitis B (el sureste de Asia, África, Oriente Medio, las islas del Pacífico Sur y Occidental y la región amazónica de América del Sur).
- **Vacuna contra hepatitis A (o inmunoglobulina).** Se recomienda a los viajeros que vayan a cualquier zona con excepción de Japón, Australia, Nueva Zelanda, el norte u oeste de Europa, Canadá y Estados Unidos.

El consumidor saludable

- **Tifoidea**. Se recomienda si permanecerá seis semanas o más en áreas en donde se deben observar precauciones con el agua y los alimentos (como en mucho países en desarrollo)
- **Vacuna meningocócica**. Se recomienda si va a viajar a la zona sub-Sahariana de África.
- **Encefalitis japonesa**. Considérela si se quedará por largo tiempo en el sureste de Asia en donde la enfermedad es común.
- **Vacuna para la rabia**. Recomendada si se quedara uno a dos meses o más (o en una región rural, en un país en desarrollo).

▉ Riesgos de viajar en avión

La manera más rápida de viajar — en avión — es también una de las más seguras. No obstante, al colocar el organismo a miles de metros de altura en el aire y moverse a cientos de kilómetros por hora, viajar por aire somete al cuerpo a retos especiales. Los siguientes son problemas que puede padecer durante el vuelo.

Deshidratación

La cabina presurizada del avión presenta una humedad extremadamente baja, de apenas cinco a diez por ciento. Esto puede hacer que se deshidrate. Para evitarlo, beba líquidos como agua y jugos de fruta durante el vuelo. Limite el alcohol y la cafeína.

Coágulos sanguíneos

Cuando uno permanece sentado durante un vuelo prolongado, se acumulan líquidos en los tejidos blandos de las piernas, lo cual incrementa el riesgo de que se forme un coágulo (tromboflebitis). Para mejorar la circulación hacia el corazón:
- Póngase de pie y estírese periódicamente después de que se apague la señal de "abrochar el cinturón de seguridad". Camine por la cabina una vez cada hora, más o menos.
- Flexione los tobillos o presione los pies contra el piso o las montaduras de los asientos frente a usted.
- Si tiene tendencia a que se le hinchen los tobillos o tiene venas varicosas, considere el uso de medias de descanso.

Dolor de oídos

Para evitar el dolor de oídos durante el ascenso o el descenso, pruebe este ejercicio para equilibrar la presión en ellos:
- Respire hondo y contenga la respiración dos segundos.
- Exhale con lentitud cerca de 20 por ciento del aire al mismo tiempo que aprieta gradualmente los labios (como si fuera a silbar).
- Con los labios fuertemente cerrados, trate de soplar suavemente como si estuviera tocando una trompeta. No sople demasiado fuerte.
- Después de dos segundos, exhale normalmente.
- Para evitar el mareo, no haga más de diez respiraciones de presión.
- Bostezar, masticar chicle o pasar saliva también ayuda durante el ascenso o el descenso. (vea la página 68 para más información)

Jet Lag

Si alguna vez ha viajado por avión a una zona de horario diferente, probablemente está familiarizado con lo que es sufrir el *jet lag* — esa sensación de estar agotado y fuera de tiempo. No todo *jet lag* es igual. Volar hacia el oriente — y en consecuencia hacer un reajuste adelantando el reloj biológico — con frecuencia es más difícil que viajar al occidente y agregar horas a nuestro día. El cuerpo de la mayoría de las personas se ajusta a razón de una hora al día. Por tanto, después de un cambio de cuatro husos horarios, su cuerpo requerirá de cuatro días para recuperar su ritmo acostumbrado.

- Reajuste su reloj biológico. Comience por reajustar su reloj orgánico varios días antes de su partida adoptando un patrón de sueño y actividad similar al ciclo de día-noche de su lugar de destino.
- Beba muchos líquidos y coma alimentos ligeros. Tome líquidos adicionales durante el vuelo para evitar la deshidratación, pero limite las bebidas con alcohol y la cafeína pues estas sustancias aumentan la deshidratación y pueden alterar su sueño.

■ Preguntas y respuestas

Volar cuando se tiene gripe

PREGUNTA: ¿Viajar en avión pude empeorar una gripe?

Respuesta: Es posible que volar no empeore la gripe, pero sí el aterrizaje, que puede causar un terrible dolor de oídos. El problema es la presión del aire. A gran altitud, esta presión es baja. Pero va aumentando al descender.

Cuando uno tiene gripe, con frecuencia se bloquea el pequeño conducto (trompa de Eustaquio) que conecta a la garganta con el oído medio. Normalmente, la trompa de Eustaquio equilibra la presión del aire en el oído medio con el aumento en la presión externa. El bloqueo en el conducto deja un vacío en el oído medio, lo cual conduce al aumento de la presión dolorosa sobre el tímpano. El intento del organismo por llenar el vacío hace que entre líquido y a veces sangre en el oído medio.

Para evitar el dolor de oídos cuando vuele, tome un descongestivo por lo menos una hora antes de aterrizar. Además, use un descongestivo nasal en acrosol antes del descenso. Estos medicamentos que se venden sin prescripción le ayudan a mantener abiertas las trompas.

Beba muchos líquidos (sin alcohol) cuando vuele, pero especialmente si tiene gripe. Los líquidos evitan que su garganta y las membranas de los senos paranasales se sequen y mantienen a las secreciones ligeras y fáciles de eliminar.

La melatonina y el *jet lag*

PREGUNTA: Un amigo me sugirió que tomara suplementos de melatonina para evitar el síndrome por viajes con cambio de husos horarios (*jet lag*). ¿Funcionan?

Respuesta: A veces se llama la melatonina "la hormona de la oscuridad" porque se produce de manera natural en el cerebro durante la noche. Ayuda a mantener el programa corporal de sueño y actividad. Por esa razón, se ha explorado como una forma de evitar o reducir el *jet lag*. Algunas investigaciones sugieren que tomar una pequeña cantidad de melatonina puede ayudar. Puede probar tomando 1 a 3 miligramos de melatonina antes de acostarse durante varios días una vez que ha llegado a su destino. Sin embargo, los beneficios de la melatonina a menudo se exageran.

A pesar de numerosos libros y artículos sobre la melatonina, aún se ignoran mucha cosas sobre esta hormona y sus efectos sobre el organismo, en particular cuando se usa a largo plazo o con otros medicamentos. También hay cierta preocupación acerca de la calidad y pureza de los suplementos. Dado que la melatonina no se considera un medicamento, la Administración de Alimentos y Medicamentos de Estados Unidos no regula la seguridad de los suplementos antes de salir al mercado.

El consumidor saludable

Viajar después de un ataque cardiaco

PREGUNTA: Mi esposo tuvo un ataque al corazón. ¿Debemos tomar precauciones especiales para viajar?

Respuesta: Si padece enfermedades cardiovasculares, dolor en el pecho (angina) o ha sufrido un ataque cardiaco o cerebral:

- Esté atento a los síntomas de ataque cardíaco o cerebral. Al primer aviso, busque atención de emergencia. Conozca con anticipación dónde conseguir la ayuda médica.
- Verifique la fecha de caducidad de las tabletas de nitroglicerina. Consiga una nueva provisión si tienen más de seis meses.
- No maneje un auto por más de cuatro horas sin descansar.
- Permanezca lejos del sol al medio día si viaja en un clima caliente y húmedo.
- Limite o evite el alcohol, pues reduce la acción de bombeo del corazón.
- Si usa un marcapaso, haga que su médico revise la batería antes del viaje.

Botiquín de primeros auxilios para el viajero

Los accidentes y lesiones menores pueden suceder fuera de casa. Esté preparado para tratar problemas médicos menores en usted mismo y en cualquier compañero. Incluya estos artículos básicos:

Tela adhesiva	Repelente de insectos con DDT (30 a 35 por ciento)
Gel de sábila para quemaduras del sol	Laxantes
Antiácidos	Toallitas húmedas
Crema antibacteriana	Tela afelpada (para ampollas)
Cubiertas antibacterianas	Sobres de rehidratación oral
Tabletas antidiarreicas	Medicamentos para agruras que se obtienen sin receta
Antihistamínicos	Analgésicos que se obtienen sin receta
Medicamentos para mareo	Tijeras
Vendas (incluyendo tipo elástico)	Crema para la piel o loción humectante
Hisopos	Filtro solar con un factor de protección
Supresores de tos	del sol (SPF) de 15 por lo menos
Descongestionantes	Termómetro digital
Gotas oftálmicas	Pastillas para la garganta
Crema de hidrocortisona (al 1 por ciento)	Pinzas

■ Fuentes de información para viajar (en Estados Unidos)

Centers for Disease Control and Prevention (CDC)
1600 Clifton Road
Atlanta, GA 30333
800-311-3435
www.cdc.gov

Los CDC ofrecen grabaciones telefónicas las 24 horas sobre países específicos, con detalles de las enfermedades y la forma de prevenirlas. Además, su dirección en Internet ofrece esta información así como las recomendaciones de inmunizaciones para regiones del mundo. El libro de los CDC *Información de Salud para los Viajes Internacionales* está también disponible para compra.

Bureau of Consular Affairs
2201 C St. NW, Room 4811
U.S. Department of State
Washington, DC 20520
Traveler's hot line: (877) 394-8747
www.travel.state.gov

International Association for Medical Assistance to Travelers (IAMAT)
1623 Military Rd., #279
Niagara Falls; NY 14304-1745
716-754-4883
www.iamat.org

Esta organización ofrece una lista gratuita de médicos que hablan inglés fuera de Estados Unidos.

El consumidor saludable

Índice

Bulimia nervosa, 48
Bursitis, 90

C

Cafeína, 212
   y dolor de cabeza, 84
   y palpitaciones, 111
Caída de cabello, 131
Caídas, 232
Calambres, 98-99
   en las piernas, 98-99
   menstruales, 146
   por calor, 28
Calamina, loción de, 15, 29
Calcio, suplementos, 265
Cálculos vesiculares, 61
Callos, 120
Calmantes para el dolor,
   43, 258-259
Calorías usadas en actividades, 218
Calvicie, 131
Cambio de horario en viajes
      intercontinentales, 285
Caminar, 217, 219-220
Campylobacter jejuni, 27
Cáncer
   boca, 139
   cervical, 151
   colon, 223
   de células basales, 129
   de células escamosas, 129
   en niños, 171
   general, 168-171
   incidencia, 168
   piel, 129
   próstata, 141
   testículos, 140
Cansancio, 36, 37
Caperuza cervical, 163
Cápsula de aceite de pescado,
   164, 262
Caries dental, 30
Caspa, 120
Cataratas, 80
Cefalea, en racimo, 82
   tensional, 82-84
Celulitis, 119
Centro de Cáncer para Medicina
Complementaria y alternativa, 265
Centros de Control y Prevención
      de Enfermedades, 287
Cerumen en los oídos, 73
Choque, 11
Ciática, 53

Cicatrices, 23
Circulación mala (claudicación),
   100
Circunferencia de la cintura, 208
Cirrosis biliar primaria, 277
Cirugía, 213
Clamidias, 140, 142, 183
Clorhidrato de aluminio, 46
Clostridium perfringens, 27
Coágulos de sangre al viajar, 284
Cocaína, 194
Codo, de golfista, 94
   de tenista, 94
   hiperextendido, 93
Coenzima Q10, 261
Colegio Estadounidense
      de Reumatología, 164
Colesterol, 213
   HDL, 213
   LDL, 213
   en sangre, 213
Colestipol, 214
Cólico, 57
Colon "espástico", 65
Colonoscopia, 223
Coma diabético, 174
Comezón, 124
   del suspensorio, 122
Cómo comer bien, 210
Comportamiento adictivo, 187-198
Computadoras
   cansancio de los ojos, 245
   colocación del equipo, 245
   postura al utilizarla, 245
   tecnofobia, 245
Concusión, 32
Condones, 153, 182
   femeninos, 153
Condroitin, 263
Conducir, con seguridad, 231
   en la noche, 80
Conexión mente-cuerpo, 275-279
Conflicto en el trabajo, 243
Congelación, 20
Congestión, nasal, 114
Conjuntivitis, 78
Consejo Nacional sobre
Alcoholismo y Dependencia
      de drogas, 188
Consejos para el manejo del
      tiempo en el trabajo, 244
   personales, 225
Consumo Alimenticio
recomendado (RDA), 265

Contaminación del aire
      en el interior, 233
Cortadas y rasguños, 22, 23
Corticoesteroides, 163
Cortisona, 91, 97, 105, 106, 163
Crema de hidrocortisona,
      15, 29, 46, 62, 121, 124, 127
Crisantemo, 262
Croup, 109
Cuidados de la espalda, 54, 55, 240
Cuidados de los pies
   y diabetes, 174
Cuidados de urgencia
      accidente vascular
      cerebral (ataque
      cerebral), 7, 8
   asfixia, 4
   ataque cardiaco, 5, 6
   choque, 11
   congelamiento, 20
   cortaduras y rasguños, 22, 23
   dislocaciones, 31
   esguinces, 32
   fracturas, 31
   heridas, 22, 23
   hiedra venenosa, roble,
      zumaque, 29
   hipotermia, 21
   intoxicación, 9
   lesiones en los ojos, 24, 25
   maniobra de Heimlich, 4
   mordeduras, 14-16
   objeto en el ojo, 25
   pérdida de dientes, 30
   problemas cardiacos, 5, 6
   problemas de calor, 28
   problemas para respirar, 2-4
   quemaduras, 17-19
   RCP, 2,3
   reacciones alérgicas, 12,13
   sangrado, 10
   traumatismo craneano, 32
   traumatismo, 31, 32
Cuidados para niños
      enfermos, 248
Cuidados quiroprácticos, 272

D

De Quervain, enfermedad de, 97
Dedo en gatillo, 96
Dedo en mazo, 104
Dedos en martillo, 104
Degeneración macular, 80
Demencia, 204

índice

bupropión, 193
calamina, loción, 15, 29
cefixima, 184
ceftriaxona, 184
ciprofloxacina, 184
clorfeniramina, maleato
        de 15, 123, 259
clotrimazol, 122
colestipol, 214
colestiramina, 214
cortisona, 91, 97, 105, 106, 163
cromolin sódico, 160, 167
descongestionantes, 114,
        160, 259
difenhidramina clorhidrato,
        123, 125
disulfiram, 189
epinefrina, 11, 15, 16
eritromicina, 123
        interacción con el
colesterol, 213
estreptoquinasa, 5
expectorantes, 108, 259
fenofibrato, 214
fluconazol, 132
fluoxetina, 148
fluvastatina, 214
fluvoxamina, 148
gemfibrozil, 214
griseofulvina, 132
hidrocortisona crema,
        15, 29, 46, 62, 121, 124, 127
ibuprofeno, 259
        formas, 259
        y dolor crónico, 43
        y dolor de cabeza, 83
        y fiebre, 38
        y gastritis, 61
inhibidores de COX-2, 163
inhibidores de la ECA, 177
insulina, 172, 174
interferon alfa, 179
itraconazol, 132
ketoprofeno, 61, 67, 258
lovastatina, 214
medicamentos para disolver
        coágulos, 5
medroxiprogeterona
        acetato, 148, 153
megestrol acetato, 149, 170
metotrexato, 127
metronidazol, 150
miconazol, 122
minoxidil, 131

mupirocina ungüento, 123
naltrexona, 189
naproxén sódico, 61, 67, 258
nedocromil sódico, 167
Neosporin, 22
penciclovir, 138
penicilina, 13, 123, 184
peróxido de benzoilo, loción, 118
peróxido de hidrógeno, 22
Polysporin, 22
prednisona, 163
psyllium, 156
resorcinol, loción, 118
ribavirina, 179
sertralina, 148
simeticona, 60
simvastatina, 214
sulfuro de selenio, 120
supresores de la tos, 108
terbinafina, 132
trociscos de zinc, 115
ungüento de avellana, 62
venlafaxina, 148
yodo, 22
Medicamentos, de prescripción.
Ver también los nombres en
Medicamentos
        al viajar, 286
        alergias a, 13
        interacciones con hierbas, 272
        reglas de seguridad, 270
Medicamentos para la tos, 259
Médico, cómo
        escoger un, 248
Médula espinal y columna, 50
Melanoma, 129
Melatonina, 285
Menopausia, 149
Migraña, 82-84
Milia, 124
Monitorización de azúcar
        en la sangre, 173
Mononucleosis, 133
Mordeduras, 14-16
        de animales, 14
        de garrapatas, 16
        de mosquitos, 15
        de perros, 14
        de serpientes, 15
        humanas, 14
        y picaduras de insectos, 15-16
Morfina, 194
Músculos de la corva, 98

N
Naproxen sódico, 61, 67, 258
Narcóticos, 194
        anónimos, 195
Nariz
        adicción a gotas nasales, 114
        congestión, 114
        infección de los senos
                paranasales, 116
        con secreción líquida, 115
        objeto en, 112
        pérdida del sentido
                del olfato, 112
        resfriados, 115
        sangrado, 113
        tabique desviado, 114
Naturopatía, 277
Náusea, matutina, 155
        y vómito, 66
Nebulizaciones nasales, 160
Neosporina, 22
Neumonía, 115
Neuralgia postherpética, 128
Neurodermatitis, 121
Neuroma de Morton, 105
Neuropatía, 41
Niacina y triglicéridos, 214
Niños
        alergias a alimentos, 13
        cáncer, 171
        congelación, 20
        croup, 109
        dermatosis, 125
        deshidratación, 59, 66
        dolor de cabeza, 84
        dolor de espalda, 52
        dolor de oídos en los aviones, 68
        dolor en el codo, 93
        dolores articulares, 86
        dolores de crecimiento, 86
        esquema de inmunización, 224
        estreñimiento, 58
        exposición al plomo, 232
        exposición al sol, 129
        fatiga, 37
        fiebre, 39
        huesos fracturados, 89
        infección faríngea por
                tabaquismo pasivo, 193
estreptococos, 133, 134
        infecciones en el oído, 70-71
        ojo rojo, 78
        orinarse en la cama, 45
        pérdida de peso, 48

premenstrual), 147, 148
Staphylococcus aureus, 27
Sudor frío, 46
Sudoración, excesiva, 46
Sudores nocturnos, 46
Sulfato de aluminio, 46
Sulfuro de selenio, 120
Suplementos, alimenticios, 261-267
    de ajo, 262
    de fibra, 58, 62, 65
    hormonales, 263
    vitamínicos, 261
Supresión de nicotina, 195

T
Tabaquismo pasivo (fumar de segunda mano), 195
Tabique, desviado, 114
    nasal, 114
Tacto terapéutico, 274
Tai Chi, 276
Técnicas de relajación, 227
    para oficinistas, 227
Tecnofobia, 245
Temblor del párpado, 79
Temperatura (fiebre), 38, 39
Tendinitis, 90, 91, 94, 97
    de Aquiles, 102
Terapeuta, físico, 251
    ocupacional, 251
Terapia, de reemplazo de nicotina, 191
    hormonal de reemplazo, 149
Termómetro de mercurio, 39
Terrores nocturnos, 45
Testículos
    autoexamen, 140
    cáncer, 140
    dolor, 140
    hinchazón, 140
Tiña, 122
Tinnitus, 72

Tomar la temperatura, 39
Torsión testicular, 140
Tos, 107-109
TPA (activador tisular del plasminógeno), 5
Trastornos, de la comida, 48
    del sueño, 44, 45
Traumatismo, 31, 32
Traumatismos craneanos, 32
Tricomoniasis, 150
Tricor (fenofibrato), 214
Tricotilomanía, 131
Triglicéridos, 214
Trociscos de zinc, 115
Tumores fibroides (útero), 152
Turnos de trabajo, 241

U
Úlcera duodenal, 67
Úlceras, 67
Uña del pie, enterrada, 132
Uñas enterradas, 132
Ungüento de avellana, 62
Ungüento de bacitracina, 119
Uso de tabaco, 192

V
Vacuna, DTaP, 224
    IPV, 224
    MMR, 224
    neumocócica, 224
    para el tétanos, 23, 224, 293
    para HBV, 224
    para HBV-Hib, 224
    para la encefalitis japonesa, 283
    para la fiebre amarilla, 283
    para la influenza, 224
    para la neumonía, 224
    para la polio, 224
    para la tifoidea, 283
    PCV
    Varivax, 224

Vacunas. *Ver* Inmunizaciones
Vaginitis, 150
Vaginosis bacteriana, 150
Valores diarios (VD), 266
Varicela, 125
    vacuna, 224
Vasectomía, 143
Venas varicosas
    en el embarazo, 155
Verrugas
    genitales, 184
    manos y pies, 130
Vértebras, 50
Vesículas, 281
    de la fiebre, 138
Viaje al extranjero, 282
Viajes y la salud, 281-287
Vibrio vullnificus, 27
Virus, de Epstein-Barr, 133
    de Norwalk, 27
    del Nilo Occidental, 15
    del papiloma humano (VPH), 151
Vista de lejos, 81
Vitamina, A, 261
    C, 261
    E, beneficios, 261
    E y ataque cardiaco, 177
    del complejo B, 261
Vómito, 66

Y
Yodo, 22
Yoga, 275

Z
Zapatos, adaptando, 104, 222
    para caminar, 222
Zinc pyrithion, 120
Zumbido de oídos, 72

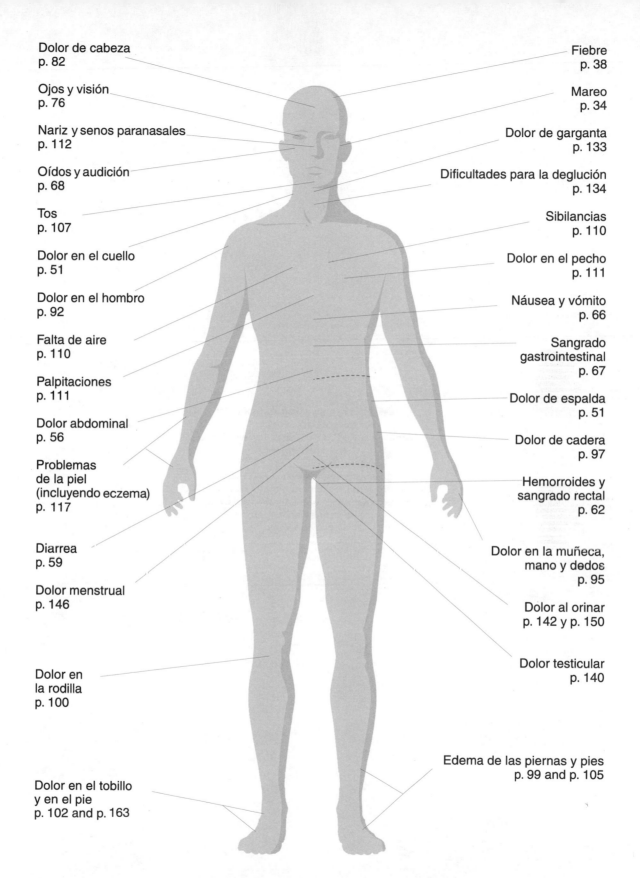

Dolor de cabeza
p. 82

Ojos y visión
p. 76

Nariz y senos paranasales
p. 112

Oídos y audición
p. 68

Tos
p. 107

Dolor en el cuello
p. 51

Dolor en el hombro
p. 92

Falta de aire
p. 110

Palpitaciones
p. 111

Dolor abdominal
p. 56

Problemas
de la piel
(incluyendo eczema)
p. 117

Diarrea
p. 59

Dolor menstrual
p. 146

Dolor en
la rodilla
p. 100

Dolor en el tobillo
y en el pie
p. 102 and p. 163

Fiebre
p. 38

Mareo
p. 34

Dolor de garganta
p. 133

Dificultades para la deglución
p. 134

Sibilancias
p. 110

Dolor en el pecho
p. 111

Náusea y vómito
p. 66

Sangrado
gastrointestinal
p. 67

Dolor de espalda
p. 51

Dolor de cadera
p. 97

Hemorroides y
sangrado rectal
p. 62

Dolor en la muñeca,
mano y dedos
p. 95

Dolor al orinar
p. 142 y p. 150

Dolor testicular
p. 140

Edema de las piernas y pies
p. 99 and p. 105

Guía de referencia rápida de síntomas

Este libro ha sido editado y producido
por Intersistemas, S.A. de C.V.
Aguiar y Seijas 75 Col. Lomas de Chapultepec
11000 México, D.F.
Teléfono 5520 2073 Fax 5540 3764
intersistemas@intersistemas.com.mx
Esta edición terminó de imprimirse en marzo de 2007.
El tiro de esta edición consta de cinco mil ejemplares
más sobrantes para reposición.
Hecho en México.